民國歷史與文化研究

八 編

第 1 冊

《八編》總目
編 輯 部 編

中國「社會發展史」話語生成考論（1924～1950）

胡 一 峰 著

花木蘭文化出版社

國家圖書館出版品預行編目資料

中國「社會發展史」話語生成考論（1924～1950）／胡一峰 著

— 初版 — 新北市：花木蘭文化事業有限公司，2018〔民107〕

序 4+ 目 2+282 面；19×26 公分

（民國歷史與文化研究 八編；第 1 冊）

ISBN 978-986-485-491-2（精裝）

1. 社會發展 2. 歷史 3. 中國

628.08   107011541

ISBN- 978-986-485-491-2

9 789864 854912

民國歷史與文化研究
八 編 第 一 冊   ISBN：978-986-485-491-2

中國「社會發展史」話語生成考論（1924～1950）

作　　者　胡一峰
總 編 輯　杜潔祥
副總編輯　楊嘉樂
編　　輯　許郁翎、王 筑　美術編輯　陳逸婷
出　　版　花木蘭文化事業有限公司
發 行 人　高小娟
聯絡地址　235 新北市中和區中安街七二號十三樓
　　　　　電話：02-2923-1455／傳真：02-2923-1452
網　　址　http://www.huamulan.tw 信箱 hml 810518@gmail.com
印　　刷　普羅文化出版廣告事業
初　　版　2018 年 9 月
全書字數　285434 字
定　　價　八編 10 冊（精裝）台幣 18,000 元

《八編》總目

編輯部 編

《民國歷史與文化研究》八編　書目

《民國歷史與文化研究》八編
各書作者簡介・提要・目次

第一冊　中國「社會發展史」話語生成考論（1924～1950）

作者簡介

胡一峰，男，1980 年生於浙江餘杭，現居北京。1998 年至 2002 年，求學於中國青年政治學院，獲法學學士。2002 年至 2005 年，求學於清華大學人文學院歷史系，獲法學碩士。2009 年至 2012 年，求學於清華大學馬克思主義學院，獲法學博士。現任《中國文藝評論》雜誌副主編、編輯部主任。主要研究領域爲中國近現代思想文化史及文藝批評等，並在上述領域發表學術及評論文章 300 餘篇。

提　要

「社會發展史」是中國共產黨意識形態理論的基礎內容。長期以來，中共在黨內、軍內和全社會廣泛開展了「社會發展史」宣傳教育，使之一度成爲大中學校的一門基礎課程和史學研究的理論前提。20 世紀 80 年代末以來，「社會發展史」話語的地位受到衝擊，逐漸淡出了人們的視線。科學認識「社會發展史」，是一個很有意義的課題，但目前研究付之闕如。

本書把「社會發展史」作爲一種「話語」來處理，以文本和語境分析爲基本方法，概述了 19 世紀中後期以來知識界探求社會進化之「公理公例」的努力，搜集考訂了 1924～1950 年間「社會發展史」文本 40 餘種，分析了「社會發展史」話語內部的「社會形態史」和「社會生活史」兩大系統，又將前

者進一步劃分爲以五形態論爲指導的「正統論」和以「亞細亞生產方式論」等爲指導的「異端論」兩個子系統，從而釐定了「社會發展史」的學理流派。考察了俄國思想家波格丹諾夫的「經濟科學」思想在中國的傳播，比較研究了蔡和森《社會進化史》和張伯簡《社會進化簡史》這兩個文本，梳理了「社會發展史」話語在中國的起源，描述了「社會發展史」話語宣教在大革命時期和1940年代末50年代初形成兩個高潮，1930年代則陷入「低谷」，並經歷了一個學科化的歷程。

目　次

第二冊　北洋政府時期的外籍顧問寶道（Georges Padoux）

作者簡介

林政賢，1988 年生於臺灣，2015 年畢業於國立東華大學歷史學系及所屬歷史研究所，主攻中國近代史，著有碩士論文《北洋政府時期的外籍顧問寶道（Georges Padoux）》。目前就職於中華民國國軍。

提　要

自清末中國決定進行西化改革以後，直接聘請西方人協助也是一種重要的方式。儘管至民國建立以後，中國仍為積貧積弱之國，北洋政府深陷軍閥內爭與經濟困頓，然而在外交上有取得了數次與國力可稱得上不相稱的成就。北洋政府一如前朝一般有聘請外國人作為各項事務的顧問，但這些顧問多數尚未被深入研究，是阻力或助力其實值得探討。本文主角　道是因 1915年的善後大借款而被聘用，其人雖然在今日並非聲名顯赫，但他其實參與了北洋政府時期廣泛的外交事務，其中重大者有：一次大戰對德船隻及財產處置、巴黎和會籌備、巴黎和會、與無約國建交、中德復交、山東問題處理、國會籌議廢棄二十一條、到期修約等事務等。他所提出的意見雖然並不是每每收到重用，並非完全正確，也是個為重要的意見提供者，可說是對北洋政府的外交事務做出了重要的貢獻。

目　次

第三冊　中日戰爭期間的葡澳政府（1931～1945）

作者簡介

　　黃瑛祺，1990 年 1 月 29 日出生於澳門，高中求學時對台灣文化產生濃厚興趣，決心來台升學。在國立師範大學僑生先修部體驗一年台灣生活，從小對歷史文化和考古感興趣，喜歡參觀博物館，深入了解文化和歷史，並以此興趣作為選取自願方向。成功分發國立暨南大學歷史系，完成四年大學教育，順利升上國立中興大學歷史所。

　　因生長環境的關係，因此對澳門在抗戰時期的發展歷程有濃厚的興趣。認為作為一個國民和歷史系學生，有責任把當時的歷史真相呈現出來。

提　要

　　澳門是葡萄牙政府的海外殖民地，中日戰爭爆發，國民政府無暇處理澳門問題，葡萄牙政府為了自身利益，宣佈「中立」身份。葡萄牙政府懼怕中國或日本因戰爭而乘機佔領澳門，授予葡澳總督權力，並受葡萄牙法律的保護。

　　葡澳政府面對中日兩方的勢力，一方面受到日本的壓力，為求自保而漸

漸傾向日本，引起各方的不滿和猜疑；另一方面又懼怕此作為觸發中方和同盟軍，故其在中日之間互相交涉表明自己的立場。戰爭後期，由於盟軍的加入，日本節節敗退。葡澳政府懼怕戰爭結束後，國民政府提出收回澳門，此時葡澳政府又傾向中方，與其合作通緝藏匿在澳門漢奸，引渡回中國公審，以此作為保障自身的手段。

葡澳政府因應時局變化，採用不同政策化解危機，在面對中國、日本的壓力，透過各種外交政策，以及建立「中立」身份游移在他們之間以保障自身利益。

目　次

第四、五冊　民國政府西北民族政策研究

作者簡介

郭勝利（1974～），男，漢族，河南省洛陽人，河南大學民族研究所副教授，碩士生導師。民族學博士，2010 年畢業於蘭州大學西北少數民族研究中心，主要研究方向為中國近代少數民族史。

提　要

　　民國政府西北民族政策是民國政府民族政策的重要組成部分，是民國時期西北地區的政治、經濟、文化、民族宗教、國內外關係等的產物，它的制定和實施對民國時期的西北局勢產生了重大影響。本文在此通過對民國政府西北民族政策的形成、發展和完善過程做一系統梳理，透過民國政府西北民族政策的演變，對民國政府的西北民族政策做一分析總結。

　　民國政府的西北民族政策按照歷史發展脈絡，可分為北洋政府時期和國民政府時期；按照其自身發展過程，又可分為初步形成、緩慢發展、漸次完善三個階段。在整個歷史發展中上承清制，下啓中華人民共和國。其在實施過程中，又受到不同地理環境及政治環境的制約，在不同時期、不同地域又表現出不同的特點及結果，這些因素最終又反過來影響著民國政府西北民族政策的演變。

　　國民政府成立後，對民國初年的民族政策進行了進一步完善，確立了西北民族宗教政策、民族文化政策、民族經濟政策，並且通過對西北政治統治的加強與完善以改進西北民族政策實施。但是無論是其政治政策還是民族政策，均受到了來自於西北地方的利用和挑戰，在中央與地方相互衝突的過程中，國民政府不得不對其西北民族政策進行不斷地調整，以期達到緩和矛盾、綏靖地方、穩定邊疆的目的，從而最終形成了國民政府的西北民族政策。

目　次

上　冊

第六、七冊　近代中國電化教育學發展研究

作者簡介

　　李斌，男，1987 年生，福建福州人。現於華南師範大學教育學博士後流動站從事博士後研究工作。先後求學於天津職業技術師範大學、福建師範大學及浙江大學，於 2012 年獲福建師範大學教育學碩士學位、2016 年獲浙江大學教育學博士學位。長期從事中國近代教育學術史及電化教育史研究，近年來曾在《高等教育研究》、《華中師範大學學報（人文社會科學版）》、《電化教育研究》等國內重要學術期刊上發表相關論文十餘篇。

提　要

　　電化教育學是近代中國教育學的分支學科之一，系統研究近代中國電化教育學的發展，既可瞭解和把握近代中國電化教育學自身的歷史進程，又能從一個側面反映出中國教育現代化的特點，並爲當代教育技術學的學科建設和發展提供歷史借鑒。近代中國電化教育學的發展和學科建設取得了明顯的成績，形成了自身的學科領域、研究路徑及理論特色，開設了各種層次的電化教育專業、課程。但較之其他教育學分支學科，其發展仍較緩慢，學科建設力度較差。本書除緒論外分爲六章。

　　第一章論述清末民初電化媒體及設備的運用、電化教育相關學科的建立

對電化教育學醞釀及創立的奠基作用。

第二章考察了近代中國電化教育學發展早期（1918～1935）民營出版機構、民眾教育館、電影函授學校、大學等開展教育電影及電化教育理論研究、人才培養的工作和活動，並揭示了電化教育學發展早期的階段性特徵。

第三章檢視近代中國電化教育學發展中期第一階段（1936～1941）大學大規模介入電化教育的理論研究、人才培養和社會服務，電化教育學學科兩大研究領域和三大研究路徑初步形成，以及南京國民政府加強電化教育管理和掌控的狀況。

第四章探討近代中國電化教育學發展中期第二階段（1942～1946）在南京國民政府強化電化教育管理舉措的背景下，大學電化教育專業開設和課程設置取得新進展，並說明這一階段電化教育學專業期刊的發展拓寬了近代中國電化教育學的學科領域，豐富了其研究內容。

第五章描繪了近代中國電化教育學發展晚期（1947～1949）大學電化教育學學科建設和課程設置相對繁榮的局面，強調了特別是多種電化教育學專著的相繼問世意味著電化教育學理論研究進一步深化，學科體系初步確立。

第六章在總結全書的基礎上，對近代中國電化教育學的若干重要理論及學科問題進行評析和探討，力求揭示近代中國電化教育學學科建設的基本特點。

目　次

上　冊

圖表目錄

第八冊　民國小學母語教育研究

作者簡介

朱季康：男，1979 年生，江蘇揚州人，民盟盟員，揚州大學社會發展學院教授、博士生導師，歷史學博士、教育學博士後，美國孟菲斯大學訪問學者。主要研究方向為中國史、教育學等。發表各類學術論文百餘篇，多篇為《人大複印資料》全文轉載，出版著作 6 部，參編 7 部。主持國家社會科學基金項目、江蘇省社會科學基金項目、江蘇省教育規劃重點項目等各類課題 10 餘項。主要社會兼職有揚州市政協委員、揚州市政協教科衛體工作委員會委員、民盟揚州市委委員、民盟揚州市委參政議政專委會主任、揚州青聯委員，揚州大學學術委員會委員、江蘇省口述歷史研究會副秘書長、江蘇省反邪教問題研究中心學術委員會副主任、揚州政協理論工作委員會理事、揚州市歷史文化名城研究院客座研究員等。

提　要

本書主要研究民國時期小學母語教育的種種理論與現象，第一章主要探討民國母語教育的生態環境，包括民國語言分佈的基本情況、民國語言使用的區域狀況以及各民族語言交流的狀況。第二章論述民國小學母語教育思想的內容，包括標準國語的界定、國語推廣與少數民族小學母語教育的矛盾。

第三章分階段、分區域、分黨派政府談及民國小學母語教育的政策與制度。第四章談民國小學母語教育課程與教學的基本問題。第五章涉及民國小學母語教科書的種種內容，包括民國教育部門對小學母語教科書的編纂要求、民國小學母語教材的基本情況、民國小學母語教科書的語言、對民國小學母語教科書的評價等。第六章是對民國小學母語（國語）教學參考書與學生讀物的研究。第七章專論民國小學母語師資問題。第八章從識字、語言、課文（讀文）、作文等方面談民國小學母語教學的各單項教學內容。第九章談影響民國小學母語教學的特殊因素。第十章分漢族區域與少數民族區域兩個區域談民國小學母語（國語）教育實際效果。第十一章對民國小學母語（國語）教育的民眾能動性進行了分析。第十二章評價了民國小學母語教育為社會帶來的正負效應。

目　次

第九冊　西南聯大文人群生活文化之研究

作者簡介

劉順文，1981 年生，臺北人，國立政治大學中文碩士。現任教於私立延平高級中學，曾先後兼任級導師、社團活動組長、國文科主席及教師會理事，致力於中學國文教育、班級經營與輔導。

曾公開發表〈不容青史盡成灰——劉紹唐的《傳記文學》理念及其實踐〉等多篇學術論文，嘗試進行文學與歷史的跨領域研究。對抗戰時期文學興趣濃厚，撰寫本書期間，曾赴北京大學、清華大學蒐集史料，到昆明西南聯大舊址實地踏查，努力進入歷史情境，讓文學史能呈現更豐富的文人生活。

提　要

西南聯大為蘆溝橋事變後，北京、清華和南開三所大學所合併之聯合大學，為抗戰時期高等教育第一學府，校址設於昆明。其中不少任教者，同時也是文化界知名人士。本書提出以「西南聯大文人群」，稱呼這群在抗戰時期堅守教育、學術和文化思想崗位的西南聯大學者。

有別於以作家個人、文本分析、思想論辯之研究策略，本書重視歷史細節的運用及日常生活的再現，除了文集之外，大量採取校史檔案、回憶錄、

傳記、日記等資料，試圖追溯其生存的歷史時空。全書分為學校背景、自我空間、學院空間和文學空間四個部分加以探討：首先，了解西南聯大的成立背景，師生如何在顛沛流離中，形塑出「堅毅」、「自由」的校風。進而探究食衣住行等日常生活面向，藉由薪俸表、物價指數和最低生活費的計算，了解到文人群必須各自開發副業之苦。接著分析文人群在「學院空間」中所擔負的行政、教學、研究和社會責任，觀察他們的文學教育理念，乃至於產生不同政治傾向的關鍵事件。最終以馮至、沈從文、聞一多、朱自清、王力等個別作家為代表，歸結其創作特色，探究文人群此時文學風格轉變與時代之關聯性。

目 次

第十冊　民國全運會研究

作者簡介

　　孫璐，男，1987 年生，籍貫江蘇揚州，現居重慶。目前爲重慶文化藝術職業學院副教授。主要研究方向爲中國近現代文化史、非物質文化遺產保護與教學研究。曾主持、主研重慶市教育委員會人文社科項目、重慶市高等教育教學改革項目、重慶市藝術科學規劃項目等多項省部級科研項目，參與《南京教育史》（第 2 版）近現代部分的編寫工作。目前在《學術界》、《江蘇師範大學學報（哲學社會科學版）》等 CSSCI 中文核心期刊發表多篇論文。

提　要

　　民國全運會是民國時期（1912～1949）中國國內水平最高、規模最大的綜合性體育運動會，它代表了當時中國的近代體育發展水平。民國全運會的舉辦歷盡艱辛，步履蹣跚，經歷了從無到有、規模從小到大再到陡然衰落的過程。

　　民國全運會的舉辦爲近代中國體育發展水平的展現提供了良好的平臺。它向國內外大眾展示了民國年間中國近代體育的發展成果，振奮了中國的民族精神，一定程度上回擊了當時西方列強對國人「東亞病夫」的蔑稱。民國全運會還起到了推廣近代體育運動、普及近代體育項目的作用，客觀上刺激了邊疆地區的近代體育發展。20 世紀 30 年代，民國全運會的舉辦在一定程度上增強了中華民族的凝聚力，爲即將到來的全面抗日戰爭作了戰前動員。

　　民國全運會也存在著很多不可避免的歷史局限。首先，民國全運會從無到有的誕生過程是建立在西方列強對中國侵略的基礎之上的，這是民國全運會的先天不足。民國全運會所反映出的近代中國體育發展水平總體上是比較落後的。全國運動會的名號在當時始終名不副實，一定程度上催生出局部地區唯錦標論和體育發展貴族化的不良傾向。

　　民國全運會的發展歷程就好比一部汽車從點火發動、起步上路、逐漸加速再到遭遇車禍的過程，呈現出一個緩慢上升、逐漸加速再到驟然衰落的曲線狀圖案。它凝聚著當時的中國人為體育強國夢想不懈的努力和追求的過程，體現出中華民族不畏強暴、迎難而上的奮鬥精神。

目　次

中國「社會發展史」話語生成考論（1924～1950）

胡一峰 著

作者簡介

胡一峰，男，1980 年生於浙江餘杭，現居北京。1998 年至 2002 年，求學於中國青年政治學院，獲法學學士。2002 年至 2005 年，求學於清華大學人文學院歷史系，獲法學碩士。2009 年至 2012 年，求學於清華大學馬克思主義學院，獲法學博士。現任《中國文藝評論》雜誌副主編、編輯部主任。主要研究領域爲中國近現代思想文化史及文藝批評等，並在上述領域發表學術及評論文章 300 餘篇。

提　　要

　　「社會發展史」是中國共產黨意識形態理論的基礎內容。長期以來，中共在黨內、軍內和全社會廣泛開展了「社會發展史」宣傳教育，使之一度成爲大中學校的一門基礎課程和史學研究的理論前提。20 世紀 80 年代末以來，「社會發展史」話語的地位受到衝擊，逐漸淡出了人們的視線。科學認識「社會發展史」，是一個很有意義的課題，但目前研究付之闕如。

　　本書把「社會發展史」作爲一種「話語」來處理，以文本和語境分析爲基本方法，概述了 19 世紀中後期以來知識界探求社會進化之「公理公例」的努力，搜集考訂了 1924～1950 年間「社會發展史」文本 40 餘種，分析了「社會發展史」話語內部的「社會形態史」和「社會生活史」兩大系統，又將前者進一步劃分爲以五形態論爲指導的「正統論」和以「亞細亞生產方式論」等爲指導的「異端論」兩個子系統，從而釐定了「社會發展史」的學理流派。考察了俄國思想家波格丹諾夫的「經濟科學」思想在中國的傳播，比較研究了蔡和森《社會進化史》和張伯簡《社會進化簡史》這兩個文本，梳理了「社會發展史」話語在中國的起源，描述了「社會發展史」話語宣教在大革命時期和 1940 年代末 50 年代初形成兩個高潮，1930 年代則陷入「低谷」，並經歷了一個學科化的歷程。

序

蔡樂蘇

　　《中國「社會發展史」話語生成考論（1924—1950）》書稿，最近喜獲臺灣花木蘭出版公司之選，著者胡一峰邀余作序，余欣然應允了。我結識胡一峰已有許多年了。2002 年，他自中國青年政治學院畢業，考入清華大學歷史系，攻讀碩士學位，師從張勇老師研究中國近現代思想文化史。記得他當時很感興趣的問題是中國近代中西醫學之爭。那時我任歷史系副主任，亦從事中國近現代思想文化史的教研工作，在學生人數不多的情況下，師生交往甚密。從那時起，胡一峰的學術才賦就已開始初露頭角了。2005 年畢業時，他考入中宣部政研所，專門從事理論研究工作。在經受過一番正宗的意識形態訓練之後，2009 年，他再進清華，入剛成立不久的馬克思主義學院，攻讀博士學位。當時我任馬克思主義學院副院長，同時亦指導研究中國近現代政治文化方面的博士生。胡一峰有意探討中共思想政治教育史上的重要問題，我們之間的交流自然也就非同尋常了。胡一峰是一位比較省事的學生，他基礎好，悟性強，視野寬，蒐集資料快而全，無須我說許多話，他就會把該做的事完成得很漂亮、很利索。印象中，我記憶較爲清晰的一件事，就是幫他將博士論文的核心議題鎖定到「社會發展史」這個話語的傳承播佈上。爲寫這篇序，最近我又將他的博士論文細讀了一遍，勾起了不少當時的感受。我記得，2012 年，胡一峰完成的博士學位論文，我是十分滿意的。讀完全文，眞能給你一種研究之感、一種開拓之感、一種追索之感、一種發現之感、一種成熟之感。當時，無論是送出去公開評審還是隱名評審，作爲導師，我絲毫沒有忐忑。這是較少見的現象。評審的結果，也確乎不出我之所料，對論文的肯定是高度一致的。後來有的博士生甚至將其視爲範本。

　　我的老師劉桂生教授經常提醒我們：「做學問，就看你老實不老實。」我理解，要老實，論題一定不可過大，大了想老實也老實不了；要老實，不可不明所欲研究領域的前沿與基緣，不把相關學術前沿瞭解全面、準確，不把問題的來龍去脈徹底弄清，研究的價值便難以判定；要老實，必須對所涉及的人們不甚熟悉的人名、書名、概念一一疏釋注明，這既可擴充、鑿實研究者的認知空間，又能避免論述論斷的淺陋含混；要老實，不能不重視語境的探尋與重構，因爲思想政治問題的發生，無不有其直接、間接的環境，離開這些環境，就無以準確認識關注的對象，而搜尋重構這些環境，需要眞誠的心態和科學的手段；要老實，還不能不做縱橫定點的比勘對照，這是發現差異、揭示矛盾、提出問題、疏通脈絡的必經之路，從某種意義上說，也是學術創新的起點所在，而要做好前後、左右、新舊的對比，缺少細密入微的觀察，是不易達到理想的效果的；要老實，就要嚴格地區分問題內外的層面，不可概而括之，統而論之，比如社會發展史的內部，既有三階段論與五形態論的問題，也有生產力與生產關係何者更起關鍵作用的問題，更有「勞動」在社會發展中的多重意義問題，既有社會發展史學理層面的問題，也有這些學理流傳層面和宣教層面的問題，一個大的層面又可區分若干小的層面，大小層面各有其內涵意理，又有其整體意義上的地位，只有層面清晰，論述才會有深度，才會有力量；要老實，就必須尊重研究對象的綜合性和融通性，任何事物不是單一的、孤立的，思想政治方面的問題，尤其如此，要使自己的認識不局隘、不偏執、不武斷，必須隨著問題、材料所涉的領域，不管是歷史的、語言的、思想的、政治的、社會的、經濟的、哲學的、中國的、外國的，需要跟到哪兒，就須跟到哪兒，所謂「古今中外法」，不是從古今中外去逼近某一問題，而是根據解析問題的內在需要伸向古今中外，伸向四面八方，最終達到求眞求通、據本立論的目的。

　　胡一峰的這部書稿，每一章、每一節，乃至每一個長短不一的注釋，無不體現出他做學問的老實態度。正因爲有這種老實態度，讀他的書稿時，不時會使你感悟到誠樸之美、密緻之美、通貫之美和豁然開朗之美。

　　中國社會發展史話語生成考論，大致是以史家之筆來述哲學之理。其所引發的思考無疑是難以限量的。作者在書稿的末尾，從三個不同的角度，高屋建瓴地抒發了他深沉的思慮。對於他的洞見，我深表贊同。在這裡，我想再贅言數語，以求教於方家。社會發展史話語爲什麼會在中國那麼流行？或

者說爲什麼會被積極推行？吾以爲，可能還有一個值得探討的原因，就是在信仰科學的前提下，進化論不能完全滿足中國人的心理追求。近代中國人面對強敵入侵，其深層的心理追求是既要學強敵，又想超強敵。因爲只學強敵，那就有可能把自己也塑造成未來的強盜。而中國文化的本質不是強盜文化，也就是說，中國文化的核心理念是不鼓勵弱肉強食的。進化論是適者生存、弱肉強食的，本質上易被導入強盜文化。而社會發展史話語，則給強盜文化以致命一擊，用唯物史觀破解了資本帝國主義的「鐵則」，指出了超越資本帝國主義的路向。這使中國先進分子如獲至寶。但是，社會變遷的路途畢竟是無比艱難曲折的，所以社會發展史的大旗，在社會發展的眞實進程中，亦不免會有異樣的展現。

　　是爲序。

2017 年 7 月於清華大學善齋

目次

第一章 引 言

　　本書以「社會發展史」話語的生成為研究主題，時間範圍限定在 1924～
1950 年代，大體上相當於史學教科書上的「新民主主義革命」時期，在方法
上則以若干種典型文本之分析為中心。筆者希望通過系統梳理「社會發展史」
話語的主要文本、考訂話語形成過程中的基本史事，分析這一話語賴以生成
的近代中國思想文化土壤及社會政治語境，探究「社會發展史」話語學理內
涵的盈虛變化及其宣教情況。

一、研究旨趣

　　中華人民共和國文化部原部長王蒙在中學時代曾讀過華崗的《社會發展
史綱》，感到此書「參盡天機天條，五種生產方式，歷史必然規律，誰能違反？
誰能改變？一讀此書立即覺得是正義在胸，真理在手。」〔註1〕王的感受是有
普遍性的，以「五形態論」為基本線索的「社會發展史」曾是大多數中國人
耳熟能詳的名詞，也是人們真心信奉的「真理」。在相當長的一段時期內，以
「五形態論」為理論骨架的「社會發展史」不僅在學界居統攝地位，成為知
識分子著述立說的基本前提，而且積澱在普通中國人政治常識深處，深刻地
改變了現代中國人的世界觀，成為人們認識社會歷史發展進程的重要「取景
框」。更重要的是，「社會發展史」所描述的社會進步演化歷程與方式，在相
當長時期內，成為中國共產黨制定政策主張的基本理據，也是黨的政策贏得
人心、佔據歷史與道義制高點的重要法寶。進言之，正是因為「社會發展史」
所致力於告訴人們的是社會從何而來、去往何處的基本道理，所以研究關於

〔註1〕 王蒙：《半生多事》，廣州：花城出版社，2006 年，第 54 頁。

這一套基本道理形成、發展及其在中國普及的過程，對於考察前人探尋救國之路具有重要意義。本文將研究範圍劃定在 1924～1950 年，一方面是因為近現代史文獻浩瀚，筆者時間與學力所限，只能截取一個歷史時期來研究；更重要的是，相較於 1950 年之後相對定型的「社會發展史」話語而言，其形成時期的面相更加多樣生動。但即便如此，簡要梳理新中國成立以後「社會發展史」的研究和宣教情況，依然是理解本文研究旨趣不可或缺的內容。有鑒於此，下文對相關問題作一簡要概述。

　　對於出生於 20 世紀 40～70 年代的人而言，「社會發展史」首先是一門政治課程。按照第一次全國教育工作會議（1949 年底）所作的規定，新解放區的學校主要的工作就是通過「社會發展史」「新民主主義論」和「政治經濟學」等課程開展思想政治教育。兩年後，「社會發展史」課改為「辨證唯物論與歷史唯物論」。此後，高校沒有再設單獨的「社會發展史」課，但其內容滲透到相關政治理論課中。在中學政治課體系中，「社會發展史」課目存在了 30 多年時間。新中國成立後，「社會發展史」的內容就進入「中國革命常識」「社會科學基礎知識」等中學政治課中。1956 年，政治課一度停開。1957 年，根據毛澤東的要求，政治課重新恢復。1959 年 7 月出版的《中等學校政治課教學大綱》（試行草案）中規定：「初中設『政治常識』課，內容包括共產主義道德、社會發展簡史、社會主義革命和社會主義建設、思想方法等方面的常識。」1959 年 7 月，教育部頒佈全國第一個中學政治課大綱，「社會發展史」被明確納入初中政治課之中。此後，1963 年 7 月教育部《關於實行全日制中小學新教學計劃（草案）的通知》中規定：「中學的政治課，按年級分別設置道德品質教育、社會發展簡史、中國革命和建設、政治常識、經濟常識、辨證唯物主義常識。」1964 年，中共中央批發《改進高等學校中等學校政治理論課的意見》，規定初中二年級開設《社會發展簡史》。1963～1964 年，教育部按上述課程設置方案組織編寫了一套課本，經中宣部審查出版，其中就有《社會發展簡史》。據當時史料記載，60 年代的中學「社會發展史」教育效果很好，增強了中學生「辨明是非」，認清「帝國主義」本質和世界形勢的能力。〔註 2〕「文革」期間，政治課教學處於混亂狀態，甚至陷入停滯。有些地方雖

〔註 2〕　《初中學生學習社會發展史的成效》（1960 年），這是北京市教育局中教科檔案材料《1960 年中央教育部政治理論課教學情況的反映》的一部分，收入北京市教育局編：《北京市普教資料選編 1949～1985》第 11 集，內部印行，1985 年，第 197 頁。

編寫了《社會發展史》課本，但難於進行正常教學。1978 年教育部頒發了《全日制十年制中小學教學計劃試行草案》規定：五年制中學階段的初中三年級設「社會發展簡史」。1980 年 9 月，教育部發出《改進和加強中學政治課的意見》，再次明確初中三年級開設《社會發展簡史》。1985 年 8 月，中共中央發出《關於改革學校思想品德和政治理論課程教學的通知》，次年 3 月，國家教育委員會爲貫徹落實《通知》精神，印發了《中學思想政治課改革實驗教學大綱（初稿）》，規定初中二年級開設《社會發展簡史》。1992 年，國家教委又確定了新的中學思想政治課課程設置方案，並制定了新的《中學思想政治教學大綱》，規定初中各年級課程名稱統一爲「思想政治」課，不再設置獨立的「社會發展簡史」。2003 年，教育部印發了《全日制義務教育思想品德課程標準（實驗稿）》，刪去了「社會發展簡史」的內容，調整到「歷史」或「歷史與社會」等課之中。〔註3〕從此，作爲一門課程名稱的「社會發展史」淡出了歷史舞臺，但是「社會發展史」的內容在中學政治和歷史教育中依然存在，影響了一代又一代人。

對於知識分子特別是史學工作者而言，以五形態論爲主幹的「社會發展史」是相當長時期內歷史理解和敘述的基本範式。當代中國史學研究中有「五朵金花」之說，其論題也多與「社會發展史」相關。在通史撰述方面，長期以來，以「社會發展史」爲骨架的歷史演進線索構成了大陸通史類著作的基本敘事框架。范文瀾的《中國通史簡編》（修訂本）、呂振羽的《簡明中國通史》、尙鉞主編的《中國歷史綱要》、郭沫若主編的《中國史稿》和翦伯贊主編的《中國史綱要》等都是如此。周穀城在新中國成立後也對早年所著《中國通史》一書進行了修訂，以使之符合「社會發展史」。〔註4〕人類學家林耀華解放後認眞學習了「社會發展史」後說，「開頭就是

〔註3〕 參見劉英傑主編：《中國教育大事典》上冊，杭州：浙江教育出版社，1993 年，第 389～393 頁。又見李正亭：《中國高校思想政治教育學科、專業、課程與教材歷史軌跡》，《經濟與社會發展》2008 年 10 月；林藝琴：《新中國成立後中學思想政治課程設置的歷程、特徵及啓示》，《和田師範專科學校學報》2011 年 1 月；熊麗：《初中思想品德課程改革的問題及對策研究》，東北師範大學碩士論文，2008 年；潘永雲、宋立軍：《初中思想品德課程設置的歷史沿革及啓示》，《內蒙古師範大學學報（教育科學版）》2006 年 12 月；朱前星、張壯強、陳一棟：《國外與新中國思想政治教育課的歷史考察》，《中國科教創新導刊》2007 年 8 月；秦宣：《新中國成立 60 年來高校思想政治理論課沿革及其啓示》，《思想理論教育導刊》2009 年 10 月；胡鶴玖、楊新宇：《改革開放以來我國高校思想品德課課程建設的回顧與思考》2006 年 11 月，等。

〔註4〕 趙春梅：《二十世紀中國通史編纂研究》，北京：中國社會科學出版社，2007

『從猿到人』，恩格斯的勞動觀點給與我一個極大的刺激，使我覺悟到過去雖然收集了不少具體材料，但忽略了問題的實質」，最後在勞動觀點、階級觀點的指導下寫出了《從猿到人的研究》，被翦伯讚譽為「轉了新的方向」。〔註5〕楊樹達、蒙文通、張政烺等在 20 世紀五十年代前期也積極學習「社會發展史」，並以此指導自己的學術研究。〔註6〕

　　對中國共產黨而言，「社會發展史」話語的力量遠超於學術之上，作為制定戰略方針的學理支撐和推動社會變革、轉變社會發展模式的思想先導，「社會發展史」宣教肩負著統一幹部群眾思想意志、為中國的共產主義運動提供理論支撐的重大使命，實際上，這也是中共意識形態工作的一條重要經驗和有效路徑。20 世紀 20 年代中期，伴隨著莫斯科中山大學和東方大學的學生大批歸國，年輕的中國共產黨在上海大學拉開「社會發展史」宣教的序幕。此後，在不同的歷史時期，「社會發展史」宣教雖有高潮和低谷之交替，但始終不曾中斷。而且，隨著中共在軍事和政治上不斷壯大，「筆桿子」借助「槍桿子」之力又與之緊密配合，革命力量推進到哪裏，社會發展史宣教就跟進到那裡。試看數例：1939 年初，張仲實〔註7〕受黨組織委派，赴新疆學院為民族文化幹部訓練班學員授課，所授內容就有「社會發展史」，為此他譯出了恩格斯的《家庭、私有制及國家的起源》。〔註8〕1949 年，張聞天到當時的遼東省工作不久，就委派他的秘書何方給青年幹部訓練班學員講授「社會發展史」。〔註9〕1949 年 3 月，中共七屆二中全會對學習社會發展史提出明確要求。隨

　　　年，第 62 頁。

〔註5〕　林耀華：《從猿到人問題的研究》，耕耘出版社，1951 年，自序、翦序。

〔註6〕　羅志田：《文革前「十七年」中國史學的片斷反思》，收入徐秀麗主編：《過去的經驗與未來的可能走向》，北京：社會科學文獻出版社，2010 年。

〔註7〕　張仲實（1903～1987）：陝西隴縣人。原名張安人，曾名張任遠、張實甫。1926 年考入上海大學，旋赴莫斯科，先後入東方大學、中山大學。1930 年回國。1933 年任《時事類編》旬刊編輯，1934 年任《世界知識》雜誌主編。1936 年任生活書店總編輯。1940 年赴延安，歷任馬列學院編輯部主任、抗大等校教職、中央政研室國際問題研究組組長、中宣部馬列著作的翻譯和出版主管。解放後歷任中宣部出版處處長、西北局宣傳部副部長、中央編譯局副局長等。

〔註8〕　張積玉、王鉅春：《馬克思主義理論家翻譯家張仲實》，西安：陝西人民教育出版社，1991 年，第 331、347 頁。

〔註9〕　何方口述、邢小群採寫：《跟隨張聞天在駐蘇聯大使館工作》，見王俊義、丁東主編：《口述歷史》第四輯，北京：中國社會科學出版社，2006 年，第 200 頁。

後，開展了中共黨史上最大規模的「社會發展史」學習運動。〔註10〕50年代中後期開始，中共以蘇爲鑒，努力擺脫蘇聯模式的影響，積極探索在中國實現社會主義的新模式。「社會發展史」又一次成爲中共推動社會發展模式轉變的思想先導。1957年，毛澤東在普通教育工作座談會上強調中學政治課要教授社會發展史。他提出，即便「猴子變人的社會發展史」與歷史課有重複，那麼就把歷史課改從中華人民共和國成立講起。但是「猴子變人還要講，階級鬥爭也要講」。〔註11〕1959年～1961年，按照中央的要求，中央高級黨校陸續招收了三個理論幹部班，也叫「秀才班」，目的是按照毛澤東《關於工作方法六十條》中所說的，培養黨自己的知識分子，無產階級自己的「秀才」，這些人是「較多地懂得馬克思主義，又有一定文化水平、科學知識、詞章修養」的理論幹部。這三個班都把「社會發展史」作爲重要的課程。特別是59班和60班，開始沒有學習社會發展史，後又特意補學了一遍。〔註12〕進入改革開放新時期，伴隨著「社會主義初級階段」概念及理論的醞釀、探討和形成，又出現過一次學習、討論社會發展史的熱潮。影響頗大的陶大鏞主編《社會發展史》即出版於此時（1982年，人民出版社）。20世紀八九十年代之交，社會發展再次面臨考驗，中共中央也再次要求在全社會普及「社會發展史」教育。〔註13〕各地各部門都貫徹了中央這一要求。解放軍總政治部明確提出，解決政治信念問題，要從「猴子變人」講起，抓好社會發展史教育。遵照這一要求，總政宣傳部還專門編製了《走向英特納雄耐爾》政治教育系列片，把社會發展史搬上了屏幕。〔註14〕要之，每在中國社會發展的關節點上，「社會發展史」就登上前臺，或引導輿論，或統一步調。這充分說明，在中國的語境中，社會發展史的意義實際上早已溢出了「理論」或「學術」的領域，而是一個具有強烈現實意義的大問題。

　　但也就是從20世紀80年代後期開始，以「五形態論」爲基本線索的「社

〔註10〕王壽林：《新政權的思想塑造：新中國成立前後的學習社會發展史運動》，《中共黨史研究》2009年第10期。

〔註11〕《在普通教育工作座談會上的談話》（1957年3月7日），《毛澤東文集》，北京：人民出版社，1999年，第247頁。

〔註12〕艾思奇：《在「61班」開學典禮上的講話》（1961.9），收入《艾思奇全書》第七卷，北京：人民出版社，2006年，第491頁。

〔註13〕《十二大以來重要文獻選編》上，北京：人民出版社，1986年，第181頁。

〔註14〕《〈走向英特納雄耐爾〉舉行首映式　李瑞環楊白冰等出席》，《人民日報》1991年6月18日。

會發展史」的權威地位受到越來越多的質疑，甚至很多和王蒙一樣，曾經把社會發展史視爲不可侵犯的「天條」、「天機」者，也開始以今日之我批判昨日之我。謝韜和李愼之的例子就很具典型性。李愼之曾告訴謝韜，他在讀初中時，看了一本薄薄的《中國歷史教程》，它不按中國的朝代講，而是講中國社會發展的五個階段。從此，社會發展五階段在他腦子裏留下很深的印象。到了晚年，謝、李二人又都對此進行了反思，反對「五階段論」，支持「三階段論」。「在反思中，我們認識到自己早年特別信奉的關於社會發展分爲五個階段的理論不正確，而關於人類社會分爲三個經濟發展階段的理論是符合世界各國歷史情況的。這三個發展階段是：原始（狩獵）經濟，農業經濟，工業經濟。與之相應的發展階段是：原始文明，農業文明，工業文明（也叫現代文明）。」〔註15〕以「五形態論」爲基本線索的「社會發展史」曾經是歷史分期的理論依據，但其地位也正經受著衝擊。1930 年代中國社會史論戰的見證者何茲全就明確提出與其爭論歷史分期，不如重視歷史的「自然段」。他說，「所謂自然段落，就好比一年之中有四季一樣，四季就是一年的四個自然段落。每個自然段落，各有自己的特點。一個自然段落，日暖花開，生意盎然；一個自然段落，天氣炎熱，萬物茂盛；一個自然段落，果實累累，寸草結子；一個自然段落，冰雪蓋地，草木枯萎。這就是一年的四個段落，以及各個段落的特點與特徵。這四個段落以及特徵，都是自然存在的，是先於它的名稱，春夏秋多而存在的。」「歷史自然段和歷史分期、社會性質的關係是：前者是客觀實際，是基礎，是本；後者是主觀意識，是上層，是末。」「各段落的特點、特徵是什麼，段落的變化在何處，這是歷史學家首要的研究課題。」〔註16〕「奴隸社會」作爲一種社會形態的普遍性，長期以來被視爲以五形態論爲基本線索的「社會發展史」話語成立之關鍵所在，但在 1988 年 7 月於煙台召開的「全國史學理論研討會」上，卻出現了多數甚至大多數人都認爲奴隸社會並不是人類社會普遍必經的階段的現象。〔註17〕有學者就此指出，中國必

〔註15〕謝韜：《我們從哪裏來，到哪裏去》，《炎黃春秋》2010 年第 10 期，第 2、6～7 頁。

〔註16〕何茲全：《爭論歷史分期不如退而研究歷史發展的自然段》，《光明日報‧史林版》，1999 年 1 月 29 日。又見何茲全：《研究人類社會形態、結構及其發展規律是社會史研究的主流》，《天津社會科學》2001 年 7 月。

〔註17〕陳剩勇：《文明與演化：對中國傳統社會的重新認識和評價》，《學習與探索》1989 年第 1 期。

然經歷奴隸社會這一觀點「終於被推翻」了。〔註18〕

這一學術傾向還突出反映在通史的編纂上。曹大爲提出，中國大通史不應再「套用斯大林提出的『五種社會形態』單線演進模式作爲裁斷中國歷史分期標準」，應把中國歷史分爲原始文化、農耕文明、向工業文明轉軌三大階段。〔註19〕曹氏的觀點實際上和前引謝韜、李慎之的觀點相近。除了個人著述之外，教育部的統編通史教材也在尋求突破傳統的敘事框架。1994年11月，國家教委高教司先後確定由張豈之和姜義華分別主編高等學校中國通史教材，其成果是《中國歷史》（張豈之主編，2001年）和《中國通史教程》（姜義華主編，2006年）。兩套教材都沒有完全按照社會形態演變的線索來敘述。而且，姜義華在《中國通史教程》前言中明確說：這套教材「沒有徑直按照社會經濟形態的更迭來劃分歷史時期」。而是把「注意力主要放在中國和中國人的形成與發展歷史過程上，特別是作爲族類形態的中國、作爲地理與國家形態的中國、作爲文明形態的中國、作爲世界聯繫中的中國形成與發展過程上，便以由這四個方面所發生的幾次重大的質的飛躍與轉變作爲劃分歷史時期的根據」〔註20〕榮獲「全國普通高等學校優秀教材二等獎」的《國史概要》（樊樹志，1998年）也「決定摒棄傳統教材的社會發展史模式」。〔註21〕與此相應，在大眾媒體或普及型讀物上，「奴隸社會」「資本主義社會」等帶有社會形態色彩的概念的使用率頻率正在日趨降低，而「傳統社會」「現代社會」等不具有社會形態學說色彩的概念則更爲人們所喜用。這些現象，支持者視之爲思想解放和學術創新的表現、學術問題與政治脫鉤的成果、甚至馬克思主義史學理論的新發展；捍衛「社會發展史」者則名之曰「非社會形態化」的思潮，並認爲如任由發展下去，有可能推倒「半個多世紀以來由馬克思主義歷史學家根據唯物史觀的基本理論和基本方法構建起來的中國歷史體系」。〔註22〕確實，在號召「去意識形態化」者看來，「去意識形態化」最核

〔註18〕蔣海升：《「西方話語」與「中國歷史」之間的張力》，濟南：山東大學出版社，2009年，第200～201頁。否定中國奴隸社會的各家意見，參見張廣志：《中國古史分期討論的回顧與反思》，陝西師範大學出版社，2003年，第239～263。

〔註19〕曹大爲：《關於新編〈中國大通史〉》，《史學理論研究》1998年第3期。

〔註20〕姜義華：《教育部復旦版高校教材〈中國通史教程〉前言》，《中國通史教程》第一卷，上海：復旦大學出版社，2006年。

〔註21〕樊樹志：《國史概要》，復旦大學出版社，1998年，後記。

〔註22〕盧鍾鋒：《馬克思的社會形態學說與中國歷史研究》，《馬克思主義研究》2008年第8期，第94～100頁。

心的問題正在於否定馬克思主義唯物史觀。因為他們認為，在中國姓資、姓社的劃分，對公有制和國企的認識，對普適價值和憲政民主體制的階級屬性的認定都受到唯物史觀的影響。〔註 23〕而傳統的唯物史觀的要義之一就在於以社會形態來劃分歷史進程從而建構起對歷史的敘述框架、並以此表述歷史規律，這些也正是「社會發展史」的基本內容。因此，借用上引所謂「非社會形態化」這一提法，它所反映的正是「社會發展史」從曾經的不可質疑的「天機天條」、「真理」變為可供討論的「理論範式」乃至「假設」的歷程。

　　思想理論界的這些變化又是與政治意識形態的微妙變化相表裏的。改革開放以來中國意識形態變革中的「現實化」取向，學界已多有論述。〔註 24〕西方學者對此則說得更加直白。比如，有學者認為，自 1978 年鄧小平發動「實踐是檢驗真理的唯一標準」大討論以來，中國共產黨徹底改變了意識形態在政策過程中的作用。在此之前，意識形態和政策之間的關係是一種演繹關係。各種政策主要誕生於一系列意識形態的原則，並因此獲得合法性。鄧和他的同僚改變了這種關係。從此以後，意識形態變成了一種為經驗現實辯護的「勸誘手段」。政策決策的依據是經驗標準，意識形態成為一種事後為政策決策論證和辯護的工具。這種角色的顛倒決不是廢除意識形態在中國共產黨或中國所扮演的角色，而是巧妙地削弱了意識形態的重要性，把意識形態的角色變為一種事後辯護和論證的工具。因此，1978 年開始改革之後，意識形態沒有消亡，但是性質和功能發生了根本變化。〔註 25〕還有學者提出，當實用主義成為一種指導思想的時候，意識形態不再是政策指南，而主要是為領導人的決策提供正當性的證明。在毛澤東時代，意識形態問題決定政治生存乃至個人福利，中國人和外國觀察家都十分關注意識形態的爭論和宣傳形式。但當階級鬥爭不再是黨的最高目標，而共產主義目標也成為遙遠的事情，共產黨對意識形態的興趣逐步消退，並且這種狀況也變得合法起來。〔註 26〕政治意

〔註 23〕　秦曉：《去意識形態化：回歸普適價值》，收入資中筠著：《啓蒙與中國社會轉型》，北京：社會科學文獻出版社，2011 年，第 80 頁。

〔註 24〕　比如，姜迎春認為，改革開放以來意識形態領域最顯著的變化就是「社會主義意識形態現實化」。《論改革開放以來我國意識形態變革的基本特點》，《學海》2009 年第 4 期，第 9 頁。

〔註 25〕　〔美〕沈大偉著，呂增奎、王新穎譯：《中國共產黨：收縮與調適》，北京：中央編譯出版社，2011 年，第 152 頁。

〔註 26〕　〔美〕魯斯・J・迪克遜：《中國共產黨代表誰？——從「三個革命階級」到「三個代表」》，收入呂增奎編：《執政的轉型：海外學者論中國共產黨的建

識形態上的這些變化直接反映在中共黨章中有關表述的變化中。日本學者藤野彰分析了中共十六大對黨章的重要修改：十六大黨章刪去了十五大黨章的「總綱」中關於社會主義必然取代資本主義的表述和馬克思列寧主義所揭示的「人類社會發展的普遍規律」中的「普遍」二字。他認爲，這是「中國共產黨的傳統理論支柱……全面修改」。〔註27〕所謂「傳統理論支柱」，實質就包括揭示社會發展共同規律的「社會發展史」。

　　隨著「社會發展史」在精英與民眾的思想世界中的地位的轉變，它的形象也發生著變化，似乎從人們爭相追捧的思想理論「寵兒」變爲無人問津的「棄嬰」，從告訴人們「天機」、指引社會前進的「天使」變爲禁錮人們思想的「魔鬼」。最初引起筆者對「社會發展史」關注和思考的，正是它形象轉變造成的巨大落差。時至今日，「社會發展史」真的已經毫無價值了嗎？當年的「社會發展史」爲何能抓住人心？在筆者看來，把昔日人們對「社會發展史」的信服簡單地歸結於意識形態宣傳的「蒙蔽」是過於簡單的，而認爲「社會發展史」所關照的問題已經完全失去價值、成爲了純粹的「假問題」更是草率的結論。

　　一方面，必須看到「社會發展史」話語所致力於探討的社會發展普遍規

設》，北京：中央編譯出版社，2011 年，第 80 頁。

〔註27〕〔日〕藤野彰：《從中國共產黨新的指導思想看政治、經濟和社會變遷──從「三個代表」到科學發展觀》，收入呂增奎編：《執政的轉型：海外學者論中國共產黨的建設》，中央編譯出版社，2011 年，第 40 頁。十五大黨章的表述是：「馬克思列寧主義揭示了人類社會歷史發展的普遍規律，分析了資本主義制度本身無法克服的固有矛盾，指出社會主義社會必然代替資本主義社會、最後必然發展爲共產主義社會。《共產黨宣言》發表一百多年來的歷史證明，科學社會主義理論是正確的，社會主義具有強大的生命力。社會主義的本質，是解放生產力，發展生產力，消滅剝削，消除兩極分化，最終達到共同富裕。社會主義制度的發展和完善是一個長期的歷史過程。社會主義在發展過程中會有曲折和反覆，但是社會主義必然代替資本主義是社會歷史發展不可逆轉的總趨勢。社會主義必將通過各國人民自願選擇的、適合本國特點的道路，逐步取得勝利。」十六大黨章則修改爲：「馬克思列寧主義揭示了人類社會歷史發展的規律，它的基本原理是正確的，具有強大的生命力。中國共產黨人追求的共產主義最高理想，只有在社會主義社會充分發展和高度發達的基礎上才能實現。社會主義制度的發展和完善是一個長期的歷史過程。堅持馬克思列寧主義的基本原理，走中國人民自願選擇的適合中國國情的道路，中國的社會主義事業必將取得最終的勝利。」而十六大秘書處負責人就《中國共產黨章程修正案》答記者問時指出，這一修改是把側重點放到了對馬列主義基本原理的堅持以及這一原理與中國實際的結合。

律問題，依然以其他形式活躍在思想理論探討之中。比如，2012 年 1 月 10 日，《光明日報》刊載了一篇文章，梳理了 2011 年度中國十大學術熱點，其中包括以下兩點：一是凝練社會主義核心價值觀。「學術界的共識是，要揭示科學社會主義的本質要求，集中體現中國特色社會主義的特殊性要求，應是人類文明和中華民族傳統文化精髓的集中體現」；另一是歷史唯物主義與中國問題。「學者普遍認為，歷史唯物主義必須重視中國問題，尤其要研究中國發展道路的普遍性與特殊性。」〔註28〕這些問題顯然都與社會發展史有關。但另一方面，簡單地、號召式的「維護」「社會發展史」在思想世界的「至尊」地位的願望即便是真誠的，確實也有些不合時宜，而如果希望繼續把「社會發展史」牢牢捆綁在政治戰車之上，從而借助於某些政治力量達成這一「學術」目的，或許能收到短暫的、表面的效果，但在思想多元多樣多變的今天，最終卻只能使這一話語變得更加蒼白無力。因此，要科學認識和評價「社會發展史」，首先要歷史地理解其理論內涵和發展脈絡，並盡可能豐富地展示話語體系內部各主要思想元素生成的情況。唯此，才能合歷史又合邏輯地說明「社會發展史」話語的歷史輝煌、今日境況與未來的命運。而鑒於「社會發展史」話語與中共意識形態以及中國馬克思主義之間關係極為密切，在其形成的過程中探究、解剖其學理內涵，或許又會有助於深化對中共思想史、中國化馬克思主義史甚或中國近現代思想史的理解。

二、學術史的回顧

1924 年，上海民智書局出版了蔡和森著《社會進化史》；從蘇聯回國不久的張伯簡則在民國日報副刊《覺悟》上連載了一篇長文《從原始共產主義到科學的共產主義》，次年，該文出了單行本，即國光書局版《社會進化簡史》，同時還配套出版了張伯簡編製的《各時代社會經濟結構元素表》。同年，北大教授陶孟和翻譯了德國學者米勒利爾的社會學著作，並以「社會進化史」為名，由商務印書館出版。此後二十多年間，「社會發展史」文本時有出版。到 1949 年為止，不算翻印和再版，共有 40 多種「社會發展史」文本問世。如算上新中國成立之後出版的文本，數量自然更多。

雖然「社會發展史」在中國已走過了近 100 個年頭，而且形成了數量可

〔註28〕《光明日報》理論部、《學術月刊》編輯部、中國人民大學書報資料中心：《2011 年度中國十大學術熱點》，《光明日報》2012 年 1 月 10 日，第 11 版。

觀的文本，但學界對「社會發展史」的研究仍是比較薄弱的，特別是缺乏對「社會發展史」話語生成史的全面研究。這一問題由來已久。1930 年代中期，楊堃在編寫「社會進化史」講義時就曾說過，「社會進化史一門在中文內並沒有一本令人滿意的參考書。」〔註29〕約 40 年後，1975 年，羅榮渠奉命修改北大三年級學生與北京汽車廠工人合作編著的《社會發展史》時也發出了類似感歎：「社會發展史是闡述人類歷史發展規律的科學，但想起來可憐得很。馬恩在一百多年前提出來的這個任務，迄今幾乎沒有人研究」。〔註30〕楊、羅二位的評論，固然主要是指「社會發展史」本身研究之不足，但同時也可以間接表明「社會發展史」生成史研究之缺乏。1980 年 4 月，胡喬木在中國史學會第二次全國代表大會上的講話中則說得更加透徹，「在解放初期，全國都學習社會發展史，差不多幾億人都學了社會發展史。由此可以設想和要求在中國出現研究社會發展史的專門家，可是卻沒有。我們到現在連一本比較像樣的社會發展史也沒有，甚至連比較好的小冊子也沒有。因為沒有牢固的研究基礎，小冊子怎麼能編得好呢？我們也可以利用國外的一些著作，但是我們不能滿足於利用外國的著作，因為它們究竟說的是別的國家的情況，而不是我們國家的情況。我們需要有以中國的事實為主體的社會發展史。」〔註31〕

時至今日，距離 1975 年又過去了將近 40 年，關於這一問題的研究成果依然很少，且主要集中在新中國成立初期的「社會發展史」學習這一主題上。〔註32〕王學典指出，「中華人民共和國成立後，中共在全國、特別是在意識形態領域，發起了一場學習運動，學習的中心是唯物史觀的基本原理和社會發展史，目的是把幾千年來的剝削階級顛倒的歷史再顛倒過來，確立勞動人民創造歷

〔註29〕楊堃：《社會進化史講義》，1934～1935，未刊，第 1 頁。

〔註30〕羅榮渠 1975 年 7 月 27 日致羅榮泉的信，羅榮渠：《北大歲月》，北京：商務印書館，2006 年，第 570 頁。

〔註31〕胡喬木：《關於史學工作的幾個問題》，收入《胡喬木文集》第三卷，人民出版社，1992 年，第 117 頁。

〔註32〕以下作品或多或少有所提及：《中國共產黨宣傳史》（林之達，四川人民出版社，1990 年）、《中國思想運動史（1949～1989）》（李洪林，天地圖書有限公司，1999 年）、《中國共產黨理論建設史：1949～1956》（肖東波，中共黨史出版社，2006 年）、《中國共產黨思想政治教育史》（許啓賢，中國人民大學出版社，2004 年）、《新中國成立以來高校思想理論教育史研究》（石雲霞，人民教育出版社，2005 年）、《新中國思想理論教育史》（張雷聲，高等教育出版社，2005 年）、《華中解放區幹部教育史》（林子秋，中共黨史出版社，2006 年）、《中國共產黨幹部教育簡史》（李小三，中共黨史出版社，2009 年）等。

的觀點，從而提高時人的政治覺悟，以適應當家作主、建設新中國的形勢。」〔註33〕桂遵義在《馬克思主義史學在中國》一書中提到，新中國成立前後，爲適應廣泛學習社會發展史的需要，出版了《社會發展簡史》（解放社編，1949年）、《社會形態發展史》（沈志遠，1949年）、《社會發展史的一些問題》（沈志遠、侯外廬，1950年）、《社會發展史綱・增訂本》（華崗，1950年）、《社會發展規律講話》（張鏞，1953年）、《社會形態發展史講話》（陳純仁，1954年）等，並指出當時社會發展史的學習，要點包括：1、勞動創造世界的觀點，包括勞動創造人、勞動創造世界、勞動群眾的活動創造歷史三方面內容。2、社會發展規律的觀點。3、歷史主義的觀點。〔註34〕葉桂生、劉茂林指出：「社會發展史的興起，在中國開始於20年代，它是在馬克思主義指導下發展起來的一門單獨的學科。當時，中國進步的歷史學家，爲了使人們瞭解社會歷史發展的普遍規律，學習馬克思主義，支持與參加中國共產黨所領導的革命，先後寫了不少這方面的著作。如蔡和森的《社會進化史》（1924）、李達的《現代社會學》（1926）、馬哲民的《社會進化史》（1929）、鄧初民的《社會進化史》（1931）等，都是早期有影響的著作。」〔註35〕王壽林在《新政權的思想塑造：新中國成立前後的學習社會發展史運動》中提出學習社會發展史運動的源頭最早可追溯到 1948年。在學習社會發展史的浪潮中，艾思奇的《社會發展史講授提綱》（訂正本）及其《歷史唯物論、社會發展史》、華崗的《社會發展史綱》（增訂本）、解放社的《社會發展簡史》三本教材影響較大。解放社的這本作爲黨校系統通用的教材，主要面向的是在黨校學習的黨員幹部，「與上面以及的教材有一個很大不同之處，即這本教材幾乎沒有聯繫中國實際，基本內容和主要觀點均來自蘇聯理論家的理論。」1949年3月，七屆二中全會再次強調學習社會發展史，獲得社會各界的積極支持與響應。1950年6月，中共七屆三中全會召開，使學習社會發展史運動掀起了一個更大的熱潮。理論界和出版界也編寫了大量理論讀本、教材和輔導讀物。〔註36〕上述研究成果對於理解「社會發展史」話語生成情況

〔註33〕王學典：《二十世紀後半期中國史學主潮》，濟南：山東大學出版社，2000年，第 204 頁。

〔註34〕桂遵義：《馬克思主義史學在中國》，濟南：山東人民出版社，1992年，第 482～483 頁。

〔註35〕葉桂生、劉茂林：《華崗在歷史學上的貢獻》，《文史哲》1988 年第 5 期，第 56 頁。

〔註36〕王壽林：《新政權的思想塑造：新中國成立前後的學習社會發展史運動》，《中共黨史研究》2009 年第 10 期。

有一定啓發，但都不夠深入，特別是缺乏「社會發展史」話語演變縱向脈絡的梳理。實際上，1920 年代中期，中共就已經開始了「社會發展史」宣教，當時的上海大學、農講所、黃埔軍校、北方區委黨校等機構中都設有相關課程，大革命失敗後，社會發展史宣教又轉入根據地以及軍隊之中，此後，呈現出與中共掌控的地域、人群同步擴張的態勢，其線索和脈絡是清晰的，但需要認眞梳理。

　　唯物史觀是「社會發展史」的理論基礎，這方面的研究成果相對充分。圍繞這一主題，已經出版了不少通史通論性著作，如葉汝賢著《唯物史觀發展史》（長春：吉林人民出版社，1985 年）、雷永生著《唯物史觀形成史稿》（石家莊：河北人民出版社，1987 年）、桂遵義著《馬克思主義史學在中國》（濟南：山東人民出版社，1992 年）、張靜如著《唯物史觀與中共黨史學》（長沙：湖南出版社，1995 年）、李善輝主編《毛澤東唯物史觀與現代中國》（桂林：廣西師範大學出版社，1995 年）、陳啓能等著《馬克思主義史學新探》（北京：社會科學文獻出版社，1999 年）、梁楓著《唯物史觀在中國的命運論綱》（北京：北京大學出版社，2000 年）、林泰主編《唯物史觀通論》（北京：高等教育出版社，2001 年）、孟慶仁著《現代唯物史觀大綱》（北京：當代中國出版社，2002 年）、呂希晨、何敬文主編《中國現代唯物史觀史》（天津：天津人民出版社，2003 年）、陳其泰主編《中國馬克思主義史學的理論成就》（北京：國家圖書館出版社，2008 年）、張劍平著《中國馬克思主義史學研究》（北京：人民出版社，2009 年）等。也形成了不少專題論著，如王學典關於唯物史觀的系列論著，包括《二十世紀後半期中國史學主潮》（濟南：山東大學出版社，2000 年）、《二十世紀中國史學評論》（濟南：山東人民出版社，2002年）、《二十世紀中國歷史學》（北京：北京大學出版社，2009 年）以及他指導的一批博士論文如林國華的《范文瀾與中國馬克思主義史學》（2007 年）、蔣海升的《「西方話語」與「中國歷史」之間的張力》（2006 年）、陳峰的《社會史論戰與中國現代史學》（2005 年）等；又如徐素華著《馬克思主義哲學在中國──傳播、應用、形態、前景》（北京：北京出版社，2002 年）、張立波著《唯物史觀在中國的早期傳播：理論旨趣與現實指向》（《哲學研究》2010年第 8 期）、王貴仁著《20 世紀早期中國學者對唯物史觀的闡釋及其演變》（《史學理論研究》2010 年第 3 期）、趙利棟著《20 世紀 20 年代馬克思主義歷史理論傳播中的唯物史觀述略》（《中國社會科學院近代史研究所青年學術論壇 1999 年卷》，社會科學文獻出版社，2001 年）和《20 年代中國馬克思

主義傳播中的恩格斯》（《近代中國與世界》第一卷，社會科學文獻出版社，
2005 年）、陳峰著《學術視野中的中國馬克思主義史學》（《山東社會科學》
2006 年第 8 期）、陶季邑著《五四時期國民黨理論家對馬克思主義在中國的
傳播》（《湖南師範大學學報》1993 年第 1 期）、陳峰著《胡漢民與中國馬克
思主義史學的發軔》（《齊魯學刊》2007 年第 4 期）、呂芳上所著《革命之再
起：中國國民黨改組前對新思潮的回應（1914～1924）》（中央研究院近代史
研究所專刊‧57，1989 年）、高華著《重新認識 20 世紀 30 年代「左翼文化」》
（高華：《革命年代》，廣東人民出版社，2009 年）、洪認清著《抗戰時期的
延安史學》（合肥：安徽大學出版社，2006 年）、盧毅著《抗戰時期延安史學
的興盛》（《哈爾濱市委黨校學報》2009 年第 2 期）、王發棟著《延安時期革
命史敘事範式初探》（山東大學碩士學位論文，2005 年）等。國外學者對這
一問題也有所關注，已譯爲中文的主要成果有德里克著、翁賀凱譯《革命與
歷史：中國馬克思主義歷史學的起源，1919～1937》（南京：江蘇人民出版
社，2008 年）和羅梅君著、孫立新譯《政治與歷史之間的科學編纂：30 和
40 年代中國馬克思主義史學的形成》（濟南：山東教育出版社，1997 年）。
這些作品或多或少都涉及「社會發展史」的內容，但不夠深入，有的還有一
些史實錯誤。比如，周一平在研究蔡和森著《社會進化史》時試圖勾勒此後
中共的社會發展史敘述脈絡。他指出：「在蔡和森之後 16 年，華崗寫成了《社
會發展史綱》」。實際上，與蔡和森幾乎同時，蔡在中宣部的同事張伯簡已經
寫出了《社會進化簡史》。周一平又認爲，「1949 年馬克思主義的社會發展史
研究獲得大豐收，這一年鄧初民的《社會進化史綱》、沈志遠的《社會形態
發展史》、艾思奇的《歷史唯物論社會發展史講授提綱》及華崗的《社會發
展史綱》（增訂本）等等相繼出版。」〔註 37〕實際上，鄧初民的《社會進化
史綱》早在 1931 年就已經由神州國光社出版，而且周一平還漏列了影響力
更大的解放社版《社會發展簡史》。又如，李達研究，是學界關注較多的課
題。但李達 1930 年代中期在北平大學授課時所編《社會進化史講義》卻未
見人引用，毋論研究。〔註 38〕

〔註 37〕 周一平：《中共黨史研究的開創者——蔡和森》，上海：上海社會科學院出版
　　　　 社，1994 年，第 64 頁。
〔註 38〕 李達研究的作品不少，還有專著比如羅海瀅著《李達唯物史觀思想研究》（暨
　　　　 南大學出版社，2008 年）本書原爲作者 2008 年在中山大學葉汝賢教授指導下
　　　　 完成的博士論文。

　　這一方面與「社會發展史」的主題尚未引起足夠重視以及史料分散的
實際情況有關；另一方面也有近年來「唯物史觀史」研究中剝離意識形態
色彩、尋找「學術內核」的治學傾向有關。而這或許又是受到西方學者的
影響。美國學者德里克曾提出，以 1933 年爲界，此前作爲革命最爲急迫的
任務之一的馬克思主義史學，在 1933 年以後開始了「學院化」的歷程，表
現爲兩個方面：首先，這一時期的馬克思主義史學著作主要由學院中人撰
作或是發表在具有學院背景的期刊上，其次，這一時期的馬克思主義史學，
趨於更爲瑣細的或是專題性的研究，極少顧及此前馬克思主義史學家所關
注的理論問題。他進而指出，學院化的馬克思主義史學呈現出三種趨向：
一是以陶希聖爲中心的北京大學的社會經濟史家和《食貨》半月刊爲代表，
重點在歷史資料的考證和專題論文寫作上。二是有選擇性地使用歷史唯物
主義和其他社會學理論來分析中國歷史，最主要的代表人物是周穀城。三
是以翦伯贊、范文瀾、何乾之、呂振羽等史學家爲代表，採用斯大林在 1938
年的《聯共（布）黨史》中欽定的「五階段論」來研究歷史。〔註 39〕德里
克的觀點受到國內學者的贊同，被認爲「跳出意識形態話語」的範例。〔註
40〕在這一種傾向影響下，「社會發展史」被認爲是具有強烈的「意識形態」
色彩的「假問題」，不值得進行嚴肅認眞的學術研究。比如王學典就認爲，
「五朵金花」產生於濃厚的意識形態背景，在既定的話語背景下，這些命
題都有重大意義，因爲它們背後有明確的非學術訴求。但在既定命題勾銷
之後，這些問題就成了蘊含有「眞學術」的「假問題」。〔註 41〕而「五朵金
花」中的絕大部分問題與「社會發展史」所建構的理論體系相關，這些「花」
基本上都是開在「社會發展史」這棵樹上的。或者說，「社會發展史」正是
五朵金花所賴以形成的「濃厚的意識形態背景」的重要內容，自然就容易
被歸入「勾銷」之列。「社會發展史」沒有作爲一個完整的學術問題進入學
者的研究視域，或許即與此種認識有關。

　　實際上，任何學術問題都來源於現實問題，都無法完全迴避意識形態。

〔註39〕〔美〕德里克著、翁賀凱譯：《革命與歷史：中國馬克思主義歷史學的起源，
　　　　1919～1937》，南京：江蘇人民出版社，2008 年，第 191～192 頁。
〔註40〕陳峰：《學術視野中的中國馬克思主義史學》，《山東社會科學》2006 年第 8
　　　　期，第 23～28 頁。
〔註41〕王學典：《「假問題」與「眞學術」：中國社會形態問題討論的一點思考》，《20
　　　　世紀中國史學評論》，濟南：山東人民出版社，2002 年。

特別是在講究「政統」和「道統」的中國文化傳統下，學術與政治之間從來就有一種特殊的緊密聯繫。今日研究者眼中的「學術」往往恰是研究對象心中的「政治」。因此，在中國近代思想文化語境中談論相關問題，如果把政治與學術完全打成兩橛，把那些宏觀敘事的問題完全看作純屬意識形態的「假問題」，有時候反而妨礙了對「真問題」的理解和表達。正如王學典所指出的，對1949年前的所有馬克思主義者來說，頭等大事是中國應該建立一個什麼樣的社會形態的問題。對於中國馬克思主義歷史學來說，社會形態問題始終是1949年前的主題。為了論證這個問題，才回顧中國過去曾經歷了哪些社會形態。〔註42〕這一觀點是很有見地的。但他又認為，1949年以後，這個問題在當時看來似乎已經解決，因此1949年以後的主題變成了階級鬥爭。〔註43〕這一說法則有可討論之處。1949年前後，確實有一個時期，黨內高層認為社會形態問題已經解決了，這就是先建立一個新民主主義社會，通過新民主主義社會相當長一段時期的發展以後，再進入社會主義社會。但很快，社會形態的問題又被提了出來，其突出表現就是毛澤東與劉少奇之間關於新民主主義社會性質的爭論。此後，每逢歷史重大轉折關頭，社會形態的問題就屢屢被提起，正是因為社會形態問題長期以來是黨政方針的重要學理支撐，包括「社會主義初級階段」理論，實際上也是以「社會發展史」所勾勒的社會演進線索與規律為重要學理依據的。從這個意義上說，只要作為「社會形態」的「社會主義」——不論是作為現實還是作為理想——沒有被完全扔棄。「社會發展史」就不會消亡，無論它是顯於前臺，還是隱在幕後。特別是從思想史的長時段來看，近代以來中華道統在西方文化的衝擊下逐漸式微，至晚在19世紀末，知識分子就感到面臨一場比政治秩序危機更為深刻的危機，需要以一種綜合的世界觀重建意義世界以回應危機。〔註44〕毫不誇張地說，這一世界觀的重建，直到今日仍在延續。而馬克思主義之所以能贏得人心，得到近代進步知識分子和廣大青年學生的認同，很大程度上正是因為這一學說內在的具有成為「新統」的潛質，可以填補道統崩潰之後的空白，緩解意義世界崩塌的焦慮。而馬克思主義的這種品質，很大程度上又來源於它對人類社會過去、

〔註42〕王學典：《中國當代史學思想的基本走向》，《20世紀中國史學評論》，濟南：山東人民出版社，2002年，第144～145頁。

〔註43〕王學典：《中國當代史學思想的基本走向》，《20世紀中國史學評論》，濟南：山東人民出版社，2002年，第144～145頁。

〔註44〕張灝：《危機中的中國知識分子》，北京：新星出版社，2006年，第9～10頁。

現在與將來的宏觀描述。如果我們承認世界需要意義、理想世界值得思考和追求，那麼，「社會發展史」就是一個極具現實感的「眞問題」。

　　綜上，全面梳理「社會發展史」話語生成之脈絡，發掘新史料並以此考訂「社會發展史」話語生成史之相關史事，由此探索這一話語背後的意義世界，便是本書從學術史角度所試圖承擔的任務。

三、「社會發展史」若干概念的簡要辨析

　　近代中國的歷史既是一部新思想新文化形成演變的歷史，也是一部新概念新語彙生成的歷史。一個新概念的背後往往反映出一部新的思想文化史。[註45]大部分中文馬克思主義學術術語是 20 世紀 20 年代開始形成的。[註46]現今意義上的「社會發展史」概念則正式形成於 1940 年代初，其標誌是華崗著《社會發展史綱》的出版，在此之前，人們更多的使用「社會進化史」這一概念來表述社會演進的歷史。而「社會進化史」又是一個伴隨著「進化論」在中國的傳播而出現的概念。近代文獻浩瀚無比，礙於時間與學力，本文無法確考「社會進化史」這一名詞在中文文獻中第一次出現的時間和篇目。但最早以「社會進化史」爲名的「社會發展史」中文著作應是蔡和森的《社會進化史》（1924 年）和張伯簡的《社會進化簡史》（1924～25 年）。而當歷史演進到 1940 年代，政治與文化背景都與 1920 年代有了很大不同，革命知識分子爲了凸顯社會發展中的「飛躍」和「突變」以高揚「革命」的意義，有意識地迴避帶有「漸進」和「改良」色彩的「進化」，也就放棄了「社會進化史」，轉而使用「社會發展史」作爲表述社會演變歷史和趨勢的「標準概念」。實際上，從筆者蒐集的文本來看，1940 年代之前的諸多「社會進化史」並不否定「革命」。而且，體會蔡和森等「社會進化史」撰述者的語意實質，可以發現，他們在「社會進化史」這個概念中所要表達的實際上也是「社會發展史」的含義。關於這一點，後文還將詳述。在此想要預先說明的是，爲全文論述前後一貫起見，除了特定指稱之外，本書在敘述中將不再刻意區分「社會進化史」與「社會發展史」這兩個概念。當然，近代也有一些知識分子把

〔註45〕　參見馮天瑜：《新語探源——中西日文化互動與近代漢字術語生成》，中華書局，2004 年；黃興濤：《近代中國新名詞的思想史意義發微——兼談對於「一般思想史」之認識》，《開放時代》2003 年第 8 期。

〔註46〕　〔德〕李博著，趙倩、王草、葛平竹譯：《漢語中的馬克思主義術語的起源與作用》，北京：中國社會科學出版社，2003 年，前言。

「社會發展史」等同於「社會史」，並與「社會進化史」相區別。〔註47〕但在本文所涉及的「社會發展史」文本及其撰述者中，不存在這種情況。

下文從辭典工具書，馬克思、恩格斯及其後繼者以及「社會發展史」文本書寫者三個維度分析這一概念的基本內涵。

（一）辭典等工具書

在研究過程中，筆者用「中國知網」的工具書在線檢索系統（收錄包括《中國大百科全書》在內的幾百種工具書）對「社會發展史」、「社會發展簡史」、「社會進化史」等關鍵詞進行詞條檢索，也翻閱了相當數量的紙質工具書，發現絕大多數工具書中都沒有收錄「社會發展史」這一詞條。

其中，1989 年出版的《中學教師實用政治辭典》將「社會發展史」列為專門詞條進行解釋。這應與當時「社會發展史」尚是一門中學課程有關。該詞條篇幅不長，不妨全文摘錄：「（1）指人類社會從低級向高級階段發展的歷史過程。（2）指研究人類社會從低級階段向高級階段發展的歷史過程及其規律的科學。這一科學指出，生產關係一定要適應生產力的發展。這是一個客觀規律，人類社會的發展變化就是受這個規律支配的。在這個規律支配下，人類社會必然由低級階段向高級階段發展。開始是原始社會，接著一般要經過奴隸社會、封建社會、資本主義社會，最後發展成為社會主義和共產主義社會。資本主義社會必將滅亡，共產主義社會必將勝利，是社會發展的歷史總趨勢。社會發展史是科學社會主義的內容之一，是中學生學習馬列主義的啓蒙課。」〔註48〕

應該說，這一詞條的解釋相當正統，第一，將「社會發展史」定性為「科學」；第二，嚴格遵循「五形態論」的基本觀點。同時，從話語史的角度看，雖未必是自覺行為，但這一詞條指出了「社會發展史」概念所包含的三個層面：1、隨時間推移人類社會不斷演進的客觀過程，2、對這一過程的研究和描述，3、受這一理論指導的知識、文本、課程等。簡單地說，第一個層面是本體論意義的，要回答的是：人類社會發展歷程如何？第二個層面是認識論意義的，要回答的是：如何認識這一歷程？第三個層面是知識論意義的，即關於人類社會發展歷程的知識體系。第二和第三兩個層面是筆者在本文中著意探討的。

〔註47〕 參見陳之邁等：《讀書指導》，中國文化服務社，1946 年，第 118 頁。
〔註48〕 《中學教師實用政治辭典》編寫組編著：《中學教師實用政治辭典》，北京：北京科學技術出版社，1989 年，第 84 頁。

（二）馬克思、恩格斯及其後繼者

　　「社會發展史」話語的核心思想要素來自於馬克思主義的基本原理，使用的概念和術語也是馬克思主義的，但馬克思和恩格斯並沒有對「社會發展史」作過內涵界定，只能從兩人相關論述中歸納出他們的基本觀點。

　　馬克思似乎沒有直接使用過「社會發展史」這一概念，他在《資本論》中使用了「人類發展史」。他說：「後來科學發現，勞動產品作爲價值，只是生產它們所耗費的人類勞動的物的實現，這一發現在人類發展史上劃了一個時代。」〔註 49〕但從上下文語意看，這裡的「人類發展史」是作爲一般名詞來使用的，大致等同於平時所說的「歷史」，不具有與「社會形態」密切相關的「社會發展史」的意義。

　　恩格斯使用過「社會發展史」。在 1844 年 11 月 9 日致馬克思的信中，他說正準備寫一本「英國人的社會發展史」：「目前，我正埋頭鑽研英國的報紙和書籍，爲我寫那本關於英國無產者狀況的書蒐集材料。……這本書一旦脫稿，我就著手去寫英國人的社會發展史。」〔註 50〕恩格斯在此所說的「英國人的社會發展史」，指的是他打算要寫的一本關於英國社會史的著作，他在英國居住期間（1842 年 11 月～1844 年 8 月）曾爲此書蒐集了材料。恩格斯的名著《英國工人階級》一書原是此書計劃中的一章。但恩格斯最終沒有寫成此書。從《英國工人階級》一書來看，恩格斯此處所說的「社會發展史」接近於一般的「社會史」的概念，也就是涉及社會生活方方面面的通史。〔註 51〕1890 年 8 月 5 日，在致康·施米特的信中，恩格斯使用了「社會形態發展史」的概念，他批評那些以所謂「唯物史觀」代替歷史研究的青年人，「在依附於黨的青年著作家中間，是很少有人下一番工夫去鑽研經濟學、經濟學史、商業

〔註49〕馬克思：《資本論》（第一卷），《馬克思恩格斯全集》第 44 卷，北京：人民出版社，2001 年版，第 91 頁。

〔註50〕《恩格斯致馬克思》（1844 年 11 月 19 日），《馬克思恩格斯全集》第 47 卷，北京：人民出版社，2004 年版，第 328 頁。

〔註51〕胡喬木在社會學座談上的講話中曾指出，「社會史」與「社會發展史」是兩門科學，不能混爲一談。（韓明謨：《20 世紀百年學案·社會學卷》，西安：陝西人民教育出版社，2002 年，第 301 頁。）常建華在梳理社會史的學術史時提出，中國社會史興起時，就有廣義的「社會史」狹義的「社會史」，前者探討人類社會的演進，以研究社會性質、社會形態爲主，是社會發展史；後者主要探討民俗習慣等大眾生活，社會分類及其組織、結構。恩格斯此處所說的「社會史」接近於「通史說」。參見常建華：《中國社會史研究的回顧與展望特徵》，《光明日報》2001 年 3 月 20 日。

史、工業史、農業史和社會形態發展史的。」恩格斯認為，唯物史觀不是歷史研究的教條，也不能代替對具體歷史過程的研究，「我們的歷史觀首先是進行研究工作的指南，並不是按照黑格爾學派的方式構造體系的訣竅。必須重新研究全部歷史，必須詳細研究各種社會形態存在的條件，然後設法從這些條件中找出相應的政治、私法、美學、哲學、宗教等等的觀點。」〔註52〕這裡的「社會形態發展史」接近「社會發展史」，而且，從中國的社會發展史文本來看，確實也有以「社會形態發展史」命名的（比如沈志遠的《社會形態發展史》）。另外，從這段論述也可以看出，恩格斯心目中的「社會發展史」不能等同於「唯物史觀」，它更多的是「史」而不是「論」。恩格斯在反思和批判德國古典哲學時，雖然沒有直接使用「社會發展史」，但對人類社會的發展歷程作出了充滿辨證法的論述，對於理解他對「社會發展史」的看法很有啟發。恩格斯指出，「人類社會同自然界一樣也有自己的發展史和自己的科學。」但社會發展史與自然發展史有區別。自然界是無意識的，自然發展史也就沒有預期的自覺的目的，而社會歷史的主體是有意識有目的的人，社會發展史中也就滲透著人的自覺意圖和預期目的。顯然，恩格斯在此肯定了人作為歷史主體對於推動歷史演進的重大作用，並認為這正是社會發展史從根本上區別於自然發展史之處。同時他又指出，「歷史進程是受內在的一般規律支配的。……歷史事件似乎總的說來同樣是由偶然性支配著的。但是，在表面上是偶然性在起作用的地方，這種偶然性始終是受內部的隱蔽著的規律支配的，而問題只是在於發現這些規律。」〔註53〕這段話之所以重要，是因為在「社會發展史」話語形成過程中，歷史發展的客觀規律與人的能動性在歷史發展中的作用之間的張力始終是一個核心問題。從上引恩格斯的話可以看出，在客觀規律與人的能動性二者之間，恩格斯最終堅定地站在客觀規律一邊。綜觀恩格斯的論述，如果請他對「社會發展史」作出界定，其要點很可能會包括以下內容：第一，「社會發展史」揭示的是社會發展的一般規律，與這一規律相比，人的作用不能不是第二位的；第二，即便如此，「社會發展史」仍是以人為主體的活動軌跡，不包括自然界演變的內容；第三，「社會發展史」是豐富多彩的，關於社會發展史的描述也應該是豐富多彩的，而不是乾癟的教條。

〔註52〕 《恩格斯致康·施米特》（1890年8月5日），《馬克思恩格斯選集》第4卷，北京：人民出版社，1995年，第892頁。

〔註53〕 恩格斯：《路德維希·費爾巴哈和德國古典哲學的終結》，《馬克思恩格斯文集》第4卷，北京：人民出版社，2009年，第231～247頁。

　　與此緊密相聯的是馬克思和恩格斯對「五形態論」的態度，因爲在相當長的時期裏，「五形態論」被確定爲「社會發展史」的主體內容乃至等同於「社會發展史」本身。而「五形態論」的創始權究竟應歸屬於馬克思、恩格斯、列寧、斯大林中的哪一位或哪幾位，學術界也已爭論多年。相當一部分學者認爲，「五形態論」是馬克思和恩格斯提出的，列寧、斯大林只是繼承發展了這一思想。趙家祥的觀點可爲這一派之代表，他認爲，馬克思、恩格斯十九世紀四十年代中期提出五形態論，到七十年代末至八十年代最後完成。這一理論貫穿在《德意志意識形態》、《共產黨宣言》、《資本主義生產以前的各種形式》、《〈政治經濟學批判〉序言》、《資本論》、《反杜林論》、《家庭、私有制和國家的起源》等一系列有代表性的著作中。列寧在很多著作中也論述了五種社會形態由低級到高級依次更替的理論。斯大林只是重提和發揮了他們的思想。〔註54〕反對這種看法的學者也不在少數，其中，段忠橋的看法較爲系統。20世紀90年代以來，他發表多篇文章闡發自己的觀點，後又提出「重釋歷史唯物主義」的口號。其基本觀點是：用「五形態論」來涵括人類歷史發展歷程，不符合馬克思本意。「五形態論」始於列寧、成於斯大林，最後在《聯共（布）黨史簡明教程》中得到經典表述。〔註55〕還有一些學者重點闡明馬克思關於五種社會形態的論述主要以西歐歷史爲對象，適用範圍有限。何兆武指出，馬克思關於五種社會形態的敘述，只是對於西歐歷史發展的一種「描述性的說明」，並無意於將其作爲不以人的意志爲轉移的普遍必然的規律。「它只不過是對以往歷史的一項描述，而不是一種規定、或者說一種先天的立法。」〔註56〕龐卓恒則認爲，馬克思雖然對社會形態演進序列作過多次論述，但從未把任何一種演進序列作爲人類歷史發展的普遍規律。他所作的演進序列的

〔註54〕趙家祥：《馬克思主義的社會形態理論簡論》，北京：北京大學出版社，1985年，第91頁；參見趙家祥、豐子義：《馬克思東方社會理論的歷史考察和當代意義》，北京：高等教育出版社，2002年。

〔註55〕參見段忠橋：《歷史發展「五形態論」質疑——重讀〈德意志意識形態〉》（《中國人民大學學報》1993年第4期）、《馬克思的三大社會形態理論》（《史學理論研究》1995年第4期）、《對五種社會形態理論一個主要依據的質疑——重釋《政治經濟學批判〈序言〉》的一段著名論述》（《南京大學學報（哲學·人文科學·社會科學版）》2005年第2期）、《馬克思從未提出過「五種社會形態理論」——答趙家祥教授》（《中國人民大學學報》2006年第5期）、《馬克思提出過「五種社會形態理論」嗎?——答奚兆永教授》（《教學與研究》2006年第6期）以及《重釋歷史唯物主義》（南京：江蘇人民出版社，2009年）。

〔註56〕何兆武：《社會形態與歷史規律》，《歷史研究》2000年第2期，第3〜4頁。

闡述，都有特定的歷史背景和針對性。《德意志意識形態》中所作的資本主義以前的三種所有制形式演進序列的歸納，是針對青年黑格爾派和費爾巴哈從抽象的人和人性出發，無視現實的人的歷史發展過程提出來的，以此作爲歷史例證，證明現實的人隨著生產力和分工的發展而相應地改變他們的交往形式或所有制形式。《序言》中所作的「四形態」歸納，主要是批判資產階級政治經濟學堅持的資本主義永恒論，並證明西歐資本主義必然要被更高級的社會形態所代替。《草稿》中所作的「三形態」或「三階段」歸納也主要是針對西歐各國，不是全人類歷史發展的規律。恩格斯也從來沒有按生產方式或社會形態的依次更替序列來表述全人類歷史發展的普遍規律，他在《家庭、私有制和國家的起源》中，一再說明這是對西方歷史進程的歸納，特別是他闡發的文明時代涉及的是從古希臘索倫改革（公元前 594 年）算起的西方文明時代的歷史。在《反杜林論》和《法蘭克時代》中又描述了階級和國家產生的「兩條道路」。〔註 57〕

　　筆者的基本看法是，馬克思和恩格斯確已形成社會依據一定的規律循次演變的思想，而且他們也認爲，不同時期的社會可以用形態歸類的方法來認識，而社會形態又應從經濟入手把握。這正是「五形態論」的基本方法論，但這些社會形態究竟以何種次序、何種方式依次演進，馬克思和恩格斯尤其是馬克思似乎並沒有特別清晰的論述，而且馬克思本人反對過於僵硬的歷史分期方式，1877 年，他在給俄國《〈祖國紀事〉雜誌編輯部的信》中提到：「他（米海洛夫斯基）一定要把我關於西歐資本主義起源的歷史概述徹底變成一般發展道路的歷史哲學理論，一切民族，不管他們所處的歷史環境如何，都注定要走這條路，——以便最後都達到在保證社會勞動生產力極高度發展的同時又保證人類最全面的發展的這樣一種經濟形態。但是我要請他原諒。他這樣做，會給我過多的榮譽，同時也會給我過多的侮辱。」〔註 58〕而且，正如多位學者已經指出的，馬克思一生學術的立足點在於對資本主義社會的現實及其理論的批判，資本主義研究構成馬克思畢生科研的中心和出發點。對於前資本主義社會的研究以及後資本主義社會的描繪，都是這一思維原點的

〔註 57〕 吳英、龐卓恒：《弘揚唯物史觀的科學理性——與蔣大椿先生商榷》，《歷史研究》2002 年 2 月；又見《唯物史觀與歷史科學》，北京：高等教育出版社，2004年，第 9～12 頁。

〔註 58〕 馬克思：《給〈祖國紀事〉雜誌編輯部的信》，《馬克思恩格斯全集》第 25 卷，北京：人民出版社，2001 年，第 145 頁。

邏輯展開。而西歐作為資本主義社會的典型形態，被馬克思作為剖析的對象。對人類古代社會的歷史學和人類學的分析考察以及由此而來的對東方社會的關注則是馬恩整個研究計劃中的一部分，「這個計劃是要為被壓迫的人民重新寫一部歷史，以便他們能明白他們所受壓迫的本質，以及這一壓迫是怎麼產生的。出於批判資本主義社會的目的，馬恩才把目光投向前資本主義社會。最初，在《德意志意識形態》和《共產黨宣言》這兩部早期著作中，他們的興趣主要集中在封建社會這一歐洲歷史上與資本主義直接相連的歷史時期。當時，他們還沒有注意到氏族社會。但到了1858年，他們的歷史眼界擴展到了更遠的時期。馬克思為《資本論》準備的提綱，以《政治經濟學批判大綱（草案）》為名在英國出版（1873 年），這是英國《前資本主義經濟叢書》中的一部重要的單行本。書中對古代社會、東方國家和氏族社會進行了考察和論述。從那時起，馬恩的著作中關於前資本主義制度的資料引用得愈來愈多。不過，從 1880 年馬克思接觸到摩爾根的著作時，才開始真正研究氏族社會。」「在他們的全部著作中，他們實際上是在力圖表明：資本主義大廈賴以建立的那些概念——關於國家、財產、婚姻、家庭、勞動、商業、資本等等概念——並非因建立在人性、邏輯或上帝之類非歷史性現象基礎之上而不可動搖。他們論證說，恰恰相反，這些看起來似乎具有永恆性的概念，實際上是它們所維持的那種制度的歷史產物。他們之所以涉足人類學領域，只是為了揭示這些概念的任意性、揭示它們受環境制約的相對性質。」〔註 59〕正因為如此，馬克思和恩格斯對於非西歐、非資本主義社會的發展歷史論述得就不如西歐資本主義社會那麼充分和確鑿，後人也就只能在一個由經典文本搭建的思維空間中，循著合理的邏輯進行理論演繹和再創造。

作為馬克思、恩格斯思想最有力的繼承者和闡釋者，1919 年，列寧在《論國家》中強化了社會發展的規律性和次序性，並用更加堅定的語氣描述了各個階段依次演進的順序和過程。〔註 60〕斯大林則把這一次序和過程進一步確定下來，並固化為意識形態，這集中體現在斯大林逐字逐句審定的《聯共（布）黨史簡明教程》中。這本經典教科書特別是「辨證唯物主義與歷史唯物主義」一節中對「社會發展史」作了詳盡闡述，可以視為斯大林對「社會發展史」

〔註 59〕 〔英〕莫里斯・布洛克著、馮利等譯：《馬克思主義與人類學》，北京：華夏出版社，1988 年，第 2～4、45 頁。
〔註 60〕 列寧：《論國家》，《列寧選集》，北京：人民出版社，1995 年，第 4 卷。

所作的定義，其要旨爲：「社會發展史首先便是生產發展史，數千百年來新陳代謝的生產方式發展史，生產力和生產關係發展史。」「社會發展史同時也就是物質資料生產者本身底歷史，即身爲生產過程中基本力量並實現著社會生存所必需物質資料生產的那些勞動群眾底歷史。」「歷史科學要想成爲眞正的科學，便不能再把社會發展史歸結爲帝王將相底行動，歸結爲國家『侵略者』和『征服者』底行動，而是首先應當研究物質資料生產者底歷史，勞動群眾底歷史，各國人民底歷史。」「研究社會歷史規律底關鍵，並不是要到人們底頭腦中，到社會底觀點和觀念中去探求，而是要到社會在每個一定歷史時期所採取的生產方式中，即要到社會底經濟中去探求」「歷史上有五種基本生產關係：原始公社制的，奴隸制的，封建制的，資本主義的，社會主義的。」社會發展是自發地，不自覺地，不依人的意志爲轉移地發生的。〔註 61〕《聯共（布）黨史簡明教程》於 1938 年出版發行，1938～1941 年 11 月，先後再版 234 次，譯成 66 種文字，發行量在 3570 多萬冊，在世界社會主義運動中影響極大。書中提出的關於「社會發展史」的系列觀點實質上是 1930 年代斯大林主導的「意識形態大轉變」的產物。〔註 62〕經過這場意識形態領域的系統清理與重塑，斯大林的思想在各個領域都取得了獨尊地位。1930 年代末，蘇聯理論界對社會經濟形態理論的探討停頓下來，甚至連「社會經濟形態」概念也不再使用了。社會發展史被歸結爲「千百年來相互更替的」生產方式的歷史，「形態」範疇也被「生產關係的類型」所取代。這種圖式在後來的歷史唯物主義著作中佔據優勢地位。〔註 63〕1938 年，任弼時組織翻譯了《聯共（布）黨史簡明教程》。1939 年，博古又將《辨證唯物主義與歷史唯物主義》譯成中文單行本出版。〔註 64〕隨後，在黨內掀起了一個學習宣傳的高潮，博

〔註61〕 聯共（布）中央特設委員會編：《蘇聯共產黨（布）歷史簡明教程》，人民出版社，1954 年第八版，1955 年 5 月上海第三次印刷，第 158～159、160～161、166 頁。

〔註62〕 這場大轉變以《聯共（布）黨史簡明教程》的出版和蘇共十八大爲標誌，最後確立了蘇聯的意識形態模式。關於其經過及後果，參見李宗禹等著：《斯大林模式研究》，北京：中央編譯出版社，1999 年，第 297～361 頁；馬龍閃：《蘇聯劇變的文化透視》，北京：中國社會科學出版社，2005 年，第 9～11、225～226、240 頁。

〔註63〕 〔蘇〕維·尼·科洛斯科夫著，徐小英、王淑秋譯：《蘇聯馬克思列寧主義哲學史綱要（三十年代）》，求實出版社，1985 年，第 103 頁。

〔註64〕 黃楠森、莊福齡、林利主編：《馬克思主義哲學史（修訂本）》（第五卷），北京：北京出版社，1994 年，第 392 頁。

古、楊松等宣傳系統領導人紛紛撰文推動全黨對該書的學習。〔註65〕《聯共（布）黨史簡明教程》的譯介與傳播實為中共黨史和近代思想史上一件大事，影響深遠〔註66〕，也對「社會發展史」話語的構建產生了決定性影響。

毛澤東很重視「社會發展史」宣傳教育、改造人心的作用，並多次作出相關論述。他關於「社會發展史」的看法雖然受到蘇聯的影響，但也並非亦步亦趨地追隨斯大林。〔註67〕對於蘇聯的話語和文本，毛澤東採取了有經有權，六經注我的態度和手法，進行了中國化詮釋，帶有鮮明的毛氏思想風格。高華曾考察了從蘇維埃時期到延安時期中共革命辭彙的變遷和轉換，指出：在延安時代，毛最終建立起以階級論為核心，以「群眾路線」為主要內容的平民主義敘述。毛關於「社會發展史」的看法也是符合這一話語特點的，其最大特點是格外突顯人的能動性在社會發展中的作用，格外強調社會發展史是階級鬥爭史，社會發展的歷程是被統治階級與統治階級鬥爭演進之歷程。1926 年，青年毛澤東就說過：「現時國內頗有些人懷疑或反對階級鬥爭的，這是不瞭解人類進化史的緣故。馬克思說：『人類的歷史，是一部階級鬥爭史。』這是事實，不能否認的。人類由原始社會進化為家長社會、封建社會以至於今日之國家，無不是統治階級與被統治階級之階級鬥爭的演進。巴黎公社便是工人階級第一次起來打倒統治階級的政治的經濟的革命。我們向來讀中國史，不注意階級鬥爭的事實，其實四千多年的中國史，何嘗不是一部階級鬥爭史呢？」〔註68〕終其一生，毛澤東對階級鬥爭始終青睞有加。與此相聯繫的是對群眾史觀的高度重視。尤其是 1930 年代以後，毛澤東的群眾史觀愈益

〔註65〕 凱豐：《「聯共（布）黨史簡明教程」的歷史意義和國際意義》，《群眾》第 2 卷第 16 期；《論聯共（布）黨史的發行和研究並論共產國際各支部中馬列主義的宣傳工作》，《群眾》第 3 卷第 23 期；楊松：《關於聯共（布）黨史簡明教程」一書與馬克思列寧主義底宣傳》，《群眾》第 6 卷第 10 期；《斯大林同志與〈聯共（布）黨史簡明教程〉》，《解放》第 128 期；楊松：《怎樣教和學「聯共（布）黨史」》，《布爾塞維克》第 3 卷第 4 期。

〔註66〕 《聯共（布）黨史簡明教程對中共黨史教學和研究的影響（座談會發言摘登）》，《中共黨史研究》1989 年第 1 期；歐陽軍喜：《論抗戰時期〈聯共（布）黨史簡明教程〉在中國的傳播及其對中國共產黨宣傳工作的影響》，《黨史研究與教學》2008 年第 2 期。

〔註67〕 高華：《在革命辭語的高地上》，《社會科學論壇》2006 年 8 月上半月期／學術評論卷。

〔註68〕 該文以《紀念巴黎公社應注意的幾點》為題發表於《中國國民黨政治講習班旬刊》，後收入《毛澤東文集》第 1 卷，北京：人民出版社，1993 年版。

理論化。筆者注意到，在此過程中，他多次提起「猴子變人」的話頭，並把它提到唯物史觀與唯心史觀的分水嶺的高度。〔註 69〕在毛澤東的話語體系中，「猴子變人」甚至成爲「社會發展史」的代名詞。他不但把「猴子變人」作爲與唯心論者爭奪人心的好教材，而且還寫進了他所擅長的詩詞之中：「人猿相揖別，只幾個石頭磨過，小兒時節，銅鐵爐中翻火焰，爲問何時猜得，不過幾千寒熱。人世難逢開口笑，上疆場彼此彎弓月，流遍了，郊原血。一篇讀罷頭飛雪，但記得斑斑點點，幾行陳跡。五帝三皇神聖事，騙了無涯過客，有多少風流人物，盜跖莊蹻流譽後，更陳王奮起揮鈸黃越。歌未竟，東方白。」（《賀新郎・讀史》，1964 年春）正所謂詩言志，從這闋詞中可以看到，毛澤東之所以重視「猴子變人」，正是因爲其中蘊藏著「勞動創造人」的深刻內涵，而這又非常符合毛澤東重視盜跖、莊蹻、陳王這樣底層民眾的一貫思想。

（三）「社會發展史」文本書寫者

「社會發展史」文本書寫者在話語構建過程中起著關鍵作用，他們對於「社會發展史」的理解直接影響著話語建構的路徑和方向，而且，相當一部分「社會發展史」文本書寫者都對「社會發展史」的內涵作出了界定。綜觀他們的觀點，可以歸納出三個關鍵詞：普遍史、整體史、民眾史。

第一，多數作者皆把「社會發展史」定義爲「科學」或「法則」，認爲「社會發展史」所解決的是各民族、國家歷史發展中帶有普遍性、規律性的問題，而不是一時一地的具體歷史問題。1920 年代的主要作品中，張伯簡的《社會進化簡史》、蔡和森的《社會進化史》雖然沒有明確說「社會發展史」是一種科學，但都致力於探求社會發展的科學法則。1930 年，王子雲在他所編譯的《社會進化史》中明確說：「社會進化史與普通一般歷史的不同之點，就在它的責任不是解明各單個國家的歷史發展過程，而是提綱挈領間或證以具體的實例，說到社會進化史底共同路線。簡單地說，社會進化史所研究的，是人類在社會發展底共同程度，表現了社會關係上的法則，及社會關係之新陳代謝。」〔註 70〕高素明所譯《社會形式發展史大綱》（1930 年）說的更加明確：社會發展史「應該消棄民族的及各國地理上的特點，應該提綱挈領的把各國

〔註 69〕 毛澤東：《關於人的基本特性及其他》，《毛澤東文集》第 3 卷，北京：人民出版社，1996 年，第 82 頁。
〔註 70〕 王子雲：《社會進化史》，上海：崑崙書店，1930 年，第 2 頁。

的發展歸結成一個分母。……照這個計劃做去，自然不能詳細的，甚至還不能簡單地敘述各國的歷史過程，只不過提一提社會形式發展的一般的路線，用具體的例子來加以說明。」〔註71〕1931年，鄧初民在《社會進化史綱》中也說：「社會進化史，是記述人類社會生活（包括經濟的，政治的，精神的各種生活）發展之過程，並闡明貫通其進化的全階段的客觀法則之科學」。〔註72〕並進一步指出，社會是自然界的一部分，「人類在自然界的內部營集團生活，而社會就是他們的共同生活體」。社會史和自然史是統一的。社會發展的規則可以從自然科學的法則來理解。因此，社會進化史所探討的「客觀法則」是自然界法則與社會自身法則的統一。「自然界的進化的物理的，化學的，及生物的諸法則，也就是社會發展進化的客觀法則」。同時社會發展還具有自身特殊的法則，這就是生產力和生產關係這一對矛盾發展變化的規律。對於這一法則，鄧初民是這樣表述的：「生產力與生產關係之間，是必須互相適應的，……。不過這種適應是不能長久保持的（否則社會便不能進化），即生產力在生產的過程中是不斷的向前發展的，生產力發達到一定的階段的時候，便要與生產關係發生衝突。結果，生產關係必為所衝破而向較高級的生產關係推移。所以生產力與生產關係，不斷的演成兩種形態：一是互相適應的形態；一是不相適應的形態。適應時，即生產力還能在那一生產關係內遂其發展時，社會基礎便能得到穩定；不適應時，即生產力在那一生產關係內不能發展而發生內在的矛盾時，則社會基礎便開始動搖，即社會便開始要發生大變革。」〔註73〕1940年，華崗在《社會發展史綱》中也說，「社會發展史，是研究人類社會實踐生活及其發展過程，特別是研究生產規律及生產力和生產關係發展規律的科學。」華和鄧都提到了「社會生活」，雖然兩人理解不同，鄧從社會領域著眼，華從社會結構入手，但在把社會發展史定義為一種「科學」這一點上並無二致。而他們所謂的「科學」，其含義正是對「法則」或社會發展規律的探索，實質上指唯物史觀的基本原理。

需要指出的是，在20世紀二三十年代，還有一些不認同「唯物史觀」的「社會發展史」也以「科學」為標榜，只是對「科學」有不同的理解。楊堃在其《社會進化史講義》中把國內的「社會發展史」類著作分為兩派，一派

〔註71〕庫斯聶著、高素明譯：《社會形式發展史大綱》，上海：神州國光社，1930年初版，第四版序言第5～6頁。

〔註72〕鄧初民：《社會進化史綱》，上海：神州國光社，1932年9月再版，第10頁。

〔註73〕同上，第7～8頁。

是唯物史觀派的，包括蔡和森的《社會進化史》、鄧初民的《社會進化史綱》等，他認為鄧氏之作「比較可讀，但可議之處亦頗多。」另一派則是站在文化社會學派立場上的，包括黃凌霜的《社會進化》（世界書局），陶孟和譯的《社會進化史》，陶氏之譯作「雖稍微舊點，仍可參考」。〔註74〕楊堃把自己的作品劃入後一派，但同樣追求「科學」。該講義開篇就說：「社會進化史是一門科學，不是一種哲學。它應本著科學的方法，根據種種可以觀察的材料，去考查人類社會的演進之種種事實。故一切駕空之論，一切烏托邦派底玄想，我們一概不談。僅有根據一定的事實，在某一時代的及某一地方的事實以作敘述，以資比較，始可作為我們的論爭。」〔註75〕不過，楊堃在此所說的「科學」是指科學方法，實際上是指實證的方法，而非「客觀規律」。相反，楊堃反對為社會進化設定普遍規律，認為所謂普遍規律，其實不過是一種「假設」。他說，「社會事實所能告訴我們的只是些演進的現象。若說這是進化，若說這是循著一定的階段而進化，那就成了科學上的假設。假設，亦自有假設的價值。若將這些假設當作真理，那就成了哲學上的進化論與科學分家了。很多人將進化論與科學混為一談，乃是一種極大的錯誤。」〔註76〕「科學所能告訴我們的，只是些演進和變化，不能告訴我們有什麼進化的階段。縱有進化，亦沒有什麼顯然可分的階段。縱有階段，亦絕不是一致的，絕不是放諸四海而皆準，俟諸百世而不惑的。故嚴格地講起來，社會演進的階段這一章，在現有的社會演進史以內，是不應存在的。」〔註77〕也就是說，在楊堃看來，劃分社會發展的階段只是對於研究方便有意義而已，並不是社會進化的「實情」。他認為，雖然摩爾根和恩格斯的社會發展階段劃分法是民族學中最有名的階段分類法，但也不妥當。楊堃自己在書中也提出了一種分類法：1、初民社會（原始時代、漁獵時代、游牧時代）；2、部落社會（或稱宗法社會、農業社會）；3、封建社會（都市國家、王國）；4、資本主義社會（商業資本主義時代、工業資本主義時代、金融資本主義時代）；5、社會主義社會。〔註78〕但也只一帶而過，既不以其為敘事線索，也沒有詳細論述。

〔註74〕楊堃：《社會進化史講義》，1934～1935，未刊，第 7 頁。
〔註75〕同上，第 1 頁。
〔註76〕同上，第 13 頁。
〔註77〕同上，第 14 頁。
〔註78〕同上，第 15～16 頁。

　　爲楊堃所稱道的陶孟和所譯《社會進化史》〔註79〕，實際上也致力於發現社會進化的「規律」，但與楊堃一樣，該書同樣不信奉唯物史觀。書中認爲，歷史的唯物論，特別是馬克思關於經濟基礎決定上層建築的論述，「確有很近情理的。」「唯物史觀包含一個大眞理。」但是，把經濟因素作爲歷史發展的原動力，依然不夠徹底，仍然有可能陷入純思辨的泥沼。「假使文化進步極主要的原動力是經濟生活的發達，那麼那個驅策經濟往前發展的原因又是什麼呢？無論如何，我們不可犯科學以前時代舊玄學的錯誤，視經濟爲一個實體，（entity），爲一種獨立的人格，除由自內的衝動往前進展外，幾無其他工作引領著其他文化現象向前進。」〔註80〕「關於這個促進經濟發達更深的原因的問題，唯物史的歷史哲學諱而不言。」而這，正是該書所欲研究的「促進文化勢力的深因」。〔註81〕要發掘這個深層次原因，使用演繹法是不夠的，需要的是「歸納法」。也就是把人類社會發展各個階段的動因都考查出來，然後進行綜合，得出結論。這就是，社會進步的主動力在於群體間的接觸和交往。〔註82〕按此標準，作者把人類進化史分爲四個階段，即野蠻、半開化、文明和社會化。其中，「社會化」是作者設想的未來社會藍圖。〔註83〕

　　按照本書原作者米勒利爾的設想，該書是更爲宏大的一套社會學全書《人類進化之階級》中的一本，這套書應包括「純粹社會學」的全部內容，共計12冊，但到作者1918年去世爲止，只完成了7冊。這7冊涵蓋的社會學分支領域很廣，包括婚姻家庭、家族、優生學等多個專題，陶孟和選擇的這一本

〔註79〕原著出版於 1908 年，作者米勒利爾，全名爲 Müller-Lyer, Franz Carl（1857～1916），德國心理學家和社會學家。譯本 1924 年 8 月由上海商務印書館出版。陶孟和早年留學日本東京高等師範，畢業後又去英國倫敦大學，獲經濟學士。回國後，曾任北京高等師範教授、北京大學教務長、上海商務印書館編輯、中華文化教育基金委員會北京調查所所長、北京大學教授等。《社會進化史》於 1924 年出版初版之後，又曾多次重版。僅《民國時期總書目》所收錄的就有 1925 年再版、1928 年 7 月 4 版、1932 年國難後 1 版以及 1929 年 10 月收入商務印書館萬有文庫版（編爲萬有文庫第 1 集 115 種）等。《社會進化史》共分五卷，分別是社會學緒論、飲食工具衣服及住居的進化史、工作組織的構造、文化進步之原因、文化與幸福。

〔註80〕〔德〕F・Muller-Lyer 著、陶孟和等譯《社會進化史》，上海：商務印書館，1932 年 9 月，第 278～279 頁。

〔註81〕同上，第 280 頁。

〔註82〕同上，第 344 頁。

〔註83〕同上，第 357 頁。

的書名直譯應爲「文化的變象與進步的趨向」，但陶在翻譯時卻把它意譯爲「社會進化史」，應該說，書名的翻譯是符合米勒利爾思想的。因爲米氏在這套書中，希望表達的一個核心就是：文化是按照一定的規律，朝著一定的方向發展的。雖然世界上每一個民族的歷史發展都有自己的特點，但可以找到一個普遍適用的階段發展體系。〔註84〕用「社會進化史」爲書名，顯然比直譯更好地傳達了尋求普遍法則的學術意圖。另外，陶孟和對書名的處理，也和他關於歷史哲學和社會學的看法有關。作爲一個社會學家，陶孟和認爲，社會研究最主要最根本的問題就是「社會的性質」、「社會的演化」、「文化演進一般的趨向」、「社會進步與社會退步」等。他不主張把細碎的社會問題作爲社會學研究的重點，而要「構成社會發展的全景，找到社會進化的系統」。「現代社會學所以能成立的理由，就是因爲可以根據社會現象與社會事實用歸納的方法以追溯社會進化的次第，顯出進化的線索，指示將來進化的傾向與目的。」而米勒利爾這本書，正是通過「將文化的全範圍分爲若干部分，然後再將各部門自最古以至現代所經由的途徑分別排列爲若干變象（Phaseological）或階級。……將各不同變象互相比較，就可以發見這些變象的演進都是有一定的方向的。這個方向可以稱爲『進步的趨向』。」〔註85〕同時，陶孟和也認爲，歷史「不是爲博學的人做廣告」，也不是用於借鑒，而是爲了獲得一種「歷史的觀念」，具體來說，就是要認清：「現代與過去相銜接，明古代過去之事，即可幫助我們明白我們的現在，我們自身和我們同胞，明白人類現在的問題和將來的希望。」〔註86〕

第二，多數作者都希望把「社會發展史」敘述爲「整體史」。王子雲明確表示，「歷史是研究人們社會生活的科學。她所要研究的，不是社會生活底某一部門，而是整個的全盤的包括社會萬象的，無論何時何地，凡屬社會生活的發展情形，歷史都要敘述。」〔註87〕鄧初民也認爲，社會進化史是一種關於人類社會的「整體史」，涵括社會生活的各個領域，具有強烈的包容性和綜

〔註84〕商務印書館編輯部編：《近代現代外國哲學社會科學人名資料彙編》，北京：商務印書館，1978年，第1695～1696頁。

〔註85〕〔德〕F·Muller-Lyer 著、陶孟和等譯《社會進化史》，上海：商務印書館，1932年9月，序言，第1～3頁。

〔註86〕陶孟和：《新歷史》（1925），《孟和文存·卷二》，上海：亞東圖書館，1925年6月，第135～136頁。該文的寫作時間和陶氏譯書差不多同時。

〔註87〕王子雲：《社會進化史》，上海：崑崙書店，1930年，第1頁。

合性。「我們如果要很忠實的記述社會發展進化的過程，換言之，要很忠實的編述一套社會進化史，自然在它的範圍內，必需要包括經濟的，政治的，精神的各種過程。不待說，以上各種過程，都可各別的寫成一套歷史，如經濟史，政治史，學術思想史之類；然我們編社會進化史的時候，則必需綜合起來寫，否則便等於喪失了社會進化史的領土之一部分。」〔註88〕

對於「社會發展史」文本書寫者而言，完成這一「整體史」架構的理論骨架是唯物史觀的社會組織論。1927年，北新書局出版的《社會進化史大要》開篇就以唯物史觀的立場對社會結構及社會發展動力等問題進行了分析，指出：社會關係是生產關係的綜合。「整個一個社會關係如同建造一所房屋，房架子是所謂社會意識，地基是下層的經濟構造。」上層的政治法律是社會的建築物，社會的意識形態是社會關係的副產物。〔註89〕社會關係是一定的、獨立的、必然的。「在一個一定的經濟構造的上層，一定發生一個一定的社會關係，經濟構造改變，然後社會關係才改動。中國農業社會延長了幾千年，政治久不脫專制的制度，現時歐洲的資本主義侵入，因有共和國之實現。」〔註90〕「社會關係是獨立於人類腦力之外，不受人類思想變換的。」「社會的進化決非突然而至，他有他自己的歷史。古代人的個人生產，只可供給自己，今則個人使用機器，可供給許多人，這種生產力的變動，馬上就形成一種新的經濟構造，更由這種新的經濟構造，形成一種新的上層的政治法律——這是社會進化必然的步驟。封建社會破壞，必然成功資本主義社會，資本帝國主義社會崩碎後，又必然成功共產主義社會。無政府黨人，每想略等而進，資產階級學者，每想仍舊保存資本社會制度，都是妄想的空想家。〔註91〕生產力是社會進化的原動力。」「生產力是生發的，是繼續不斷，猛力發展的；社會關係是因襲的，是有不少仍舊貫的形勢的，所以，社會關係的改革，往往不如生產力進化之快，一旦生產力的進程十分大於社會關係的進程時，矛盾便以是發生了。」〔註92〕前一生產力所形成的社會制度，不適於現一生產力之所要求，就會發生階級鬥爭而起革命。當社會制度的變遷趕得上生產力發

〔註88〕鄧初民：《社會進化史綱》，上海：神州國光社出版，1932年9月再版，第13頁。
〔註89〕黎明：《社會進化史大要》，北京：北新書局，1927年，第6～7頁。
〔註90〕同上，第9頁。
〔註91〕同上，第11頁。
〔註92〕同上，第14～15頁。

展時，就不會再有革命運動。〔註93〕鄧初民在《社會進化史綱》中也提出：「人類爲謀社會的生產相互加入一定的必然的生產關係所形成的經濟的、政治的、精神的生活之總體，它是以經濟構造爲地盤（即下部構造），以政治制度（法制政治）、意識形態（宗教，藝術，哲學，科學等），爲其上層建築物的（即上層建築）。」〔註94〕他指出，社會的產生源於人類的兩種根本欲望，一是生存欲，一是生殖欲，爲了維持生存和生殖，人類必須向自然界取得生活資料，也就必須加入社會的生活並結成一定的關係。「這種關係，便是生產關係。這種生產關係之錯綜複合（包括主要的生產關係與隸屬的生產關係），便形成社會之經濟構造。這種社會之經濟構造，便是社會之基礎地盤——即是社會之下部構造。」〔註95〕對應下部構造的，是上層建築。「整個的社會，乍看好像是一個包括萬象的不可究析的黑窟，實則只是兩大部分的合成。譬如一間大廈，一部分是這大廈的基礎（即地盤和礎石），一部分是這基礎上的建築物（即棟樑，瓦柱）。經濟構造，是社會的基礎，即其下部構造。一切法制，政治（綜合爲政治組織，有人把它叫做上層建築之一），宗教，藝術，哲學，科學等（綜合爲各種社會意識形態，有人把它叫做上層建築之二），便是社會的上層建築。把這兩部分合起來，便成爲社會結構的總體。」〔註96〕社會的經濟、政治和精神生活以及諸種現象是互相聯繫的。「法制及政治制度，必然爲經濟構造所決定；社會意識形態，不但爲經濟構造所決定，而且爲法制及政治制度所決定的。所以一爲上層建築之一，一爲上層建築之二。而上層建築之一與之二之間，甚至於與經濟構造之間，又都能互相影響。即是說上層建築之二對於其決定者上層建築之一，及經濟構造，上層建築之一對於其決定者經濟構造，都有反作用的力量。不過它們兩者，都必然爲經濟構造所決定耳。」〔註97〕

　　按照這一思路，「社會發展史」的「編製系統」就包括三個部分，一是人類社會生活之經濟的發展過程，也就是以生產關係——即以人類社會之經濟構造爲中心而經營的人與人間的生活發展之過程；二是人類社會生活之政治的發展

〔註93〕黎明：《社會進化史大要》，北京：北新書局，1927 年，第 15 頁。
〔註94〕鄧初民：《社會進化史綱》，上海：神州國光社出版，1932 年 9 月再版，第 5 頁。
〔註95〕同上，第 2 頁。
〔註96〕同上，第 3 頁。
〔註97〕同上，第 4 頁。

過程，即以法制政治爲中心而經營的生活過程；三是人類社會生活之精神的發展過程，即以社會的意識形態爲中心而經營的生活過程。顯然，按照這樣一個龐大的系統編撰的社會進化史，必然是無所不包的整體史、綜合史。

爲了實現「整體史」的目標，大多數「社會發展史」文本都從人類起源甚至地球原始講起，大量使用的人種學、民族學、考古學乃至地質學等多種社會科學之知識與方法。應該說，唯物史觀的敘事範式〔註98〕對人類社會的規整分析，固然給歷史研究者提供了便於掌握的公式，使敘述更加富有條理性，同時也容易成爲研究中裁剪史事的教條。從文本實際來看，雖然「社會發展史」撰述者的主觀願望是完美的，但在實際的書寫過程中，有時候也出現僵硬地遵循「社會形態」的橫向結構與縱向進程，抹煞了對歷史豐富性和多樣性的追求，從而使「社會發展史」淪爲乾癟的教條。

第三，幾乎所有的「社會發展史」都認同「民眾史」的書寫範式。「社會發展史」注重群眾在社會發展中的作用，因此不把目光對準歷史上的帝王將相或個別人物，而是把筆墨花費在對人群整體活動的描述上。王子雲認爲，社會發展史不只是關注個別偉人的事蹟，而是要描述社會階級的活動。〔註99〕陸一遠提出，「凡一個革命者，都必須有歷史的知識。但普通所得到的歷史知識，大部分都是關於英雄豪傑的行爲，皇帝偉人的事蹟，換言之，普通所得到的歷史是皇帝的統治史，換朝更代的歷史，而非民眾的歷史，社會生活的歷史，社會關係的歷史。縱或這些歷史，對於社會生活的民眾運動，偶或提及，但他敘述的觀點，是統治階級的觀點，所以這些歷史，是一個階級的歷史。試觀這些歷史對於過去農民運動的批評，便可證明這話是確實的——這些歷史，對於過去一切農民運動，都認爲是一種無意識的舉動甚或認爲是叛逆的行爲。其在中國，整部的歷史，不是研究歷代帝皇改朝換代的歷史嗎？這種欠缺不全而且是根據於統治階級的觀點，怎能使我們瞭解過去的民眾生活社會現象？階級社會是怎樣形成的？階級之間爲什麼有糾紛？什麼是過去

〔註98〕 王學典曾歸納了「唯物史觀」的敘事範式：在結構上，每一個敘事單元由三大板塊組成，經濟、政治、文化，梯度推進，按照唯物史觀的邏輯結構爲依據。在對象上，社會經濟、平民內容擴張，政治和精英活動縮減。在方法上，利用多科學理論和方法闡釋歷史。在立場上，強調社會衝突的意義，階級鬥爭、農民戰爭的意義。參見王學典：《翦伯贊學術思想評傳》，北京：北京圖書館出版社，2000年，第38～39頁。

〔註99〕 王子雲：《社會進化史》，上海：崑崙書店，1930年，第1頁。

社會發展的動力？——解答這一切一切的問題，便是我們現代歷史學者的責任。」〔註100〕華崗的《社會發展史綱》更是明確表示認同以下觀點：「歷史科學，如果它想成為真正的科學，就不能再把歷史作為帝王和將相的家譜，以敘述少數英雄偉人的行動為滿足，而是應當首先就研究物質資料生產者的歷史，勞動群眾的歷史，各國人民的歷史。」〔註101〕

綜上，試對「社會發展史」的基本內涵作一歸納：「社會發展史」是一種線性的歷史敘述，是一套以「進化」或「發展」作為基本理念的話語體系，它把人類社會描繪成承接遞進而不是後退或循環的若干發展階段。同時，「社會發展史」又具有濃鬱的整體史色彩。不管事實上是否能夠做到，它總是試圖以人類社會的整體變遷為旨趣，既不受某些人群、民族或國家的局限，也不受一定地域或時段的限制，更不糾纏於個別歷史細節，相反，其目標是構建一個貫通古今、囊括中西的話語體系，傳遞關於人類社會作為一個整體從哪裏來、到哪裏去的知識和觀念。通過整體性歷史進程的描述，為某個具體的民族、國家或人群指明前進的方向。在這一話語體系中，作為歷史活動的主體是人類整體，單個的歷史人物只是作為社會發展規律的遵從者或執行者存在，本身並無太大價值。

筆者在研究過程中蒐集到的「社會發展史」文本在社會發展階段、動力以及路徑等問題上的觀點各有不同，但上述基本特徵則幾乎全部具有。

四、「社會發展史」文本譜系

文本是話語的載體，文本譜系反映著話語生成的歷程以及同主題話語在不同時期的表現形態。全面蒐集「社會發展史」文本並加以考訂是本文格外重要的內容和基礎工作。根據上文界定的「社會發展史」概念，筆者以「社會發展史」、「社會進化史」、「社會發展簡史」、「社會進化簡史」、「社會進化」、「社會發展」等為關鍵詞，檢索了《民國時期總書目》（北京圖書館，1986～1997 年）、《解放區根據地圖書目錄》（中國人民大學出版社，1989 年）、《抗日戰爭時期出版圖書聯合目錄》（四川省中心圖書館委員會，1992 年）、《全國圖書總目錄》（生活書店，1935 年）、《十九種影印革命期刊索引》（人民日報出版社，1959 年）、《二十六種影印革命期刊索引》（人民出版社，1988 年）、

〔註100〕陸一遠：《社會形式發展史》，上海：江南書店，1929 年，第 2 頁。
〔註101〕華崗：《社會發展史綱》，生活書店，1946 年，自序第 2～3 頁。

《五四時期期刊介紹》（三聯書店，1979 年）、《抗戰時期期刊介紹》（社會科學文獻出版社，2010 年）、《東方雜誌總目（1904.3〜1948.12）》（三聯書店，1957 年）、《新中華總目（1933.1〜1949.5)》（三聯書店，1957 年）、《國聞周報總目（1924.8〜1937.12)》（三聯書店，1957 年）、《新華日報索引（1938.1〜1947.2)》（上海書店，1987 年）、《中央檔案館館藏革命歷史資料作者篇名索引》（中央文獻出版社，1989〜1992 年）、《中國近代期刊篇目彙錄》（上海人民出版社，1965〜1984 年）等工具書，國家圖書館、中國科學院文獻情報中心、中國社會科學院圖書館、北京師範大學圖書館、中國人民大學圖書館、北京大學圖書館、清華大學圖書館自編的館藏目錄及各家圖書館主頁檢索系統，「讀秀」「中國知網」「大成老舊」「晚清民國報刊數據庫」等網絡資源庫；同時，從民國時期著名知識分子和政治理論家的文集、年譜和回憶錄中尋找線索，共彙集 1924〜1950 年間出版的「社會發展史」重要文本 40 種，現按時序將其基本信息開列如下。〔註 102〕

1、《社會進化史》。蔡和森著，上海民智書局 1924 年 8 月初版，1927 年 2 月第 4 版。列入上海大學叢書。

2、《社會進化史》。〔德〕米勒利爾著，陶孟和譯。上海商務印書館 1924 年 8 月初版，1925 年再版，1928 年 7 月 4 版，1929 年商務書店萬有文庫版；1932 年國難後 1 版。收入萬有文庫第 1 集 115 種。

3、《從原始共產主義到科學的共產主義》，張伯簡著，1924 年 10〜11 月，《民國日報》副刊《覺悟》分 9 期連載。此文後改爲單行本《社會進化簡史》，1925 年廣東國光書店出版，1926 年 3 月再版，1926 年 11 月 3 版，1927 年上海長江書店出版，該書爲第六屆廣東農民運動講習所理論讀物。與上述文、書相配合，張伯簡還編製了《各時代社會經濟結構原素表》，1925 年 6 月新青年社初版，1927 年 1 月新青年社三版。

4、《社會進化史》，廖劃平著，上海泰東圖書局 1927 年 9 月出版，中央軍事政治學校政治部宣傳科 1927 年 10 月再版。列入中央軍事政治學校政治講義第 9 種。

〔註102〕其中比較重要的文本考釋與介紹詳見附錄 A。另外需要說明的是，出於主題集中考慮，一些著作內容相近的作品，這裡沒有收錄，如日本學者上田茂樹著、楊賢江譯《世界史綱》，張軍光著《中國社會史綱》，熊得山著《中國社會史》等；又，因本文主要著力於分析成系統的「社會發展史」話語，故收錄作品絕大多數皆爲論著，篇幅較小且論述簡略的單篇文章則沒有收入。

5、《人類的歷史》，陳翰笙著，北新書局 1927 年版。

6、《社會進化史大要》，黎明著，北新書局 1927 年 8 月初版。

7、《社會形式發展史》，陸一遠著，上海江南書店 1929 年 6 月初版。

8、《社會進化史》，馬哲民著，上海南強書局 1929 年初版，1932 年 10 月 5 日三版。收入新社會科學叢書第 3 編。

9、《社會進化史大綱》，陸一遠著，上海光明書局 1930 年 7 月初版，1931 年 10 月 3 版。

10、《社會進化史》，王子雲著，上海崑崙書店 1930 年 10 月初版。

11、《社會形式發展史大綱》（上、下），庫斯聶著、高素明譯，上海神州國光社 1930 年 10 月初版，1940 年 3 月，易名爲《社會形式發展史教程》（上、下），上海言行社出版。

12、《社會進化史》，黃菩生著、劉秉麟校，上海商務印書館 1930 年 11 月，1933 年 10 月商務印書館重新出版，1934 年 1 月再版，納入萬有文庫第一集一千種，新時代史地叢書。

13、《社會進化概論》，陳綏蓀、何環源編譯，上海新世紀書局 1931 年 5 月初版。

14、《社會進化史綱》，鄧初民著，上海神州國光社 1931 年。

15、《社會進化簡史》，臧進巧著，中央軍事政治學校第一分校 1932 年 7 月。

16、《人類社會發展史》，劉瑩編譯，上海春秋書店 1932 年。

17、《社會制度發展史》，〔日〕高橋清吾著，潘念之譯，上海大江書鋪 1933 年 2 月。

18、《社會的進化》，平青著，上海樂華圖書公司 1934 年 4 月初版，樂華少年文庫。

19、《人類史話》，〔美〕拉蒙·可夫瑪著，陶秉珍譯，上海開明書店 1934 年 6 月初版，1941 年 5 月 3 版，1947 年 5 版，1951 年 5 月 6 版，開明青年叢書。

20、《社會進化史講授提綱》，楊堃，1934～1935 年，油印本，藏北大圖書館。

21、《社會進化史》，劉炳黎，上海中華書局 1935 年 4 月初版，1941 年 2 月 3 版，列入「中華百科全書」。

22、《社會進化史講義》，李達著，北平大學法商學院講義，1936 年。未公開出版，藏北大圖書館。

23、《社會進化的歷程》，邵可侶著、鄭紹文譯，上海文化生活出版社 1937年 3 月初版，列入「綜合史地叢書」。

24、《社會形態發展史提綱》，抗大二分校訓練部，1942 年 12 月油印出版。

25、《社會發展史綱》，華崗著，生活書店 1940 年版，重慶生活書店 1946年勝利後 1 版，1947 年滬增訂 1 版；北京生活·讀書·新知書店 1949 年初版。收入青年自學叢書、新中國青年文庫。

26、《社會進化史講義》，教導隊編，1944 年 11 月。

27、《社會發展史略》，解放社，晉察冀日報社 1944 年 12 月，大連大眾書店 1946 年 2 月初版；新華書店晉察冀分店 1946 年 3 月；1946 年 8 月華北新華書店編印；1948 年 6 月華北新華書店；佳木斯東北書店 1948 年 10 月 4版；華東新華書店 1948 年 7 月；1948 年 11 月華中新華書店、中原新華書店編印；1949 年 4 月南通版。

28、《社會發展史略》，恩格斯等著、何錫麟譯，太嶽新華書店。

29、《社會發展簡史》，陳杭著，大連大眾書社 1946 年 2 月再版。列入青年知識叢書。

30、《資本主義以前的社會》，杜民著，上海生活·讀書·新知三聯書店1946 年 6 月出版，上海生活·讀書·新知書店 1949 年初版，1946 年版收入社會科學讀本；1949 年版列入新中國百科小叢書。

31、《社會進化簡史》，吳橋大眾書店 1946 年 11 月初版。

32、《社會發展史》，恩格斯等，香港新民主出版社 1947 年 7 月初版，1947年 6 月再版。列入新民主歷史叢書。

33、《社會發展簡史》，解放社，華北新華書店 1948 年 9 月，晉綏新華書店 1948 年 9 月；人民解放軍華北野戰軍第一兵團政治部 1948 年 12 月；1948年 12 月陝甘寧邊區新華書店翻印；北平武學印書館 1949 年出版；北平民生出版社 1949 年 1 月出版；1949 年 2 月哈爾濱東北書店；北平解放社 1949 年6 月出版；1949 年 6 月皖北新華書店；1949 年 7 月新華書店；1949 年 12 月冀南新華書店；1949 年北平科學社。東北行政委員會教育部指定初中二年級政治課參考書、高中政治課本。

34、《社會發展史講授提綱（訂正本）》，艾思奇著，華北大學 1949 年 6

月初版，1949 年 8 月訂補後再版；1949 年 10 月 3 版。

35、《社會發展史講授提綱》，中國人民解放軍第二野戰軍軍政大學政治部 1949 年 6 月。

36、《社會發展史講授提綱》，陳漢明著，華中軍政大學政治部審印。

37、《社會發展史提綱初稿》，艾思奇著，1949 年 7 月新北平印刷廠。後又撰《歷史唯物論──社會發展史講授提綱》及訂正本，1949 年 10 月新華書店訂正本。

38、《社會形態發展史》，沈志遠著，上海，生活・讀書・新知聯合發行所 1949 年 6 月初版，1949 年 8 月再版。列爲「社會科學基礎讀本（III）」。

39、《社會發展簡史》，汪秀之，晉西北新華書店 1949 年 9 月

40、《社會發展簡史》，青年求知學會選輯，大眾書店，1949 年，青年知識叢書。

其中，重要文本的主要內容請參見附錄，本節僅就其文本特徵，概述如下：

第一，翻譯作品較多，其原本來源又以蘇俄爲主。上列文本中，半數以上屬於譯作，其中又以譯自蘇俄的作品居多，雖然有些署爲作者「編」「著」「撰」，有些沒有注明原著來源，但也可發現明顯受蘇俄之影響，「社會發展史」話語與蘇俄聯繫之緊密於此亦可見一斑。對文本作者身份的考察也可印證這一點。有詳細生平可考的作者中，約三分之一具有留俄背景，如張伯簡、陳瀚笙、廖劃平、陸一遠等都是如此，另有一些雖然沒有直接的留俄經歷，但也通過其他渠道瞭解到蘇俄馬克思主義，並將之化用於「社會發展史」的敘述之中，比如李達的《社會進化史講義》就是如此。

第二，宣教意味濃鬱，大多定位於理論普及。這些文本之中，相當一部分本身就是教材或在教材基礎上修訂而成的專著，比如蔡和森的《社會進化史》、鄧初民的《社會進化史綱》、解放社的《社會發展史略》和《社會發展簡史》、艾思奇的《社會發展史講授提綱》，以及李達、楊堃的「社會進化史」講義等等。還有一些屬於青少年讀物，比如陳翰笙的《人類進化的歷程》、陶秉珍譯的《人類史話》、平青的《社會的進化》等。另外，如馬哲民著《社會進化史》雖非教科書，但定位仍在「普通的讀物」而非討論學術的「參考書」，「目的在供給一般的社會進化史的知識，並引起研究一切高深社會問題的興味。」〔註103〕

─────────

〔註103〕馬哲民：《社會進化史》，上海南強書局 1932 年，第三版，第 1 頁。

因此，這些文本均可劃入「宣傳品」的範疇，其目的主要是普及理論、傳授知識、改變思想，而非探討純粹學理（當然這並不表明「社會發展史」中沒有深刻的學理內涵）。這些情況說明「社會發展史」從其誕生到不同時期呈現出的各種表現形態，均帶有濃厚的政治實用性。

第三，學理系統分明，不同系統經歷了消長過程。上列文本雖體裁各不相同，但依其敘事傾向，大致可分兩大系統。一類偏向「社會生活史」，另一類偏向「社會形態史」。「社會生活史」類著作在近代中國本有不少，但冠以「社會進化史」名稱的並不多，其中以陶孟和譯的《社會進化史》和楊堃的「社會進化史」講義最為典型。前文述及，這兩部作品不以唯物史觀為指導，也不使用「社會形態」的概念，而是以社會生活各個領域作為主要敘述對象和謀篇布局的邏輯線索，注重社會變遷過程的事實性描述。佔「社會發展史」文本總數絕大部分的「社會形態史」類作品，是「社會發展史」話語的主流形態，在內容上以社會形態變遷為線索，歷史事實僅作為社會形態理論的論據存在。但需要指出的是，「社會形態史」內部又非鐵板一塊，雖然所有文本總體上都以社會形態理論為支撐，但所依據的學理並不一致。依此不同，又可分為兩個子系統，筆者分別稱為之「正統論」和「異端論」。〔註104〕「正統論」堅持以「五形態論」為指導，典型文本是華崗的《社會發展史綱》和艾思奇的《社會發展史講授提綱》，這一子系統嚴格遵循原始社會、奴隸社會、封建社會、資本主義社會和社會主義社會（共產主義社會）的順序論述社會發展的歷史，並將其作為人類社會發展之「一般」；同時，在解釋中國和東歐的社會發展現實時，還有一種變體，即以「半殖民地半封建社會」、「新民主主義社會」代替「資本主義社會」，作為上述社會發展線索的補充，沈志遠的《社會形態發展史》可為代表。「異端論」不遵奉「五形態論」，而是以「商業資本主義理論」「亞細亞生產方式理論」「組織化理論」等為指導。以亞細亞生產方式而論，異端論與正統論就有互相對立的看法，前者將其視為與西方歷史上的社會形態有較大差距的東方獨有的社會形態；後者將其視為五種生產方式中之一種，其本身並不是一種獨立的生產方

〔註104〕需要指出的是，「正統」與「異端」，只是相對的名詞，而且是政治用語，學術本沒有也不應有這樣的區分。有的時候，「異端」（不符合一時代學術主流的觀點）往往還能成為學術革新的契機與動力。但「社會發展史」話語卻不是純粹的學術，帶有強烈的政治性和意識形態性，其表現形態受政治派別及其力量影響很大。因此，筆者使用了這樣的概念。

式。〔註105〕侯外廬、呂振羽等馬克思主義史學家，就曾借用這一理論以緩解「一般」與「特殊」的緊張關係，當然，他們在使用這些理論的同時又在做著以「正統論」消解「異端論」的努力。1941 年，侯外廬對「亞細亞生產方式」理論進行了深入研究，然後寫成了《中國古典社會史論》（1942 出版，1948年經過增訂，以《中國古代社會史》為名出版），在馬克思主義史學家中最精闢地實現了「亞細亞生產方式」與「奴隸制」的對接，並以此形成了對中國古史不違背五形態論又獨具特色的解釋。另一位馬克思主義史學家呂振羽也把「亞細亞生產方式」視為「奴隸社會」的變種。〔註106〕

　　不論正統論還是異端論，在理論旨趣上有相似之處，即都致力於描述社會發展「一般規律」，但由於依據的學理不同，其所描述的「一般規律」樣貌也不相同。在「異端論」看來，人類社會發展的「一般規律」是：人類社會都經歷了一個無私產、無階級的原始社會，但在原始社會晚期向階級社會轉變的過程中，社會發展進入雙線並行的態勢，一些社會經歷了奴隸社會和封建社會，另一些社會則經歷了「亞細亞生產方式」或「商業資本主義社會」，直到資本主義生產方式確立並開始在全球擴張，才打破那些停滯的「亞細亞生產方式」下的社會原有狀態，於是，社會發展的雙線重新並軌，最終所有社會都進入一個無階級的社會。可見，「異端論」其實是「正統論」某種程度的理論偏離，正因為這樣的偏離，使其身段比較柔軟。特別是在闡釋中國歷史時，因為有「商業資本主義」「亞細亞生產方式」等理論為憑藉，「中國」這一人類社會發展進程中的「個例」就未必強行塞入如「五形態論」那般的模板之中，從而提供了緩解中國歷史特殊性與人類社會發展普遍性之間的張力的避風港。因此，「異端論」在 1930 年代的社會史大論戰中佔有一定市場。

　　綜觀「社會發展史」話語生長史中，「正統論」和「異端論」呈現互相消長之勢。「正統論」正式形成於斯大林發動意識形態大轉變之後。正因為這場意識形態大變革，「五形態論」確立了社會發展史話語「正統」地位，此前的社會發展史理論相應淪為「異端」。在中國，「異端論」肇端於張伯簡的一系列「社會發展史」作品，在 1930 年代達到鼎盛，經社會史論戰而消沉，從此

〔註105〕蔣海升：《「西方話語」與「中國歷史」之間的張力》，濟南：山東大學出版社，2009 年，第 177～178 頁。

〔註106〕參見呂振羽：《「亞細亞生產方式」和所謂中國社會「停滯性」問題》，《呂振羽集》，中國社會科學文獻出版社，2001 年。

一蹶不振。〔註107〕而「五形態論」一經傳入中國，即借助政治力量快速佔據主流，到 1949 年前後，通過全國性廣泛宣教，更是廣為人們接受，奠定「正統」地位。直到改革開放之後，在人們對過往歷史解釋的反思中，「異端」的聲音才又重新浮現。〔註108〕

五、研究方法和思路

前文指出「社會發展史」具有本體論、認識論和知識論三個層面，本文的研究主要聚焦於在認識論和知識論層面。也就是說，本文所關注的重點不是社會發展的歷程本身，而是人們對社會發展歷程的認識過程及其成果，當然還包括這一認識過程及成果所反映的政治文化生態。或者說，把「社會發展史」作為一種「話語」來處理。「話語（discourse）」是 20 世紀人文學科「語言學轉向」中形成的一個概念，指的是用於特定目的、在特定領域中使用的一套語言。〔註109〕從這個意義上說，「社會發展史」是在近代中國的政治和文化生態中生長起來的一套用以描述人類社會（包括中國社會）從哪兒來、往哪兒去的語言。古人說，學如積薪，後來者居上。用「積薪」來描述「話語」生長的特點也很合適，在各種「話語」演變、替代和疊加過程中，後到往往遮蓋先來。要完整理解「話語」的真相，就必須從「話語」產生的具體情境入手，探其本根，辨其源流，層層揭開。這就需要分析「話語」產生的語境。所謂「語境」無非是一學術問題賴以產生、演變的現實生態，只不過這種活生生的現實與紮根於現實中的問題一樣，在時間的流逝中變成了一種「文本」，這就要求研究者努力將一個文本與相關文本互相勾連，然後對其作出正確的解讀。在具體研究和表述中，筆者更多地嘗試採用「後敘法」，也就是以相對「定型」、典型以及在後世較為通行的「社會發展史」話語範式為分析基

〔註107〕 比如在中宣部圖書資料室 1958 年所編書目中，陸一遠的《社會進化史大綱》和黎明的《社會進化史大要》已被列為「資產階級」學說。參見中宣部圖書資料室編，《關於資產階級社會學、政治學、法學、經濟學資料索引》，1958年，第 41、50 頁。

〔註108〕 吳大琨就在 1980 年明確提出：「按照馬克思的原意，歷史上的社會生產方式應該是六種，而不是五種，是應該把亞細亞生產方式作為一種獨立的生產方式來研究。」吳大琨：《關於亞細亞生產方式研究的幾個問題》，《學術研究》1980 年第 1 期，第 12 頁。

〔註109〕 陳啟能主編：《二戰後歐美史學的新發展》，濟南：山東大學出版社，2005 年，第 67 頁。

點，與它之前、之後的文本對照，從而探究整套話語的生長軌跡。〔註110〕因此，對典型文本的深入分析和比較研究，通過文本的解讀展示話語體系的內部機理及歷史脈絡，成爲本書最主要的方法。

需要說明的是，「社會發展史」是一個龐大的話語體系，研究其生成，涉及方方面面的問題很多，又由於這一問題目前研究成果極少，可探討的問題又極多。筆者在研究過程中反覆斟酌，以「社會發展史」話語生成的內在邏輯和學理重點爲依據，提出以下五個問題作爲重點。第一，在近代中國，「社會發展史」話語是何時、如何形成的？第二，這一話語與近代中國的思想文化生態之間是何關係？第三，這一話語形成之後，是如何廣爲大眾所知，從而形成如此巨大的社會影響的？第四，這一話語內部的學理系統如何？它所致力於探求的核心問題是哪些？第五，今天，我們應如何看待「社會發展史」話語？按照這一研究思路，筆者作了以下工作：第一，盡可能全面地蒐集、整理 1921～1949 年間的社會發展史文本，並依其思想線索排出譜系；第二，回溯到 19 世紀中期以來中國思想界在觀念和知識層面的重大變革，以求勾勒「社會發展史」話語起源的長時段思想史背景；第三，以典型文本的考釋爲中心，通過對文本的研究，以點及面，展示「社會發展史」宣教的歷史源流、發展線索及影響；第四，解剖「社會發展史」話語的學理要點，以此展示「社會發展史」話語各要素植入的過程，以及「社會發展史」的話語生成史。第五，爲了完成以上這些工作，對一些史事、文本、人物生平事蹟進行考訂，並對一些舊有說法提出辨證和補正。

按照上述研究思路，全書分爲六章：第一章和第六章分別爲緒論和結論。第二章至第五章分別考察了「社會發展史」話語生成的思想背景、起源、宣教和學理要點。除此之外，爲保存史料和補充正文，本書還在附錄中扼要介紹了「社會發展史」的重要文本。

〔註110〕正如馬克思的名言所說的：解剖人體是解剖猴體的鑰匙。他在研究社會發展歷程時，也曾採用了類似的方法。他在分析資本主義時，就是以西歐尤其是英國的資本主義而不是萌芽狀態的資本主義爲對象的。

第二章　進化論、世界圖景與唯物史觀

　　雖然「社會發展史」話語正式形成於 20 世紀二十年代，但在考察其生成史時，又不可忽視 19 世紀中期以來古今中西雜糅的近代中國整體思想世界。這是因爲，任何話語都不能缺少觀念與知識兩大要素，任何一種話語都是按照某種觀念對知識進行改造和組合的結果，一種話語要在社會上流行並得到認可，又都需要一定的觀念和知識基礎。「社會發展史」話語也不例外，它的形成及被社會接受，需要進化的觀念和關於人類社會的新知識作爲基礎。而這些觀念和知識，並非是中國傳統所固有的，而是十九世紀後半期以來逐漸形成的，是近代中國思想變革的產物。〔註1〕「進化」觀念是這樣，關於人類

〔註1〕　進化的觀念與世界的眼光，到了五四前後，已經成爲知識分子改造社會、改造國民性的基本標準。這一點，在陳獨秀的名篇《敬告青年》（1915 年）中可以看得很清楚。在文中，陳舉出的「明其是非，以供抉擇」的「六義」之中，就包括「進步的而非保守的」、「世界的而非鎖國的」，所謂「以人事之進化言之，篤古不變之族，日就衰亡；日新求進之民，方興未已」、「國民而無世界知識，其國將何以圖存於世界之中」。（《青年雜誌》1 卷 1 號，1915 年 9 月 15日）五四時期國民黨創辦的重要刊物《星期評論》也以探究世界大勢和改造世界的方法爲旨趣，沈玄廬在發刊詞中寫到：「現在世界的大勢，怎麼樣了？世界的思潮又怎麼樣了？我的國家，處於現在的世界的大勢，該怎麼樣了？世界的思潮又怎麼樣了？我的國家，處於現在世界的大勢，該怎麼樣？處於現在世界的思潮，又該怎麼樣？我就不能不用著我們的思想來創作星期評論。」（玄廬：《發刊詞》，《星期評論》第 1 號，1919 年 6 月 8 日。）又如，在 1920 年，青年毛澤東就力主中國的問題是世界的問題，需要在世界的範圍中解決。1921 年 1 月，新民學會開會討論學會共同的目的，眾人所提的主張便是「改造世界」和「促使社會進化」。（湖南省博物館歷史部校編：《新民學會文獻彙編》，長沙：湖南人民出版社，1980 年）

社會的新知識也是如此。在傳統中國人的思想世界中，時空的概念都是相對狹小的，從空間看，傳統中國人關於中國以外地域的知識籠罩在意識形態色彩濃厚的「華夷觀」之下，更多地表現爲一種價值判斷而非事實陳述；從時間看，傳統中國人對於遠古的知識主要是一些虛幻的神話傳說或有待確證的文獻資料。19 世紀六七十年代以來，在西學東漸的潮流中，國人開始瞭解到上述新理念和新知識，這大大擴展了人們的視野，也爲社會發展史話語的形成與傳播奠定了基礎。

一、作爲「公理公例」的「進化」

中國的「進化」觀念產生於近代，是西力西學衝擊的結果。雖然中國人也習慣於用「變」的思想看待歷史，中國傳統思想也包含豐富的變易觀念，但傳統中國與西方上古、中古時代一樣，缺乏「進步之觀念」。古典中國思想家受循環的陰陽五行說影響，中古中國盛行的佛教思想也是循環論，而非進步論。唐宋以後，理學家的宇宙觀也屬於循環論。〔註 2〕19 世紀中期以來，在西方思想的不斷影響下，特別是在西方傳教士的歷史譯著傳達的進化史觀的影響下，歷史循環論漸被突破，傳統的變易史觀開始向進化史觀演變，到了 19 世紀後期，以嚴譯《天演論》的風靡爲標誌，進化論對知識分子的思想世界產生了具有決定意義的深刻影響，近代進化觀念也最終得以形成。〔註 3〕

在人類進化思想史上，達爾文和《物種起源》無疑非常重要。〔註 4〕但在近代中國進化思想史上，情況卻有些不同，嚴復及其所譯《天演論》的意義較

〔註 2〕 汪榮祖：《從傳統中求變》，南昌：百花洲文藝出版社，2002 年，第 10～11、14～15 頁。曠兆江認爲，傳統中國思想在關於宇宙、自然、人生、時間、歷史、政治等問題上的看法均以循環論爲中心。Luke S. K. Kwong: *The Rise of the Linear Perspective on History and Time in Late Qing China c.1860-1911, Past and Present*, NO.173, P165.

〔註 3〕 關於西方傳教士史地譯著中傳播的時間觀念、進化觀念及其對中國知識分子的影響。參見鄒振環：《西方傳教士與晚清西史東漸》，上海：上海古籍出版社，2007 年。關於變易史觀向進化史觀的轉變，參見徐松巍：《從古代變易史觀向近代進化史觀的轉變》，《史學理論研究》1999 年第 2 期。

〔註 4〕 「進化論」一詞最初是拉馬克提出的。達爾文雖不拒絕「進化」一詞，但用的不多。據吳丕統計，《物種起源》全書使用「進化」共 20 處。但人們普遍認爲，達爾文的《物種起源》奠定了進化論的科學基礎。參見吳丕：《進化論與中國激進主義》，北京：北京大學出版社，2005 年。

之達爾文及《物種起源》要重要的多。〔註5〕達爾文的《物種起源》出版於1859年。根據現存史料記載，中國人在1870年代就已經知道了達爾文。1873年（同治十二年）舊曆閏六月二十九日的《申報》上曾刊載一則題爲《西博士新著〈人本〉一書》的報導，提到英國的博士「大蘊」，寫了《人本》一書。「蓋以探考宇內之人，性情、血氣是否皆出於一本也。」「大蘊」，即達爾文，《人本》即《人類由來及性選擇》（1871）。〔註6〕1877年（光緒三年）10月30日，郭嵩燾在日記中提到了達爾文，譯之爲「歪費爾達摩生」，「英人有名歪費爾達摩生者，遍歷各洋，查考海道之深淺，水流之緩疾，與赤道下熱海之行度，與水勢寒暖分數，及各海底淺石蟲魚，集聚數百種，凡歷三年乃竣事。」〔註7〕1883年，美國傳教士丁韙良的《西學考略》中也提到《物種起源》，譯之爲《物類推原》。1889年，格致書院的一道考題中也提到了達爾文及其學說。而李鴻章在考生答卷上的眉批表明此時他還是採取比附中學的方式理解達爾文的學說。〔註8〕

〔註5〕　早在20世紀20年代，就已經有學者認識到：「自從嚴復氏將赫胥黎的《進化論與論理學》介紹到中國來以後，關於進化論的普通知識，以及『自然淘汰』、『生存競爭』等等名詞，……離在二十多年前，已喧騰於眾口，然而進化論本身的根本意義，卻不甚爲學者們所注意。」（陳兼善、嚴既澄語，轉引自《進化論的過去與現在》，科學出版社，1980年，第91頁。）近年來，對於《天演論》之前，通過西方傳教士及其助手的譯著傳播的進化思想，學界給予了高度關注。鄒振環指出，中國人瞭解進化論，部分思想家是通過早期江南製造局譯出的《地學淺釋》、《金石識別》等，更多的知識分子則是以嚴復的《天演論》爲媒介。（鄒振環：《影響中國近代社會的一百種譯作》，北京：中國對外翻譯出版社公司，1999年，第269～270頁）吳丕在其《進化論與中國激進主義》中專列章節論述這個問題，注意到了《談天》（1859年）、《地學淺釋》（1873年）和《泰西新史攬要》（1895年）的意義，也認爲這些著作爲嚴譯《天演論》的出場作了鋪墊。（吳丕：《進化論與中國激進主義》，北京：北京大學出版社，2005年，第34～40頁）陳衛平對此作了更具思辨色彩的區分，他指出，甲午戰爭前傳入的西方自然科學中一些進化論思想屬於「器」的層面，甲午戰爭之後，才上升爲世界觀意義的「道」。（高瑞泉主編：《中國近代社會思潮》，上海人民出版社，2007年）

〔註6〕　吳德鐸：《達爾文在中國——紀念達爾文逝世一百週年》，《社會科學戰線》1982年第3期，第345頁。

〔註7〕　《郭嵩燾日記》第三卷，湖南人民出版社，1982年，轉自沉永寶、蔡興水編：《進化論的影響力——達爾文在中國》，南昌：江西高校出版社，2009年，第4頁。

〔註8〕　李鴻章的眉批是：「達文明動植之學，有《動植原》一書，明自然之用，宏旨若中國老子。」見鄒振環：《影響中國近代社會的一百種譯作》，北京：中國對外翻譯出版社公司，1999年，第271頁。

　　與前人不同的是，嚴復首次提到達爾文學說，就帶有強烈的社會政治取向。1895 年 3 月，嚴復在天津《直報》上發表《原強》，簡要介紹了達爾文的物種起源學說：「物類之繁，始於一本。其日紛月異，大抵率天地與凡所處事勢之殊，遂至闊絕相懸，幾於不可復一。然此皆後天之事，因夫自然，而馴致若此者也。」「所謂爭自存者，謂民物之於世上，樊然並生，同享天地自然之利。與接與構，民民物物，各爭有以自存。其始也，種與種爭，及其成群成國，則群與群爭，國與國爭。而弱者當爲強肉，愚者當爲智者役焉。迨夫有以自存而克遺種也，必強忍魁桀，矯捷巧慧，與一時之天時地利洎一切事勢之最相宜者也。」〔註 9〕可見，達爾文一進入嚴復的筆下，就拄著斯賓塞這根拐棍。嚴復非常強調達爾文物種進化學說對於社會歷史的意義，把解釋自然界種與種爭的思想，擴展爲解釋人文世界群與群爭、國與國爭的準則，把自然之理變成了人間之理。〔註 10〕而按照達爾文的學說，人間本就產生於自然，這使得這種延伸顯得順理成章、渾然一體。〔註 11〕不過，嚴復在《原強》中對達爾文的介紹並沒有使進化思想家喻戶曉。這一思想振聾發聵的意義，要到嚴復《天演論》的出版才真正顯露出來。《天演論》是嚴復根據赫胥黎的兩篇有關「進化論與倫理學」的文章譯述而成的，但又加入了許多斯賓塞的思想和嚴復自己的見解。〔註 12〕《天演論》一出版就產生深刻影響，成爲進

〔註 9〕　王軾編：《嚴復集》第一冊，北京：中華書局，1986 年，第 5 頁。

〔註 10〕　吳丕指出，在翻譯《天演論》的時候，嚴復對「進化」和「天演」二詞是有區別的，大體上是前者用於社會領域，後者用於自然領域。但後來則不太刻意區分。而且在嚴復的思想中，二者實際上又是相通的，在《天演進化論》中，他說「吾人以天演言化，見一可以知二，觀此可以知彼」。（吳丕：《進化論與中國激進主義》，北京：北京大學出版社，2005 年）。

〔註 11〕　進化論對世界觀的衝擊與改變的一個重要內容就是把人類納入自然序列。參見鮑勒著、田名譯：《進化思想史》，南昌：江西教育出版社，1999 年。

〔註 12〕　關於《天演論》的思想來源問題一直有爭論。根據李佩珊的統計，嚴復的按語佔全書篇幅三分之一，這些按語中，有三分之一是讚揚斯賓塞的主張。（李佩珊：《社會達爾文主義和達爾文進化論在中國》，《自然辨證法通訊》1991 年第 3 期）嚴復翻譯赫胥黎的《天演論》，實際上是用斯賓塞的觀點解釋赫胥黎的學說，也就是用經過發展的達爾文主義，即群體競爭思想來補充或解釋個體競爭思想。（蔡樂蘇：《嚴復啓蒙思想與斯賓塞》，《清華大學學報》1989 年第 1 期）史華慈認爲，主要是介紹斯賓塞的進化論哲學，而赫胥黎則是一個「陪襯」。（〔美〕本傑明·史華慈著、葉美鳳譯：《尋求富強：嚴復與西方》，南京：江蘇人民出版社，1996 年）汪榮祖反對這種說法，認爲嚴復實際上是融會二者之說。（汪榮祖：《嚴復的翻譯》，收入《從傳統中求變》，南昌：百花洲文藝出版社，2002 年。）汪榮祖的觀點有吳汝綸的序言作爲有力支撐，

化論在中國的傳播史上一個標誌性的重大事件。「自嚴氏之書出，而物競天擇之理，鳌然當於人心，中國民氣爲之一變。」〔註13〕1897 年，孫寶瑄讀了此書後，稱讚「其說極精」、「極有理」。「爲之掩卷動色曰：誠如斯言，大地之上，我黃種及黑種、紅種其危哉。」〔註14〕吳汝綸、康有爲等對該書也非常推崇。〔註15〕《天演論》既使進化論的思想得到更加廣泛、更加迅猛的傳播，又把一種關於自然和物種演化的學說擴展爲普遍的世界法則，對 19 世紀末期以來中國的政治和文化產生了重大影響，很快被救國及革命人士用爲政治主張之理據，並逐漸成爲近代中國人的世界觀或意識形態。〔註16〕幾年之後，達爾文方以其本來面目重新進入中國。1902 年，馬君武譯成《物種起源》最前面的一部分「史略」，1903 年又譯出一到五章，1904 年初版，1905 年再版，定名爲《物種由來第一卷》。1918 年，馬君武又陸續譯完第六到第十五章，重譯第五章，以《達爾文物種原始》爲名，於 1919 年由商務印書館出版。〔註17〕1903 年（光緒二十九年），上海達文社出版了李郁編譯的《天演學初祖達爾文傳》，實際上是《達爾文自傳》最早的中文譯本。〔註18〕但對知識界產生深刻影響的仍然是嚴復的《天演論》。20 世紀 20 年代，就已經有學者認識到：「自從嚴復氏將赫胥黎的《進化論與論理學》介紹到中國來以後，關於進化論的普通知識，以及『自然淘汰』、『生存競爭』等等名詞，……雖在二十多

得到歐陽哲生的支持。(歐陽哲生：《中國近代思想史上的天演論》,《廣東社會科學》2006 年第 2 期)

〔註13〕漢民：《述侯官嚴氏最近政見》,《民報》第二號, 1905 年, 第 5 頁。

〔註14〕孫寶瑄：《忘山廬日記》, 上海：上海古籍出版社, 1983 年, 第 280、155～156 頁。

〔註15〕王軾：《嚴復與嚴譯名著》, 收入《論嚴復與嚴譯名著》, 商務印書館, 1982 年。

〔註16〕參見〔美〕浦嘉珉著、鍾永強譯：《中國與達爾文》, 江蘇人民出版社, 2009 年。王中江：《進化主義在中國》, 北京：首都師範大學出版社, 2002 年, 第 33～34 頁。當然, 也有學者認爲, 在關注進化論在 19、20 世紀之交巨大影響的同時, 不應忘記, 在儒學是文化主流的中國社會,「窮則變, 變則通, 通則久」的傳統思想更是從 19 世紀至 20 世紀初各項變革的主要理據。(袁偉時：《儒學歷史命運論綱》,《中國現代思想散論》, 上海：三聯書店, 2008 年, 第 19 頁)

〔註17〕李佩珊：《社會達爾文主義和達爾文進化論在中國》,《自然辨證法通訊》1991 年第 3 期, 第 32 頁。

〔註18〕吳德鐸：《達爾文在中國——紀念達爾文逝世一百週年》,《社會科學戰線》1982 年第 3 期, 第 346 頁。

年前，已喧騰於眾口，然而進化論本身的根本意義，卻不甚爲學者們所注意。」
〔註 19〕即便是馬君武本人，也深受嚴譯的影響。1900 年 8 月，受康有爲派遣
回故鄉廣西組織「勤王」的馬君武作了一首《歸桂林途中》，詩中就有這樣的
句子：「蒼茫古今觀天演，劇烈爭存遍地球」。他翻譯的達爾文學說用的名字
也是《達爾文天擇論》、《達爾文物競論》。〔註 20〕從 19 世紀末到 20 世紀初，
《天演論》成爲中國最流行的譯著，一些新學堂還用來作爲教科書，影響了
19 世紀末 20 世紀初的一大批人。〔註 21〕曹聚仁說：「近二十年中，我讀過的
回憶錄，總在五百種以上，他們很少不受赫胥黎《天演論》的影響，那是嚴
氏的譯介本。」〔註 22〕1909 年春，陶希聖到開封第一中學上學，開封的中學
生已經讀過達爾文《物種起源》的中譯本。〔註 23〕胡適在回憶中也提到過嚴
譯《天演論》的強大影響力：「《天演論》出版之後，不上幾年復風行全國，
競作了中學生的讀物了。……『天演』、『物競』、『淘汰』、『天擇』等等，都
漸漸成了報紙文章的熟語，漸漸成了一般愛國志士的『口頭禪』。還有許多人
愛用這種名詞做自己或兒女的名字。陳炯明不是號競存嗎？我的兩個同學，
一個叫孫競存，一個叫楊天擇。我自己的名字也是在這種風氣底下的紀念品。」
〔註 24〕陶、胡二人的回憶表明曹聚仁所言不虛。

　　《天演論》的強大影響力大概在五四以後才逐漸消退。〔註 25〕但消退的
只是《天演論》這一特定文本載體，它所傳播的「進化」思想則成爲絕大多
數知識分子頭腦中的「常識」，積澱入知識結構的最深層之中，而且具有了「主
義」的地位和不言自明的威力。「從嚴復的《天演論》譯本開始，夾雜了斯賓
塞觀點的社會進化論在我國成爲一種主導思想，『五四』時代幾乎沒有一個思
想家不信奉進化論，儘管他們在其他觀點上分歧很大，甚至是屬於互相敵對

〔註 19〕盧繼傳編著：《進化論的過去與現在》，北京：科學出版社，1980 年，第 91
頁。

〔註 20〕王天根：《〈天演論〉傳播與清末民初的社會動員》，合肥：合肥工業大學出版
社，2006 年，第 117 頁。

〔註 21〕歐陽哲生：《中國近代思想史上的天演論》，《廣東社會科學》2006 年第 2 期。

〔註 22〕曹聚仁：《中國學術思想史隨筆》，北京：三聯書店，2003 年，第 371～372
頁。

〔註 23〕陶希聖：《潮流與點滴》，北京：中國大百科全書出版社，2009 年，第 8 頁。

〔註 24〕胡適：《四十自述》，沈雲龍主編：《近代中國史料叢刊續編》第 96 輯，臺北：
文海出版社，第 98～99 頁。

〔註 25〕歐陽哲生：《中國近代思想史上的天演論》，《廣東社會科學》2006 年第 2 期。

的派別。」〔註26〕1922 年，對達爾文學說知之甚深的陳兼善評論說：「我們放開眼光看一看，現在的進化論，已經有了左右思想的能力，無論什麼哲學，倫理，教育，以及社會之組織，宗教之精神，政治之設施，沒有一種不受他的影響」。〔註27〕這種能統攝哲學、倫理、教育、宗教、政治等諸多領域的「進化論」，顯然已經成爲一種意識形態化的「進化」主義，具有世界觀的意義。五四時期的實驗主義、馬克思主義等新思潮能很快抓住人心，在很大程度上也正是得力於 19 世紀末以來廣泛傳播的「進化」主義的鋪墊之功。〔註28〕

　　進化作爲一種「主義」，在本質上是一種指向未來的理論，但同時也要求人們重視歷史。所謂「自進化之論出，學子益重歷史。」〔註29〕特別是在近代中國的語境中，接受了進化主義的知識分子自覺不自覺地希望在民族的歷史中找到國家未來的走向。而這種對歷史的注重，又帶有很強的「實用」色彩，即希望在歷史的探求中，發現社會進化的公理公例，以便從中把握住中國的前途命運。當然，晚清以來知識分子對公理公例的探討，並非源自進化論思想的刺激。從根本上說，這一問題的產生主要是出於現實的要求。近代以來，在強大的西力西學面前，知識分子或主動或被動地瞭解到中國以外的世界，經歷了自我認知的「去中心化」歷程，深刻認識到中國原來並非天下

〔註26〕　王元化：《清園近思錄》，北京：中國社會科學出版社，1998 年，第 57～58 頁。

〔註27〕　陳兼善，《進化論發達略史》，《民鐸雜誌》3 卷 5 號 1 頁。陳兼善（1898～1988）：字達夫，浙江諸暨市店口鎮人，生物學家，著有《進化論綱要》（1932 年）、《進化論初步》（1935 年）和《進化論淺說》（1947 年）等。

〔註28〕　關於進化論對中國近代的自由主義、民族主義和社會主義思潮的鋪墊和起點意義，參見高瑞泉主編：《中國近代社會思潮》（上海人民出版社，2007 年）之第三章「世紀末的新世界觀」。需要指出的是，達爾文的《物種起源》發表後，馬克思和恩格斯都表示了極大的興趣，並把進化論作爲自己學說的理論基礎質疑。（〔法〕德尼·布伊康著、史美珍譯：《達爾文與達爾文主義》，商務印書館，1999 年，第 100～101 頁。）但值得注意的是，在中國的政治語境中，早在馬克思主義傳入中國之前，「進化」一詞已經被倡言革命者定義爲「緩進」和「改良」，視其爲「革命」的對立面，而馬克思主義傳入中國伊始，即以「革命」與「激進」爲標榜，所以進化主義與馬克思主義又往往被視爲價值取向不同的兩種思想觀念。這種區別，當 20 世紀 50 年代，馬克思主義成爲佔統治地位的意識形態之後，發起的對「庸俗進化論」的批判中，體現的更加清楚。這一特殊的政治文化背景，一定程度掩蓋了馬克思主義與進化思想之間的眞實聯繫。

〔註29〕　《重刻支那通史序》，轉引自李孝遷：《西方史學在中國的傳播（1882～1949）》，上海：華東師範大學出版社，2007 年，第 92 頁。

中心，而是萬國中之一國，於是他們很自然地思考中國與世界的關係究竟如何？未來世界會如何走向，世界公理究竟爲何？晚清知識界對「萬國公法」的強烈關注和熱烈探討就是這種心態的產物。〔註30〕《天演論》的問世及進化觀念普及的意義在於把這種探討提升到愈加形而上的層面，金觀濤和劉青峰的研究表明，1895年甲午戰敗之後，「公理」一詞在士大夫的用語中得到凸顯。而嚴復翻譯的《天演論》則使「公理」眞正獲得了不等同於道德意義的正當性，嚴復自己就把物競天擇稱爲「公例」。〔註31〕梁啓超也把「進化」視爲公理公例，並通過辦報、撰述等方式大力宣揚這一思想。〔註32〕梁一生以思想多變著稱，後來也曾對進化主義發生懷疑而產生某種疏離，但在把進化及其法則視爲「公理」這一方面，則保持了前後一致。1902年，梁啓超在《新史學》中提出：「歷史者，敘述人群進化之現象，而求得其公理公例者也。」「善爲史者，必研究人群進化之現象，而求得其公理公例之所在。」作爲史家，就是要「求得前此進化之公理公例，而使後人循其理、率其例以增幸福於無疆。」〔註33〕直到晚年，他仍表示，「我現在並不肯撤銷我多年來歷史的進化主張」。〔註34〕鄧實在《史學通論》中也說到類似的意思：「史學者，所以詳究人群之興亡盛衰隆替榮枯之天則者也。」〔註35〕1906年，汪榮寶在《本朝史講義·緒論》中說：「歷史之要義，在於鈎稽人類之陳跡，以發見其進化之次第，務令首尾相貫，因果畢呈，晚近歷史之得漸爲科學者，其道由此。」〔註36〕同年，嚴復在《政治講義》中提出：「讀史之術，在求因果，在能即異

〔註30〕 參見王中江：《晚清帝國對「萬國公法」的理解和認識》，收入耿雲志等著、陳於武編：《開放的文化觀念及其他——紀念新文化運動九十週年》，北京：國家圖書館出版社，2009年。

〔註31〕 金觀濤、劉青峰：《觀念史研究——中國現代重要政治術語的形成》，北京：法律出版社，2009年。

〔註32〕 參見王天根：《〈天演論〉傳播與清末民初的社會動員》，合肥：合肥工業大學出版社，2006年。該書專闢一節（第三章第二節）論述梁啓超對進化思想的傳播甚詳。

〔註33〕 《梁啓超史學論著四種》，長沙：嶽麓書社，1985年，第247頁。

〔註34〕 王中江：《進化主義在中國》，北京：首都師範大學出版社，2002年，第135、139〜140頁。

〔註35〕 鄧實：《史學通論》，《政藝通報》第12期，1902年8月18日。李孝遷指出，此語引自《加藤弘之講演集》第1冊，見李孝遷：《西方史學在中國的傳播（1882〜1949）》，上海：華東師範大學出版社，2007年，第92頁。

〔註36〕 汪榮寶：《本朝史講義·緒論》，京師學務處官書局，1906年印行。

見同，抽出公例。」〔註37〕祝震在《最新中等中國歷史教科書》中也說，「歷史者，進化之母也，明現事物之根源，以修養智識。」〔註38〕頗有心撰述「中國通史」的章太炎的看法與他們類似，認為「中國秦、漢以降，史籍縣矣。紀、傳、表、志肇於史遷，編年建於荀悅，紀事本末作於袁樞，皆具體之記述，非抽象之原論。……君卿評議簡短，貴與持論鄙倍，二子優絀，誠巧歷所不能計，然於演繹法，皆未盡也。」章太炎這裡所說的「抽象之原論」及歷史中的「演繹法」以及後文中提到的「天則」實際上都帶有公理公例的意味。而且，章太炎設想中的歷史也是注重「古今進化之軌」的。〔註39〕此外，很多中小知識分子們也同樣視「進化」為公理公例，這一點在 20 世紀初年的時論中表現得很明顯。比如 1903 年《江蘇》上有一篇文章就說：「天演公例，進化者生不進化者死，進化者勝不進化者敗，亙萬古擴八荒而不可易者也。」〔註40〕這也說明了以作為公理公例的「進化」觀念在知識界之普及。

另外需要提出來討論的是章太炎和孫中山對「進化」的獨特看法。太炎早年信奉進化論，後來立場有所轉變，以致於一些研究者將其納入「反進化主義」的行列，但從標誌其立場轉變的主要思想文本如《俱分進化論》、《五無論》、《四惑論》等來看，章太炎並沒有拒斥作為公理公例的「進化」。比如在《俱分進化論》（1906 年）中，他說「進化之實不可非」；在《四惑論》（1908 年）中，他承認自然界的進化是客觀存在的。所以，與其說章太炎反對進化論，不如說他反對的是以放任自流、不作為的態度對待客觀存在的「進化」現象。也就是說，在章太炎看來，雖然在實然層面上確實存在「進化」，即所謂「進化之實不可非」，但在應然層面上卻不能將「進化」看作當然之理，而要以人力對之進行改造，使之符合人類的福祉，也就是所謂「進化之用不可取」。在《四惑論》中，他說：勇者陵弱，這是「自然規則」，但「循乎自然規則，則人道將窮」。章太炎的這一思想，在哲學上突出了人對於自然界的主體性，在政治上則凸顯了弱勢民族對於掩蓋在「進化」外衣下的強權進行反抗的正義性和民族發展路徑選擇上的自主性，也就是他一再強調的「依自不依他」。

〔註37〕嚴復：《政治講義》，《嚴復集》第 5 冊，北京：中華書局，1986 年，第 1243 頁。

〔註38〕祝震：《最新中等中國歷史教科書》，上海：南洋官書局，1906 年，第 1 頁。

〔註39〕章炳麟著、徐復注：《訄書詳注》，上海：上海古籍出版社，2000 年，第 857～861 頁。

〔註40〕雲窩：《教育通論》，《江蘇》第三期，1903 年 6 月 25 日。

　　孫中山進化思想的突出的特點是對「突駕」的強調。孫中山研讀過許多進化論的書籍，深入研究過以達爾文爲代表的進化學說。〔註 41〕孫也很喜歡談「進化」。他在很多場合談到過世界進化的歷程，並對人類進化史進行了分期。同時他又特別強調「突駕」，也就是在進化過程中充分發揮人的主體性從而實現超越式發展。在他看來，有天然進化、人事進化之別。〔註 42〕在東京中國留學生歡迎大會上的演說中，他提出中國不但要「突駕」日本，而且要超越歐美。通過對「突駕」的強調，孫中山把革命因素注入了進化史觀，把推動社會進化作爲人類的「天職」，使進化從「天演」變爲「人演」，用「革命進化」代替了「自然淘汰」。可見，孫中山和章太炎一樣，反對面對進化無所作爲的態度，強調人力對自然規則的運用與改造。〔註 43〕

　　更值得注意的是，章、孫與嚴、梁在進化思想上的歧異，實質上是政治取向的體現。無論嚴復還是梁啓超，傳播進化思想本就不是純爲學術的探討，而是帶有爲改良維新主張尋找理據的強烈政治意圖。〔註 44〕同樣，章太炎和孫中山關於進化思想的論辯以及對進化思想的改造和闡釋更不是純學理探討，而是爲了證明在進化的道路上，並不存在什麼不能逾越階段、只能循序前進的規則，人力完全可以運用進化的規律爲人類福祉服務，因此，「革命」不但不違背進化這一公理公例，而且恰是進化的客觀要求。除了章、孫之外，主張革命者多有類似言論。鄒容在其《革命軍》中早就說過，「革命者，天演之公例。革命者，世界之公理。」〔註 45〕吳稚暉說：社會進化是公理。「蓋公理即革命所欲達之目的，而革命力求公理之作用。故捨公理無所謂革命，捨革命無以以伸公理。」〔註 46〕李石曾說，「社會由革命之作用而得進化，革命由社會之進化而得爲正當。故社會愈益進化，革命愈益正當。」〔註 47〕朱謙之認爲，「進化與革命的關係，只是動與變的關係，革命是動，

〔註 41〕　姜義華：《孫中山晚年對於生存鬥爭學說的批判》，收入姜義華：《現代性：中國重撰》，北京：北京師範大學出版社，2008 年，239～247 頁。

〔註 42〕　孫中山：《平實尚不肯認錯》（1908 年 9 月 15 日），《孫中山全集》第一卷，中華書局，1981 年，第 385 頁。

〔註 43〕　王中江：《進化主義在中國》，北京：首都師範大學出版社，2002 年，第 163 頁。

〔註 44〕　〔日〕佐藤愼一著、劉岳兵譯：《近代中國的知識分子與文明》，南京：江蘇人民出版社，2006 年，第 124～125 頁。

〔註 45〕　鄒容：《革命軍》，北京：華夏出版社，2002 年，第 8 頁。

〔註 46〕　《新世紀之革命》，《新世紀》第 1 期，1907 年 6 月 22 日，第 1 頁。

〔註 47〕　李石曾：《無政府說》，《辛亥革命前十年間時論選集》（三），北京：三聯書店，

進化是變，動的時候，便是變的時候，所以革命的時候，就是進化的時候。依照西文原名，革命叫做 revolution，進化叫做 evolution，可見革命是更進化的意思。假使要永續不斷的更進化，就不可不時時刻刻的去革命了。然我可更進一層，決定革命是促進『進化』的唯一因子，因爲動是變的因，變是動的果，故此沒有動，就決不會有變，就是沒有革命，也決沒有進化可言。」〔註48〕可見這是革命派的普遍看法。總括這一時期關於「革命」與「進化」的言論，可以發現，強調革命並沒有否認進化的普適性，恰恰相反，它通過修正作爲特定概念的「進化」也就是維新派強調的按照固定程序和路徑進行的、不能越級的漸進性進化，爲進化思想注入人力改變自然的內涵，反而強化了進化作爲公理公例的意義。〔註49〕

二、時空新知識的擴充

前文已經提及，社會發展史的構建有兩個思想條件，一是進化思想的確立，二是時空新知識的儲備。從現代學術分科的角度看，這些知識分屬於地理學、歷史學、考古學、民族學、社會學和人類學等學科門類，然而，近代中國的學術建制經歷了從四部之學向七科之學的轉變〔註50〕，在 20 世紀之前，上述學科門類尚沒有在中國建立起來，有些在西方也處於建設過程之中，因此這些新知識的譯介者並非嚴格按照某個學科體系選擇和傳播的，而是根據現實政治和文化的要求進行篩選，這使得新知識的輸入呈現出一種互相夾裹的狀態，如果說這些知識之間有一個共同點，那麼就是它們都屬於傳統中國的思想和知識體系

　　　　　1977 年，第 146 頁。
〔註48〕朱謙之：《革命底目的與手段》，《無政府主義思想資料選》（上），北京：北京大學出版社，1984 年，第 448～449 頁。
〔註49〕吳丕對近代中國進化主義的各種形態作了描述，雖然這種描述未必完全適當，但也表明十九世紀末以來，進化思想在各種思想流派中「第一原理」的地位。（吳丕：《進化論與中國激進主義》，北京：北京大學出版社，2005 年。）葉瑞昕在其《危機中的文化抉擇——辛亥革命時期國人的中西文化觀》一書中專設一節討論進化的「頓漸」問題，並認爲這其實脫胎於中國傳統文化中自然與人力關係的探討，是無爲而治說與人定勝天論兩派學說論爭在近代的延續，只是到了近代，對壘雙方使用的思想武器不純是中國傳統學說，而雜有西方的近代社會學說。（葉瑞昕：《危機中的文化抉擇——辛亥革命時期國人的中西文化觀》，北京：商務印書館，2007 年，第 100 頁）
〔註50〕關於這種學科體制的轉變，參見左玉河：《從四部之學到七科之學——學術分科與近代中國知識系統之創建》，上海：上海書店出版社，2004 年。

中沒有的「新知識」，而且都被賦予了強烈的經世致用色彩，被時人認爲對於瞭解外情與推動內政具有重要作用。以甲午戰爭和十九、二十世紀之交爲分界點，十九世紀後半葉至二十世紀頭十年間新知識的傳播大體上可以分爲三個時期。甲午戰爭之前，晚清西方傳教士及其助手在新知識的傳播中起了重要作用，江南製造局所譯書也是當時新知識的重要源頭〔註51〕；甲午以後，知識界對新知識更加關注，有更多具備深厚中學素養的知識分子加入了傳播新知識的隊伍之中，嚴復即爲個中翹楚；20世紀初年，通過留日學生的翻譯和撰述，日本逐漸成爲西學東漸主渠道，很多新知識都是經過日本中轉後傳入中國。關於新知識東傳及其對近代中國思想與學術的影響，學術界大體上有兩種看法，一種看法比較注重戊戌一代知識分子如嚴復、梁啓超的作用，突出19世紀末20世紀初在思想界引起深刻影響的《天演論》、《新史學》等文本在近代中國學科知識體系轉型中的標誌性意義。在追溯近代史學、民族學、社會學、考古學、地理學等學科形成史時，都會不約而同的提到嚴、梁二位的功績。〔註52〕另一種看法則比較注重晚清西方傳教士譯介到中國來的史學著作潛移默化的影響，傾向於這一看法的學者系統梳理了晚清以來西書漢譯的情況，認爲《談天》《地學淺釋》《四裔編年表》《泰西新史攬要》等西方書籍中介紹的知識導致國人思想觀念的「量變」，而20世紀初年，知識和思想領域的「突變」正是以長期積累的「量變」爲基礎的。〔註53〕筆者認爲，這兩種看法互爲補充，晚清西方傳教士所傳播的更多是一種關於中國以外世界的「新知識」，主要是對外情的客觀介紹，其影響面主要局限在有志於瞭解外界的知識分子圈子內。甲午戰爭之後，知識分子感受到的民族危機進一步加深，開始在更大範圍內傳播這些「新知識」，帶有強烈的變革救亡意識，更重要的是，這些「新知識」對於現實的意義被進一步發掘出來，成爲變法的理據。而「新知識」一旦被賦予關照現實的價值，就很容易成爲「新觀念」的催化物。所以到了二十世紀初年，伴隨著留日運動的興起，新知識的傳播才出現了一個質的飛躍。

〔註51〕 張增一：《江南製作局的譯書活動》，《近代史研究》1996年第3期。
〔註52〕 嚴復譯著對於近代中國社會科學學科起源的意義，參見王天根：《〈天演論〉傳播與清末民初的社會動員》，合肥：合肥工業大學出版社，2006年。社會科學各門類學科史中也多有提及，參見王建民著《中國民族學史》上卷（昆明：雲南民族教育出版社，1997年）、胡鴻保主編《中國人類學史》（北京：中國人民大學出版社，2006年）、陳星燦：《中國史前考古學史研究》（上海：三聯書店，1997年）等。
〔註53〕 參見鄒振環：《晚清西方地理學在中國》，上海：上海古籍出版社，2000年。

（一）地理新知識

「時空新知識」的主體包括世界地理與世界歷史兩大領域。向達指出：「西洋的地理學傳入中國，使中國人對於空間上得一新觀念。」〔註54〕所謂空間上的新觀念，即認識到中國不過是萬國中之一國，並非居於世界中心，萬國共處於地球之上，中國的問題需要在世界的視域中來考察、求解。值得注意的是，新知識的引入與新觀念的產生並非自然對應、同步發生的，新知識只有以一定的政治文化因子為觸媒才會轉變為新觀念。以新的地理知識而論，早在明末清初，西洋耶穌會士利瑪竇、艾儒略、南懷仁等都曾給中國人帶來新的地理學知識，包括地圓觀念和關於地球的知識，歐洲地理大發現的成果和五大洲的知識，歐洲的法律制度、宗教文化以及社會風情等方面的知識等。這是中國知識界第一次接觸到西方地理學知識，葛兆光用「天崩地裂」來描述16世紀末17世紀初西洋人帶來的天文地理知識和世界地圖對於傳統中國思想世界的強大衝擊。但同時他也指出，這種變化是相當艱難和緩慢的，古代中國的世界圖象在相當長的時間內並沒有完成徹底的轉變。〔註55〕進入晚清，通過《遐邇貫珍》（香港，1853～1856年）、《中外新報》（寧波，1857～1858年）、《六合叢談》（上海，後遷日本，1857～1858年）、《萬國公報》（1868～1907年）、《中西見聞錄》（1872～1875年）、《格致彙編》（1876～1892年）等報刊，以及《美理哥合省國志略》（禆治文）、《萬國地理全集》（郭實臘）、《四洲志》（林則徐）、《海國圖志》（魏源）、《海國四說》（梁廷枏）、《瀛環志略》（徐繼畬）等書籍，世界地理知識進一步得到傳播，開闊了人們的眼界。〔註56〕薛福成在出使日記中寫到：「蓋論地球之形，凡為大洲者五，曰亞細亞洲，曰歐羅巴洲，曰亞美理駕洲，曰澳大利亞洲。」〔註57〕但直到甲午戰爭之前，對世界地理新知識的瞭解，尚只限於薛福成這樣思想比較開明、有接觸西方經歷的知識分子，並沒有成為一般有知識的中國人的地理常識。〔註58〕直到1890年，美國傳教士謝衛樓仍在感歎：「近代天文學、地理學早在三百

〔註54〕 向達：《中外交通小史》，上海：商務印書館，1930年，第6頁。

〔註55〕 葛兆光：《中國思想史》第二卷，上海：復旦大學出版社，2001年，第379頁。

〔註56〕 郭雙林：《西潮激蕩下的晚清地理學》，北京：北京大學出版社，2000年，第1～30頁。

〔註57〕 薛福成：《出使英法義比四國日記》，長沙：嶽麓書社，1985年，第77頁。

〔註58〕 鄒振環：《晚清西方地理學在中國》，上海：上海古籍出版社，2000年，第137頁。

年前已經在中國傳授了。數百年來這些學科的書籍，很容易搞到手。可是在今天中國的首都宣佈地球是圓的這樣一個真理，會引起一批孔門學者的驚訝和懷疑。」〔註59〕

不過，情況很快發生了變化。特別是隨著留日學生運動的興起，西方地理學在中國的傳播進入一個新階段，現代地理學知識在知識界基本得到普及。〔註60〕據鄒振環的統計，1819 年至 1897 年的 78 年間共出版地理學單行本 51 種，而 1898 年至 1911 年這 13 年中，出版西方地理學譯著多達 157 種，其中，1902 至 1904 年最多，共 114 種，最多的 1903 年出版 34 種，這些著作大部分來自日本。〔註61〕其中很多是對世界各國情況的介紹，比如《英法俄德四國志略》（1892 年）、《天下五洲各大國志要》（1897 年）、《法國新志》（1898 年）、《英法義比國志譯略》（1899 年）、《新編東亞三國地志》（1900 年）、《列國地說》（1901 年）、《土耳其國志譯略》（1902 年）、《五大洲志》（1902 年）、《阿非利加洲》（1903 年）、《蒙古地志》（1903 年）、《西伯利亞大地志》（1903 年）、《澳洲風土記》（1903 年）、《美國漫遊雜記》（1903 年）、《俄羅斯》（1904 年）、《印度志》（1907 年）、《阿富汗土耳基斯坦志》（1907 年）、《亞細亞洲志》（1908 年）、《歐洲新志》（光緒年間刻本）等，還有各種世界地圖及各國地圖，這些書籍無疑大大豐富了國人對於中國以外世界的瞭解。這種瞭解既包括各國的現狀，也包括其歷史。〔註62〕19 世紀六十年代，京師同文館曾開設地理課。20 世紀初年，隨著科舉制度的廢除和新式教育制度的建立，地理教育革命性地普及開來，各新式學堂普遍開設了地理課。1897 年至 1911 年辛亥革命前，在西方地理學的影響下，共出版地理學教科書 159 種。〔註63〕這些教科書中，有一些屬於地理學的基礎知識，但僅從書名就可以看出是介紹世界地

〔註59〕謝衛樓：《基督教教育對中國現狀及其需求的關係》，轉引自鄒振環：《晚清西方地理學在中國》，上海：上海古籍出版社，2000 年，第 159 頁。

〔註60〕郭雙林：《近代西方地理學東漸與傳統夷夏觀念的變易》，《中州學刊》2001 年第 2 期，第 140 頁。

〔註61〕鄒振環：《戊戌至辛亥時期西方近代地理學的輸入及其影響》，《近代中國》2000 年 6 月。又見鄒振環：《晚清西方地理學在中國》，上海：上海古籍出版社，2000 年，第 160～161、206～207 頁。

〔註62〕鄒振環編：《晚清西方地理學譯著知見錄》，收入鄒振環著《晚清西方地理學在中國》附錄一，上海：上海古籍出版社，2000 年。

〔註63〕鄒振環編：《晚清中國人編纂的地理學教科書書目》，收入鄒振環著《晚清西方地理學在中國》附錄二，上海：上海古籍出版社，2000 年。

理知識的就有近 20 種，而且涵括從童蒙讀物到大學的各個階段，這也充分說
明了這一時期世界地理知識在中國的傳播範圍與普及程度。地理知識的普及
使人們對世界各國的瞭解也更加眞實和豐富，爲「世界史」觀念的形成奠定
了基礎。這一點，20 世紀初年就已經有學者觀察到：「我中國閉關於崑崙山脈
之下，鎖國於馬來半島之東，極東孤立，龐然自大，其交通者，不過如漢儒
所謂東夷、南蠻、西戎、北狄而已，知識未周，見聞不廣，並不知有亞洲，
遑問世界，故世界史之著，亘古無聞焉。數十年來，海禁開放，宗教、貿易、
外交、學術、技藝之會通，我國民耳濡目染，則世界之觀念，宜其勃然興起，
以成世界史，而沾溉同胞矣。」〔註64〕

（二）歷史新知識

　　所謂史、地不分家，上文提及的介紹各國情況的書籍中有些也包含了該國
的歷史知識。同時，19 世紀後半葉以來，專門的世界歷史著作也不斷得到譯介。
京師同文館就翻譯過《各國史略》（Outlines of the World's History）、《俄國史略》
（History of Ruaaia）。〔註65〕江南製造局翻譯館翻譯過《四裔編年表》、《俄國
新志》、《法國新志》、《西美戰史》等。〔註66〕廣學會出版過《天下五洲各大國
志要》、《五洲各國統屬圖》、《歐洲八大帝王傳》、《泰西新史攬要》、《地球一百
名人傳》等。〔註67〕據《1900～1980 八十年來史學書目》，1900～1911 年間之
前出版的世界通史類就有十數本，另有一些世界斷代史、洲別史、國別史以及
世界人物傳記出版。〔註68〕就本文主題而言，世界歷史知識固然是社會發展史
話語的必要前提，但更重要的是近代以來考古學者用科學的考古手段發掘和建
構的人類遠古文明的知識，這些知識因爲有地下地上的實物爲依據，直接衝擊

〔註64〕《近世世界史之觀念》，《大陸報》第 2 期，1903 年 1 月 8 日，轉引自李孝遷：
　　　　《清季漢譯西洋史教科書初探》，《東南學術》2003 年 12 月。又見氏著：《西
　　　　方史學在中國的傳播（1882～1949）》，上海：華東師範大學出版社，2007 年，
　　　　第 35 頁。

〔註65〕《京師同文館譯著書目錄》，熊月之：《西學東漸與晚清社會》，上海：上海人
　　　　民出版社，1994 年，第 323 頁。

〔註66〕《江南製造局翻譯館譯書目錄》，熊月之：《西學東漸與晚清社會》，上海：上
　　　　海人民出版社，1994 年，第 539 頁。

〔註67〕《廣學會出版西書要目》，熊月之：《西學東漸與晚清社會》，上海：上海人民
　　　　出版社，1994 年，第 564～566 頁。

〔註68〕中國社會科學院歷史所編：《1900～1980 八十年來史學書目》，中國社會科學
　　　　出版社，1984 年。

著中國古籍中關於遠古社會的充滿假想和倫理判斷的記載，其中，尤以史前三期說最爲重要。〔註69〕考古學尤其是史前考古學的基本概念是在 20 世紀初年傳入中國的，「中國近代，最早開始介紹西方考古學思想，並明確提出地下發掘考古與歷史研究的關係，首推章太炎。」〔註70〕章太炎的《中國通史略例》（1900年）和《致吳君遂書》（1902 年 8 月 8 日）中關於「洪積石層」、「地中僵石」等思想在「中國近代西方歷史上第一次介紹到西方考古學思想」。〔註71〕但也有學者提出，十九世紀中後期出版的《地學淺釋》（1873）、《地學稽古論》（1891）等一批西方史地譯著中已經提到「三期說」。而且，這些著作也頗受時人重視，比如康有爲就把《地學淺釋》置於《桂學答問》「西學」篇卷首，並向學生介紹此種學說，現存《萬木草堂講義綱要》中就有相關內容。〔註72〕

除了考古學之外，近代人類學、民族學的學說在二十世紀初年也傳播到中國來。1902 年，上海廣智書局出版了薩端譯的日本學者有賀長雄的《族制進化論》，該書介紹了斯賓塞的《社會學原理》和摩爾根《古代社會》的部分內容。1903 年 7 月，由北京大學堂官書局出版了林紓和魏易合譯的《民種學》一書，是中國較早的民族學譯著。該書敘述了人類群體的飲食、居住、服飾、武器、工具、藝術、宗教、科學、交通、文字等的發展過程和民族的形成、文明的發展、所有制的變化、各種制度的形成，交換的發展等，還討論了人

〔註69〕第一個明確提出這一學說的是歷史學家韋代爾‧西蒙森。他在《概論我國歷史上最古老最強大的時期》（1813）一書中寫到：「斯堪的納維亞最早的居民所使用的武器和工具起初是石質與木質的，這些人後來學會了使用銅⋯⋯然後才會使用鐵。因而這樣看來，他們的文明史可以分爲石器、銅器和鐵器三個時代，但它們之間不可能絲毫不重疊地截然分開。很顯然，窮人在銅質工具出現之後仍舊使用著石質工具，鐵器工具長生以後依然使用銅質工具。」但這一觀點在當時並沒有得到廣泛承認。後來丹麥國家博物館首席館長湯姆森明確地肯定了這一觀點，並於 1819 年，按照石器、青銅器和鐵器三個時代把博物館的藏品分成三組陳列。隨後，這一學說在丹麥、瑞典和德國等國家相繼被採納。但早期的三期說並不含有進化的意思，人們把三個時代理解爲前後相繼的連續發展過程則要到十九世紀中期進化論被廣泛承認之後。（格林‧丹尼爾著、黃其煦譯：《考古學 150 年》，北京：文物出版社，1987 年。）陳星燦在他的著作中詳盡考察了「史前」概念在近代中國的形成。（陳星燦：《中國史前考古學史研究》，上海：三聯書店，2007 年。）

〔註70〕俞旦初：《二十世紀初年西方近代考古學思想在中國的介紹和影響》，《考古與文物》1983 年第 4 期，第 107 頁。

〔註71〕陳星燦：《中國史前考古學史研究》，上海：三聯書店，2007 年，第 36 頁。

〔註72〕李孝遷：《西方史學在中國的傳播（1882～1949）》，上海：華東師範大學出版社，2007 年，第 128 頁。

類種族的差異，並對不同的人種進行了簡略的介紹。清末京師大學堂開設人種學課程，這本書被作爲教本或主要參考書。〔註73〕

　　歷史、地理領域的新知識以及關於人類本身的知識，都爲一種不同於中國以往的宏觀歷史觀念的誕生奠定了基礎。當這些知識儲備充足之後，只要有一種新的思想觀念出現，新的宏觀的歷史闡釋話語就呼之欲出了。

三、進化圖式的描繪

　　社會進化史作爲一種囊括古今中西的總體史，和中國知識分子熟悉的中國傳統史學的表述方式有很大的差異，而且由於所論述的時空範圍極大擴張，以王朝更替爲依據和斷限的歷史分期方法顯然不適用了，需要引入新的歷史分期的觀念來建構進化圖式。19 世紀中期以來，一些思想開明、瞭解西學的知識分子嘗試著用王朝循環模式之外的方式來對歷史進行分期。這些知識分子思想上互相交流、影響，在甲午戰爭之前，已經形成了一個倡導線性歷史觀的知識分子群體，其中包括薛福成、王韜、鄭觀應、陳熾等人〔註74〕，並作出了新的歷史分期的嘗試。〔註75〕隨著「進化」越來越具有「公理公例」

〔註73〕王建民著：《中國民族學史》上卷，昆明：雲南民族教育出版社，1997 年，第79～80 頁。

〔註74〕Luke S. K. Kwong: *The Rise of the Linear Perspective on History and Time in Late Qing China c.1860-1911*, Past and Present, NO.173.

〔註75〕薛福成在《變法》這篇表達他變革主張的綱領性文獻中提出：「上古狉榛之世，人與萬物無異耳。自燧人氏、有巢氏、伏羲氏、神農氏、黃帝氏相繼御世，教之火化，教之宮室，教之網罟耒耜，教之舟楫、弧矢、衣裳、書契，積群聖人之以經營，以啓唐、虞，無慮數千年。於是鴻荒天下，一變爲文明之天下。自唐、虞訖夏、商、周、最稱治平。洎乎秦始皇帝，吞滅六國，廢諸侯，壞井田，大泯先王之法，其去堯舜也，蓋二千年。於是封建之天下，一變爲郡縣之天下。……嬴秦以降，雖盛衰分合不常，然漢、唐、宋、明之外患，不過曰匈奴，曰突厥、曰回訖、葉番、曰契丹、蒙古，總之不離西北塞外諸部而已，降及今日，泰西諸國以器數之學，勃興海外，履垓埏若戶庭，御風霆如指臂，環大地九萬里，罔不通使互市。雖以堯舜當之，終不能閉關獨治。而今之去秦漢也，亦二千年。於是華夷隔絕之天下，一變爲中外聯屬之天下。」（薛福成：《籌洋芻議·變法》，徐素華選注：《籌洋芻議：薛福成集》，瀋陽：遼寧人民出版社，1994 年，第 88 頁。）在這段簡略的描述中，他把社會進化史分爲鴻荒時代和文明時代兩大階段，其中文明時代又清末爲界，分爲華夷隔絕時代和中外聯署時代，而華夷隔絕時代又以秦爲界分爲封建時代、郡縣時代。顯然，此時的薛福成作出歷史分期的新嘗試，但他使用的「概念工具」仍是華裔、郡縣、封建等傳統話語。

和「主義」的意義，在知識分子用進化的理念重新建構歷史的過程中，不同的進化圖式也逐漸清晰地呈現在人們面前。

（一）石刀、銅刀、鐵刀

在諸多社會進化圖式之中，影響力較大的圖式主要有兩種，一種是石刀、銅刀、鐵刀三階段說，另一種是圖騰、軍國、宗法三階段說。

石刀、銅刀、鐵刀三階段說是 19 世紀六七十年代由西方傳教士及其助手翻譯的西方史地作品中介紹的。1891 年，英國傳教士傅蘭雅在《格致彙編》發表《地學稽古論》，提到「按人所用器物可分人世爲三期：一爲石期，二爲銅期，三爲鐵期。石期之人皆粗野，銅期之人稍聰明，鐵期之人才智大開，今之人正在鐵期之內。」〔註 76〕

在 19 世紀末 20 世紀初，這種進化圖式廣爲知識分子接受，並且被賦予普遍性的意義，將之視爲人類社會發展必然要經歷的階段。〔註 77〕梁啓超在《變法通議》（1896 年）中提到，「有生以來，萬物遞嬗，自大草大木大鳥大獸之世界，以變爲人類之世界，自石刀銅刀鐵刀之世界，而變爲今日之世界。」幾年後，他在《中國史敘論》（1901 年）專門對史前三期說的情況作了介紹：「1847 年以來，歐洲考古學會，專派人發掘地中遺物，於是有史以前之古物學，遂成爲一學派。近所訂定而公認者，有所謂史前三期：其一石刀期，其二銅刀期，其三鐵刀期，此進化之一定階級也。雖其各期之長短久暫，諸地不同，然其次第則一定也。」「中國雖學術未盛，在下之層石，未經發現，然物質上之公例，無論何地，皆不可逃者也。故以此學說爲比例，以考中國史前之史，決不爲過。據此種學者所稱舊新兩石刀期，其所經年代，最爲綿遠。其時無家畜、無陶器、無農產業。中國當黃帝以前，神農已作耒耜，蚩尤已爲弓矢，其已經過石器時代，交入銅器時代之證據甚多。然則人類之起，遐哉邈矣，遠在洪水時代以前，有斷然也。」〔註 78〕

1903 年出版的《泰西民族文明史》的介紹更加詳盡，不但把人類發展分爲舊石器時代、新石器時代、青銅時代和鐵器時代四期，而且作了理性歸納：

〔註 76〕《地學稽古論》，《格致彙編》第 6 年第 4 卷，1891 年冬季。轉引自李孝遷：《西方史學在中國的傳播（1882～1949）》，上海：華東師範大學出版社，2007 年，第 127 頁。

〔註 77〕 李孝遷：《西方史學在中國的傳播（1882～1949）》，上海：華東師範大學出版社，2007 年，第 133 頁。

〔註 78〕 沈頌金：《梁啓超與近代中國考古學》，《嶺南文史》2000 年第 2 期。

「人類必以次經歷不能躐越，然謂各民族同時必在一期，則亦斷無是理。蓋此民族在石器時代，不能保他民族之不達青銅時代，此民族達於鐵器時代，不能保他民族不留滯於青銅時代也。」〔註79〕同年，劉成禺在《湖北學生界》發表《歷史廣義內篇》，也提到石器、青銅器和鐵器的三期理論。1907 年 8 月 28 日，國粹學報發表劉師培的《中國古用石器考》：「近世以來，西人言社會學者，考社會進化之次序，分爲三級，一曰石器時代，二曰銅器時代，三曰鐵器時代。」〔註80〕同年，吳淵民在《學報》發表《史學通義》說，石器、青銅器和鐵器三個時代，「人類進化先後之秩序，各國皆同，惟各國進化之年代不必盡同。如意大利之青銅器時代，其他歐洲各地，則猶在石器時代，而希臘則已達鐵器時代。觀希臘詩人荷馬詩中所言，知希臘進於鐵器時代之時，在紀元前第十世紀以前。紀元後第十五世紀時，西班牙人發現加納黎島，其島人猶在鐵器時代。」〔註81〕在 20 世紀初年的幾種得風氣之先，至今屢屢爲學界提及的歷史教科書中，也可以看到此種圖式的影子，如夏曾佑在其《最新中學中國歷史教科書》（1902 年）中就把黃帝時期稱爲「木刀期」，蚩尤則爲「銅刀期」〔註82〕。

（二）圖騰、宗法、軍國

嚴譯《社會通詮》（商務印書館，1904 年）則提出的圖騰、宗法、軍國三階段說。這一圖式由於關注的範圍更具現實性和政治性，更加切實時勢，又由於有嚴復這樣傑出的思想家的宣傳闡發，其影響則更加廣泛而深刻，「甄克思《社會通詮》一書，英文原名《政治簡史》，其書在西方非有赫赫之名，然經先生翻譯，在我國思想界，發生極大影響。圖騰、宗法、軍國諸名詞，成爲當日新人物之口頭禪。維新派視此書爲主張變法有力之根據，足以推倒舊派尊君父之說。君父者，宗法社會之產物耳。宗法社會進而爲軍國社會，則君父失其所附麗，又曷足乎？」〔註83〕後來人們所習用的「圖騰社會」「宗法

〔註79〕《泰西民族文明史》，商務印書館，1903 年。轉引自李孝遷：《西方史學在中國的傳播（1882～1949）》，上海：華東師範大學出版社，2007 年，第 129 頁。

〔註80〕劉師培：《中國古用石器考》，《遺書》，第 1617 頁，轉引自李帆：《劉師培與中西學術》，北京：北京師範大學出版社，2003 年，第 82 頁。

〔註81〕吳淵民編譯：《史學通義》，《學報》1907 年 2 月第 1 號，轉引自俞旦初：《二十世紀初年西方近代考古學思想在中國的介紹和影響》，《考古與文物》1983 年第 4 期，第 110 頁。

〔註82〕夏曾佑：《中國古代史》，石家莊：河北教育出版社，2000 年，第 21 頁。

〔註83〕郭斌龢：《嚴幾道》，《國風月刊》第八卷第六期，1936 年 6 月，第 221～222 頁。

社會」「軍國社會」的模式，大都來自於該書。比如，劉師培在《中國歷史教科書》（1905～1906年）就使用圖騰、宗法、軍國的圖式來重新編排中國的歷史。有學者指出，《社會通詮》原是一本政治史教科書，並不是一本談社會進化的書，本身也並沒有強調「進化」。〔註84〕原文論述的社會形式有三種，即「圖騰社會」（或「蠻夷社會」）、「宗法社會」及「軍國社會」（或「現代政治社會」），甄克思雖然在行文中使用過「階段」等字眼，但總體上並未十分明確地斷定人類社會必須經過上述三個發展階段，而且對於中國、日本等地的情況基本沒有涉及。但在譯著中，嚴復對甄克思原著描繪的社會類型及相應的時空系統進行了改造，認定人類社會「進化之階級，莫不始於圖騰，繼以宗法，而成於國家。方其為圖騰也，其民漁獵，至於宗法，其民耕稼，兩者之間，其相嬗而轉變者以游牧。最後由宗法以進於國家，而二者之間，其相受而蛻化者以封建。」「此其為序之信，若天之四時，若人身之童少壯老，期有遲速，而不可或少紊者也。」〔註85〕同時，又把原作者沒有提及的中國社會納入到這一發展序列中。也就是說，甄克思原著中時空平行（或不平行）的三種社會形式，變成了嚴復譯作中社會發展的三大階段，而且這三大階段前後相接，不容有紊亂。〔註86〕這就突出了人類社會發展的規律性，或者說把西方社會的發展歷程變成了人類社會的普適道路。這樣一種敘述上的轉換，在後世的各種「社會發展史」文本中比比皆是。顯然，這體現了近代中國人自覺向西方社會發展理論自覺「靠攏」的努力。

當然，也有批評嚴復的聲音，特別是來自革命派陣營的辯難。〔註87〕「時革命黨人章太炎等，方力主排滿，揭幟民族主義，以此書中按語，第以民族主義與宗法社會相提並論，則大恚。章氏草《〈社會通詮〉商兌》一文痛駁，

〔註84〕王汎森：《近代中國的線性歷史觀》，《近代中國的史家與史學》，上海：復旦大學出版社，2010年，第37頁。

〔註85〕甄克思著、嚴復譯：《社會通詮·譯者序》，北京：商務印書館，1981年。

〔註86〕王憲明：《語言、翻譯與政治——嚴復譯〈社會通詮〉研究》，北京：北京大學出版社，2005年，第79、230～231頁。

〔註87〕關於這場辯論，除王憲明先生書外，可參見王天根：《宗法社會與近代民族主義——以嚴復、章太炎對〈社會通詮〉探討為中心》，《學術論壇》2002年第5期；羅福惠、袁詠紅：《一百年前由譯介西書產生的一場歧見——關於嚴復譯〈社會通詮〉所引發的〈民報〉上的批評》，《學術月刊》2005年第10期；俞政：《論嚴譯〈社會通詮〉所引起的一場風波》，《史學月刊》2001年第6期等。

謂甄氏所言之宗法社會，與中國固有之宗法社會未必能合。……革命黨人之民族主義，乃軍國社會之民族主義，而非宗法社會之民族主義。」〔註88〕章太炎的文章發表於1907年《民報》第12期。此前，1905年的《民報》第1、2期上就曾發表汪精衛和胡漢民的文章，對《社會通詮》提出批評。當然，這些批評主要是圍繞民族主義這個現實政治問題展開的。而章太炎的文章除了同樣力辯民族主義在當時中國的合理性之外，較之胡、汪更具學理色彩，提出了建立在西方歷史基礎上的所謂人類社會進化「條例」是否適用於中國經驗的問題。在章太炎看來，《社會通詮》中所描述的三階段劃分是「以甲之事弊乙之事」，由於該書把西方經驗奉為普遍規律，「歷史成跡，合於彼之條例者則必實，異於彼之條例者則必虛；當來方略，合於彼之條例者則必成，異於彼之條例者則必敗。抑不悟所謂條例者，就彼所涉歷見聞而歸納之耳，浸假而復諦見亞東之事，則其條例又將有所更易矣。」〔註89〕但值得注意的是，即便是章太炎立足於學理層面的批評，也是著眼於《社會通詮》所描述的社會進化圖式的適用度而不是徹底否定描繪社會進化圖式的努力本身。在《〈社會通詮〉商兌》一文開篇，章太炎就指出：「《社會通詮》與中國事狀計之，則甄氏固有未盡者；復有甄氏之所不說，而嚴氏附會以加斷者；又有因嚴氏一二狂亂之辭，而政客為之變本加厲者。」也就是說，他的批評聚焦於三個層面，第一是中國經驗本不在甄氏視野之內，第二，嚴復對甄氏原意有曲解之處，第三，嚴復的錯誤言論又被歪曲誇張地用於政治需要。從全文來體會章氏的思想，他要反對的首先是「政客」之變本加厲，其次是嚴復的「一二狂亂之辭」，而對於甄克思在書中所劃分的社會進化圖式，他並沒有明確表示反對。如果結合他在《中國通史略例》中的一些思想，還可以發現章氏在這個問題上的真實主張恐怕是希望在更加全面地搜羅古今中西的材料基礎上，繪出一副解釋力更強的社會進化圖式。嚴譯《社會通詮》的影響一直延續到五四前後。胡適在有關中國社會性質等問題上，態度與嚴譯《社會通詮》中的觀點接近或類似，很有可能受其影響。在《新青年》上撰文的重要人物如吳虞、李大釗、陳獨秀等也多受其影響。〔註90〕

〔註88〕郭斌龢：《嚴幾道》，《國風月刊》第八卷第六期，1936年6月，第222頁。

〔註89〕《章太炎全集》第四卷，上海：上海人民出版社，1985年，第322頁。

〔註90〕王憲明：《語言、翻譯與政治——嚴復譯〈社會通詮〉研究》，北京：北京大學出版社，2005年，第209～223頁。

（三）康有為的公羊三世說與大同理想

除了上述兩種以西方進化觀念為指導構建的進化圖示之外，中國傳統的社會發展思想也在近代中國的文化語境中發生著內生創新，並形成了一套關於社會發展進化的系統學說體系。這一點，在康有為的思想中體現的最為典型。康有為的社會發展思想最集中的體現是《大同書》。〔註91〕康氏在此書中，貫徹了中國傳統的變易史觀，但又對近代的進化史觀有所吸收借鑒。〔註92〕

〔註91〕 關於這部書的起稿時間、成稿時間以及這部著作與康氏其他著作如《人類公理》、《實理公法全書》等作品之間的關係等問題，長期以來是康有為研究中的熱點，學術界也存在較大分歧。因為這些問題並非是簡單的成文時間的考訂，而是牽涉到《大同書》思想內容的分析。一般認為，這部著作成稿於二十世紀初年，其思想中包含有中國傳統的三世說以及近代以來傳入中國的空想社會主義。房德鄰認為，「康有為在 1884 年至 1887 年開始思考人類生活的普遍準則、人類未來、宇宙變化等宏觀問題。其時，他正學習數學，受幾何學啟發，依幾何公理寫了一部《人類公理》，後經陸續修改，於 1896 至 1897 年間寫成今存《實理公法全書》。1889 至 1990 年之交，康有為受到廖平影響，完全轉向今文經學，接受了《公羊》學及其三世說的社會歷史觀。1891 至 1892 年他在《萬國公報》上讀到貝拉米描寫空想社會主義的小說《回頭看紀略》，受其影響，便糅合《公羊》三世說、《禮運》大同說，著手寫作《大同書》。……1901 至 1902 年避居印度大吉嶺時，他基本完成了這部著作，以後又陸續修改，1913 年在《不忍》雜誌上發表了甲、乙兩部分。但直到他去世，全書也未最後定稿。今本《大同書》是根據他在 1912 至 1913 年的修改稿刊印的。」（房德鄰：《〈大同書〉起稿時間考──兼論康有為早期大同思想》，《歷史研究》1995 年第 3 期。）湯志鈞先生也認為，戊戌變法之前，康有為把《公羊》「三世」和《禮運》「大同」、「小康」糅合到一起，構成一個「三世」系統，1901～1902 年間，康有為避居印度，完成《大同書》，後又多次修改、增補。（湯志鈞：《〈大同書〉導讀》，康有為：《大同書》，上海：上海古籍出版社，2005 年。）

〔註92〕 苪公：《從天命史觀向社會進化史觀的過渡──論清代學人為中國社會自我演變所做的史觀準備》，《南京大學學報（哲學、人文科學、社會科學）》2005 年第 6 期。關於康有為的變易思想特別是公羊三世說與近代中國進化史觀的關係問題，多有學者論及。吳澤早在 20 世紀 60 年代就探討過康有為進化史觀中西方因素與本土因素之間的關係，認為雖然康有為確曾受到外國資產階級歷史進化論學說的影響，但康有為的歷史進化觀點形成較早，主要是從西漢董仲舒以來中國社會中傳說的今文經學三世說承續、發展而來，與《天演論》的歷史進化論在源流、內容和體系上，二者存在顯著區別。（吳澤：《康有為公羊三世說的歷史進化觀點研究》，原載《中華文史論叢》1962 年第 1 輯，收入《吳澤文集》第四卷，上海：華東師範大學出版社，2002 年。）臧世俊還認為，康有為和嚴復都是宣傳進化論的，但康有為的理論依據主要是儒家今文經學，而嚴復則搬用和改造了西方進化論。康有為在《大同書》中繪製的「人類進化表」，是根據理論推演得出的，「三世進化論」是大同思想的核心內容。（臧世俊：《康有為大同思想研究》，廣州：廣東高等教育出版社，1997 年，第 19～25 頁）王

變易史觀是中國傳統史學思想中的重要內容。《易繫辭》中說「神農氏沒，黃帝、堯、舜氏作，通其變，使民不倦，神而化至，使民宜之。易窮則變，變則通，通則久。」漢代史學家司馬遷以「通古今之變」作爲史學的職責，把貫通古今變化爲史學撰述之要旨。後世的史學家也大都贊成變易史觀。變易史觀承認人類社會歷史是發展變化的，但並不把這種變化視爲「進化」。十九世紀末，變易史觀在劉逢祿、龔自珍、魏源等特別是康有爲的闡發下，得到進一步深化。〔註 93〕其中，康有爲的公羊三世說與本文論述主題最爲相關。公羊家所謂「三世說」，是以孔子誕生爲基點，以孔子的視角爲立場對歷史的規律性考察。西漢董仲舒把春秋的歷史分爲「有見，有聞，有傳聞」，但董仲舒的論述仍是比較簡單的，缺乏理論性。〔註 94〕東漢經學家何休在《春秋公羊解詁》中把這一思想發展爲系統的歷史哲學，提出衰亂、升平、太平三世，從而建立了儒家公羊學派關於歷史發展規律的思想。康有爲的社會歷史觀深受公羊三世說的影響，但與前人又有很大區別。〔註 95〕他在「據亂世」、「升

汎森也認爲，晚清以來，思想界紛然雜陳，線性歷史觀源頭很多，不容易分清楚，康有爲闡發的公羊三世說就是其中很重要的一種。（王汎森：《近代中國的線性歷史觀》，《近代中國的史家與史學》，上海：復旦大學出版社，2010 年，第 30 頁。）汪榮祖的意見與此不同，他認爲，「公羊『三世進化』說終爲康有爲歷史觀的具體內容，而來自西方科學思維的一元論文化觀點，才是此一歷史觀的骨架。」（汪榮祖：《從傳統中求變》，南昌：百花洲文藝出版社，2002 年，第 207 頁。）筆者的看法是：具體到康有爲這個思想個案，其進化史觀的形成歷程可以個別探討，但從總體上看，近代進化主義主要還是受進化論的影響，即便是「三世說」，也是在進化論的洗禮下才得以脫胎換骨，獲得近代形態。而且康有爲的「三世說」可能和進化論類似但和嚴譯《天演論》中傳遞的觀念有很大區別。康門弟子梁啓超在《與嚴幼陵先生書》（1897 年）就說過：「書中之言，啓超等昔常有所聞於南海而未能盡。」梁啓超所說的「書」就是當時還沒有出版的《天演論》的翻譯稿。清末知識分子孫寶瑄的日記（1898 年 1 月 6日）中有這樣的記載：「天演家有爭存之說……爭有三等……據亂之世爭力，求免於弱，進以強也。小康之世爭智，求免於愚，進以慧也。大同之世爭仁，求免於私，進以公也。」其時孫正在認眞閱讀嚴復的《天演論》，並對該書比較推崇，他把書中的進化思想與三世說向融合的做法正是體現了知識界用進化的新思想對傳統變易思想的改造。（參見俞政：《從孫寶瑄日記看其對《天演論》的解讀》，《福建論壇》2001 年第 3 期。）

〔註 93〕徐松巍：《從古代變易史觀向近代進化史觀的轉變——關於 19 世紀歷史觀念的考察》，《史學理論研究》，1999 年第 2 期。

〔註 94〕陳其泰：《清代公羊學》，北京：東方出版社，1997 年，第 43 頁。

〔註 95〕有的學者認爲，康有爲在公羊三世說方面有兩大突破，一是承認人類社會的產生是宇宙自然進化的結果，二是努力探討進化背後的動因，在康有爲看來，

平世」和「太平世」三個階段的基礎上又提出「三世三重說」，認爲一世之中又有三世。他在《論語注》中說，「一世之中可分三世，三世可推爲九世，九世可推爲八十一世，八十一世可推爲千萬世、爲無量世……有亂世中之升平、太平；有太平中之升平、據亂。」通過在哲學層面上對歷史進程劃分階段並進行細分，康有爲清楚地表達了這樣一種思想：人類社會是一個漸進發展、不斷進化，最終進入一個完美的極樂世界。康有爲還繪製了一張「人類進化表」〔註96〕，來描繪人類社會發展各階段的社會政治狀況。

表 2.1　康有爲描繪的社會進化歷程

據亂世	升平世	太平世
人類多分級	人類少級	人類齊同無級
有帝，有王，有君長，有言去君者爲叛逆	無帝王、君長、改爲民主統領，有言立帝王、君長爲叛逆	無帝王、君長，亦無統領，但有民舉議員以爲行政，罷還後爲民，有言立統領者以爲叛逆
以世爵、貴族執政，有去名分爵級者，以爲謬論	無貴族執政，雖間存世爵、華族，不過空名，無政權，與齊民等	無貴族、賤族之別，人人平等，世爵盡廢，有言立貴族、世爵者，以爲叛逆
有爵，有官，殊異於平民	無爵，有官，少異於平民，而罷官後爲民	民舉爲司事之人，滿任後爲民，不名爲官
官之等級極多	官級稍少	官級極少
有天子、諸卿、大夫、士	有統領、大夫、士三等	只有大夫、士二等
有皇族，極貴而執政	皇族雖未廢而僅有空名，不執政	無皇族
有大僧，爲法王、法師、法官	削法王，猶爲法師、法官、議員	無大僧
族分貴賤多級，仕宦有限制，賤族或不得仕宦	雖有貴賤之族而漸平等，皆得仕宦	無貴賤之族，皆爲平民
族分貴賤，職業各有限制，業不相通	雖有貴賤之族，而職業無限，得相通	職業平等，各視其才
女子依於其夫，爲其夫之私屬，不得爲平人	女子雖不爲夫之私屬而無獨立權，不得爲公民、官吏，仍依於其夫	女子有獨立權，一切與男子無異

這一動因就是「智」。參見劉桂生主編：《時代錯位與理論的選擇》，北京：清華大學出版社，1989 年，第 43 頁。

〔註96〕康有爲：《大同書》，上海：上海古籍出版社，2005 年，第 119～120 頁。

一夫多妻，以男爲主，一切聽男子所爲	一夫一妻，仍以男爲主而妻從之	男女平等，各有獨立，以情好相合，而立和約，有期限，不名夫婦
族分貴賤，多級數，不通婚姻	族雖有貴賤而少級，婚姻漸通	無貴賤之族，婚姻交通皆平等
種有黃、白、棕、黑貴賤之殊	棕、黑之種漸少，或化爲黃，只有黃、白，略有貴賤而不甚殊異	黃、白交合而爲一，無有貴賤
黃、白、棕、黑之種，有智愚迥別之殊	棕、黑之種漸少，或化爲黃，只有黃、白，略有智愚而不甚懸絕	諸種合一，並無智愚
黃、白、棕、黑之體格、長短、強弱、美惡迥殊	棕黑之種漸少，或化爲黃，只有黃、白，雖有長短、強弱、美惡而不甚懸絕	諸種體格合一，皆長，皆強，皆美，平等不甚殊
白、黃、棕、黑之種不通婚姻	棕、黑之種甚少，各種互通婚姻	諸種合一無異，互通婚姻
主國與屬部人民貴賤迥殊	主國與屬部人民漸平等，不殊貴賤	無主國屬部，人民平等
有買賣奴婢	放免奴婢爲良人，只有僕	人民平等，無奴婢，亦無雇僕

　　按照「公羊三世說」的理論推演，康有爲所設想的社會發展最高階段即「大同世界」。「大同」一詞始見於《禮記·禮運》：「大道之行也天下爲公。選賢與能，講信修睦，故人不獨親其親，不獨子其子，使老有所終，壯有所用，幼有所長，矜寡孤獨廢疾者皆有所養，男有分，女有歸，貨惡其棄於地也，不必藏於己，力惡其不出於身也，不必爲己，是故謀閉而不興，盜竊亂賊而不作，故外戶而不閉，是謂大同。」但在《禮記》之前，「大同」思想已經存在了。一般認爲，中國古代的大同思想包括四項基本內容，即反對剝削、財產公有、人人勞動、天下爲公。《禮記》中所描繪的大同社會以公有制爲基礎，社會成員各盡其力。〔註97〕有學者指出，大同思想與中國近代的社會主義思潮有密切關係，近代中國的很多知識分子都把「大同」與社會主義甚或共產主義相比附，比如，李提摩太在社會進化和社會學的意義上使用「大同」這個詞，把基德的《社會進化》一書譯作《大同學》。馮自由宣稱孫中山1905年創立三民主義之前，就已經提倡「大同主義」。

〔註97〕陳正炎、林其錟：《中國古代大同思想研究》，上海：上海人民出版社，1986年。

無政府主義者劉師培也把《禮運》作爲中國早期共產主義的範例；後來成爲中國社會黨領袖的江亢虎也認爲社會主義就是大同主義，等等。〔註98〕康有爲對於大同思想可謂情有獨鍾，他重新詮釋了《禮運》，把這一篇文獻推到前所未有的高度，使其中包含的烏托邦意味超越了文本本身的思想脈絡，有了不少接近現代社會主義的思想。〔註99〕他還把自己主持的機構冠以「大同」之名，如 1897 年創辦的「大同譯書館」，後來又把「中西學校」改爲「大同學校」。康有爲描繪的「大同」世界，是一個沒有國家、沒有不平等的社會。在康看來，國家是一種亂世之中不得不爲之惡，一旦到了更高的社會階段，國家就成了一個負面的東西。所謂「在亂世爲不得已而自保之術，在平世爲最爭殺大害之道也」。正因爲有了國家，才有了國與國之間的吞併戰爭，造成生靈塗炭、人民受苦的局面。「然國既立，國義遂生，人人自私其國而攻奪人之國，不至盡奪人之國而不止也。」〔註100〕所以，要拯救世界，最終必然要消滅國家，「今將欲救生民之慘禍，致太平之樂利，求大同之公益，其必先自破國界去國義始矣。」所謂「國義」，是指伴隨著國家產生而形成的一種捍衛國家利益的思想，大體上相當於近代所謂民族主義或國家主義思想。當然，康有爲也看到在當時的現實情況下，「國義」還無法驟然去除，但是國家主義思想雖然適應於一時的需要，但既不符合社會發展規律（「公理」），也不切實群眾意願（「人心」），終有一天要衰亡。所謂「以公理言之，人心觀之，大勢所趨」，大同之境是社會進化必然達到的目標，不過前途是光明的，道路是曲折的，「但需以年歲，行以曲折耳。」〔註101〕

康有爲所描述的人類社會發展的最高階段「太平世」，與共產主義社會有一些相似的地方。而且，這種理想世界在形式上又被設定爲對已經逝去的遠古黃金時代的復歸，使其與「社會發展史」描繪的從原始共產主義社會經過一系列私有制社會再到共產主義社會的大框架又多了幾分形似。同時，康有爲在《大同書》中也批判了資本主義私有制，並提出消滅國家、家庭之後，才能實行共產。〔註102〕但是，二者之間實際上存在本質差異。這種差異主要

〔註98〕〔美〕伯納爾著、丘權政等譯：《一九〇七年以前中國的社會主義思潮》，福州：福建人民出版社，1985 年，第 1、15～20 頁。

〔註99〕王汎森：《反西化的西方主義與反傳統的傳統主義》，收入《中國近代思想與學術的系譜》，石家莊：河北教育出版社，2001 年，第 199 頁。

〔註100〕康有爲：《大同書》，上海：上海古籍出版社，2005 年，第 54～55 頁。

〔註101〕康有爲：《大同書》，上海：上海古籍出版社，2005 年，第 69 頁。

〔註102〕臧世俊：《康有爲大同思想研究》，廣州：廣東高等教育出版社，1997 年，第 182～183 頁。

也不是像有的學者所說的那樣，是人類社會發展方式中的進化與革命之爭。〔註103〕而在於二者運思方式的不同。康有為的社會發展思想基本上屬於哲學層面的推演，更多的是表達一種價值信仰而非描述歷史事實，與付諸歷史經驗的唯物史觀不可同日而語。而且，傳統的三世說主要是用來解釋文化和政治的變遷，〔註104〕馬克思主義的社會發展史的基本特徵之一則是強調經濟因素對於社會發展的決定性作用，把理想世界的目標建立在科學嚴密的論證基礎之上，而這正是古老的「三世說」內在的缺陷。〔註105〕這種學說雖然不承認現實歷史具有合理性，希望用超越歷史現實的理性邏輯來表達一種歷史信仰。但它區分人類歷史演進高低階段的標準是人類道德的完善程度而非經濟上的物質財富增長或政治上的自由民主的完善，也不是科技的進步。〔註106〕康有為的思想對於考察近代中國社會發展史話語生成史的意義，主要體現在對歷史一元論的強調以及對超越經驗限制的理想世界的追求。康有為認為，歷史文化的發展像自然界一樣有規律，同是天地間公共之理，而且超越種姓國界，放諸四海而皆準。歷史根本是世界史，各國歷史的不同乃發展階段的不同。〔註107〕而這一點，正是後世社會發展史話語所極力張揚的。或者說，「三世說」——如果將其也視為一種社會發展學說的話——與社會發展史話語所共同關心的是社會發展理想問題，也就是要人類社會最終將趨於一個什麼樣的理想社會以及這個理想社會在邏輯上如何可能的問題。

四、從唯物史觀到社會組織進化論

馬克思主義的唯物史觀是「社會發展史」話語形成最直接的、最重要的理論基礎。這一思想真正開始在中國傳播，是五四新文化運動時期。〔註108〕

〔註103〕臧世俊：《康有為大同思想研究》，廣州：廣東高等教育出版社，1997年，第192頁。

〔註104〕孫春在：《清末的公羊思想》，臺北，商務印書館，1985年，第111～114頁。

〔註105〕鄺兆江指出，中國傳統的大同思想是一種非歷史的政治社會前景，而不是一個可以在歷史進程中實現的社會階段。Luke S. K. Kwong: *The Rise of the Linear Perspective on History and Time in Late Qing China c.1860-1911*, Past and Present, NO.173, P165.

〔註106〕蔣慶：《公羊學引論》，瀋陽：遼寧教育出版社，1997年，第263頁。

〔註107〕汪榮祖：《從傳統中求變》，南昌：百花洲文藝出版社，2002年，第207頁。

〔註108〕關於馬克思主義在中國的早期傳播問題，學界一直存在爭議，爭議的焦點是如何看待五四運動之前馬克思主義在中國的傳播。史料表明，早在19世紀六七十年代，中國人已經通過西方傳教士和通商口岸知識分子的介紹零星地暸

但早在 19 世紀六七十年代已有中文文獻提到馬克思，20 世紀初的中國人已經對馬克思主義唯物史觀的一些基本觀點有所瞭解，其渠道主要是日本。〔註109〕

解到西方社會主義運動的一些情況。傳教士李提摩太所譯的《大同學》（1899年），第一次向中國人介紹了「馬克思」及其思想。20 世紀初年，隨著留日學生運動的開展，以日本爲中介，國人對社會主義、馬克思主義的瞭解更加深入。幾乎與此同時，旅歐的一些知識分子也開始傳播馬克思主義思想。但是，五四運動之前對馬克思主義的介紹應該如何認識？學界存在分歧。有些學者將其視爲馬克思主義在中國的「早期傳播」，有些學者則表示反對。早在1983 年，劉桂生就在《人民日報》撰文《馬克思主義在中國「早期傳播」問題辨析》指出，國內一些學者作爲最早介紹馬克思主義的著作和人物，如《大同學》、梁啓超、朱執信等，實際上並非眞正的馬克思主義傳播者。他認爲：「在中國，不談馬克思主義傳入則已，要談，還得承認是從『南陳北李』開始的。這是歷史事實，必須尊重，也是對馬克思主義理論本身的尊重。」此文發表後，得到趙寶煦的肯定和響應。劉先生強調馬克思主義傳入中國從「南陳北李」開始，堅持的是動機與效果統一併重的原則，即將「傳播」看作一種有意識、自覺的行爲，按照這一標準，只有認同並自覺的宣傳馬克思主義的行爲，才能視爲馬克思主義的早期傳播，那些並非爲宣揚馬克思主義而只是作爲客觀評述甚至思想批判對象而提到馬克思主義的作品，自然就不能納入馬克思主義在中國早期傳播史的範疇。（劉桂生著：《劉桂生學術文化隨筆》，北京：中國青年出版社，2000 年。）歐陽軍喜先生也曾對中國人認識馬克思主義的歷史作過扼要評述。他認爲，最早把馬克思介紹給中國人的是西方傳教士，但對中國思想界沒有產生多少實際的影響。中國人開始自覺注意到馬克思與社會主義則是在 20 世紀初，日本和法國兩條主要渠道。此時宣傳社會主義的知識分子多把社會主義看作是治療資本主義社會中貧富懸殊的社會問題的藥方，而不是一種新的社會形態，對社會主義的理解含有很濃厚的道德意味。與其說他們所宣傳的是一種「社會主義」，不如說是一種「社會政策」。而且，他們大多數認爲，社會主義雖然陳義很高，但在中國並不是可以立即實行的。這種看法在第一次世界大戰後就改變了。蘇俄兩次對華宣言發布後，時代思潮完成了轉化。中國知識界、思想界都傾向於用社會主義的方式解決中國的問題。國家主義、民族主義思潮受到批判，世界主義、大同主義思潮興起，民主主義則被認爲是通向大同世界的途徑而得到肯定。這種轉變，爲馬克思主義的傳播準備了條件。1920 年春，受蘇俄與共產國際東方戰略的影響，中國思想界開始分裂。一部分人轉向馬克思主義，另一部分人則在杜威、羅素影響下轉而提倡資本主義。（歐陽軍喜：《歷史與思想：中國現代史上的五四運動》，福州：福建教育出版社，2009 年，第 155～173 頁）

〔註109〕 二十世紀初年國人瞭解社會主義、馬克思主義思想的情況，參見 Li Yu-ning, *The Introduction of Socialism into China*, Columbia University Press, 1971；姜義華：《馬克思主義在中國的初期傳播與近代中國啓蒙運動》，《近代史研究》1983 年第 1 期；〔美〕伯納爾著、丘權政等譯：《一九〇七年以前中國的社會主義思潮》，福州：福建人民出版社，1985 年；楊奎松、董士偉著：《海市蜃樓與大漠綠洲》，上海：上海人民出版社，1991 年；談敏：《回溯前史——馬克思

下文以幾個重要文本爲中心，簡略梳理唯物史觀特別是關於「社會發展史」有關理念的在中國的譯介。

（一）福井准造著《近世社會主義》

《近世社會主義》日文本出版於 1899 年，對《哲學的貧困》、《共產黨宣言》、《政治經濟學批判》、《資本論》等馬克思主義經典著作均有介紹，是日本較爲系統的介紹社會主義思想發展史和各國社會主義運動概況的第一部著作。

1903 年 2 月，旅居滬上的趙必振〔註110〕將此書譯爲中文，由廣智書局出版。1927 年，上海時代書局又曾重印。以現在的標準看，這本書的中譯質量並不高，語句也多有欠通順、不清晰之處，但在當時還是給讀者留下了深刻印象。1920 年，蔡元培在爲李季所譯《社會主義史》作序時將其作爲留日學生輸入社會主義的典型個案。〔註111〕

《近世社會主義》共分四編，第二編第二章「加陸馬陸科斯及其主義」對馬克思的生平與學說作了介紹，認爲馬克思之前的社會主義全爲「空理想」，只有馬克思的社會主義「講經濟上之原則」，研究精密，即便反對社會主義者，也無法在學理上進行反駁。該書還用一段話勾勒了「社會發展史」的概貌：

「社會原始之狀態，生產之業未開。人人汲汲於自求其衣食，上下貴賤皆粉身碎骨而不暇他圖。當此時也，社會無甚貧富之差，又無資本主與勞動者之別。之後，社會稍稍進步，飽食暖衣之樂，漸普及於人民。或生遊樂之情，或以其餘暇而注心於文學美學之嗜好。於是多數之人民，日日從事於勞動，以從事於生產。故上古希臘羅馬之盛時，其生產事業悉使役其奴隸，乃確立奴隸制度，而奴隸乃爲生產社會之一要件。其奴隸自爲人間之一階級，

主義經濟學在中國的傳播前史》上冊，上海：上海財經大學出版社，2008 年。

〔註110〕趙必振（1873～1956）：湖南武陵（今常德）人。1900 年在常德組織自立軍，失敗後東渡日本，在《清議報》任校對、編輯等職。1902 年，潛回上海，從事譯述。翻譯過《二十世紀之怪物帝國主義》、《希臘史》、《羅馬史》等著作。（參見田伏隆、唐代望：《馬克思學說的早期譯介者趙必振》，《求索》1983 年第 1 期；潘喜顏：《晚清時期趙必振日書中譯的貢獻》，《史學月刊》2009 年第 12 期；田伏隆：《趙必振傳略》，《常德縣文史資料》第 3 輯，1987 年）

〔註111〕林代昭、潘國華編：《馬克思主義在中國》下冊，北京：清華大學出版社，1983 年，第 99 頁。

私有財產，皆屬於各人之所有，得轉而買賣之，毫不爲怪。恰如現時土地資本，公許其爲私有，而許各人之自由。降及中世以農業爲生產社會漸次而發達，乃唱道人權之貴重，生產社會之奴隸漸滅，以至於奴隸制度，亦全廢，而創立資本的生產制度。」隨著資本主義的不斷發展，「百般之弊害簇出，而人民大苦。雖助一時生產之發達進步，爲資本制之良法，而一部少數之人民，其利愈厚，則其餘多數之勞民，嫉妒愈深。生產社會上不平不滿之聲，亦日甚漸，將糾合此等之勞動，企圖運動，而反對資本家，謀略既成，待時而舉。至勞動者一旦運動之開始，資本制度之外部既破，其內部亦從而陷落，而資本制度遂至告終。再以貧民而主宰生產社會，則生產組織之面目一新，社會之進步，至此而告其完全矣。」〔註112〕

這裡提到了生產力低下、沒有貧富之分和階級差別的「社會原始之狀態」，奴隸作爲可以買賣的生產工具的「奴隸制度」，重視「人權」、但社會充滿不平等、無產階級與資產階級對立與衝突的「資本的生產制度」，以及資本主義社會在勞動運動勃興之下歸於終結，「社會之進步，至此而告其完全」，比較清晰地勾勒了社會形態及其演變更迭的線索。

（二）幸德秋水著《社會主義神髓》

該書出版較《近世社會主義》稍晚，但中譯質量高的多，影響也更加廣泛、深刻。該書日文版出版於1903年7月，兩個月後，即由中國達識譯社譯爲中文，浙江潮編輯所出版發行。這本書大體上以《共產黨宣言》和《社會主義從空想到科學的發展》這兩篇馬克思主義經典文獻爲依據展開論述。全書共分七章，其中第三章「產業制度之進化」體現了唯物史觀的精髓：

「社會主義之祖師凱洛・馬爾克斯者，爲吾人道破所以能組織人類社會之眞相者，曰：『有史以來，不問何處何時，一切社會所以組織者，必以經濟的生產及交換之方法爲根底。即如其時代之政治及歷史，要亦不能外此而得解釋。』原夫人之生也，無食無以消饑渴，無衣無以防風雨霜雪。而美術也，宗教也，學術也，唯此最初之要求滿足，而後有進步。故人民苟一異其生產交換之方法，漸而社會之組織，歷史之發現，無不異其狀態。太初之人類，縱鼻橫目，與吾人人類，果有以異乎？彼等血族相集，部落相結，成共產之社會。其衣食也，唯全體之生產，充全體之需用而已。不知有個人，不知有階

〔註112〕林代昭、潘國華編：《馬克思主義在中國》上冊，北京：清華大學出版社，1983年，第109～111頁。

級，況地主者乎？況資本家者乎？磨爾幹曰：『人類有社會以來，殆十萬年。而其間九萬五千年，實爲共產制度之時代。』吾人人類於此九萬五千年間，散佈地球上，爲血族或部落之小共產時代，實脫蠢爾之俗，製弓矢，造舟楫，解牧畜，習農業，殆不知經幾許之進化變遷也。夫文明之進步，如石落於地，落度益低，速度益加。古代人口漸增殖，團聚漸繁，衣食之需用亦漸多，交換之方法從而複雜，共產之制度亦從而傾覆。競爭之心漸萌，而詭遇之途斯啓，故有生擒敵人，宥其屠殺，使之力役，事彼生產，始於人類之歷史，劃成奴隸之階級。嗚呼！奴隸之制度，雖爲吾人所不忍言，而在當時，不特爲全社會產業之基礎，埃及、亞西利亞之知識也，希臘之藝術也，羅馬之法理也，其得垂光千載歷史也，億萬奴隸之膏血也。然致當時文明者，是等產業之制度也。而復當時之文明者，亦是等產業之制度也。故以奴隸之膏血與其天然之富源，若濫用之，亦未有不涸竭者。果也羅馬末年，驕奢淫逸，費遂不貲。兼之四方之攻伐，貢租之誅求，而外叛內潰，相繼蜂起。既而羅馬大道，荊棘叢生，天下瓜分，產業菱靡。續起者農奴耕織，保護者封建制度。夫經濟生活之遷移一日，而社會之組織亦進化一日。故自由農工生，則城市繁昌；次來農隸之解放，則交通之發達，市場之擴大，殖產之增加，愈形急速。而地方的封建之藩籬，遂不堪抗制國民及世界貿易之大潮流，而呈分崩離析之勢矣。故音蓋爾亦曰：『一切社會變化，政治革命，其究竟之原因，勿謂出於人間之惡感情，勿謂出於一定不變之正義。最眞理之判斷，夫唯觀察生產交換方法之態度。毋求之於哲學，但見之各時代之經濟而已。若夫現在社會組織，一無定衡，昨日爲是，今日非焉；去年爲善，今年惡焉；亦其生產交換之方法，默就遷移，適應於當初社會之組織，不堪其用可知也。』然世界之歷史者，產業方法之歷史也。社會之進化與革命者，產業方法之變易也。誰謂今之產業制度，能常住乎？誰謂今之地主資本家，能永劫乎？」〔註113〕

　　文中提到的「社會主義之祖師凱洛・馬爾克斯」即卡爾・馬克思，但上面引文中提到「有史以來，不問何處何時，一切社會所以組織者，必以經濟的生產及交換之方法爲根底。即如其時代之政治及歷史，要亦不能外此而得解釋。」這句話卻不是馬克思的原話，而是經恩格斯歸納的馬克思的思想，見於1888年恩格斯爲《共產黨宣言》所寫的英文版序言。現在的譯文是：「每

〔註113〕姜義華編：《社會主義學說在中國的初期傳播》，復旦大學出版社，1984年，
　　　　　第278～288頁。

一歷史時代主要的經濟生產方式與交換方式以及必然由此產生的社會結構，是該時代政治的和精神的歷史所賴以確立的基礎，並且只有從這一基礎出發，這一歷史才能得到說明」。〔註114〕

文中提到的「音蓋爾」即恩格斯，「一切社會變化，政治革命，其究竟之原因，勿謂出於人間之惡感情，勿謂出於一定不變之正義。最眞理之判斷，夫唯觀察生產交換方法之態度。毋求之於哲學，但見之各時代之經濟而已。若夫現在社會組織，一無定衡，昨日爲是，今日非焉；去年爲善，今年惡焉；亦其生產交換之方法，默就遷移，適應於當初社會之組織，不堪其用可知也。」這段話出自恩格斯所著《社會主義從空想到科學的發展》。〔註115〕現在的譯文是：「一切社會變遷和政治變革的終極原因，不應當到人們的頭腦中，到人們對永恒的眞理和正義的日益增進的認識中去尋找，而應當到生產方式和交換方式的變更中去尋找；不應當到有關時代的哲學中去尋找，而應當到有關時代的經濟中去尋找。對現存社會制度的不合理性和不公平、對『理性化爲無稽，幸福變成苦痛』的日益覺醒的認識，只是一種徵兆，表示在生產方法和交換形式中已經不知不覺地發生了變化，適合於早先的經濟條件的社會制度已經不再同這些變化相適應了。」〔註116〕

文中提到的「磨爾幹」，是《古代社會》的作者摩爾根。摩爾根對馬克思、恩格斯的影響非常大，他的原始社會分期理論曾使馬克思的認識產生質的飛躍。〔註117〕馬克思贊同摩爾根在《古代社會》中提出的關於氏族共產主義先於私有制和國家社會的觀點，摩爾根提供的材料證實了「共產主義」的歷史性與未來性，馬克思和恩格斯對社會發展史的理解和描述在很大程度上建立在摩爾根所蒐集和描述的人類古代史的基礎上，但對摩爾根描述的歷史發展序列進行了改造。〔註118〕正如恩格斯所言：「摩爾根在美國，以他自己的方式，重新發現了40年前馬克思所發現的唯物主義歷史觀，並且以此爲指導，把野蠻時代和

〔註114〕《馬克思恩格斯選集》第一卷，北京：人民出版社，1995年，第257頁。

〔註115〕這部著作最早由施仁榮譯成中文，1912年發表在上海《新世界》雜誌第1、5、6、8期；1928年上海創造社出版部出版了朱靜我的中譯本；1938年延安解放社出版了吳黎平的中譯本；1943年延安解放社出版博古校譯的中譯本。

〔註116〕《馬克思恩格斯全集》第25卷，北京：人民出版社，2001年版，第395頁。

〔註117〕賀麟：《略論人類學從摩爾根到馬克思》，《馬克思主義來源研究論叢》第十一輯，北京：商務印書館，1988年，第15～17頁。

〔註118〕王銘銘：《「裂縫間的橋」——解讀摩爾根〈古代社會〉》，濟南：山東人民出版社，2004年，第119～120頁。

文明時代加以對比的時候，在主要點上得出了與馬克思相同的結果。」〔註119〕

　　從上面的引文可以看到，幸德秋水認爲，馬克思發現了社會歷史的「眞相」，並認爲社會發展史就是生產方式變遷的歷史，正是生產方式的變化帶來了社會方方面面的變化。他還描述了共產社會、奴隸制度、封建制度、資本主義制度的發展歷程，並指出資本主義制度不可能永遠存在。這些內容，比較準確地介紹了「社會發展史」的基本觀點。

（三）劉師培、馬君武等的介紹

　　1907 年 6 月，劉師培夫婦在東京創辦《天義報》。8 月，他們與張繼、章太炎成立社會主義講習會。講習會最初訂定每週舉行一次演講，後來變爲兩週一次，前後約舉辦 21 次演講，其中一些由日本社會主義者辛德秋水、山川均、堺利彥主持。劉師培夫婦熱心投身於這些活動之中，並在《天義報》上對講習會的活動進行宣傳。〔註120〕《天義報》雖然是一份無政府主義傾向的報刊，但在介紹馬克思主義方面曾起過重要作用，這份報紙上不但刊載過《共產黨宣言》，還節譯過《家庭、私有制和國家的起源》一書的部分內容。〔註121〕對於唯物史觀的基本觀點也有所闡發，主要包括以下幾個方面：

　　一是介紹了階級鬥爭對於歷史以及史學研究的意義，特別是《共產黨宣言》，「以古今社會變更均由階級之相競，則對於史學發明之功甚巨，討論史編，亦不得不奉爲圭臬。」〔註122〕

　　二是經濟因素在歷史發展中的作用。「自馬爾克斯以爲古今各社會均援產業制度而遷，凡一切歷史之事實，均因經營組織而殊，惟階級鬥爭，則古今一軌。自此誼發明，然後言社會主義者始得根據，因格爾斯以馬氏發見此等

〔註119〕恩格斯：《家庭、私有制和國家的起源》1884 年第一版序言，《馬克思恩格斯文集》第四卷，第 15 頁。

〔註120〕楊天石：《社會主義講習會資料》，分兩次刊載於 1979 年《中國哲學》第一輯和 1983 年第九輯。

〔註121〕林代昭、潘國華編：《馬克思主義在中國》上冊，北京：清華大學出版社，1983 年，第 266 頁。有的學者認爲，《天義報》是 1920 年以前知識分子瞭解社會主義思想的主要來源之一。毛澤東可能也受到劉師培的影響，因爲劉師培在《論共產制易行於中國》一文中，特別提到《後漢書‧張魯傳》中關於「義舍」的記載，而毛澤東在發動人民公社運動之前，恰好也是把這篇古文印發各級幹部學習。參見王汎森：《反西化的西方主義與反傳統的傳統主義》，收入《中國近代思想與學術的系譜》，石家莊：河北教育出版社，2001 年，第 218 頁。

〔註122〕申叔：《共產黨宣言》序，《天義報》第十六、十七、十八、十九卷合刊。

歷史，與達爾文發見生物學，其功不殊，誠不誣也。」「今中國言史學者鮮注
意經濟變遷，不知經濟變遷實一切歷史之樞紐，凡觀察一切歷史，不得不採
用哈氏之說也。」〔註123〕所謂「馬爾克斯」即馬克思，「因格爾斯」即恩格斯，
「哈氏」即「哈因禿曼」，現譯作海德門，亨利・邁爾斯（Hyndman，Henry Mayers
1842～1921）。〔註124〕

　　三是人類社會起源於共產制，也必將歸於共產制。1908年春，《天義報》
刊載《社會主義經濟論》（該書1896年出版，今譯《社會主義經濟學》）第一
章前兩節的內容。第一節是「共產制之由來」，第二節是「上古之共產制」。
這兩節內容中提到，通過對「澳洲之原人、南阿之蠻族、哈達科尼亞之土人、
印度之山人，與英、美（資本文明最發達者）」情況進行「互相推堪」，可以
發現人類社會發展的歷程進程，並可以得出結論：「人類社會之初期，確爲共
產制，此今日普通之知識也。（撒翁拉波慈克、達伊倫、哈巴禿・斯賓塞耳、
列微斯毛爾肯、弗恩馬烏列爾、巴細欲弗溫諸學者，均言社會最古形式爲粗
大之共產制，確無絲毫之疑義。）今吾人於諸種財產私有制，考其未來之發
達，並及人類所趨向，知其必歸於共產。而此等共產制，則更爲高級之組織。」
「人類社會最後之發展，其所呈形態，雖與中代不相符，或轉與原始所經者
相近。特上古共產制，因生產力未充，致流爲狹隘，僅行之於一種一族間；
今以智識廣遠，交通密接之結果，利用自然之進步，爲高級之組織，以成世
界共產制。（吾人於資本家生產時代之初期及中期，以測其未來之現象，以爲
初期共產制既爲私有財產製所從生，及其最終，必又成高級共產制。）」該
文譯者指出：「此節之旨，在於由上古共產制，推測未來之社會，知其必爲高
等之共產制。……因思中國古哲，恒言欲反世風於上古，以爲世運推移，無
往不復，默與此學理相符合。惟不知返古以後，其形式則較古代進化耳。又
案：馬爾克斯等作《共產黨宣言》，時於原始共產制尚未發明，故彼等之所言，
僅以階級鬥爭之社會爲限。此書所言，誠足以補其缺矣。」〔註125〕

〔註123〕姜義華編：《社會主義學說在中國的初期傳播》，上海：復旦大學出版社，1984
　　　　年，第434～436頁。
〔註124〕英國社會黨人。曾參與創建英國社會黨，領導該黨機會主義派。第一次世界
　　　　大戰期間是社會沙文主義者。1916年英國社會黨代表大會譴責他的社會沙文
　　　　主義立場後，退出社會黨，組建了沙文主義的民族社會黨（1918年改名爲社
　　　　會民主聯盟）。
〔註125〕姜義華編：《社會主義學說在中國的初期傳播》，上海：復旦大學出版社，1984
　　　　年，第434～436頁。

在社會主義講習會的演講活動中，也曾介紹過社會發展史的內容。1907年 9 月 15 日，「社會主義講習會」第二次開會，請日本社會主義者堺利彥演講。這篇演講詞發表在《天義報》上。「堺君演說大旨，略謂人類社會之變遷分三時代：一爲蒙昧時代，一爲野蠻時代，一爲文明時代。蒙昧時代，人間衣食住均就天然而成，無人爲之生業。漸漸而有交換智識，由漁獲而變爲耕稼，由耕稼而漸興工業，經濟界亦稍發達，則進爲野蠻時代。然其財產之狀態決無私有，實爲共有，特共有制度僅行於血族團體中，對他部族不免相爭。加以古代之人，生產之力薄弱，一有不給，不得不掠他部族，其戰敗之族則獲之爲奴隸。由是戰勝之族操督制之權，戰敗之族盡生產之職，故奴隸制度既興，社會分業乃起，即共產制亦因以破壞。然戰勝之族所得奴隸之數，非必相均，由是得奴隸多者，生產亦豐，得奴隸寡者，生產亦寡。生產多者益富，生產寡者益貧，則奴隸而外，即同族之民，亦漸分富民、貧民二階級。富民居上，貧民居下，而政治組織亦漸完備。是爲由野蠻漸趨文明之時代，今世稱爲文明時代。然貧富之階級甚嚴，資本家之勢日以增加，欲矯此弊，莫若改革財產私有制度，復爲上古共產之制。且上古共產制所以不能保存者，由人民生產力薄，不足則出於爭；今則人民生產力得（較）上古之民，幾增十百倍，生產無缺乏之虞，則爭端不起，共產之制，固無慮其行之不終也。」〔註 126〕堺利彥演說的內容，可視爲「社會發展史」的概述。

革命黨人馬君武 1903 年 2 月發表了《社會主義與進化論比較》。文中提到唯物史觀和階級史觀，「馬克司者，以唯物論解歷史學之人也。馬氏嘗謂：階級競爭，爲歷史之鑰。馬氏之徒，遂謂是實與達爾文言物競之旨合。」〔註127〕馬君武認爲，社會進化總的進程是從野蠻到半文明，從半文明到文明，社會發展可以四大階段，他稱之爲「級」。「若自歷史觀之，則人群之競爭，其級常變。野蠻狓獰之時代，其競爭之結果，爲獲其俘囚，殺而均食之（此俗今日極野蠻之島族尚有之），是爲第一級。及社會進步，由游牧射獵之族變爲耕植聚居之國，其競爭之結果，爲獲其俘囚而奴使之，此家奴之制所由興也，是爲第二級。及羅馬帝政之中葉，執政者認爲農僕制較家奴更爲良便，而農僕之制興焉，是爲第三級。至於今日，農僕之制變爲自由作工之制，乏資財

〔註126〕《天義報》第八、九、十合卷，1907 年 10 月 30 日。林代昭、潘國華編：《馬克思主義在中國》上冊，北京：清華大學出版社，1983 年，第 259～260 頁。

〔註127〕姜義華編：《社會主義學說在中國的初期傳播》，上海：復旦大學出版社，1984年，第 70 頁。

者，服社會中勞動之役，以得酬金，而爭其生存焉，是爲第四級。」馬君武在此提到的「野蠻狉獉之時代」、「家奴之制」、「農僕之制」、「自由作工之制」就近似於馬克思主義社會形態學說中的原始社會、奴隸制、農奴制和雇傭勞動制度，頗具後來馬克思主義社會發展史所描述的幾大種社會形態的影子，不過，與馬克思主義的五形態不同的是，馬君武並不認爲人類歷史開始於無階級、無私產的時代。而且他還認爲，社會進化之動力是「自私利」。「自私利者，人群之天性，進步之鞭策也。」〔註128〕

要之，在二十世紀頭十年間，中國的知識分子已經初步瞭解到馬克思主義關於社會發展史的一些基本觀點：一是考察人類社會發展史要從經濟因素入手，社會發展史在本質上是經濟關係變遷的歷史；二是從經濟角度看，人類社會發展的總體路徑是從共產制到私有制再到共產制，私有制並不是永恒的；三是按照經濟關係的不同，人類社會的發展可以分爲幾個階段。當然，這種瞭解是比較粗淺的，對於馬克思主義創始人的有關論述的理解也不夠準確，而且基本上沒有把這些理論與中國的實際相結合。〔註129〕而且，即便是在思想傾向大體一致的知識分子群體內，也還沒有形成關於「社會發展史」的學術共識。〔註130〕

（四）社會組織進化論

五四時期，中國知識分子對唯物史觀的認識發生了質變，主要體現在兩個方面，一是對唯物史觀理論的把握更加準確，二是自覺地用唯物史觀來觀察中國社會。除了唯物史觀本身具有的眞理魅力之外，中國知識分子對唯物史觀的接受，很大程度上，得益於早就深入人心的進化論作爲「理論臺階」的重要作用。有學者認爲，社會進化論是馬克思主義哲學在中國的第一個理論形態。中國人最早接觸到的馬克思，就是一個進化論者的形象。〔註131〕「由進化論走到唯物史觀，在中國知識群中，是順理成章，相當自然的事。李大

〔註128〕同上，第71頁。

〔註129〕馬君武認爲中國不適用於馬克思舉出的社會形態演變規律：「泰西之變級如是，中國則家奴、農僕、雇工三者，常兼包並容，而無顯然分劃之階級，至今尚然。此中國與泰西歷史比較之異點也。」（同上，第71頁。）

〔註130〕「社會主義講習會」在第二次演講時，堺利彥已經介紹了馬克思主義的社會形態學說，但9月22日第三次開會，劉光漢演說中國財產制度變遷時，仍然使用的是游牧時代等概念。

〔註131〕單繼剛：《社會進化論：馬克思主義哲學在中國的第一個理論形態》，《哲學研究》2008年第8期。

釗、陳獨秀當年便是如此。」早期共產黨理論家在向青年宣傳唯物史觀時，也習慣於用「進化論」作爲一個理論臺階。1924 年 9 月，蕭楚女在《青年與進化論和唯物史觀》一文中對此作了很精到的說明：「我們都曉得十九世紀中，有兩個巨大的火焰。這兩個火焰，便是我們耳所熟聞的『進化論』與『唯物史觀』。」「進化論用自然淘汰說明自然界萬象之由來；同樣，唯物史觀也用了『經濟的』這更根本的觀念，說明了古今中外一切文化史實所以變遷之必然。」「唯物史觀，根本上又是抽繹其概念於進化論的；故體系的邏輯上，又須上溯於達爾文。從生物演化之基本的原則研究而下，然後對於社會的人類生活方能組成科學的識解。」〔註 132〕

但是，唯物史觀又不僅僅是一般意義上的「社會進化論」，而是一種建立在社會結構論基礎上的「社會組織進化論」。在時人看來，「社會組織進化論」又包含兩方面的內容，第一，「社會的生產力與社會組織有密切的關係」；第二，「社會組織必然的隨著社會的生產力的變動而變動」。〔註 133〕它與「進化論」最主要的區別在於，進化論把自然界生物進化的規律擴大於人類社會，而社會組織進化論則是試圖說明人類社會進化自身固有的規律，這使它在理論的說服力更勝一籌。同樣是把社會作爲進化的主體，進化論視野下的社會是抽象的、籠統的，而且往往以新、舊這樣高度抽象的概念相區別，社會組織進化論與社會結構論互爲支撐，所謂「橫」爲社會，「縱」爲歷史，李大釗對此論之甚詳，他認爲，「歷史與社會，同其內容，同其實質，只是觀察的方面不同罷了。」〔註 134〕馬克思是把歷史和社會「對照著想」的，雖然沒有使用歷史這個名詞，但「他所用社會一語，似欲以表示二種概念；按他的意思，社會的變革，便是歷史；推言之，把人類橫著看，就是社會，縱著看就是歷史。」〔註 135〕唯物史觀視野下的「歷史」，「非指過去的陳編而言」，而是「與

〔註 132〕蕭楚女：《青年與進化論和唯物史觀》（1924 年 9 月 1 日），原載《教育與人生週刊》第 26 期，中央黨史研究室《蕭楚女文存》編輯組、廣東革命歷史博物館：《蕭楚女文存》，北京：中共黨史出版社，1998 年，第 228～230 頁。

〔註 133〕范壽康：《馬克思的唯物史觀》，《東方雜誌》第 18 卷第 1 號，1921 年 1 月，收入高軍等編：《五四運動前馬克思主義在中國的介紹與傳播》，長沙：湖南人民出版社，第 399 頁。

〔註 134〕李大釗：《史學要論》，中國李大釗研究會編注：《李大釗全集》第四卷，北京：人民出版社，2006 年，第 400 頁。

〔註 135〕李大釗：《馬克思的歷史哲學與理愷爾的歷史哲學》，中國李大釗研究會編注：《李大釗全集》第四卷，北京：人民出版社，2006 年，第 328 頁。

『社會』同質而異觀的歷史。同一吾人所託以生存的社會，縱以觀之，則爲歷史，橫以觀之，則爲社會。」〔註136〕不管是歷史和社會，又都統一於經濟。「馬克思的唯物史觀，是歷史觀的一種。他以爲社會上、歷史上種種現象之發生，其原動力皆在於經濟，所以以經濟爲主點，可以解釋此種現象。」〔註137〕

在進化的動力上，進化論強調物競天擇，把進化的動力歸結爲在環境壓迫下的自然選擇，而社會組織進化論把現實的社會與人類歷史融爲一個整體，又通過生產力和生產關係、經濟基礎和上層建築等一系列概念，把「社會」概念具體化爲一些互相聯繫的方面和因素，進而強調經濟因素在社會發展中的決定作用，並對經濟因素與其他因素之間的關係作出分析，指出是社會內部各因素之間的矛盾運動推動著進化的歷程，這就把進化的動力從外部移到了內部。正如鄧中夏指出的，進化論歷史觀與唯物史觀都是根據科學、應用科學方法的理論，區別在於唯物史觀「相信物質變動（老實說，經濟變動）則人類思想都要跟著變動」，這是唯物史觀「尤爲有識尤爲徹底的所在」，增加了社會組織進化論的可信度。〔註138〕

在進化的結局上，進化論主張適者生存，這一點雖然曾給近代知識分子帶來強烈的思想衝擊，並激勵國人奮起圖強，但畢竟過於冷酷，尤其是從戊戌維新到辛亥革命的失敗，第一次世界大戰的災難，使其顯得愈發不「可愛」。而社會組織進化論由於從社會內部因素之間的互動來談進化，大大減弱了競爭特別是競存的色彩，更重要的是還提供了一個與中國傳統思想中設想的理想世界有幾分相似的世界大同的結局，對於在世界格局中處於弱勢地位、夢想實現超越式發展的中國的知識分子而言，當然更有吸引力。總之，與進化論相比，「社會組織進化論」提供了一個更加「可愛」的進化結果，又論證更加「可信」的進化歷程。

總之，近代以來，中國處於一大變局之中，「求變」是近代中國思想世界中首要的關鍵詞，這一點已多有學者揭示。但以往人們關注較少的是，還有一個與「求變」相反相成的關鍵詞在近代中國思想的演變中若隱若現卻始終

〔註136〕李大釗：《史觀》，中國李大釗研究會編注：《李大釗全集》第四卷，北京：人民出版社，2006 年，第 252 頁。

〔註137〕李大釗：《史學與哲學》，原載天津《民意報》副刊《星火》1923 年 4 月 17～19 日，中國李大釗研究會編注：《李大釗全集》第四卷，北京：人民出版社，2006 年，第 164 頁。

〔註138〕中夏：《中國現在的思想界》，《中國青年》第 6 期，1923 年，第 4 頁。

堅韌不墮，這就是「求常」。所謂求常，就是探索世界、民族發展的一般規律或具有普適性的發展路徑。「求常」，本質上是作為主體的人運用自己的理性為社會「立法」。求變與求常，看似互相矛盾，實則互為依存。非變，常無以久；非常，變無以立。近代中國的社會發展史敘述，正是「變中求常」努力的最好體現。

中國近代第一部「社會發展史」形成於20世紀二十年代，但思想史的發展路徑是複雜而又曲折的，大凡比較有影響力、自成體系，對於人類文明具有價值的思想之形成，必為「應時而化」與「由來有自」的結合，即思想內在發展脈絡與外部現實刺激二者「裏應外合」的產物。在這樣的思想之中，總是可以發現兩條互相交融的軌跡，一是前時代思想文化發展成果依其內在邏輯轉化新生之必然，一是本時代之人應對和探索時代特有問題的思想結晶。至 1920 年代，「社會發展史」話語開始較為系統的呈現於國人面前，並逐漸演變出多姿多彩的理論形態。從話語生成史的角度看，社會發展史話語在不同歷史時期呈現出不同的面相，首先是話語敘述者對特定的時代主題、特定的政治和文化環境所作出的反應，同時也受到某一時代的話語敘述者掌握和運用的不同思想資源的影響，關於這一點後文還將詳述。這裡想指出的是，即便如此，但必須看到，不同的「社會發展史」敘述並非一袋各自孤立的馬鈴薯，它們之間既有橫向的關聯，更有縱向的關聯，或者說有一脈相承的思維主題。而這種思維主題，又必須在一個較長時段的思想史背景中才能看得更加清楚。正因為如此，本章把論述的筆觸前探至 19 世紀後半葉，因為從那時起，近代中國的變局真正釀成，「求常」的努力也隨之而興，也因為從那時起，社會發展史話語中的一些基本要素開始積累。

本章上面全部的內容，就是對這些要素的梳理。概括地講，包括三個方面，第一是作為世界觀的「進化」觀念。它從本體論和認識論兩個層面改變了人們對世界的看法，在認同「進化」的知識分子看來，不但世界和中國在客觀上是發展的，而且看待世界和中國的眼光也必須是發展的，這在現實世界中為「變」找到了最堅實的理據，又在思維世界中為「常」找到了最有力的支撐。第二是時空知識的擴充以及相伴而來的歷史視野的擴充。新知識給知識分子展示了一幅全新的世界圖景，在這幅圖景中，中國乃萬國中之一國，世界其他文明、國家不是「夷」，它們的存在當然也不是為了證明「華」之尊貴，恰恰相反，中國不再是孤立於「世界的中央」，而是要隨他國的變化而變，

在進化的途中，「華」「夷」無法分離，中國的問題必須要在世界的範圍中，在與他國的聯繫與交往中來獲得解答，談「變」，就是要在這一新的世界圖景中來變，要找到中國新的世界定位。那麼，很自然的，接下來的問題就是怎麼「變」？或者說遵循什麼樣的路徑來「變」，於是「求變」就演變為「求常」，即求得一個世界通用的變革之道。傳統中國並不乏「變」的思想與路徑，但在新的世界圖景中，這一路徑的適用性似乎太弱，而且它自身也在結合新的思想進行改造，康有為以公羊三世說為基本理論依據構建的「人類進化史」以及「大同世界」，就是其表現。因此，這一時期，人們竭力探求一種具有最大普適性的規律，以及根據普遍適用的規律描繪出進化的圖式，即便它是西方經驗為基礎的，但也希望能涵括中國的情況，以便在中國的求變之路上遵循。第三是唯物史觀所提供的新的社會分析框架。不管從時間維度還是空間維度，唯物史觀都體現出強烈的新意。它通過對社會組織結構的科學分析，以社會內部諸要素之間的互動，解釋了社會進化的根本動因。它的高度抽象性，又使其表現出強烈的普適性，能夠更好地消解其他社會理論中存在的章太炎所謂「以甲之事弊乙之事」的問題，對人類社會發展道路的同質性作出更有說服力的論證。

通過本章的分析還可以看到，後世「社會發展史」形成過程中出現的種種爭論，如社會發展規律的普適性、革命或人的能動性在社會發展進程中的作用、社會發展階段能否跨越、社會發展分期的標準等問題，在近代思想史上都有淵源可尋。這些問題之所以成為長期爭論的話題，也正是因為它們植根於近代思想史的最深處。

第三章 「社會發展史」話語之起源

「社會發展史」起源於1920年代中期。1924年，成立不久的上海大學開設了「社會進化史」課程，承擔教學任務的蔡和森等人以馬克思主義爲指導，對上海大學學生進行了系統的社會發展史教育。這是「社會進化史」第一次作爲正式課程進入中共意識形態宣教格局，這又直接促成了最早的一批「社會發展史」文本的形成。此後，上海、北京、廣州、武漢等各地各系統宣教機構中也開展了社會發展史教學。〔註1〕同樣是在1924年，蔡和森在上海大學講稿基礎上撰成《社會進化史》一書並正式出版；另一位中共理論家張伯簡則在《民國日報》副刊《覺悟》上連載了一篇長文《從原始共產社會到科學共產社會》，次年以《社會進化簡史》爲名出單行本。這兩部著作都屬於「譯述」之作，但也包含了譯者極大的創造和發揮。

一、早期共產主義者的探索：以南陳北李爲例

思想的發展是延綿不斷的，設定思想史的時間節點或歷史線索，只是敘述者在描述思想發展時「不得不爲之惡」。1924年固然可以作爲「社會發展史」話語起源的一個標誌性年份。但在此之前兩三年，李大釗、陳獨秀等已經多次談及社會發展史，與蔡和森、張伯簡以及更晚出的社會發展史文本相比，這些描述是簡單而粗略的，但它們在思想脈絡上是前後承續的，思想主題也高度一致。

1917年4月，李大釗發表《戰爭與人口》，詳盡地論述了自己對「人類天

〔註1〕 爲主題集中期間，關於宣教的內容，將在第四章集中論述。

演之跡」的看法，要點如下：（1）人是從猿進化而來的。「人類之生，何自始乎？或云神之墮落，或云獸之演進，或云系出多源，或云本有一祖（生物學家謂一切動物出自共同祖先，漸衍而有脊椎類與非脊椎類之別。脊椎類又衍而爲魚類、蜥蜴類、鳥類、獸類。其時獸類，即爲今日人類與獸類之共同祖先。獸類中又分猿類及其他類。其時猿類，即爲今日人類與猿類之共同祖先。猿類又分東半球猿類與西半球猿類，東半球猿又分有尾猿與無尾猿，今日之東半球猿中之無尾猿，即與今日之人類同祖。蓋東半球猿類之齒數上下共三十二，適於人類齒數相符，此即同祖之一證。然則人類爲獸之演進，且出一源，較信）。洪荒不可稽，妄誕尤非所尚。既賦以圓顱方趾之軀，演進以成今形。字之曰人，正不必以神自尊，更未可以獸自量。就人論人，命爲生物之一，當非大謬。」（2）人類社會的進化歷程是與自然環境作鬥爭的過程，體現了適者生存的法則。「逮第四期，人類肇生，種族日蕃，形質日進，以建今日之人類世界焉。初民之生也，榛芒〔莽〕蔽天，洪水流地，燥濕寒燠，弗適其宜，居處衣食，未安其體，惟恃天賦之長，依手與腦，足以奪天，足以役物，遂以受之天者還與天戰。戰而勝，榛芒〔莽〕可闢也，洪水可平也，燥濕寒燠可得而適，居處衣食可得而安也，不勝則亦歸於淘汰而已。巢居穴處，進而宮室舟車矣。居處既安，耕稼以作，而五穀百藥，惠濟人倫矣。」中國的情況也是如此。「徵之吾國，古說黃帝則殺五龍；堯則戰封豨、斷脩蛇；舜則烈山澤以焚禽獸；禹則平水土以驅龍蛇。周官之制，操弓挾矢，攻猛鳥猛獸，除毒蟲蠱物，去蛙黽，除水蟲，各設專官。有史而後，狀猶若此。」（3）人類社會開始於「子之於親，知有母而不知有父」的母系社會，圖騰社會以來，經歷了「由氏族而部族，而國家，而民族」的演進階段。李大釗在文中還引述了「孟幹」（即人類學家摩爾根）關於美洲印地安人氏族圖騰的研究，並與中國的情況作了類比，「吾國古代有以雲紀官、以鳥紀官，與此頗類」。〔註2〕雖然從猿到人、摩爾根的古代社會研究成果等都是「社會發展史」話語的重要元素，但從文意來看，此時李大釗的言說尚沒有站在馬克思主義的立場上。

　　另外，早年的陳獨秀、李大釗還都傾向於用精神因素作爲社會發展的動因，而這也是與唯物史觀的基本精神不相符的。1918 年，李大釗在《新的！

〔註2〕 李大釗：《戰爭與人口》（上），刊載於《言治》季刊第 1 冊，1917 年 4 月 1 日，中國李大釗研究會編注：《李大釗全集》第二卷，北京：人民出版社，2006 年，第 39～40 頁。

舊的！》一文中說，「宇宙進化的機軸。全由兩種精神運之以行，正如車有兩輪，鳥有兩翼，一個是新的，一個是舊的。」〔註3〕1919 年 3 月，他再一次重申：「宇宙的進化，全仗新舊二種思潮，互相挽進，互相推演，彷彿像兩個輪子運著一輛車一樣；又像一個鳥仗著雙翼，向天空飛翔一般。」〔註4〕李大釗在這兩篇文章中所說的「新」與「舊」是指思想意識的新與舊，換言之，在此時的李大釗看來，主導社會進化的力量是精神。陳獨秀也是如此。他用進化論的思想闡釋人類歷史，將之視爲「新陳代謝」的過程。「以人事之進化言之，篤古不變之族，日就衰亡；日新求進之民，方興未已。」「投一國於世界潮流之中，篤舊者固速其危亡；善變者反因已競進。」「其不能善變而與之俱進者，將見其不適環境之爭存，而退歸天然淘汰。」〔註5〕「人類文明之進化，新陳代謝，如水之逝，如矢之行，時時相續，時時變易。」〔註6〕而這一新陳代謝的內在動因，也是精神性的「保守」或「革新」的價值取向。他 1919 年春寫給北大某教員的一封信中就提出，「世界進化的大流倘沒有止境，那保守革新兩派的爭鬥，也便沒有止期。」〔註7〕總之，在「五四」之前，李、陳二人關於「社會發展史」的看法還不具有馬克思主義的思想屬性。

五四之後，李、陳二人完成了話語體系的轉換，自覺以唯物史觀爲指導研究社會發展。1919 年 12 月，李大釗在《物質變動與道德變動》一文中寫到：「上古時代，人類的生產技術還未能征服自然力，自然幾乎完全支配人類，人類勞作的器具，只是取存於自然界的物質原形而利用之，還沒有自製器具的知識和能力。……後來生產技術稍稍進步，農業漸起，……社會已經分出治者與被治者階級，……自希臘之世界的商業發達以來，羅馬竟在地中海沿岸的全部建一商業的世界帝國。……羅馬商業的大社會崩壞之後，從前各個

〔註3〕 李大釗：《新的！舊的！》，《新青年》第 4 卷第 5 期，1918 年 5 月 15 日，中國李大釗研究會編注：《李大釗全集》第二卷，北京：人民出版社，2006 年，第 196 頁。

〔註4〕 守常：《新舊思潮之激戰》，《晨報》1919 年 3 月 4～5 日，中國李大釗研究會編注：《李大釗全集》第二卷，北京：人民出版社，2006 年，第 312 頁。

〔註5〕 陳獨秀：《敬告青年》，《青年雜誌》第一卷第一號，1915 年 9 月 15 日，任建樹主編：《陳獨秀著作選編》第一卷，上海：上海人民出版社，2009 年，第 160～161 頁。

〔註6〕 陳獨秀：《一九一六年》，《青年雜誌》第一卷第五號，1916 年 1 月，任建樹主編：《陳獨秀著作選編》第一卷，上海：上海人民出版社，2009 年，197 頁。

〔註7〕 《一封無受信人姓名的信》，任建樹主編：《陳獨秀著作選編》（第二卷），上海：上海人民出版社，2009 年，第 2 頁。

分立的自然經濟又復出現。……中世紀的社會是分有土地的封建制度、領主制度的社會，社會的階級就像梯子段一樣，一層一層的互相隸屬，……美洲及印度發現以後，資本主義的制度愈頗強大，工商貿易愈頗發達，人與人的關係幾乎沒有了，幾乎全是商品與商品的關係了。」〔註8〕與前引《戰爭與人口》（1917 年）中的有關論述相比，1919 年的這段文字中，已隱約可見幾大社會形態更迭的樣貌。同時，在社會進化的動力問題上，李大釗的思想也已完全符合唯物史觀的基本精神。

發表於 1919 年 9 月和 11 月的《我的馬克思主義觀》一文，是李大釗成為一個馬克思主義者的標誌。〔註9〕在這篇文章中，李大釗明確提出決定社會進化的不是精神因素而是經濟因素。他指出，「經濟構造是社會的基礎構造，全社會的表面構造，都依著他遷移變化。但這經濟構造的本身，又按他每個進化的程級，為他那最高動因的連續體式所決定。這最高因，依其性質，必須不斷的變遷，必然的與社會的經濟的進化以誘導。」按照馬克思主義的觀點，這「最高因」就是「物質的生產力」，「由家庭經濟變為資本家的經濟，由小產業制變為工場組織制，就是由生產力的變動而決定的。」「生產力一有變動，社會組織必須隨著他變動。社會組織即社會關係，也是與布帛菽粟一樣，是人類依生產力產出的產物。手臼產出封建諸侯的社會，蒸汽製粉機產出產業的資本家的社會。」「亞細亞的、古代的、封建的、現代資本家的，這些生產方法出現的次第，可作經濟組織進化的階段，而這資本家的生產方法，是社會的生產方法中採敵對形式的最後。」李大釗還認識到，「階級競爭說」是馬克思主義關於社會發展史的一個基本觀點，「階級競爭是歷史的終極法則，造成歷史的就是階級競爭」。雖然此時李大釗對於究竟是「經濟行程的自然變化」還是「階級競爭」決定著「社會進化全體」的方向仍覺得難以解釋

〔註8〕 李大釗：《物質變動與道德變動》，載於《新潮》第 2 卷第 2 號，1919 年 12 月 1 日，中國李大釗研究會編注：《李大釗全集》第三卷，北京：人民出版社，第 105～108 頁。

〔註9〕 關於李大釗何時轉變為一個馬克思主義者，學界看法也不一致，大陸學者大都以《我的馬克思主義觀》的發表作為其思想轉變的標誌。但海外有學者認為，不但 1918 年夏之前李大釗的文章中「一點看不出馬克思的影子」，即便是《我的馬克思主義觀》也「明顯是借取河上肇的觀點來批評馬克思，嚴格說來他的馬克思思想尚未入門呢！」（呂芳上：《革命之再起》，臺北：「中央」研究院近代史研究所專刊（57），1989 年 4 月出版，第 283～284 頁。）本文取大陸通行之說。

圓融。但他關於社會發展史的基本思想顯然已經是馬克思主義的了。〔註10〕

陳獨秀也是如此,他早年深受嚴譯《社會通詮》中「圖騰、宗法、軍國」的社會進化階段思想影響,同時還受到孔德等西方思想家的影響。1917 年,陳獨秀在天津南開學校演講近代西方教育時就按照孔德的思想把人類進化分為三個時代:「第一曰宗教迷信時代,第二曰玄學幻想時代,第三曰科學實證時代。」〔註11〕而在成為馬克思主義者之後,他對社會發展史的看法也隨之發生改變,這集中體現在他 1922～1923 年的一組文章中。1922 年 8 月 10 日,陳獨秀在《對於現在中國政治問題的我見》一文中說:「人類社會因治生方法不斷的進步,他們的經濟的及政治的組織遂隨之不斷的進步。在不斷的進步之過程中,保守者與改革者亦即壓迫者與被壓迫者兩方面,自然免不了不斷的爭鬥;每個爭鬥的結果,後者恒戰勝前者,人類社會是依這樣方式進步的。照前人依據歷史的事實指示我們的:人類社會不斷的進步即不斷的爭鬥中,依治生方法之大變更擴大了他們的生活意識,他們利害相衝突的分子,遂自然形成兩次最大的階級爭鬥,第一次是資產階級對於封建之爭鬥,第二次是無產階級對於資產階級之爭鬥。所以人類每一個重要的政治爭鬥中,都有階級爭鬥的意義含在裏面。」〔註12〕1923 年 1 月 18 日,《革命與反革命》一文中,他又說:「人類社會之歷史,乃經過無數進化階段及多次革命戰爭,乃至有今日之組織及現象;其組織進化之最大而最顯著者,乃是由部落酋長進化到封建諸侯王,由封建諸侯王進化到資產階級,由資產階級進化到無產階級。在這些最大而最顯著的社會組織進化之中,又各有幾多比較小的比較不甚顯著的進化階段;在每個進化階段新舊頓變時,都免不了革命戰爭。革命之所以稱為神聖事業,所以和內亂及反革命不同,乃因為他是表示人類社會組織進化之最顯著的現象,他是推進人類社會組織進化之最有力的方法。」〔註13〕1923 年 4 月 25 日,在《資產階級的革命與革命的資產階級》中,他又提出了社會發展的幾個階段:「人類社會組織之歷史的進化,觀過去現在以察將來,

〔註10〕 李大釗:《我的馬克思主義觀》,《新青年》1919 年 10 月 11 日,中國李大釗研究會編注:《李大釗全集》第三卷,北京:人民出版社,第 15～51 頁。

〔註11〕 陳獨秀:《近代西洋教育——在天津南開學校演講》,任建樹主編:《陳獨秀著作選編》第一卷,上海:上海人民出版社,2009 年,第 359 頁。

〔註12〕 陳獨秀:《對於現在中國政治問題的我見》,任建樹主編:《陳獨秀著作選編》(第二卷),上海:上海人民出版社,2009 年,第 467 頁。

〔註13〕 陳獨秀:《革命與反革命》,任建樹主編:《陳獨秀著作選編》(第三卷),上海:上海人民出版社,2009 年,第 1 頁。

其最大的變更，是由游牧酋長時代而封建時代，而資產階級時代，而無產階級時代。」〔註14〕1923 年 5 月 13 日和 6 月 20 日，陳獨秀兩次在廣東高師發表演講。在演講中，他對社會發展史作出了最系統的論述。在第一次演講中，他說「簡單說來，社會的進化，其程序可分為五個時代：一、原人時代——這時人類的生活，非常簡單，和現代最野蠻的人的生活略同。他們唯一的工作，就是摘生果充饑，所以當時人類與野獸無大差異，文化遂無從發生、無足陳述。二、漁獵時代——原人以摘生果為活，到了生果食盡的時候，就不得不下水取魚，入山尋獸，來維持生活，這才演進而為漁獵時代。從原人時代至此，可成一個段落了。……當時那種小社會，完全是共產的，沒有私產的發生，我們就叫作原始的共產主義。……三、游牧時代——發生於有歷史之前，故難推算他發生的年歲，大概總在封建時代之先。……當時土地都是公有的，……由漁獵時代共產的社會，一變而為游牧時代私產的社會了。這許是社會進化途中的一大變遷咧。四、農業時代——……到了這個時代，社會的組織，經濟狀況，道德觀念，及宗教思想，都呈變化。……至此，私產制度，更加發達，而社會經濟，同時發達。凡此種種變遷，都是依照生活的要求，而自然發生的。……綜合上述的農業社會的狀況，拿來和現代的中國比較起來，是大同小異的，差異之點也很少，從可知現代的中國，還只是演進到農業時代啊！五、工業時代——到了這個時代，政治、經濟、宗教、道德等狀況，又都變更，和農業時代大不相同；但是這些變遷之所以發生，也只是原於生活中自然的要求。……從原人時代以至工業時代，都可發見社會進化的痕跡，伊都是根據人類生活的要求而發生的，我們若要改造社會，必須先明白社會之歷史的進化，然後才知所從事。」〔註15〕在第二次演講中，他再次提出：「社會組織進化的歷程，是從漁獵時代酋長時代，進而為農業時代封建時代，由農業手工業時代進而為機器時代，即資本主義時代，再由資本主義的工業時代，進而為社會主義的工業時代。這個進化歷程的變遷，純是客觀的境界，不是主觀的要求。」〔註16〕

〔註14〕陳獨秀：《資產階級的革命與革命的資產階級》，任建樹主編：《陳獨秀著作選編》（第三卷），上海：上海人民出版社，2009 年，第 33 頁。

〔註15〕陳獨秀：《社會之歷史的進化——在廣東高師的講演》，任建樹主編：《陳獨秀著作選編》（第三卷），上海：上海人民出版社，2009 年，第 59～62 頁。

〔註16〕陳獨秀：《關於社會主義的問題——在廣東高師的講演》，任建樹主編：《陳獨秀著作選編》（第三卷），上海：上海人民出版社，2009 年，第 75 頁。

綜上，在 1919 年下半年至 1924 年間，作爲中共創立者和第一代馬克思主義者之代表的李大釗和陳獨秀，已經對社會發展史作出了較符合經典含義的論斷。可見，建構「社會發展史」話語的努力，是與中共建黨、馬克思主義傳入中國的歷程同時起步的。

但是，最早直接爲「社會發展史」話語提供思想資源，從而使「社會發展史」話語得以完整地以社會形態變遷更迭的樣貌呈現在世人面前的，則是蘇俄思想家波格丹諾夫。

二、波格丹諾夫的「經濟科學」：「社會發展史」的重要思想來源

波格丹諾夫本人沒有撰述過社會發展史，但他關於「經濟科學」的思想，卻屢被他的中國譯介者改造爲「社會發展史」，並對時人判定歷史發展規律及中國史和中國社會性質發生重大影響。這一點，其實早在 1930 年代就已有學者指出：「在中國是支配了一切的社會進化史概念的思想，如什麼『社會進化史』小冊子及簡表之流，都是『因襲』他（指波格丹諾夫——筆者注）的。」〔註17〕這一判斷是有正確性的。出版於 1924～1925 年的張伯簡的「社會進化史」，主要來自於俄國馬克思主義者波格丹諾夫。〔註18〕施存統在上海大學教授「社會進化史」時，也是以他本人所譯波格丹諾夫的《經濟科學大綱》爲課本，而且施存統認爲該書完全可以作爲社會發展史來讀。日後的考古學大師、當時尚在清華大學求學的夏鼐，也認眞學習過波氏的《經濟科學大綱》，

〔註17〕 王宜昌：《中國奴隸社會史——附論》，《讀書雜志》第 2 卷第 7、8 期合刊，1932 年 8 月，第 14 頁。

〔註18〕 毛澤東認眞讀過《社會進化簡史》一書，但他也不清楚這本書是張伯簡寫的還是譯的。張伯簡在俄國讀書時的同學蕭三親眼見過《各時代社會經濟結構原素表》，他回憶說，這個表在形式上是「一張大紙」，內容則是根據莫斯科東方勞動者大學的教材翻譯的。(那「一張大紙」(即原素表)的內容就是「我們以前莫斯科東大時的聽課講義等」。《蕭三給趙衍蓀同志的信》(1980 年 12 月 27 日)，收入中共雲南省黨史資料徵集委員會：《張伯簡文輯》，昆明：雲南民族出版社，1987 年，第 115～116、127 頁。) 筆者雖未親見如蕭三所說的「一張大紙」樣式的《各時代社會經濟結構原素表》，但曾在網上發現過它的照片，上面確實注明爲「譯製」。李洪岩在一篇文章中提到，張伯簡的「原素表」是對俄國思想家波格丹諾夫《經濟科學大綱》一書的「節譯」。(李洪岩：《20 世紀 30 年代馬克思主義思潮興起之原因探析》，《文史哲》2008 年第 6 期。) 他雖沒有詳加論證，而且「節譯」的表述也不夠準確，但提供了寶貴的線索。

並認為，「這本書實是從經濟方面去描寫社會進化的歷史，從原始共產制、家法制、封建制一直說到未來的社會」。〔註19〕廖劃平所著、曾作為黃埔軍校「社會進化史」課程教本的《社會進化史》（出版於 1927 年 9 月），也同樣深受波氏影響。而這幾種文本，在當時都有很大的影響，在「社會發展史」話語形成史上具有重要地位。

（一）波格丹諾夫其人

波格丹諾夫，本名馬林諾夫斯基，中譯名有波達格諾夫、波達諾夫、婆達格諾夫等。1873 年 8 月 22 日出生於俄國格羅德諾省索科爾市的一個教師家庭，就讀於圖拉州中學。1893 年，考入莫斯科大學自然科學部。1894 年 12 月，因參加民意黨小組被開除，被圖拉州政府部門逮捕和流放。1895 年，他開始從事社會民主黨的宣傳和組織工作。後來，在哈爾科夫大學醫學系學習，1899 年畢業，並獲得了行醫執照。1903 年，他加入布爾什維克，在第三、四、五屆俄國社會民主黨大會上被選為中央委員。1905 年，成為彼得堡工人代表蘇維埃執委會成員。同年 12 月，在彼得堡被捕並監禁到 1906 年 5 月。1909 年 6 月，因領導「召回派」等派別活動而被開除出黨。1913 年開始在《真理報》當編輯。十月革命之後，曾擔任莫斯科大學政治經濟學教授，是社會主義科學院（後來的共產主義科學院）奠基人之一。還曾擔任科學院主席團成員（1918～1926），也曾從事馬恩著作俄譯工作。1917～1920 年，組織無產階級文化協會。1926 年，他建立了世界上第一個輸血研究所併擔任所長。1928 年 4 月 7 日，他在自己身上進行輸血試驗，因試驗失敗去世。〔註20〕波氏研究領域橫跨自然科學與社會科學，著述極豐，稱得上是一個百科

〔註19〕《夏鼐日記》第一卷，1931 年 1 月 17 日，上海：華東師範大學出版社，2011 年，第 24 頁。

〔註20〕關於波格丹諾夫的生平情況，綜合以下各書而成。《社會主義科學院院士亞·波格丹諾夫致社會主義科學院主席團的聲明》（1923 年 11 月 6 日），見沈志華總執行主編、鄭異凡主編：《蘇聯歷史檔案選編》第 15 卷，北京：社會科學文獻出版社，2002 年，第 313～314 頁；許征帆主編：《馬克思主義辭典》，長春：吉林大學出版社，1987 年，第 847～848 頁；廖蓋隆、孫連成、陳有進等主編：《馬克思主義百科要覽·上卷》，北京：人民日報出版社，1993 年，第 397 頁；李淮春主編：《馬克思主義哲學全書》，北京：中國人民大學出版社，1996 年，第 44 頁；陶銀驃主編：《簡明西方哲學辭典》，瀋陽：遼寧人民出版社，1985 年，第 159 頁；金炳華主編：《馬克思主義哲學大辭典》上海：上海辭書出版社，2003 年，第 735 頁；劉程宏：《A·A·波格丹諾夫的「系統思想」研究》，華南師範大學博士論文，2007 年。

全書式的學者。〔註21〕

今天，絕大多數中國人可能都是從列寧的名著《唯物主義和經驗批判主義》（1908 年）中知道波格丹諾夫這個名字的。在這部書中，列寧對波格丹諾夫進行了嚴厲的批判，甚至說「不管怎樣考察波格丹諾夫的哲學，除了反動的混亂思想，它沒有任何別的內容。」〔註22〕但列寧與波氏並非從來就是交惡的，在兩人交往史上也曾有過一段不短的蜜月期。尤其是在與孟什維克鬥爭的歲月裏，他們雖然在哲學觀點上存在分歧，但政治上是並肩戰鬥的親密盟友，剛一結識，就互相贈送了書籍。列寧送給波格丹諾夫的是《進一步，退兩步》，後者則回贈了《經驗一元論》。兩人達成默契，「大家不談哲學，把哲學當作中立地帶」，共同貫徹布爾什維克的策略。1906 年，兩人還曾一起住在芬蘭的秘密別墅裏。〔註23〕列寧還曾為波氏的重要著作《經濟學簡明教程》寫過一篇書評，對這本書評價甚高，稱為「我國經濟學著作中出色的作品」，「確實是這類書中最出色的一本」，並認為這本書最突出的優點就在於始終「堅持了歷史唯物主義」。〔註24〕但後來，兩人的思想都發生了變化且漸行漸遠，最終變成論敵。但即使在波氏脫離布爾什維克之後，在俄國理論界，他依然受到尊崇。俄國歷史學家波克羅夫斯基指出，波格達諾夫曾被戲稱為布爾什維克的「大管家」，是布爾什維克王國的「大宰相」，1905 年之前，波格丹諾夫對黨的政策的影響比僑居國外的列寧還大。實際上，波克羅夫斯基本人在學術上就深受波格丹諾夫的影響。〔註25〕1928 年，波氏去世後，蘇聯教

〔註21〕 John Biggart: *Bogdanov and His Work, Aldershot, Hants*, England; Brookfield, Vt.: Ashgate, c1998.

〔註22〕 列寧：《《唯物主義和經驗批判主義》，《列寧選集》第二卷，人民出版社，1972年，第二版，第 234 頁。

〔註23〕 〔俄〕Г.Д.格洛維里、Н.К.菲古羅夫斯卡婭著，馬龍閃摘譯：《波格丹諾夫的思想理論遺產》，《哲學譯叢》1992 年第 5 期。列寧一直不同意波格丹諾夫的哲學觀點，但波氏與列寧交惡，主要是由於黨內經費等實際問題。（參看〔英〕倫納德・夏皮羅：《一個英國學者筆下的蘇共黨史》，北京：東方出版社，1991年，第 131～133 頁。

〔註24〕 列寧：《書評（亞・波格丹諾夫「經濟學簡明教程」）》，《列寧全集》，第 4 卷，第 33 頁。

〔註25〕 米・納伊金諾夫：《米・尼・波克羅夫斯基和他在蘇聯史學中之地位》，收入中國科學院哲學社會科學部學術資料研究室編：《論波克羅夫斯基歷史觀點》，上海：三聯書店（內部發行），1963 年，第 28 頁；安・潘克拉托娃：《米・尼・波克羅夫斯基歷史觀點的發展》，收入陳啟能、李顯榮譯：《反對波克羅夫斯基的歷史觀點》，上海：三聯書店，1962 年，第 38～39 頁。

育人民委員盧那察爾斯基在其靈前致辭：「人類離我們所處的時代越遠，列寧星座的光芒就會越耀眼，而在列寧星座裏波格丹諾夫的名字是永遠不會暗淡的。」布哈林在悼詞中也說：歷史無疑會從波格丹諾夫身上吸取一切有價值的東西，把他安放到革命、科學和勞動戰士的光榮位置上去。他還承認，自己受波格丹諾夫的影響甚深：「他那不同尋常、非同一般的博學多識給我留下了印象。他是俄國也可能是全世界最有學問的人之一。我認識他本人，讀他的書，就像我同時代的許多人一樣。我一直讀他的著作，這些著作在我身上留下了深深的烙印。」〔註26〕

　　1920 年代，波氏正式進入國人視野，但他的中國形象經歷了一個從正面變爲負面的過程。大體而言，三十年代初是其形象轉變的時間節點。在 1920 年代，國人對這位俄國思想家的評價很高，稱之爲「博學多能的人」，〔註27〕「不僅是一個淵博的學者，並且還是一個眞摯的革命家。」〔註28〕即便不認同波氏思想的學者也認爲，波氏思想在五卅前後是社會史理論的主流聲音。〔註29〕夏鼐在清華讀書時認眞學習過波氏著作，認爲較之河上肇的書更加「活潑有趣味」。〔註30〕但到 1930 年代以後，波氏就主要以負面形象出現，在馬克思主義史學家筆下更是如此。以呂振羽而言，自 1930 年到 1940 年十年間，多次對波氏進行批判。1930 年，在《中國經濟之史的發展階段》中，呂振羽說，「商業資本主義社會」，「不過是波格達諾夫主義之整批的販運勾當」。關於這一問題，「在中國的所謂學者們，也都是從波格達諾夫那裡抄來的現成。」〔註31〕1936 年，在《史學新論》中，他又說，「凡此在中國的社會史論戰上形成的一切錯誤，大都淵源於波格達諾夫主義，以及滲入在波克羅夫司磯學派中的波格達諾夫主義的血液的流毒。」〔註32〕1940 年，在《關於中國社會史的諸問題》

〔註26〕鄭異凡：《史海探索》，合肥：安徽大學出版社，2005 年，第 458～460 頁。

〔註27〕陳雪舫：《波格達諾夫去世》，《貢獻》1928 年第 3 卷第 5 期。

〔註28〕智庵（陳志安）：《關於波格丹諾夫底著作》，《清華週刊》第 32 卷第 2 期，1929 年，第 59 頁。

〔註29〕王宜昌：《中國社會史論史》，《讀書雜志》第 2 卷第 2、3 期合刊，1931 年 3 月，第 19 頁。

〔註30〕《夏鼐日記》第一卷，1931 年 1 月 30 日，上海：華東師範大學出版社，2011 年，第 27 頁。

〔註31〕呂振羽：《中國經濟之史的發展階段》，《文史》創刊號，1934 年 4 月 15 日，第 9 頁。

〔註32〕呂振羽：《史學新論》，《晨報·歷史週刊》1936 年 10 月 3 日，見蔣大椿主編：《史學探淵：中國近代史學理論文編》，長春：吉林教育出版社，1991 年，第

中，呂再次指出，商業資本主義「這種穿上半件歷史唯物論外衣的半實驗主義的歷史理論，不但是波格達諾夫的折中主義的販運，而且企圖誇大商業資本的作用，掩蓋封建勢力的保守性，在中國為買辦資本從而為帝國主義說教。」〔註33〕另一位馬克思主義史學家翦伯贊在《「商業資本主義問題」之清算》（1936年）一文中也對波格達諾夫進行了系統、深入的批判。他認為，波格丹諾夫的「商業資本主義社會」在蘇聯「已經是被清算了的問題，然而這個不通的名詞在我國一直到現在，還為我們的抄襲家所支持。」「把『商業資本主義』當作歷史發展諸階段中之一個獨特的階段，這是從馬赫的流毒以至波格達諾夫這一流派的經濟範疇，而不是馬伊主義的經濟範疇。波格達諾夫這一錯誤，決不是偶然的局部的錯誤，而是從根本上由於他在政治上為布爾喬亞的意識所限定，在方法論的運用上，完全無法接近馬克思主義的緣故。」〔註34〕從此，波格丹諾夫在中國的反面形象正式確立，一直延續到 1970 年代末，加於他頭上的惡諡也在彼時達到頂峰，被稱為「國際共產主義運動中的叛徒、野心家、兩面派，和俄國的機會主義分子、馬克思主義的敵人」。〔註35〕

　　或許正因如此，長期以來，我國學界幾乎沒有對波格丹諾夫進行真正的學術研究。直到進入新世紀，鄭異凡等才開始認真研究波氏生平與思想，也有博士生選擇波氏思想作為博士論文主題，但研究成果主要集中在波氏的軍事共產主義思想、系統思想、無產階級文化思想等。〔註36〕對於波氏的「經濟科學」思想，目前尚缺乏專門研究。實際上，這一思想在近代中國思想史、中國馬克思主義傳播史上影響至深，是二三十年代許多學者構建中國社會史、社會發展史話語體系和判定中國社會性質的重要理論依據。

（二）波氏「經濟科學」著作及思想在中國的譯介

　　波格丹諾夫的「經濟科學」思想是通過《經濟學簡明教程》（現譯名）和

---

790 頁。

〔註33〕 呂振羽：《關於中國社會史的諸問題》，《理論與現實》第二卷第一期，1940年 5 月，收入《中國社會史諸問題》，三聯書店，1961 年，第 3 頁。

〔註34〕 翦伯贊：《「商業資本主義社會問題」之清算》，上海《世界文化》創刊號，1936年 11 月 16 日，第 43 頁。

〔註35〕 姜淑霞：《波格丹諾夫之流與「四人幫」》，黑龍江大學學報（哲學社會科學版）1977 年第 1 期，第 106 頁。

〔註36〕 主要有：鄭異凡：《波格丹諾夫和「軍事共產主義」》《當代世界與社會主義》2003 年第 6 期；《坐班房的院士》，《讀書》2003 年第 12 期；劉程宏：《A·A·波格丹諾夫的「系統思想」研究》，華南師範大學博士論文，2007 年。

《政治經濟學初級教程問答》（現譯名）傳入中國的。兩書均在 1920 年代後期譯介到中國，且均有兩個譯本，並多次重版。

《經濟學簡明教程》是波氏早期成名作，原本是波格丹諾夫被流放圖拉期間，在為工人小組講授政治經濟學的過程中，在與工人們交談和鑽研《資本論》的基礎上寫成的講義。第一版出版於 1897 年，正是在出版此書時，作者第一次使用了「波格丹諾夫」這個筆名。這本書在十九世紀末至二十世紀初的俄國傳播十分廣泛，影響也很大，從 1897 年至 1906 年共出版 10 次之多；1919 至 1924 年，僅官方就出版過 6 次。列寧評論的是該書的第一版，在這一版中，波格丹諾夫是按照原始氏族共產主義、奴隸制、封建主義和行會、資本主義這樣的順序來闡釋人類社會發展進程的。對此，列寧是讚賞的。他說，「政治經濟學正應該這樣來敘述」。〔註37〕在這篇書評中，列寧還認為這本書馬上會再版。沒過多久，書確實如列寧所言再版了。但波格丹諾夫卻沒有停留在受到列寧高度肯定的第一版上，相反，在後來的版本中，他改變了自己的看法，特別是改變了對社會形態更迭次序的看法，具體的說就是奴隸社會在社會發展史中的位置發生了顛覆性的變化。在第一版裏，奴隸制度處於原始公社制度和封建制度之間，是與二者具有同等價值的一個階段。古代東方和地中海被解釋成為奴隸制度的變種。第二版基本上保留了這一看法，即把「古代奴隸制」時期放在在原始時代和封建主義之間。但在第十版裏，社會形態次序的排列發生了根本性變化，奴隸制度被置於封建主義之後。如表所示〔註38〕：

表 3.1　波格丹諾夫《經濟學簡明教程》不同版本的社會形態排序

第一版	第二版	第十版
原始氏族共產主義時期； 奴隸制時期； 封建主義和行會時期； 資本主義。	原始氏族共產主義； 父權制氏族社會組織 古代奴隸制； 封建社會； 小資產階級社會；	自然經濟 原始氏族共產主義； 專橫的氏族公社； 封建社會 交換的發展

〔註37〕列寧：《書評（亞·波格丹諾夫「經濟學簡明教程」)》，《列寧全集》第 4 卷，北京：人民出版社，1984 年，第 33 頁。

〔註38〕〔蘇聯〕В·Н·尼基福羅夫，一山譯：《社會民主黨的理論家》，原載《東方和世界史》莫斯科 1977 年版，收入郝鎮華編：《外國學者論亞細亞生產方式》（下冊），北京：中國社會科學出版社，1981 年，第 10～14 頁。

	商業資本時代。 工業資本主義——工場手工業階段； 工業資本主義——機器階段。	奴隸制度； 農奴經濟 手工業——城市制度； 商業資本主義。 工業資本主義： 工場手工業時期； 機器時期； 金融資本 社會主義社會。

　　該書中譯本有兩種，一為《經濟科學概論》，譯者周佛海（1897～1948），1926 年初版，1933 年商務印書館出「國難後第一版」；另一為《經濟科學大綱》，譯者施存統（1898～1970），1927 年新青年社出版，後又有大江書鋪版，到 1932 年已印發 6 次。需要指出的是，《經濟學簡明教程》一書版次很多，前文提及的列寧給予高度評價的是該書第一版，而無論是周佛海還是施存統，他們所譯述的《經濟學簡明教程》，並不是這個版本，而是後來修訂過的版本。

　　《政治經濟學初級教程問答》一書也有兩個譯本，一是《政治經濟學之基本的程序》，貝天峰譯，北平震東印書館 1930 年代出版，具體年份不詳。一是《新經濟學問答》，陶伯譯，泰東書局出版。貝天峰生平不詳，或為留蘇學生貝雲峰〔註39〕之誤，陶伯即中共早期重要人物彭述之（1895～1983）。《政治經濟學初級教程問答》與《經濟學簡明教程》在基本思想觀點上沒有實質差別，但是詳略篇幅和著述體例有很大不同。《經濟學簡明教程》篇幅較長，是一本系統的學術論著。《政治經濟學初級教程問答》則以問答體寫就，篇幅也比較短，是一種通俗入門讀物。為便於不同譯本的比照，筆者將 4 個譯本的目錄附於書後。

　　波氏著作的譯介者們人生道路各不相同，瞭解波氏思想的渠道也不相

〔註39〕貝雲峰曾供職於武昌時中書社，是 1925 年湖北黨組織派往莫斯科的 11 名學習者之一，在中山大學接受了系統的馬列主義教育。而且，湖北原擬派出人員中並無貝雲峰，但貝「很想去俄學習革命」，經過爭取才得以赴俄。（《團武昌地委致團中央信——赴俄學習人員名單及團務工作情況》（1925 年 10 月 16日），瞿學超、賀志民、段紀明等編輯：《湖北革命歷史文件彙編（群團文件）一九二五年——一九二六年》，1983 年，第 128 頁。）

同，施存統的譯作依據的是日人赤松克麿〔註40〕和林房雄〔註41〕的譯本，並
參考了英譯本。〔註42〕周佛海翻譯波氏著作應該也是通過日文轉手。彭述之
和張伯簡都有留俄的經歷，他們對波氏思想的瞭解直接得自俄國。〔註43〕1920
年代，譯介留蘇期間學得的革命理論和教本正是留蘇學生群體中非常流行的
事業。〔註44〕

　　需要指出的是，波氏所謂「經濟科學」或「政治經濟學」並非今天人們
所說的以分析經濟現象爲旨歸的純粹的「經濟學」，而是一種關於社會組織的
結構和發展歷程的學說，是社會科學的一般性和基礎性理論。按照波氏自己
的說法，「政治經濟學是研究社會結構，社會中的人與人關係」。〔註45〕「政
治經濟學，是論及社會結構的科學，或者可以這樣說，是論及社會的勞動組
織的科學。」〔註46〕政治經濟學是解說社會發展的法則的，所以能使人們預

〔註40〕 赤松克麿：1894 年生，日本政治家。1919 年東京帝國大學政治系畢業，旋即
　　　　投入工人運動。曾擔任日本工會總同盟調查部長、出版部長。歷任《大眾新
　　　　聞》主編、社會民眾黨書記長、日本國家社會黨黨務長、日本革新黨總務部
　　　　長等職。1937 年，當選爲眾議院議員。二戰結束後，受到整肅。著作有《日
　　　　本工人運動發展史》、《日本社會運動史》等。
〔註41〕 林房雄（1903～1975）：原名後藤壽夫。年輕時在東京帝國大學法學部政治科
　　　　學習的時候接受馬克思主義的影響，成爲一個比較有名的「無產階級文學
　　　　家」。後來因被當局數次逮捕關押，變節並由極左變爲極右，在日本侵華戰爭
　　　　中成爲用筆來支持戰爭的軍國主義文化分子。1937 年日本全面侵華後自告奮
　　　　勇作爲從軍作家也即所謂「筆部隊」，到上海戰線從軍，並且在 40 年代初到
　　　　東北、北京、南京等地，對中國淪陷區文壇進行滲透，推銷日本的「大東亞
　　　　文學」，在汪僞的文化圈裏面有不小影響。1963 年 9 月至 1965 年 6 月，在《中
　　　　央公論》雜誌上連載《大東亞戰爭肯定論》，並將連載的文章結集，成爲《大
　　　　東亞戰爭肯定論》和《續·大東亞戰爭肯定論》。字數合中文約三十萬字，相
　　　　繼出版了多種版本，並且不斷被再版和重印，對日本右翼言論界的影響很大。
〔註42〕 〔俄〕波格達諾夫著、施存統譯：《經濟科學大綱》，上海：大江書鋪，1931
　　　　年，第 5 版，第 1～2 頁。
〔註43〕 《蕭三給趙衍蓀同志的信》（1980 年 12 月 27 日），中共雲南省黨史資料微集
　　　　委員會：《張伯簡文輯》，昆明：雲南民族出版社，1987 年，第 115～116、127
　　　　頁。
〔註44〕 張澤宇：《留學與革命：20 世紀 20 年代留學蘇聯熱潮研究》，北京：人民出版
　　　　社，2009 年，第 405～406 頁。
〔註45〕 波格丹諾夫著、貝天峰譯：《政治經濟學之基本的程序》，北平：震東印書館，
　　　　193? 年，第 46 頁。《新經濟學問答》表述爲：經濟學是一種研究社會結構的
　　　　科學，研究人類間相互關係的科學。」（俄國波格達諾夫著、陶伯譯：《新經
　　　　濟學問答》，上海：泰東圖書局，1930 年，第 59 頁。）
〔註46〕 波格丹諾夫著、貝天峰譯：《政治經濟學之基本的程序》，北平：震東印書館，

測經濟生活的**趨勢**，各種社會力量的傾向，又因時而有覺悟的選擇，不致於浪費力量。〔註47〕簡言之，「經濟科學」較之「經濟學」最主要的區別就在於前者所要探尋的是整個社會發展的普遍規律。在波氏著作的中譯者們看來，波格丹諾夫的「經濟科學」實質是一部社會發展史。他們譯介波氏思想的目的也是爲了宣傳社會發展的普遍規律，希望通過對人類社會過去和現在的歷史的線性描述，勾畫社會進化的前景。從讀者的評論來看，這一目的是達到了的。1929年，《清華週刊》上一篇介紹波氏思想和著述的文章說：波氏的功績主要在「社會觀」和「歷史觀」方面。「波氏的功績他不僅在幫助我們明瞭經濟學的本質，而且能使我們得著一個精確的社會觀，並且我們從而對於人類之發展形態的趨向也能把握住，得著一個有體系的歷史觀，而在這歷史觀裏更可以幫助我們確定一個革命的人生觀。」〔註48〕

綜觀波氏對社會發展史的看法，最具特色的是社會發展三形態論。波格丹諾夫認爲，從宏觀上看，社會發展史可以分爲三大社會形態，即自然自足社會、商業社會和社會化的有組織的社會。

自然自足社會的顯著特徵是「社會人對於自然界的鬥爭底微弱，各個社會組織底狹小，社會關係底單純，交換底欠發達或未發達，以及社會形態底極緩慢的變化。」這種社會沒有或實際上不需要交換，它自行生產一切滿足其欲望所必要的東西（食物衣服及器具）。在生產技術方面，以外部自然界支配人類，很少人類支配自然界。「這種情形，適合於原始共產社會最大，適合封建社會最小。」在生產關係方面，生產紐帶狹小和有組織性。「不過從很古的時候起，無組織的生產紐帶，也已存在，它在各集團之間，已成立有一定的連絡。這兩個極端場合成一個，是原始共產社會，差不多是完全孤立的二十人左右的最緊密的集團；在這裡，無組織的（交換）紐帶差不多完全沒有。

193？年，第 1 頁。《新經濟學問答》這段話表述爲：「經濟學是一種研究社會結構的科學，亦即是研究社會勞動組織的科學。」（俄國波格達諾夫著、陶伯譯：《新經濟學問答》，上海：泰東圖書局，1930 年，第 1 頁。）

〔註47〕 波格丹諾夫著、貝天峰譯：《政治經濟學之基本的程序》，北平震東印書館，193？年，第 46 頁。《新經濟學問答》中這段話的表述是：「經濟學研究社會的發展，闡明此種發展之公律，所以人們因而可以預測經濟生活的趨勢，各種社會勢力的傾向，可以自覺地去選擇」（俄國波格達諾夫著、陶伯譯：《新經濟學問答》，上海：泰東圖書局，1930 年，第 59 頁。）

〔註48〕 智庵（陳志安）：《關於波格丹諾夫底著作》，《清華週刊》第 32 卷第 2 期，1929年，第 60 頁。

其他一個，就是封建社會，其緊密程度雖減少了許多，但是包含著幾十萬人甚至幾百萬人；這封建社會，不僅由有組織的關係，而且一部分亦由交換（無組織的）關係結合起來行生存競爭。」在分配方面，採取有組織的分配形態，沒有很大的貧富懸隔。「在這一點，只有原始共產社會是標本的；封建社會，是立在新生活形態底境界線上。」在意識形態方面，「以非常的保守主義（慣習底支配）和智識材料底貧弱為其特徵。在原始時代，任何哲學，都不妨說還一點沒有。族長宗法時代及封建時代，是以那反映自然力支配社會的自然靈物崇拜為其特徵。不過這一種勢力，亦是搖動不定的，並非絕對壓倒一切的勢力。」社會發展的基本原動力是絕對人口過多。〔註49〕

商業社會則與自給自足的社會完全不同，它是一個交換社會，存在著充分的社會分工。在這個社會中，「不僅那為一個生產單位的工廠，農園，礦山等不能說獨立存在，就是一地方全體，甚至於全國，也不能說獨立存在。」「社會生產底範圍擴大了，其要素底種類亦增多了。所謂社會就是由各個企業構成的複雜的全體。各個企業用自己生產物來滿足自己要求的，比較不多，大部分是以其他企業底生產物，即以交換來滿足自己底要求。發展是通過利害鬥爭和社會矛盾而前進的。發展底速度是增加了。」在自給自足的社會中，生產是為了滿足生產團體的需要，而在商業社會中，而是為販賣而生產。商業社會中最主要的生產物就是商品，也就是商品生產。

商業社會的發展，最後必然要導致「社會化的有組織的社會」，也就是社會主義社會。它的一般特徵是「對於自然界的優越力有組織社會性自由及進步。」社會的基礎就不再是交換而是自然自足經濟，「生產與消費之間沒有買賣市場，只有意識的，系統的，有組織的分配。」但此時的自足經濟是經過交換經濟充分發展之後的產物，和古代原始共產主義不同。「它不是一個小小的共社，而是包括幾億人，以至於全人類的大社會。」這種社會雖然還沒有成為現實，但是可以推測其情狀：「生產底範圍不斷地擴大，而且日益複雜起來；生產底各種要素，都變成勞動底用具和方法；社會底成員，向著統一的方向進行。生產和分配，由社會自己有系統地組織起來；變成一個有目的的體系，不留一點分離，矛盾或無政府底痕跡。發展底過程，還更快地前進。」

在三大社會形態說的框架下，波格丹諾夫又把社會形態進一步細分，自

〔註49〕〔俄〕波格達諾夫著、施存統譯：《經濟科學大綱》，上海大江書鋪，1931年，第5版，第92～95頁。

給自足的社會包括原始氏族共產主義、專橫的氏族公社、封建社會，商業社會包括奴隸制度、都市手工業、商業資本主義、工業資本主義、金融資本主義，社會化的有組織的社會則包括社會主義社會和共產主義社會。〔註50〕

　　總之，在波格丹諾夫看來，生產的社會化程度是區分不同社會形態的標準，而生產的社會化程度，實際上更直接地反映著一個社會生產力發展的水平。這是它與後世按照生產關係標準劃分社會形態的思想的根本區別。

三、張伯簡及其《社會進化簡史》

　　除了前文提到的幾位波氏思想翻譯家外，中共早期理論家張伯簡根據波氏的基本思想，於1924～1925年間撰寫4萬餘字的長文《從原始氏族社會到共產主義》，後出版爲單行本《社會進化簡史》，編製《社會經濟結構元素表》，用簡潔明快的語言把波氏書中蘊藏的「社會發展史」內涵挖掘的淋漓盡致，邁出了波氏思想轉化爲「社會發展史」話語最關鍵的一步。

　　張伯簡的《社會進化簡史》在1920年代影響甚廣，受到惲代英、瞿秋白、毛澤東等的肯定和推崇。毛澤東主持第六屆農民運動講習所時，曾指定該書爲學員課下研讀的理論參考書。1943年12月，他還給胡喬木寫信，要胡替他找到「張伯簡也翻過（或是他寫的）一本《社會進化簡史》。」〔註51〕1950年，毛又對身邊工作人員說，讀書要博覽中外，不能光讀翻譯的外國人的書，中國人寫的馬列主義的書一定要看，並明確指出要讀李達的《社會學大綱》、艾思奇的《思想方法論》、《社會發展史——歷史唯物論》和張伯簡的《社會進化簡史》。〔註52〕毛澤東喜愛讀書，涉獵極廣，但受他推崇的中國人寫的馬列書卻屈指可數。由此可見他對張伯簡及《社會進化簡史》的重視。

（一）張伯簡生平考述

　　張伯簡的經歷與同時期另一位「社會發展史」作者蔡和森頗有相似之處。蔡生於1895年、張生於1898年，兩人都參加了赴法勤工儉學運動，在國外接受馬克思主義並成爲中共黨員。回國後，都曾任職於中共中央宣傳部，都曾做過《嚮導》週刊的編輯與發行工作。蔡犧牲於1931年，張病逝於1926年。不過，蔡在黨內的地位始終高於張，按照鄭超麟的說法，蔡可以算作張的「頂頭

〔註50〕同上，第16～17、93～95、546頁。

〔註51〕《毛澤東書信選集》，北京：中央文獻出版社，2003年，第217頁。

〔註52〕何載：《懷念與回憶》，北京：中共中央黨校出版社，2003年，第6頁。

上司」。〔註53〕學界目前對張伯簡作了一些研究，但還不夠深入。〔註54〕

　　張伯簡是中共早期黨員。1898 年出生於雲南劍川，白族。早年在鄉任教，1919 年，在廣州滇軍醫院任軍需。1919 年 12 月，辭去了滇軍軍需職務的張伯簡加入赴法勤工儉學的隊伍。〔註55〕1920 年初，到達巴黎，一年後又轉赴

〔註53〕鄭超麟著、范用編：《鄭超麟回憶錄》，北京：東方出版社，2004 年，第 208 頁。

〔註54〕筆者所見最早介紹張伯簡生平事蹟的專章是 1980 年，以「中共雲南省劍川縣縣委」署名的《雲南少數民族共產主義運動的先驅張伯簡》（以下簡稱「劍文」）。1985 年，澑川著《張伯簡》一文（以下簡稱「澑文」）發表於《雲南民族學院學報》（昆明）1985 年第 2 期，該文使用了不少口述史料，考訂也更加詳盡。1987 年，中共雲南省黨史資料徵集委員會編輯出版《張伯簡文輯》，收錄了張伯簡所撰大部分文稿，並徵集到蕭三等張伯簡昔日同學的回憶，在此基礎上撰寫了比較詳細的張伯簡生平事略。1988 年出版的《中共黨史人物傳》（胡華主編）第 38 卷爲張伯簡立了傳。2005 年 11 月，《人民日報》刊發專文《爲馬克思主義在中國的傳播作出貢獻：張伯簡》。2011 年 3 月 7 日的《北京日報》發表了《「南陳北李」之外——建黨史上不應被遺忘的人》的系列文章，其中中共雲南省委黨史研究室科研處王淑遠撰寫了《張伯簡，爲「勞動階級」利益立論》，對張伯簡作了專門介紹。《中國近現代人物名號大辭典》（陳玉堂）、《五四以來歷史人物筆名別名錄》（張靜如）等工具書也將張伯簡作爲專條收入。在這些文章中，劍、澑二文考訂較爲完備，而《黨史人物傳》等則存在較多不確之處。張澤宇在其博士論文基礎上出版的《留學與革命：20 世紀 20 年代留學蘇聯熱潮研究》（北京：人民出版社，2009 年）提到張伯簡將蘇聯高等院校教材《社會發展史》翻譯成中文（該書第 405～406 頁）尚屬大體正確，而汪乾明的博士論文《二十年代中國留俄學生研究》，雖自述是建立在作者建立的數量頗巨的留俄學生數據庫之上的，但卻沒有提到張伯簡，更沒有指出張伯簡是首批赴俄學習的旅歐黨員。（汪乾明著、姜義華指導：《二十年代中國留俄學生研究》，復旦大學，2001 年博士論文，未刊）西方學者在對旅歐黨員的研究中，也專門對張伯簡作了介紹，但遺憾的是，並沒有發掘出新的海外史料，而是襲用了鄭超麟的回憶以及國內一些不正確的說法，比如認爲張伯簡創建了勤工儉學同盟，死於 1925 年等，皆不確。（Marilyn Avra Levine: *The Found Generation: Chinese Communist in Europe During the Twenties*, Seattle: Univ of Washington, 1993, p241）

〔註55〕關於張伯簡的赴法時間，諸文皆記爲 1919 年冬，劍文明確爲 1919 年 12 月。周永珍根據陳毅舊藏華法教育會檔案，詳細考訂各批次赴法學生姓名，查得張伯簡等四名雲南學生在檔案中皆沒有登錄號，但根據登錄順序，應爲第六批至第二十批之間，周推測爲第十六批，但沒有列出證據。（周永珍：《留法紀事——20 世紀初中國留法史料輯錄》，北京：國家圖書館出版社，2008 年）另據《各界勤工儉學生赴法情況表》（收入清華大學馬列主義教研室編《赴法勤工儉學運動史料》第二卷），1919 年 12 月出發兩批赴法學生，即 1919 年 12 月 9 日乘坐「鳳凰號」出洋的第八批和 1919 年 12 月 25 日乘坐「盎特萊蓬號」出洋的第九批，照此推算，張伯簡似應在此二批之中。

德國。由於史料缺失，對於張伯簡這一年多的法國生活，我們知之甚少，只知道他在法國邊做工邊補習法語，並參加了勤工儉學會的一些活動。〔註 56〕1921 年，張伯簡由法赴德，1922 年秋，又由德赴俄。在德國生活的一年左右時間裏，他參與了旅歐少共的成立，並成爲了一名共產黨員。〔註 57〕同時，

〔註 56〕 對於張伯簡在法的情況，《中共黨史人物傳》做過較多的描述，但似乎都證據不足。比如「人物傳」認爲，張到法國之後，先在巴黎西郊的「聖日耳曼中學」（《雲南少數民族共產主義運動的先驅張伯簡》一文作「聖堅門」中學）補習法語，10 月進入「博利午工業實習學校」，一面學習，一面工作。（中共黨史人物研究會編、胡華主編：《中共黨史人物傳》第三十八卷，西安：陝西人民出版社，1988 年。）但沒有注明依據的材料來源。但在法國外交部檔案館所藏《留法勤工儉學生分校名單》之中，沒有張伯簡的名字。這份檔案是巴黎華法教育會於 1921 年 2 月 21 日呈送法國外交部秘書布拉迪業的，原件爲法文打印件，鮮于浩譯爲中文，並附錄於其所著《留法勤工儉學史稿》一書之中，見《留法勤工儉學史稿》（巴蜀書社，1994 年）另外，1920 年，就讀於聖日爾曼中學的鄭超麟曾撰文回憶當時學校中的中國學生的情況，但也沒有提到張伯簡的名字。鄭超麟回憶錄中記述張伯簡事蹟頗多，但唯獨沒有提到二人曾在聖日爾曼中學同學，以鄭與張之交往及鄭在回憶錄中對張的記述來看，如曾同學，當不致於失記，除非張雖曾在該中學就讀，但爲時甚短，以致於鄭超麟毫不知情。《中共黨史人物傳》中還說，張伯簡在法期間曾與趙世炎、李立三等共同創立勞動學會，後又成立勤工儉學會。但在現有關於這兩個組織的史料中都沒有記載張伯簡是其「發起者」或「創立者」，有的文章謹慎地將張伯簡列爲「參與者」或「中堅分子」，應該說，這樣的提法似乎更加妥當。史料表明，當時留法學生中主要的學生組織是工學世界社和勞動學會。前者主要是以蔡和森爲首的新民學會成員或所謂「蒙達爾」派，後者主要是以趙世炎爲首的所謂「趙派」，而勞動學會就是勤工儉學會的前身。1921 年 8 月 8 日，張伯簡曾撰寫《勤工儉學變遷略史》一文刊發於《時事新報》（1921 年 8 月 14 日），其中對「勤工儉學會」的成立經過論之甚詳，並希望國內同胞支持「留法勤工儉學會」，據此推測，張伯簡應屬於這一團體。

〔註 57〕 關於張伯簡的入黨問題，論者意見不一，但大都依據張申府與鄭超麟二人之不同回憶。與張伯簡同時在德國的張申府認爲，張伯簡是在上海入的黨。「當時在德國的黨員除了我們三人（筆者按：指周恩來、張申府、劉清揚，1922 年二三月間，遷居柏林）外，還有張伯簡。這樣我們四人組成一個黨小組，開展活動。後又有高語罕、鄭太樸、章伯鈞等，這些人分住在兩個地方，一部分住在柏林，另一部分住在哥廷根。」（張申府：《所憶——張申府憶舊文選》，北京：中國文史出版社，1993 年，第 28～29 頁）「在我們去以前，在柏林的中國共產黨員已有一個張伯簡，……我送與周恩來與劉清揚成立了旅德支部，加上了張伯簡、謝與熊（筆者按：指謝壽康、熊雄），共得六人（謝不久即又退出）。」（張申府：《所憶——張申府憶舊文選》，北京：中國文史出版社，1993 年，第 97 頁）鄭超麟則認爲張伯簡是在德國加入德共，然後按照共產國際的章程，轉爲中共黨員的。（鄭超麟著、范用編：《鄭超麟回憶錄》，北京：東方出版社，2004 年，第 400～401 頁）中共成立於 1921 年，張伯簡

還積極參與德國的社會主義運動。1922 年 6 月 3 日，張伯簡特意從柏林來到耶拿參加德國全國少年共產黨大會。6 月 5 日上午，在耶拿大市場召開國際宣講大會上，張伯簡和法、瑞、捷、奧等國少共代表先後發表演說，報告中國少年對於共產革命運動所作的努力的近況。〔註 58〕同月，旅歐少共成立，張伯簡在其中起了很重要的推動作用。〔註 59〕在德期間，張伯簡和張申府發生

此前已經赴法，且現存中共成立前後的文獻中也沒有看到張在國內活動的情況，所以張申府的說法肯定不正確，也就是說張伯簡的黨員身份肯定得之於海外。至於是否如鄭超麟所說，無法確考。不過，張伯簡與德國社會主義者交往密切，卻是有據可查。1921 年 8 月 1 日，張伯簡曾從柏林給其表伯趙星海寫有一信：談到他赴德目參觀「德國革命後勞動運動之趨勢」，其中說到在德有「各處朋友」招待，導其參觀學校工廠等。（邇文認爲，1921 年 8 月 1 日張伯簡從柏林給趙星海寫過一封信，信中述其在德遊歷情況，可旁證其乃在德國入黨。但筆者通檢該信全文，只能發現張伯簡在德有「各處朋友」招待，導其參觀學校工廠等，並無談及入黨之事。）張所謂「朋友」或許即是共產黨人。而 1921 年冬張到德國後的一些材料也表明，他在德國期間，確與德共接觸密切，積極參與德共活動，「最近壽康與伯簡在德與德的 C.P. 接洽，他們被介紹去各城市演說。（即 Front unique 運動）（筆者按：即獨立陣線運動）他們去了好幾處，大受歡迎。黃面孔的無產階級的代表與西方無產階級接觸，此其開端了。」（1922 年 4 月 25 日趙世炎致李立三）「張伯簡當時同德國共產黨也有過接觸，參加過他們的集會。」（張申府：《所憶——張申府憶舊文選》，北京：中國文史出版社，1993 年，第 97 頁）

〔註 58〕張伯簡：《德國少年共產黨在衣納開的大會》，《張伯簡文輯》，中共雲南省黨史資料徵集委員會編輯出版，1987 年。

〔註 59〕有的文章記載旅歐少共成立時，張伯簡被選任爲組織委員（書記爲趙世炎、宣傳委員爲周恩來），但一直沒有到任，而由李維漢代理。這可能來自於鄭超麟的回憶，但鄭的幾篇回憶在細節上也有出入。在 1960 年 11 月 14 日的回憶中，他說，選舉當天的會議他並沒有參加，因事回廠了，所以對選舉結果是「聽說」的：「趙世炎是總書記，陳延年是宣傳部長，組織部長是張伯簡，但因他仍在德國，因此先由李維漢代理，以後由於張伯簡有言過其實的毛病，部長則正式由李維漢作。周恩來是管工人運動的。」（《「一大」前後》（二），人民出版社，1980 年，第 534 頁。）在另一篇回憶中的記載更加詳盡但也更具戲劇性：張伯簡告訴人說：他手裏掌握著一個秘密團體，有幾十個成員，都是很好的，現在尚未到公開出來的時候。趙世炎信以爲真，因此團結他，要他參加『少年共產黨』，擔任組織部長的重要職務。他因事羈留德國，沒有參加第一次大會。以後，他回法國來了，李維漢以代理組織部長的身份接待他，要他交出這個秘密組織。他不肯，李維漢說：『我們的革命團體已經成立了，你還保持那個秘密組織幹什麼？』沒有讓他做組織部長。（鄭超麟著、范用編：《鄭超麟回憶錄》，北京：東方出版社，2004 年，第 400～402 頁）同樣參與了大會的尹寬 1960 年 11 月 16 日談及此事時，則說擔任組織的是周恩來，擔任宣傳的是他自己，而陳延年則任印刷。（《「一大」前後》，1980 年，第 538

了很大的矛盾衝突，以至於張申府提議開除張伯簡。此事在周恩來所撰《旅歐中國共產主義青年團（中國社會主義青年團旅歐支部）報告》第一號（1923年3月13日）中可見蛛絲馬蹟。報告中寫到，會上討論了開除張伯簡（紅鴻）案，「此爲不服舊執行委員會警告紅鴻決議提向大會之抗議，但結果仍被否決，接受執行委員會警告原議。」大會還討論了彈劾張申府的問題，提到張申府在彈劾紅鴻（即張伯簡）案中「羅織罪名過甚」，且有脅迫中央之言。可知二張之間確有衝突，但究竟所爲何事，尚無法確考。〔註60〕

　　1922年秋，張伯簡赴俄參加共產國際第四次代表大會。共產國際四大召

頁。）當時組織尚處於初創階段，檔案文獻工作也不完善，事後回憶就難免有牴牾之處。但是，鄭超麟的回憶及其解釋卻被很多論著襲用，如《張伯簡》（瀘川）、《中共黨史人物傳》、《張伯簡》（《人民日報》）等都是襲用了鄭的説法。瀘川作出的解釋是因張在德國，故未擔任，《中共黨史人物傳》則認爲因爲他是旅德小組成員，故改選李維漢，此説似更不通，因爲時任宣傳的周恩來亦爲旅德小組成員而任宣傳委員，何以宣傳可由旅德小組成員擔任，組織即不可呢？另，《雲南少數民族共產主義運動的先驅張伯簡》一文也認爲張伯簡被選爲組織委員，「但因他仍在德國，後即赴蘇聯學習，沒有到職」，更有意思的是，作者在此處加注説明此事出自《旅歐中國共產主義青年團（中國社會主義青年團旅歐支部）報告第一號》（周恩來）。按，此件已收入《「一大」前後》第一冊，影印件亦收入中國革命博物館編《周恩來同志旅歐文集‧續編》（文物出版社，1982年），作者仔細閱讀了此文，文中述及大會討論彈劾張伯簡案及張申府羅致張伯簡罪名等情況，但似無法得出張伯簡任組織委員的結論。查《中國共產黨組織史資料》，其中記載的旅歐中國少年共產黨中央執委會組織委員爲李維漢（1922年6～10月），此時委員共三人，分別趙世炎、周恩來和李維漢。（《中國共產黨組織史資料》第一卷，第716頁）再看另一個當事人李維漢的説法：「約在一九二二年六月，我們在巴黎近郊森林裏集會，宣告旅歐少年共產黨正式成立，世炎任書記，恩來負責宣傳，我負責組織。」（李維漢：《回憶與研究》上，北京：中共黨史資料出版社，1986年，第24～25頁）其中並沒有提到改選、代理等情況，照常理推測，改選、代理等皆屬於正常程序，而且張伯簡一生中也沒有犯過重大錯誤，從未被打入過黨史「另冊」，對他的事蹟似也沒有諱言之必要。不過，即便張伯簡沒有擔任過旅歐少共組織委員，在旅歐少共成立過程中，他還是起了重要作用。趙世炎1922年4月30日致陳公培信中談到少共籌備工作時就曾明確説過：「目前德國諸友聯名——壽康、申府、伯簡、恩來、清揚、子暲、披素——給我信促於『五一』告成。（《趙世炎選集》，四川人民出版社，1984年，第73～75頁。）

〔註60〕鄭超麟認爲，張伯簡很有心機，在德國參加共產黨就帶有投機心理，與張申府的衝突都起於爭奪領導權。後來在莫斯科期間，又與當時的留蘇學生領袖羅覺爭權。（鄭超麟著、范用編：《鄭超麟回憶錄》，北京：東方出版社，2004年，第193頁。）

開前夕，歐洲的中共黨員公推謝壽康作爲代表參加大會，趙世炎也積極推動此事，其目的是打通赴俄路徑，以期幫助更多的旅歐同志到俄國去，接受共產主義革命訓練。謝則表示一人赴俄過於孤單，希望張伯簡能陪同前往。1922年4月間，趙世炎分別致信李立三、陳公培，希望他們在國內「代爲表白」，給予赴俄人員中共代表身份，並說張伯簡「信仰很堅，誠實又有見地，且善活動」。〔註61〕謝、張二人最終得以成行，趙的目的也基本達到，後來鄭超麟等人任赴俄時，走的就是張伯簡走過的交通線。〔註62〕

共產國際四大結束後，張伯簡留在莫斯科，進入東方大學學習，與蕭三等人一起住在高爾基大街（當時叫特維爾斯卡婭大街）53號二樓。〔註63〕據鄭超麟回憶，張伯簡在東方大學時，常生病住院，很少到學校上課，並曾反對中國學生中的領袖人物羅覺（即羅亦農）。〔註64〕

在俄學習兩年後，1924年秋〔註65〕，張伯簡取道西伯利亞回到上海〔註66〕，

〔註61〕 1922年4月25日趙世炎致李立三、1922年4月26日致陳公培。

〔註62〕 根據鄭超麟的回憶，張伯簡是通過一個在德國的紅頭髮的三十多歲的猶太人介紹到莫斯科去，此人會說法國話、德國話、俄國話，後來蕭三也是他介紹過去的，鄭超麟等人去莫斯科時，也是經他辦手續。（鄭超麟著、范用編：《鄭超麟回憶錄》，北京：東方出版社，2004年，第400～401頁。）

〔註63〕 蕭三：《歲月消磨不了的記憶——在「東大」一年半的日子》，收入《蕭三文集》，新華出版社，第396～398頁。

〔註64〕 鄭超麟著、范用編：《鄭超麟回憶錄》，北京：東方出版社，2004年，第193頁；羅覺即羅亦農，筆者所見他的資料中沒有看到與張伯簡交往的情況。

〔註65〕 關於張伯簡的回國時間，有1924年與1923年兩種説法。張伯簡在大理中學的同學趙濟在《張伯簡在大理中學的軼事》（1983年3月）中認爲張伯簡回國時間是1923年。鮮于浩：《留法勤工儉學運動史稿》（巴蜀書社，1994年）也認爲張伯簡1923年回國。另，羅章龍在回憶錄《椿園載記》中說，1923年10月，中共中央決定黨團聯合組成中央出版委員會，委派羅章龍、徐白民、惲代英、顧琢之、蘇新南等爲委員，指定張伯簡、成偉、郭景仁等參加籌議有關出版的具體事務。出版委員會第一次會議決定成立上海書店，並以之爲中心，建立全國革命書刊發行網。1925年2月5日，張伯簡曾有一信給東大諸同志，信中說自己回國「半年多」，可推遲不晚於1924年9月初。如果是1923年回國，則此時應是一年多，應不至於爲「半年多」。（《關於黨的第四次全國代表大會和團的第三次全國代表大會——張伯簡給東方大學同志的信》，《中共黨史資料》第3輯）1925年8月20日，張伯簡爲退婚致信岳家，明確寫到：「伯簡離家七年」、「去秋回國」等時間點，可確證其回國時間爲1924年秋。

〔註66〕 據《上海地方同志名冊表》（1925年上半年），張伯簡的組織關係隸屬於上海「公共支部」。又，據鄭超麟的回憶，所謂公共支部，是中央機關和上海地委工作人員組成的機關支部。（《1921～1927年上海、浙江、江蘇黨組織發展概

在中共宣傳部工作，承擔《嚮導》、《中國青年》發行出版工作。〔註67〕9 月，青年團中央局決定任弼時加入團的浙皖區委，爲正式委員；張伯簡、俞秀松爲候補委員。1924 年 5 月，中央成立出版部管理《嚮導》、《中國工人》、《新青年》等黨的刊物，1924 年 11 月至 1925 年 1 月，張任出版部書記。〔註68〕1925 年 1 月中下旬，張伯簡參與了中共四大和青年團三大籌備工作，他負責爲四大租賃和布置會場，並擔任會議記錄。在青年團三大上，張伯簡和陳獨秀、張太雷一起被大會指定爲「特請列席人」，並被選爲共青團（這次大會正式將社會主義青年團改名爲共產主義青年團）中央候補委員。在隨後召開的團中央執委會第一次會議上，因農工部主任賀昌未到職，張伯簡又被指定代理農工部主任一職並兼《平民之友》編輯。後來，在負責非基督教部工作的張秋人去天津整頓團的工作以後，張伯簡又被指派暫代張秋人的職務。〔註69〕1925～26 年間，擔任中共兩廣區委軍事部部長（軍委書記）。〔註70〕1926 年 8 月中旬，張伯簡在工作中病倒，黨組織送他到珠江頤養園治療，終因不治去世。〔註71〕

況》，《中共黨史資料》第 10 輯）但據組織史資料記載，張伯簡在公共支部並沒有承擔什麼職務，《雲南少數民族共產主義運動的先驅張伯簡》認爲張伯簡在公共支部中做「領導工作」，似不確。

〔註67〕 按徐梅坤 1979 年回憶：《嚮導》的發行工作本由他負責，後來張伯簡協助他。他離開《嚮導》後，即由張伯簡接替。但徐梅坤說張伯簡是湖南人，不確。（《徐梅坤回憶〈嚮導〉的出版發行情況》，收入『二大』和『三大』，北京：中國社會科學出版社，1985 年，第 700 頁。）

〔註68〕 《中國共產黨組織史資料》第一卷，第 41 頁；1924 年 5～11 月，何人任出版部書記不詳。1925 年 5～10 月，蔡和森任第四屆中央執行委員會出版部書記。《中國共產黨組織史資料》第一卷，第 41 頁。

〔註69〕 據《中國共產黨組織史資料》，1925 年 1 月～9 月，張伯簡代理工農部主任，兼《平民之友》編輯。但該書記載張伯簡任團中央三大候補委員的時間爲 1925 年 1 月～1927 年 5 月，顯然有誤，因張伯簡 1926 年 8 月就已經在廣州病逝。

〔註70〕 兩廣區軍委和軍事部是同一個機構，張伯簡擔任軍事部長（軍委書記）一事有多種資料記載，其中最有力的證據有兩個，其一是 1945 年 4 月 1 日周恩來親填的《廣西內戰時期犧牲幹部登記表》中記載，張伯簡的職務是兩廣區委軍委書記。但這個表中填寫的張伯簡去世時間（1925 年）顯然是錯的；其二是中共組織史資料的記載：軍事部長（軍委書記）一職的擔任者爲周恩來（1924～1926 年冬）、張伯簡（～1926 年）、熊雄（1926 年冬～1927 年 4 月），又查周恩來年譜，並沒有記載與周恩來在軍事部長任內與張伯簡與工作上的交接等情況，姑且以周親填之幹部登記表爲準。

〔註71〕 瀘川：《張伯簡》，《雲南民族學院學報》1985 年 4 月。

（二）張伯簡著「社會發展史」文本群考釋

在往返滬粵兩地從事革命活動之餘，張伯簡完成了他關於社會進化史的著述。本文前揭各文談及張氏這方面論著時，皆舉「一表一書」，即《各時代社會經濟結構原素表》和《社會進化簡史》。〔註72〕筆者在研究過程中發現：1924 年 11 月，張伯簡曾在上海《民國日報》的副刊《覺悟》上分九期連載過一篇名為《從原始共產社會到科學的共產社會》的長文。經筆者逐句核對，除了個別地方的文字表述有所修改之外，這篇長文和 1925 年出版的《社會進化簡史》的內容完全相同，也就是說《社會進化簡史》實際上是在《從原始共產社會到科學的共產社會》一文的基礎上修改而成的。《覺悟》連載該文的同時還登了一則附記：「作者為闡明本篇意旨及便利讀者起見，特譯製各時代社會經濟機構原素一表，……該表已由廣州新青年出版，……不日即可到滬，讀者可於一星期後……向上海書店購買……。」〔註73〕據此可知：第一，張伯簡關於社會發展史的論述包括內容基本相同的一文、一書和一表，其中，最早形成的是文，其次是表，最後是書，或者說表是服務於文和書的。第二，一書一表皆初版於廣東，上海書店是翻印或再版。第三，表不是張伯簡「原創」而是譯製作品。第四，雖然《社會進化簡史》出版於 1925 年，但由於《從原始共產社會到科學的共產社會》這一長文的發現，可以論定至晚在 1924 年 11 月，張伯簡關於社會發展史的思想已經形成，並作了系統論述。〔註74〕不過，在諸文本之中，對後世產生影響最大的還是《社會進化簡史》。1925 年，廣東國光書店出版《社會進化簡史》時將「原素表」也附於書後；1926 年 3

〔註72〕 《蕭三給趙衍蓀同志的信》（1980 年 12 月 27 日），收入中共雲南省黨史資料徵集委員會：《張伯簡文輯》，昆明：雲南民族出版社，1987 年，第 127 頁。

〔註73〕 《覺悟》1924 年 11 月 3 日；另，《五四時期期刊介紹》一書第一冊下卷列有《覺悟》目錄分類索引，收錄此文，但作者寫作「張伯蘭」，想應將「簡」字誤認作繁體「蘭」字之故。又或許是正是因為這本重要的權威工具書的這一小小差錯，使研究者沒有將這篇署名「張伯蘭」的文章與張伯簡的《社會進化簡史》聯繫起來。

〔註74〕 該表初版於 1925 年 6 月，由新青年社印行，1927 年再版，後來又由北方人民出版社出版，並曾在 30 年代遭到國民黨查禁。國家圖書館、上海圖書館、廣東圖書館及北京大學、清華大學、中國人民大學、北京師範大學等大學圖書館目錄檢索中都無法找到「一張大紙」（蕭三語）式樣的《各時代社會經濟結構原素表》，但筆者在孔夫子舊書網曾看到有收藏者拍賣此表，形態為一張大紙，左上角寫有「伯簡譯製」四字，下方寫明 1925 年 6 月新青年社初版，1927 年 1 月新青年社三版字樣，售價為大洋二角。

月該書再版，11 月出了第三版；1927 年，上海長江書店再次出版本書。〔註75〕
1987 年，中共雲南省黨史資料徵集委員會編輯出版《張伯簡文輯》，又全文收
錄了這一書一表。〔註76〕

　　前文已述，文、書、表三種著作內容基本相同，但表與書、文還是有些
差異的。這種差異主要還不在於表的形式更加簡潔、更富有條理性，而且在
於社會發展階段劃分上的差異。「原素表」把人類社會的演進分爲 11 個歷史時
期，並爲每一個歷史時期設定了一個「年代的標記」，表明其時間和地域範圍，
大體如下：〔註77〕

表 3.2　張伯簡《社會進化簡史》所附「元素表」的內容

歷史時期	年代的標記
原始共產社會	史前時期（被十八世紀及十九世紀的探險家發現）
族長宗法社會	從古至今的許多非洲部落、19 世紀西伯利亞的部落、北美洲的印地安人
封建社會	紀元 900 年前之希臘、10 世紀左右的歐洲、12～14 世紀的俄國、現代的非洲中部
奴隸及農奴國家	埃及、巴比倫、波斯的古代國家，紀元前 600 年的希臘，紀元左右的羅馬，18、19 世紀俄國的農奴制
城市手工業制度	12～16 世紀的西歐
手工工場制度	16～18 世紀的西歐
資本主義社會	18 世紀末～19 世紀的歐洲
末期的資本主義財政資本帝國主義	19 世紀最後 10 年以來
過渡時代	現在的俄國，資本主義國家的最近之將來
社會主義社會	從無產階級佔有一切生產及分配時起
共產主義社會	從資本主義生產分配及思想的殘餘，已經不能再擾亂發展，並且社會能夠利用一切力量爲破壞改革舊的和創造發展新的那個時候起

〔註75〕《社會進化簡史》1925 年版目前藏於國家博物館，1926 年版藏於國家圖書館。
〔註76〕筆者曾以《文輯》本與國圖藏本相校，並無出入。可知此書在再版過程中內容保持不變。
〔註77〕《各時代社會經濟結構原素表》，中共雲南省黨史資料徵集委員會：《張伯簡文輯》，昆明：雲南民族出版社，1987 年，第 47～70 頁。

在書和文中，張伯簡則把人類社會演進分爲八個階段，分別是：原始共產社會、族長的血族公社、封建社會、奴隸制度及農奴制度、城市手工業制度、商業資本社會——手工工廠制度、工業資本社會、共產社會。原素表中的「資本主義社會」和「末期的資本主義財政帝國主義」被整合爲「工業資本社會」，「過渡時代」、「社會主義社會」和「共產主義社會」三個時期，被整合爲「共產主義」這一個時期，在敘述上也更加簡練。

　　《社會進化簡史》出版後，深受進步青年歡迎，影響很大。讀過的人回憶說：「（張伯簡的作品）以簡明通俗的文字，扼要地闡述了人類社會發展各時期地特點。此一著述，對工人、農民、青年學生涵濡甚大。」〔註78〕黨內理論家對此書也非常推崇。1927 年，惲代英建議青年閱讀此書，以「明瞭從古以來社會經濟進化的原理事實」，掌握「必要的時代知識」。〔註79〕1927 年，瞿秋白譯注的《無產階級之哲學——唯物論》（俄國郭列夫著）由新青年社出版單行本，也涉及到一些社會發展史的內容，瞿秋白在書的最後注明：讀者關於這些社會發展的歷史及社會現象的解釋，可以參看張伯簡所譯的《各時代社會經濟結構原素表》。〔註80〕

（三）張伯簡「社會發展史」思想主要內容

　　張伯簡關於「社會發展史」的主要思想在《社會進化簡史》一書中得到最系統的表述。書中描繪的社會發展線索是：原始共產社會、族長的血族公社、封建社會、奴隸制度及農奴制度、城市手工業制度、商業資本社會、工業資本社會、共產社會。要點如下：

　　原始共產社會是「人類未有歷史以前的社會」。按照生產工具發展的程序，原始社會可以分作三個時期，第一時期的工具是直接取之於自然界的而未加人力改造的石頭和棍子；第二時期是工具開始發展時期，出現了石斧、石槌、石刀、石槍等，並學會了用火；第三時期的標誌性工具是弓箭。原始共產社會是一種宗族的組織，共同生產共同分配，社會上沒有貧富和階級的差別，也沒有私有觀念，而是產生出一種「原始的協作主義」。這個社會發展

〔註78〕 《回憶張伯簡同志》，中共雲南省黨史資料徵集委員會：《張伯簡文輯》，昆明：雲南民族出版社，1987 年，第 131 頁。

〔註79〕 惲代英：《計劃一九二七年的工作》，《中國青年》1927 年第 148 期，第 590 頁。

〔註80〕 瞿秋白：《無產階級之哲學——唯物論》，《瞿秋白文集·政治理論編》第八冊，北京：人民出版社，1998 年，第 504 頁。

的動力是所謂「絕對的人口過剩律」，這是一種「自然力」。「在原始思想的守舊性和遲鈍性之下而能使社會向前發展的動力，不是別的，即是一種自然力。那時人類是與自然界奮鬥以圖生存。但是生產力非常薄弱，生活費用常感不足而起恐慌；兼之生殖日繁，絕對的人口過剩，遂使他們不得不想法把他們的生產方法改良，以增進生產了。此外還有一個原因，也是足以促進當時社會進化的，即地域關係。因為當時在一個地域內，時常不是一個血族，還有別的血族居處，這不同的血族，因尋找生活品的原故，就難免不發生衝突。衝突的結果，必至兩不相容，於是必有一血族移往他處。但是人口總是日增無已，無論到何處，不過幾年血族間相互的衝突必難免重現。這樣免不掉的衝突，很足以促當時社會的進步。」〔註81〕

原始共產社會在人口過剩的壓力下分成若干群，散居各處，就形成了「族長的血族公社」。在這一時期，人們開始使用銅器和鐵器，並在漁獵之外，形成了農業和畜牧業。社會分工也從原始共產時代的自然分工發展到技術的分工，生產協作也因之從簡單協作發展到生產部門的協作。技術的發達和生產部門的增多，造成剩餘生產和剩餘生產品的出現，而這又帶來了剝削、私產、交易以及私有觀念。〔註82〕

接著族長血族社會而來的是封建社會。封建社會在經濟上以農業為主，人們開始過定居生活。在封建社會中，社會分工進一步發達，產生了專作器具的小手工業生產者，接著又出現了商人，這就使得分配方式從公共分配變為交易分配。封建社會的基本社會組織是家庭和家族。當時的政治是等級制，社會明顯的分為兩個階級，「在統治地位的為神權階級（封建階級），在被壓迫地位的為農民階級及其附屬者。」〔註83〕

封建社會的發展，因環境的不同，出現兩種不同的傾向，「一傾向於奴隸制度；一傾向於農奴制度。奴隸與農奴之區別乃在，（一）來源上：農奴從農民蛻化而來，奴隸則從戰爭俘虜中蛻化而來；（二）生產上：農奴還能獨立生產，能自由處置其一小部分的生產品，奴隸則完全屬之主人。」〔註84〕「奴隸制度有二種不同的形式：一、東方的奴隸制；二、希臘羅馬的奴隸制。前

〔註81〕《社會進化簡史》，中共雲南省黨史資料徵集委員會：《張伯簡文輯》，昆明：雲南民族出版社，1987年，第1～11頁。以下所引皆為此本。

〔註82〕《社會進化簡史》，第11～19頁。

〔註83〕同上，第10～26頁。

〔註84〕《社會進化簡史》，第26頁。

一種制度是封建諸侯或君主帶領奴隸；後一種制度，則普通人亦廣有奴隸。」
〔註85〕在奴隸制度下，奴隸勞動是社會主要的生產，社會分爲奴隸佔有階級
與奴隸階級兩大階級。農奴制度存在於戰爭較少、交易較發達的地方。在這
些地方，諸侯爲了防止農民逃往城市，就定出法律，禁止農民逃亡，使其束
縛於土地之上，從而成爲農奴。「農奴制度與奴隸制度有不同之點。在奴隸制
度之下，手工業不能發展，一旦舊制度崩壞，新制度又未能產生，於是陷入
混沌的狀態。農奴制度則不然，在這個制度之下，手工業已能在城市中發達
起來。」〔註86〕

　　手工業的發達使社會發展進入「城市手工業制度」時期，出現了管理生
產的行會組織，「這種行會的目的，對外是防禦諸侯的壓迫，對內就是實行互
助。」〔註87〕在政治上，建立統一的國家是當時的普遍願望。在文化上，個
人主義與拜物主義得到很大發展。〔註88〕

　　15 世紀末，印度航路和美洲新大陸之發現，極大的擴展了市場，推動城
市手工業時代的行會制度轉變到商業資本社會時代的手工工場制度。手工
業、商業漸次發達，產生了商業資本家，他們統治許多小手工業者，爲自己
進行生產，形成了一種新的經濟制度，這就是「家庭工業或家庭資本主義制
度」。在政治上，近代國家開始形成。「政治、軍政都已集中起來，而成爲君
主專制政體。這種政體，便是適應當時商業資本的發展的。」文化上，由於
私產的發達，個人主義、趨利主義成爲普遍。進入 18 世紀，蒸氣機發明之後，
「蒸氣及大機器就出來演了一場生產事業底革命。從此大規模的近代工業，
便取代了手工工業的地位；機器取代了人工。這種急激改變的生產方法，克
服了全世界，使全世界成爲資產階級所統治。」〔註89〕

　　資本主義時代的生產關係較前起了很大變化，生產上出現兩種特別的現
象：「（一）是無政府的生產；（二）是工具的私有。」〔註90〕這種特徵不可避
免的造成經濟危機。「資本主義社會的私有財產制度太過狹小，不能包含那大
生產力及所產出的財富，於是生產力便受其束縛。但一旦將束縛打破了，他

〔註85〕同上，第 26～27 頁。
〔註86〕同上，第 29 頁。
〔註87〕同上，第 31 頁。
〔註88〕同上，第 32 頁。
〔註89〕同上，第 36 頁。
〔註90〕同上，第 37 頁。

便要使資產階級的社會全部擾亂，使私有財產制度根本動搖。」〔註91〕到了資本主義社會末期，就產生了帝國主義。「帝國主義的形成是資本主義發展的結果。」在帝國主義時代，必然產生爭世界的霸權和統治弱小民族的權力的戰爭。1914～1918年的第一次世界大戰即是明證。而且，只要資本主義存在，這種戰爭仍有爆發的可能。「這個戰爭，在資本主義發展的階段上，必然要變爲被壓迫的勞動群眾反抗資產階級的社會主義的革命，至推翻了資本主義爲止。」〔註92〕在資本主義社會，社會階級已劃爲對立的兩大階級──資產階級與無產階級，因此思想也就非常顯明的變成資產階級的自由競爭的個人主義與無產階級的社會主義兩大思潮。〔註93〕

最後一個社會階段是共產主義社會。這個社會在經濟上「是幾百萬人共同協作的勞動公社，是有組織的社會，社會的生產，無論工業或農業，都有大規模的組織，用極完備的機器，並利用一切自然力，照著預定的確切計劃進行；設有專門機關，總理一切經濟企業，很精密的統計全社會現有的生產力及其消費量。」〔註94〕在政治上，第一步是實行無產階級專政，「這是帶有強迫性質的組織」。「當這個共產主義的第一步時期，即謂之社會主義，現在俄羅斯蘇維埃聯邦共和國，已經做到這一步。」〔註95〕「從社會主義過渡到共產主義是漸進的，他是以生產力的發達，及共產意識的瞭解爲標準。假如共產主義的意識一天一天的發達，生產方法，一天一天的進步，資產階級不論在政治上、經濟上，已經沒有反抗無產階級政府的可能，階級已經消滅，那麼，無產階級也就隨之而消滅。因爲到了那時候，已經沒有資本主義的私產，無產階級已經完成了他的天責，也就用不著了。於是形成無階級，無國家，只有經濟組織而無政治組織的共產社會。」〔註96〕

在書中，張伯簡還對中國歷史和社會性質作了簡單的分析：「中國古代的社會我們可以照歷史的記載分爲包羲氏以前的原始社會，自包羲至堯舜爲族長血族社會（這期的材料在易繫辭古及馬素通史中很可找得出），自禹至秦爲純粹半封建社會，秦以後至歐洲資本主義的侵入爲特別封建社

〔註91〕同上，第 38 頁。
〔註92〕同上，第 41 頁。
〔註93〕同上，第 43 頁。
〔註94〕同上，第 44～45 頁。
〔註95〕同上，第 45 頁。
〔註96〕同上，第 45～46 頁。

會。」〔註97〕這段話的表述比較模糊，且有語義不可解之處。筆者猜測，所謂「易繫辭古」，可能是指《周易・繫辭》中對上古情狀的描述。而「馬素」或為「馬驌」之誤。馬驌是清代史學家，尤以研究上古三代著稱，人稱「馬三代」，著有《繹史》，記載了從遠古到清代的歷史，稱為「通史」也無不可。〔註98〕鑒於張伯簡這些思想最晚形成並發表於 1924 年 11 月，應屬較早地用「原始社會」、「半封建社會」等社會形態概念對中國歷史進行系統分期的初步嘗試。

四、蔡和森著《社會進化史》

　　《社會進化史》是蔡和森在上海大學和平民女校講課的講義，1923 年編竣，1924 年 8 月由上海民智書局出版。〔註99〕這本書多次重版，包括 1995 年收入東方出版社的「民國學術經典文庫」之版在內，各版均保持了 1924 年初版原貌。〔註100〕作為蔡和森的主要著作之一，《社會進化史》在蔡和森思想及生平研究中一直有重要地位。唯物史觀或馬克思主義史學通史性著作中，一般均會提及此書。〔註101〕自上個世紀 80 年代以來，陸續有學者撰寫專題論文對該書進行研究。但即便如此，在「社會發展史」形成史的視野中考察此書，仍有可開拓的研究空間：第一，蔡著本身尚有不少值得考察之處；第二，論及「社會發展史」時，目前通行的觀點是以蔡和森所著《社會進化史》作為開山之作，僅從時間上看，這一觀點是正確的。但與張伯簡的《社會進化簡

〔註97〕同上，第 19 頁。

〔註98〕馬驌撰、王利器整理：《繹史》，北京：中華書局，2002 年；關於馬驌及其著作、思想，參見楊釗：《馬驌與繹史》，《史學月刊》1995 年第 2 期。

〔註99〕李永春編著：《蔡和森年譜》，湘潭：湘潭大學出版社，2008 年，第 153 頁。

〔註100〕周一平：《中共黨史研究的開創者——蔡和森》，上海：上海社會科學院出版社，1994 年，第 80 頁。

〔註101〕參見桂遵義著《馬克思主義史學在中國》（濟南：山東人民出版社，1992 年）、張靜如著《唯物史觀與中共黨史學》（長沙：湖南出版社，1995 年）、李善輝主編《毛澤東唯物史觀與現代中國》（桂林：廣西師範大學出版社，1995 年）、陳啓能等著《馬克思主義史學新探》（北京：社會科學文獻出版社，1999 年）、呂希晨、何敬文主編《中國現代唯物史觀史》（天津：天津人民出版社，2003 年）、陳其泰主編《中國馬克思主義史學的理論成就》（北京：國家圖書館出版社，2008 年）、張劍平著《中國馬克思主義史學研究》（北京：人民出版社，2009 年）、吳漢全著《中國馬克思主義學術史概論》（長春：吉林人民出版社，2010 年）等。

史》相比，蔡著在「社會發展史」話語形成史上的地位還需重新估定。下文試從這兩個方面作一些分析。

（一）文本分析

　　長期以來，學界認爲《社會進化史》取材於恩格斯的《家庭、私有制和國家的起源》。〔註102〕1994年，周一平在《中共黨史研究的開創者——蔡和森》中對蔡、恩兩書作了詳盡比較，對傳統觀點有所修正。他指出：第一，雖然蔡書的思想資料主要來源是恩書。但蔡根據自己的理解，使用了自己的語言，將恩書某些內容壓縮了，在某些地方作了發揮，有些地方並非完全贊同恩格斯的觀點。第二，蔡書第一篇「家族之起源與進化」和第三篇「國家之起源與進化」，取自於恩書的「二、家庭」；蔡書的第二篇「財產之起源與進化」，恩書中雖然沒有專門的章節，但其中的內容，有些分散到其他章節中去了；蔡書第三篇的第七、第十章的內容，及第九章的一部分內容，則是恩書中所沒有的。」第三，蔡和森運用了一些中國的例子，這是他的創造，是與恩書不同的。第四，蔡書論述了帝國主義問題，吸收了列寧《帝國主義是資本主義的最高階段》中的思想觀點。〔註103〕2005年，趙利棟進一步深化了文本考訂工作，他指出，蔡著第二篇「財產之起源與進化」，實際上取材於拉法格所著《財產及其起源》。〔註104〕2009年，李維武在《蔡和森在〈社會進化史〉中對唯物史觀的闡釋》一文中也提到《社會進化史》吸收了恩格斯和拉法格的思想，並提出蔡著開創了「唯物史觀在中國傳播及其中國化的人類學古史研究方向」。〔註105〕

〔註102〕前注提到的專著論及《社會進化史》時皆持此觀點。較早研究《社會進化史》的兩篇專題論文鄺永賢著《蔡和森對傳播馬克思主義國家起源說的貢獻》（1984年）和周朝民著《略論蔡和森的〈社會進化史〉》（上海師範大學學報1985年第3期）即持此觀點。直到近幾年，仍有學者沿襲這一觀點，認爲恩書是蔡書的「藍本」。見李長林著《恩格斯的〈家庭、私有制和國家的起源〉一書在中國的傳播》（《湖南師範大學學報》2009年第6期）和陳香玉著《述評蔡和森的〈社會進化史〉》（《科教文匯》2007年8月中旬刊）等。
〔註103〕周一平：《中共黨史研究的開創者——蔡和森》，上海：上海社會科學院出版社，1994年，第70、80～81頁。
〔註104〕趙利棟：《20年代中國馬克思主義傳播中的恩格斯》，《中國社會科學院近代史研究所青年學術論壇2000卷》，北京：社會科學文獻出版社，2001年，第527頁。
〔註105〕李維武：《蔡和森在〈社會進化史〉中對唯物史觀的闡釋》，《馬克思主義哲學研究·2009》，湖北人民出版社，2009年；中共上海市委黨史研究室：《1921

蔡著《社會進化史》在中共社會發展史話語形成史上具有里程碑意義，弄清它的文本來源和思想特色，其意義是不言而喻的。上引諸位學者的研究已經表明《社會進化史》的思想並非來自於某一人或某一本著作，而是綜合多個文本（包括恩格斯的《家庭、私有制和國家的起源》、保爾‧拉法格的《財產及其起源》等），參以中國實際而成。但該書的具體內容與這些馬克思主義經典著作之間的準確對應關係究竟如何？仍有待於仔細探究。另外，這些經典著作本身的篇幅都不比《社會進化史》小，況且《社會進化史》中還有不少中國元素，這無疑屬於蔡和森的「獨創」內容。那麼，蔡和森在撰述時，對他用以為指導和借鑒的文本做了「加法」和「減法」，他是如何取捨的？在「加」與「減」之中，又能帶給人們哪些思考？下文將在前人研究的基礎上作進一步分析。為了行文方便，首先交代本文用以分析的主要文本：1.蔡和森著《社會進化史》（北京：東方出版社，1995年），以下簡稱「蔡書」，該書包括「緒論」和論述家庭、財產和國家起源的正文三篇；2.恩格斯著《家庭、私有制和國家的起源》，收入中央編譯局《馬克思恩格斯文集》第四卷（人民出版社，2009年版），以下簡稱「恩書」；3.保爾‧拉法格的《財產及其起源》，王子野〔註106〕譯本，（生活‧讀書‧新知三聯書店，1962年）以下簡稱「拉書」，該書共五章，分別是現代財產的形式、原始共產主義、血族集產制、封建財產和資產階級的財產。下面，以蔡書的篇章安排為線索，對該書的文本淵源進行分析。

蔡書緒論「有史以前人類演進之程序」：絕大部分內容譯自恩書1891年第四版序言和「一、史前各文化階段」。但對恩書文意有較大的改動，這些改動體現出蔡和森對處於不同空間、地域的社會發展同質性的強調。〔註107〕

蔡書第一篇「家族之起源與進化」主要來自於恩書，具體情況是：

～1933：中共中央在上海》，中共黨史出版社，2006年。

〔註106〕王子野（1916～1994）：原名程扶鐸，安徽績溪人，著名編輯家、翻譯家、出版家、評論家。早年在上海亞東圖書館工作。1938年入陝北公學學習。同年加入中國共產黨。曾任中共中央書記處圖書資料室副主任、中央軍委編譯局翻譯處處長、《晉察冀日報》編委、中共中央華北局宣傳部出版科科長。新中國成立後，歷任中央人民政府出版總署處長、人民出版社社長兼總編輯。曾翻譯拉法格著作多種。

〔註107〕這一點，前引趙利棟先生的文章已經提及，本文後面還將有所分析。

表 3.3　蔡和森《社會進化史》與恩格斯《家庭、私有制和國家的起源》
　　　　章節對比

蔡　書	恩　書	備　註
第一章「原始家族史之概要」	恩著 1884 年第一版序言和 1891 年第四版序言	
第二章「家族發生之理由」	恩著「二、家庭」	
第三章「家族形式與親族制度」		
第四章「血統家庭」		
第五章「夥伴家庭」		
第六章「對偶家庭」		
第七章「一夫一妻制家庭」		
第八章「宗法家庭」		
第十一章「一夫一妻制之實質」		
第九章		
第十章		支持拉法格關於母權制的觀點，並對恩格斯的觀點作了修正。

　　蔡書第二篇「財產之起源與進化」主要來自拉書，具體情況是：

表 3.4　蔡和森《社會進化史》與恩格斯《家庭、私有制和國家的起源》
　　　　章節對比

蔡　書	拉　書	備　註
第一章「個人財產之起源」	第二章「原始共產主義」的第一節「個人財產的起源」	
第二章「氏族共產制」	第二章「原始共產主義」的第二節「氏族共產主義」和第三節「公共住宅和食堂」	
第三章「共產主義之風俗」	第二章「原始共產主義」的第四節「共產主義的風俗」	

第四章「土地財產之最初之形態」	拉著第二章「原始共產主義」的第五節「土地的公有制」和第七節「土地的共同耕種」	
第五章「村落集產制」	第三章「血族集產制」的第二節「血族集產制的財產」	
第六章「秘魯及印度之村落社會」	第二章「原始共產主義」的第四節「共產主義的風俗」和第三章「血族集產制」的第五節「集產制的基本特點」	
第七章「村落社會在中國之遺跡」		
第八章「宗法家族與集合財產之性質」	第三章第五節「集產制的基本特點」	
第九章「土地私有財產之起源」	第三章第三節「土地私有的起源」	
第十章「集合財產之分裂」	第三章第七節「集產制的分散」	
第十一章「動產之發達」	第二章「原始共產主義」的第八節「動產的公有制」	
第十二章「封建財產之起源及其性質」	第四章「封建財產」的前六節	內容作了大量的刪節，主要是刪除了拉書中對「教堂財產」的長篇論述以及西歐封建所有制的實例
第十三章「商業之起源及小工商業之發展」	第五章「資產階級的財產」的第一節「商業的起源」和第二節「小工業和小私有的商業」	
第十四章「近世資產階級財產之發達」	第五章「資產階級的財產」的第三節「工場手工業」和第五節「資本主義的工業和商業」	部分內容來自《共產黨宣言》〔註108〕

〔註108〕比如這兩段中有這樣的話：「資本主義在百餘年中所創造之各種偉大的生產力，比以前一切時代（自原始共產時代以至封建時代）的生產力之總和不知超越若干倍。機器的發明，各種自然力的征服，……好像魔術家使用魔術，把人們陡然換了另外一個天地」，「但這樣偉大的生產力一從封建的束縛中解放出來掀天揭地的發展之後，魔術師似的資本家再也不能駕馭或調節這種莫可思議的勢力。」（蔡書，第104～105頁。）這些極富特色的語言應該是來自於《共產黨宣言》。

蔡書第三篇「國家之起源與進化」主要來自恩書，部分內容來自拉書：

表3.5　蔡和森《社會進化史》與恩格斯《家庭、私有制和國家的起源》章節對比

蔡　書	恩　書	拉　書
第一章「伊落葛人之氏族社會」	「三、易洛魁人的氏族」	
第二章「希臘人之氏族」	「四、希臘人的氏族」	
第三章「雅典之國家」	「五、雅典國家的產生」	
第四章「羅馬之氏族與國家」	「六、羅馬的氏族和國家」	
第五章「克爾特與日爾曼的氏族」	「七、凱爾特人和德意志人的氏族」	
第六章「日爾曼國家之形成」	「八、德意志人國家的形成」	
第七章「由封建制到近世代議制的國家」		第四章「封建財產」的第二節「封建財產的起源」
第八章「氏族與國家之興替」	「九、野蠻時代和文明時代」	
第九章「各種政治狀態與經濟狀態之關係」		
第十章「近世社會之必然崩潰」		

要之，《社會進化史》共36章（暫把緒論視為一章），來自或主要來自恩格斯的17章，來自拉法格的14章，剩餘的5章中，有4章（即第一篇的第九章、第二篇的第七章和第三篇的第九、十章）既非來自恩也非來自拉，還有1章（即第一篇的第十章）雖然不是對拉法格的原文譯述，但卻體現了蔡和森在拉法格與恩格斯之間的取捨。在這一章中，蔡和森對恩格斯關於父權、母權的更替是和平過渡的觀點提出了商榷，認為母權制和父權制更替之際存在激烈的鬥爭。〔註109〕他說：「據恩格斯的意見，這樣的大變化大概是由和平方法完成的：只須各種新的權力條件（即經濟條件）已經存在，便很可簡單

〔註109〕對於恩格斯這一觀點，後世學者也多有不同意見。參見楊堃：《家庭、婚姻發展史略說》（《北京師範大學學報（社會科學版）》1982年第1期）。

的決定將來只容男性的後嗣留於氏族裏面，而女性的後嗣則嫁出於氏族之外。這樣，便和和平平變成了父系的氏族。巴學風的意見完全相反，他從一些古書中研究的結果，證明婦女對於這樣的社會變化曾經做過嚴屬的爭鬥和反抗。」〔註110〕然後，蔡和森用很大的篇幅，引述希臘神話來描繪這種激烈的反抗。而這一觀點實際上是和拉法格相符的。在《母權制》等文章中，拉法格清晰的表達了自己的觀點，即從母權到父權，經歷了過激烈的鬥爭。蔡和森在書中所使用的希臘神話，拉法格在《母權制》同樣引述過。〔註111〕另外，在《社會進化史》中還存在一種恩、拉參用的情況，即在正文內容主要來自恩書的章節中，引用拉書的相關內容作爲注釋。〔註112〕總之，認爲蔡和森此書主要受到恩格斯影響的傳統觀點值得修正。可以說，拉法格對《社會進化史》的影響與恩格斯旗鼓相當。拉法格對蔡和森影響很大，而且在拉法格和恩格斯意見相左的地方，蔡和森站在了拉法格一邊。很多回憶錄都提到，蔡和森在法勤工儉學期間曾「猛看猛譯」馬克思主義著作。〔註113〕拉法格是法國馬克思主義重鎮。雖然他的《財產及其起源》等著作在1930年代才翻譯到中國來。但蔡和森在法國期間「猛看猛譯」的對象或許包括拉法格的著作。回國後，在講課和撰述《社會進化史》時，他就很自然的把拉法格的思想融入其中。

（二）蔡著之思想特色兼與張著之比較

蔡、張二著有一個共同特點，即極力渲染不同地域、不同民族社會發展道路的同質性，努力宣傳和闡釋人類社會發展的普適道路。從這一思想立場出發，蔡和森對恩格斯在《家庭、私有制和國家的起源》中的一些重要觀點和表述作了重要修正。〔註114〕在論及蒙昧時代（蔡和森譯作「野蠻時代」）時，

〔註110〕蔡書，第42頁。

〔註111〕拉法格：《母權制》，《民間文藝集刊·6》，上海文藝出版社。又，拉法格與恩格斯在這個問題上的歧異，已多有學者指出。參見李長林：《保爾·拉法格對家庭史研究的貢獻》（《史學史研究》1986年第3期）等。

〔註112〕蔡書第36頁關於男子生理上的優越並非天賦，而是社會經濟地位造成的注釋來自於拉書第36頁。

〔註113〕李永春編著：《蔡和森年譜》，湘潭：湘潭大學出版社，2008年，第55、59、61～62頁；《蔡和森文集》，北京：人民出版社，1980年，第23～24、27～28頁。

〔註114〕很多學者認爲，無論是馬克思還是恩格斯，論述社會發展時的立足點和重點都在他們熟悉的西方，對於不同文明發展道路的特殊性給予了充分尊重和重

恩格斯有一句話，原文是：「……在有史時期所知道的一切民族中，已經沒有一個是處在這種原始狀態的了……」〔註115〕蔡書將其表述爲「……我們所知道的一切歷史時代的各民族莫不經過這樣的幼稚時期」。〔註116〕顯然，恩格斯的原義是有史可考的各民族的原始狀態在他著書的時代已經湮滅無存，但經過蔡和森的改譯，意思就變爲，原始社會作爲一個歷史階段在各民族發展歷程中具有普遍性。在敘述「野蠻時代」（蔡和森譯作「半開化時代」）時，恩書認爲，進入「野蠻時代」之前，人類社會的發展過程可以看作「普遍適用於一切民族的一定時期的過程，而不管他們所生活的地域如何。但是，隨著野蠻時代的到來，我們達到了這樣一個階段，這時兩大陸的自然條件的差異，就有了意義。……由於自然條件的這種差異，兩個半球上的居民，從此以後，便各自循著自己獨特的道路發展，而表示各個階段的界標在兩個半球也就各不相同了。」〔註117〕按照這一思想，在敘述野蠻時代的情況時，恩書往往把東半球與西半球或舊大陸與新大陸的情況分開敘述的，並且提出，只有東半球才獨立經歷過野蠻時代的「高級階段」，西半球則因爲遭到歐洲人的侵略征服，發展的歷程被打斷。蔡書則正好相反，略去了不少恩書中原有的表述東西半球發展路徑差異的史例，而且並從理論上提出：人類社會每一時代或每一等級的進化，「具有普遍世界一切民族之通性；只在時間上有演進遲早之距

視。王敦書就認爲，19 世紀 40 年代，也就是馬克思主義誕生的時期，馬恩就提出了歷史上存在幾種社會經濟形態發展的順序。但這時他們主要是分析了西歐的歷史，特別是希臘人、羅馬人和日耳曼人的歷史，在此基礎上概括出來的社會經濟形態順序。此時馬恩著作中也沒有直接論述東方或亞洲社會性質，大多是從西方資本主義商品生產對東方的影響的角度來談論東方社會的。（王敦書：《試論亞細亞生產方式》，原載《吉林師大學報》1979 年第 4 期，收入《貽書堂文集》，北京：中華書局出版社，2003 年，第 206 頁）龐卓恒也認爲，馬克思雖然對社會形態演進序列作過多次論述，但從未把任何一種演進序列作爲人類歷史發展的普遍規律。恩格斯也從來沒有按生產方式或社會形態的依次更替序列來表述全人類歷史發展的普遍規律，他在《家庭、私有制和國家的起源》中，一再說明這是對西方歷史進程的歸納，特別是他闡發的文明時代涉及的是從古希臘索倫改革（公元前 594 年）算起的西方文明時代的歷史。在《反杜林論》和《法蘭克時代》中又描述了階級和國家產生的「兩條道路」。（龐卓恒：《唯物史觀與歷史科學》，北京：高等教育出版社，2004 年，第 9～12 頁。）

〔註115〕恩書，第 33 頁。
〔註116〕蔡書，第 3 頁。
〔註117〕恩書，第 34～35 頁。

離，決不因各民族所在地之不同而發生根本異趣之特殊途徑。即如半開化時代（即恩書的「野蠻時代」——筆者注），東大陸與西大陸因自然條件不同，以致兩地所具家畜植物顯然歧異；這種生產上的歧異，在一定時期內雖足以影響於該地民族的生活及其演進的程度，然決不能根本破壞人類進化的普遍步趨。」〔註118〕

　　同時，蔡書在謀篇布局時著力凸顯社會發展史的線性順序。在論述家庭起源時，恩書的行文順序是原始的性關係雜亂時期、血緣家庭、普那路亞家庭、對偶制家庭、家長制家庭和專偶制家庭。其中，家長制家庭，在恩格斯認為是介於對偶制家庭和專偶制家庭之前的一種過渡形式，在編排上嚴格按照家庭史發展的歷史順序，將其置於對偶制家庭一節中加以敘述。蔡書在基本觀點上和恩書是一樣的，但內容的具體編排則不同，在恩書中沒有單列的「家長制家庭」在蔡書中成為獨立的章節（即第八章「宗法家庭」），位置放在專偶制家庭（蔡稱為「一夫一妻制家庭」）之後。與恩書按照歷史時序的編排內容不同，蔡書更多的照顧到「社會發展史「的邏輯順序，即先敘述家庭式發展的一般脈絡，再敘述那些屬於過渡性質的、特殊的或不典型的階段。經過這樣的處理，歷史線性發展的邏輯脈絡自然也就更加清晰。

　　這種對社會發展普遍規律的強調，還表現在把中國的情況包括古史傳說、民間風俗、典章制度等等納入社會發展史的總體框架之中予以說明，下文略舉數例。

　　（1）以中國一些地方「搶親」的習慣作為對偶婚姻從女性的掠奪與買賣開始的例證。「對偶婚制實隨女性的掠奪與買賣而開始。……掠奪婚與買賣婚的遺跡，在現在一些開化民族的婚制中還可以發見。……至於中國搶親的習慣，現在還是存在。」〔註119〕

　　（2）把極具中國特色的「宗法制」下的家庭史料置於恩格斯所說的「家長制家庭」範疇內解讀。〔註120〕實際上，恩格斯所謂的「家長制家庭」是對西方家庭史階段的抽象概括，是以西方家庭史的史料為支撐的，並無中國傳統的「宗法制」的含義在內。

　　（3）以中國的「冠禮」說明原始時代的財產狀況。「我們要在原始時代

〔註118〕蔡書，第 7 頁。
〔註119〕蔡書，第 27 頁。
〔註120〕蔡書，第 38～39 頁。

中竭力找出個人財產的最初起源，至多也只能找出一種決不具有物質性的理想形式：即野蠻人每個具有一個名字。這個名字，是他到了成年的時候，由氏族舉行一種宗教的祭典授與他的（歐洲加特力教的國家，男女到了成年的時候，即跑到天主堂去受洗禮；而中國也有所謂冠禮，都是保留這種遠古的紀念）」。〔註121〕

（4）以「中國女子現在還帶著耳環」說明野蠻人之個人財產物質形式之最初起源。「我們再到野蠻人中來找個人財產的物質形式之最初起源，那麼，至多也只能尋出一些附著於個人並且嵌入個人肉體或皮膚之內而不能分離的東西，比如穿在鼻子耳朵或嘴唇上面的裝飾品（中國女子現在還帶著耳環）」〔註122〕。

（5）以「共食」的風俗說明原始共產時代的財產公有基礎上的社會風俗，共食的風俗「不過是原始共產時代的紀念。這種古風遺在中國宗法社會方面的，有各姓宗祠支祠以及鄉社神廟舉行祭祀時之各種共食習慣；遺在君主政治方面的，有各代皇帝『大脯天下』，『賜百姓以牛酒』的習慣」〔註123〕。

（6）以中國以姓冠名的「張家村」、「李家村」等說明村落集產社會之存在。「村落集產社會不僅為母權到父權，半開化到文明的過渡，而且橫亙在各開化民族中的宗法社會也是由它產出的。因而它的遺跡在最老的宗法社會或封建社會裏面，每每可以為長期的殘存。不僅在俄羅斯如此，在中國也還有其遺跡。」「原始母權氏族的共產社會，在中國久已湮沒無痕跡了，獨村落集產社會的痕跡還多少可耐尋索：不僅『張家村』、『李家村』等現在還遍存於各地，而所謂三代以上的『井田制』及以後模倣或夢想井田制而發生的『授田』『均田』『班田』『限田』等制度和學說莫不為遠古集產制度的遺影。」〔註124〕在此，我們再一次看到了蔡書對人類社會發展同質性的強調。

但是，蔡和森對人類社會發展同質性的強調與晚出的「社會發展史」所凸顯的社會發展一般規律仍有不小的差別。總體上，蔡書把人類社會分為野蠻時代、半開化時代和文明時代三個階段。在此基礎上，以婚姻家庭形式為標準，把家庭史分為血統家族、夥伴家族、對偶家族和一夫一妻家族；以財

〔註121〕蔡書，第54頁。
〔註122〕蔡書，第55頁。
〔註123〕蔡書，第61～62頁。
〔註124〕蔡書，第79頁。

產制度爲標準，把所有制發展史分爲氏族共產制、村落集產制、封建財產制、資本主義財產制；以經濟和政治組織的關係爲標準，把社會組織分爲原始共產時代、奴隸制度時代、封建時代、資本主義時代。這與蔡書很好地貫徹了恩格斯的兩種生產理論有關。蔡書中說：「人類進化的主要動因有二：一是生產，一是生殖。前者爲一切生活手段的生產，如衣食住等目的物及一切必要的工具皆是；後者爲人類自身的生產，簡言之即爲傳種。人們生活於一定時期與一定地域的各種社會組織，莫不爲這兩種生產所規定所限制。這兩種生產在歷史上的演進：一面爲勞動發達的程序；別面爲家族發達的程序。」〔註125〕正因爲如此，雖然蔡和森強調不同民族發展路徑的同質性，認爲人類社會有一條普適的發展道路，但這條道路不是簡單的直線一條，與那些嚴格按照「五形態論」構建起來的社會發展史文本相比，《社會進化史》沒有使用「社會形態」這樣的總括性概念來對某一個較廣空間或較長時段的情況進行概括；而是把歷史唯物主義關於經濟的決定作用，私有財產與階級、國家的關係等重要觀點融入到豐富的史料特別是人類學資料之中。而前面提到的張伯簡的《社會進化簡史》則更直接地以不同「社會形態」的更迭爲社會發展史的基本線索。在後出的「社會發展史」文本中，張伯簡的敘事模式無疑更具主流性。雖然目前無法斷定張伯簡的「社會發展史」與後世的「社會發展史」文本之間是否具有直接的傳承脈絡。但思想史意義的「起源」或脈絡似也不能純以「時間」在先爲標準，而要考慮敘事模式之間的相似性。另外，從思想來源來看，蔡和森的《社會進化史》主要來自於西歐的恩格斯與拉法格，而張伯簡的「社會發展史」思想來自於俄國的波格丹諾夫。相較而言，後者對於中國馬克思主義者乃至整個左翼思想界的影響顯然更加直接。因此，筆者認爲，如果要爲「社會發展史」話語找一個思想理論上的源頭的話，那麼張伯簡的「社會發展史」是更合適的選擇。

〔註125〕蔡書，第9頁。而在此後相當長時期内，恩格斯的兩種生產理論並不受到如此重視，這應與這一理論在蘇聯的命運有關。根據斯大林在1939年召開的中央宣傳工作會議上的講話，聯共（布）中央馬克思恩格斯列寧研究院爲《起源》寫的序言中指出：「必須指出恩格斯在本書第一版序言中有一個不精確的地方，這個不精確的地方對於各種物質生產條件在社會發展中的社會問題可以產生錯誤的觀點。」「家庭是不能與勞動、與社會發展的決定原因的物質生產相提並論。……『人類生產』過程中的兩性之間的關係，或者種的繁衍，乃是謀得生活資料的方式決定的」。〔德〕恩格斯：《家庭、私有制和國家的起源》，北京：人民出版社，1954年。

　　本章考察了早期中共理論家李大釗、陳獨秀對社會發展史的有關論述，考釋和分析了這一時期形成的兩大典型文本，即蔡和森的《社會進化史》和張伯簡的《社會進化簡史》，並對作為 1920 年代社會發展史話語的重要來源的俄國思想家波格丹諾夫及其「經濟科學」思想進行了剖析。

　　書寫「社會進化史」是 1920 年代知識界的普遍訴求，這是與上一章論述過的「變中求常」的思想主題相吻合的，與蔡和森、張伯簡的文本同時，還出版了一部陶孟和翻譯的《社會進化史》，但正如本文第一章中所分析的，陶譯實際上屬於「社會生活史」系統，真正意義上的「社會發展史」話語的生成史，是馬克思主義知識分子開啟的。馬克思主義在其流變過程中也產生了不同流派，相較而言，蔡和森在《社會進化史》中介紹了許多拉法格的思想，更多地體現了馬克思主義在歐洲的傳承及其成果，而張伯簡的「社會進化史」相關作品則直接承襲自俄國馬克思主義者，從這個意義上說，後者在中國「社會發展史」話語生成史上，更具有理論源頭意義。但是，馬克思主義在蘇聯（蘇俄）同樣經歷了演變的過程，特別是 1930 年代斯大林完全掌控局勢之後，馬克思主義的面貌發生了與此前差異較大的改變，而這種改變同樣要反映在「社會發展史」話語之中，當然，這是後面幾章的內容了。

第四章 「社會發展史」之宣教

　　「社會發展史」是徘徊於政治與學術之間的話語，政治宣教與學理建構是其生長之兩翼，其誕生、發展與成熟，都與政治宣傳密不可分。同時，「社會發展史」又具有較強的學術內涵。它以馬克思主義經典爲理論依據，用大量豐富的歷史學、民族學、社會學材料作爲實證支撐，在「史」與「論」兩方面都具備較強的說服力。這也是「社會發展史」能征服人心的重要原因。更何況它還與近代以來知識界追求普遍規律的思想渴求相一致，可以舒緩近代知識分子的意識形態焦慮。關於「社會發展史」學術性的一面，在下一章將專門分析。本章著眼於政治宣教這一翼，系統總結 1924 年「社會發展史」話語誕生後至新中國成立前後「社會發展史」廣泛普及這一時期中的宣教史事。總的來看，在這 20 多年間，「社會發展史」宣教經歷了一個馬鞍形的曲折歷程。大體而言，大革命時期和新中國成立前後出現了兩次宣教高峰，其中心分別是上海和延安。

一、第一次高潮：1924～1926 年

　　「社會發展史」話語起源於 1924～1925 年，與此同時，掀起了一次「社會發展史」宣教高潮，處於中心的是上海大學。上海大學是中共掌握的第一所高校，又深受蘇俄東方大學、中山大學這兩所著名的共產主義革命家搖籃的影響，在人事變遷與教學內容上都與這兩所大學有密切聯繫。「社會發展史」宣教也是如此。最早的一批「社會發展史」教員與教本，基本上都與這兩所學校有關。

（一）風自蘇俄而來

東方勞動者共產主義大學和莫斯科中山大學，是兩所著名的培訓共產主義革命家的學校。1921 年 2 月 10 日，俄共中央決定成立東方勞動者共產主義大學。4 月 21 日，經全俄中央執行委員會批准成立，隸屬於俄聯邦民族事務人民委員會。該校目的是在「東方自治共和國、自治區域、勞動組織和少數民族的勞動者中間培訓政治工作者」。10 月 21 日，莫斯科東方大學正式開學，其課程體系注重系統地馬克思主義理論教育。在 1921～1924 年的課程中，均包括「社會發展史」類課程，課程名目分別爲「人類社會史和歷史進程的本質」（1921 年）、「社會形態發展史（文化史）」（1922～1923 年）、「社會發展史」（1924 年）。到 1924 年，莫斯科東方大學已經發展成爲蘇聯國內最大的共產主義大學，有 160 多名教師和 1000 多名學生，中國學生佔外國學生的三分之一左右。〔註1〕

1925 年，孫中山中國勞動大學（即中山大學）成立，莫斯科東方大學培養中國革命幹部的任務，部分移交給了中山大學。1928 年，莫斯科東方大學中國班正式併入中山大學。7 月 1 日，米夫致信聯共（布）中央宣傳鼓動部，建議將中山大學更名中國勞動者共產主義大學。9 月 17 日，聯共（布）中央組織局通過決議，同意改名。原有機構進行了重組，成立了 16 個教研室，分爲三類，其中「歷史學科類」中就包括「社會形態發展史教研室」。〔註2〕在中山大學，「社會發展史」是作爲中國革命運動史、俄國革命運動史、東方革命運動史和西方革命運動史等革命史課程的基礎課設立的。課程的目的是教育學生掌握歷史唯物主義的原理和世界革命的理論。

1925 年秋，曾來華擔任顧問的達林在中山大學社會發展史教研組兼任教學工作。他回憶說，「教研組編寫了饒有興味的教程。學生們都全神貫注地聽課。教程的基礎是馬克思和恩格斯關於人類社會從原始公社至今的發展學說。對每一種社會形態，都從生產力、經濟結構和社會結構，階級矛盾，以及一種社會形態向另一種社會形態過渡的規律性等方面的現狀和發展的觀

〔註1〕 王奇：《東方勞動者共產主義大學——培訓中國早期共產主義志士搖籃》，收入樂景河主編：《中俄關係的歷史與現實》，開封：河南大學出版社，2004 年，第 283～284 頁。張澤宇：《留學與革命：20 世紀 20 年代留學蘇聯熱潮研究》，北京：人民出版社，2009 年，第 159 頁。

〔註2〕 張澤宇：《留學與革命：20 世紀 20 年代留學蘇聯熱潮研究》，北京：人民出版社，2009 年，第 130 頁。

點，加以分析研究。」「最主要的是，在這一方面不僅闡述了全部人類文明，而且特別闡述了中國歷史。我們這些教師在不同程度上瞭解古代東方、希臘和羅馬歷史，以及歐洲中世紀史和近代史，現在正坐下來研究中國經濟發展史。我們攻讀了馬可波羅、馬卡爾特涅伊勳爵、俾丘林、庫諾夫、扎哈羅夫、格奧爾基也夫斯諾、斯卡奇科夫的著作和文章，還研究了英國和德國關於中國經濟史、政治史，以及土地關係等方面的著作。這都是為了能再用中國的事例來說明講解的課程。」「至今，我們認為社會發展史這一門專業課是整個社會科學——歷史、政治經濟學、哲學的入門必修課。」〔註3〕

中共早期黨員盛岳就擔任過社會發展史課程的「高級助教」，承擔課堂大部分口譯工作。〔註4〕1927年下半年赴蘇學習的張崇德也回憶說：「我去莫斯科整三年，所學過的功課，學社會發展史收穫最大。教我們的蘇聯教員滿臉鬍鬚，是個著名教授。他課講得好，從淺入深，從具體到抽象。『中大』校樓的第四層，就是社會發展史的教室，裏面裝置著從猿到人的模型實物。每講一課後，還到莫斯科歷史博物館參觀學習。每次參觀學習，我們這位老教授總是跟著邊指點邊講解。」〔註5〕1928年到達莫斯科的帥孟奇在中山大學補習班學習時，最喜歡的課也是社會發展史，這門課使她懂得社會是按規律發展的，對推翻舊社會、建立新社會的必然性認識清楚了，更加堅定了為建立新中國而奮鬥的信念。〔註6〕

近代中國人瞭解馬克思主義主要通過日本、法國和俄國三大渠道。三者之中，留日浪潮興起時間較早，留日學生群體在馬克思主義在華傳播史上的影響主要在20世紀的前二十年間；留法與留俄兩相比較，留法勤工儉學學生雖然也在國外接觸到馬克思主義，但他們相當一部分精力用於勤工，「我們什麼工作都做。架子放下了，面子撕破了，工作服一穿，完全是個勞動者。我們一心想賺幾個錢，尋找機會好讀書，輕活，重活，臨時雜

〔註3〕〔蘇〕C·A·達林，侯均初等譯，李玉貞校：《中國回憶錄：1921～1927》，北京：中國社會科學出版社，1981年（内部發行），第165～166頁。

〔註4〕盛岳著、奚博銓等譯：《莫斯科中山大學和中國革命》，東方出版社，2004年，第67頁；孫耀文：《風雨五載：莫斯科中山大學始末》，北京：中央編譯出版社，1996年，第70～72頁。

〔註5〕孫耀文：《風雨五載：莫斯科中山大學始末》，北京：中央編譯出版社，1996年，第199頁。

〔註6〕孫耀文：《風雨五載：莫斯科中山大學始末》，北京：中央編譯出版社，1996年，第204頁。

工，碰上就行」。〔註7〕留蘇學生接受到的則是更加正規、系統的馬克思主義理論教育，這也使他們成為中國近代知識分子中最早系統接觸「社會發展史」話語的群體和「社會發展史」話語在中國最早的一批傳播者。

（二）上海大學：莫斯科的東方回響

處於這一次宣教高潮中心的上海大學是國共兩黨合作的產物，由私立東南高等專科學校改組而來。1922年10月23日，國民黨元老于右任到校就職。1923年3月7日，上海大學正式開學。4月，鄧中夏出任總務長，負責學校行政工作。于右任雖然出任校長，但校務工作主要是由加入國民黨的共產黨員主持，包括瞿秋白、蔡和森、蕭楚女、惲代英等在內的中共早期理論巨擘都在上海大學擔任過教職。中共對這所學校的期許很高，希望將其辦成「南方的新文化運動中心」。〔註8〕後來的歷史表明，上海大學確實成為這一時期中共傳播馬克思主義的重鎮，不僅中共自己這麼評價。上海工部局的報告也將其稱為「共產黨的宣傳中心」、「共產黨的大本營」。〔註9〕

1923年7月23日，上海大學的靈魂人物之一瞿秋白撰寫了《現代中國所應當有的「上海大學」》。在這篇文章中，他對上海大學的課程作了規劃，「社會發展史」在其中佔有極其重要的位置。按照瞿的設想，社會學系和文學系的學生都應學習「社會進化史」。〔註10〕區別在於，文學系是作為選修課，而社會學系是作為專業主課。瞿認為，社會學系學生應用第一、第二、第三學年三年時間來修習這門課程，其中第一年學習「通論及歐美」、第二年學習「歐美及中國」、第三年則是「中國社會概論」。瞿秋白這一設想，是與他對「社會學」的看法聯繫在一起的。他認為，當時流行的社會學並不科學，真正科

〔註7〕 《勤工儉學生活回憶》，北京：工人出版社，1958年，第47頁。

〔註8〕 瞿秋白致胡適的信（1923年7月30日），《胡適往來書信選》（上），中華書局，1979年，第213頁。

〔註9〕 「工部局包探GP關於上大校友會的報告」，敵偽政治檔案，全宗號102，原件存上海市公安局。轉見王家貴、蔡錫瑤編著《上海大學（1922～1927）》，上海：上海社會科學院出版社，1986年，第29頁。

〔註10〕 在20世紀四十年代之前，社會發展史這個概念並不常見，一般使用「社會進化史」的概念。到了四十年代，隨著「進化」被明確賦予「漸進」的含義，「社會進化史」這一概念也逐漸被中共理論家所摒棄。在上海大學的語境中，這兩個概念的含義是一樣的。而且，當事人的回憶也表明，蔡和森在上海大學所講授的實質上就是「社會發展史」。參見胡允恭：《創辦上海大學和傳播馬克思主義——蔡和森同志革命鬥爭的一件大事》，《回憶蔡和森》，北京：人民出版社，1980年。

學的社會學「當定於其能抽象研究一切人類社會現象的公律之時」，而對社會進化史的瞭解正是探索這一「公律」的基礎。〔註11〕1924年10月，「黃仁事件」〔註12〕發生後，瞿秋白遭到租借工部局巡捕房通緝，轉入地下活動，被迫辭去了上海大學教職。1925年4月3日，上海大學行政委員會改組，施存統繼任社會學系主任。他對課程進行了修正，「新定學程，與舊學程頗有不同之處」。但「社會進化史「仍被列爲「必須按照一定順序完全講授的」「首要課目」之一。〔註13〕由此可見上海大學主事者對這門課程之重視，也說明在瞿秋白、施存統等中共早期理論家看來，社會發展史在整個馬克思主義理論大廈中所處的基礎性地位。

根據史料記載，1923年5月到校的蔡和森、1923年6月到校的施存統、1924年8月到校的彭述之、1926年秋任教的李俊等都在上海大學教授過社會發展史。上海大學的學生對這門課非常歡迎，尤其是蔡和森的授課給同學們留下了深刻印象。「和森同志擔任的主課是《社會進化史》，這份講義，不久即整理出版了。他講的是社會進化史，實質上全是社會發展史，……（他）把社會進化史講的生動活潑，深入淺出，全系同學都表示歡迎，傾注全力聽講。開始只是社會科學系的學生，稍後，有許多其他系的學生也來旁聽，不但教室人滿，連窗子外面都擠滿了旁聽的學生。和森同志每講到關鍵章節，總是博引旁徵，講的詳盡明確，……講到五種生產方式，……對於每一生產方式爲什麼會自然而然地銜接交替，以及每一生產方式的特點和特徵，也都講得很清楚。……最後講到資本主義爲社會主義所代替，是社會發展的必然規律，不以人們的主觀意志爲轉移的。」〔註14〕蔡和森的講義以「社會進化史」爲名出版。

〔註11〕瞿秋白：《現代中國所應當有的「上海大學」》，《民國日報》副刊《覺悟》，1923年8月2～3日。

〔註12〕黃仁（1904～1924）：字覺人，四川富順人，上海大學社會學系學生。1922年離川到滬，先在中華職業學校求學，1924年夏轉入上海大學。1924年，任上海夏令講學會社會問題研究會委員。1924年10月10日，黃仁與上大同學一起參加全市紀念雙十節之國民大會，遭到帝國主義和國民黨右派收買的流氓殘酷毆打，傷重不治犧牲。

〔註13〕《社會學系修改學程》，《上大五卅特刊》第六期，1925年7月24日，王家貴、蔡錫瑤編著：《上海大學（1922～1927）》，上海：上海社會科學院出版社，1986年，第201頁。

〔註14〕胡允恭：《創辦上海大學和傳播馬克思主義——蔡和森同志革命鬥爭的一件大事》，《回憶蔡和森》，北京：人民出版社，1980年。

　　李俊，生平不詳，1926 年到上海大學任教。據回憶史料，他在上海大學教這門課時，也是以蔡和森的《社會進化史》作爲課本。〔註15〕

　　施存統〔註16〕是中國早期馬克思主義者。他在教授社會進化史課程時，翻譯了前文介紹過的俄國思想家波格丹諾夫的名著《經濟科學大綱》作爲課本。施存統說，「當時促進我翻譯的直接動機，是上海大學社會學系功課上的需要。因爲那一個學期『社會進化史』一門功課沒有人擔任，事實逼到我底頭上來，以我底時間與能力，要自編講義都有所不能，所以就選取這本書爲『社會進化史』底教本（因爲我認定這是一部最好的『社會進化史』），有暇即從事翻譯。」他認爲，波氏的這本書實際上就是一部社會發展史。「它是一部世界的名著而且可以說是一部空前的世界名著。……，也可以當『社會進化史』讀。讀了這本書，我們才能眞正瞭解社會底經濟現象；讀了這本書，我們才能眞正瞭解社會底演進過程。這本書對於我們中國人（特別是中國青年），尤其有益，我們可以根據它來研究中國歷史，也可以根據它來研究中國現狀。」〔註17〕

　　彭述之〔註18〕是中共早期重要活動家。他在授課時使用何種教本，目前尚不清楚，但彭述之的思想也受波格丹諾夫影響，還曾以「陶伯」的筆名翻譯過波氏另一本著作《新經濟學問答》，由此推測，他的授課內容或許也以波氏思想爲主。

〔註15〕薛尚實：《回憶上海大學》，上海《文史資料選輯》，1978 年第 2 輯。
〔註16〕施存統（1899～1970）：浙江金華人。1919 年就讀於浙江省立第一師範學校。1920 年加入上海共產主義小組，參與成立馬克思主義研究會，成爲中國共產黨最早的黨員之一。1922 年當選爲青年團中央書記（第一任）。1924 年到上海大學任教。後在中山大學、黃埔軍校、廣州農民運動講習所任教。1927 年任武昌中央軍事政治學校教官、政治部主任。大革命失敗後脫離中國共產黨。後從事馬克思主義和革命理論的著譯工作，並任上海大陸大學教授、廣西大學教授。抗戰期間，爲文化界救國會領導人之一，並與黃炎培、章乃器等組織民主建國會。1949 年出席中國人民政治協商會議第一屆全體會議，被選爲第一屆全國政協常委。後任勞動部副部長。
〔註17〕〔俄〕波格達諾夫著、施存統譯：《經濟科學大綱》，上海：大江書鋪，1931 年，第 5 版，第 1～2 頁。
〔註18〕彭述之（1895～1983）：湖南邵陽人，1919 年入北京大學學習，參加五四運動，1921 年冬加入中國共產黨，是中共莫斯科支部負責人之一，托派重要成員，回國後主編《嚮導》和《新青年》，在中共四大、五大相繼當選爲中央委員，後因不同意中央的路線於 1929 年 11 月被開除出黨；1932 年 10 月被捕入獄，1937 年 8 月獲釋。

　　另外值得一提的是，上海大學的社會發展史教育並不局限於「社會進化史」的課堂，其他相關課程及學術活動中同樣滲透了社會發展史的理論與知識。根據目前保存下來的上海大學各課講義來看，瞿秋白、施存統等在其他課程中或多或少也介紹了社會發展史的內容。比如，瞿秋白在《社會哲學概論》中專門設立「原始的共產主義及私產之起源」、「階級之發生及發展」等章節，對馬克思主義的階級理論、國家理論以及人類社會形態演變的基本常識作了介紹。他提出，原始社會是一個沒有私有財產的社會。人們通過「共同的集合勞動」獲取生活資料。奴隸社會是第一個私有制社會。「各族之間的交易與戰爭使社會內部分化成階級，發生私有財產而變成所謂『商品階級』。」「商品經濟發展到一定的程度，必定要變成資本主義。」他還介紹了馬克思主義的國家學說，「國家是階級鬥爭的結果。古代的國家是奴隸主的國家，封建時代的國家是諸侯貴族的國家；現代的國家是資產階級的國家。」〔註 19〕施存統在《社會運動史》中對原始共產制到人類歷史上第一個階級社會——奴隸社會的演變作了宏觀概述，並對原始共產制和奴隸制這兩大社會形態作了較為詳盡的介紹。〔註 20〕在另一門課程《社會問題》中，他又明確提出，「所謂文明社會，就是把原始共產制破滅了，把私有財產制確立了。文明社會，就是繼氏族社會而起的。而文明社會，又可分為三種社會形態：（一）古代奴隸制，（二）中世紀奴隸制，（三）近代資本制。這三種社會形態，由奴隸制到封建制，由封建制到資本制，逐一進化到今。……通過所有的文明社會，統是階級鬥爭的社會，統是支配階級利用國家政權壓迫被支配階級的社會。」〔註 21〕「古代的國家，就是奴隸所有者底國家；中世的國家，就是封建領主的國家；近世的國家，就是資本家底國家。」〔註 22〕這些內容，雖不以社會發展史為主題，但同樣傳播了社會發展史的基本知識。

　　1924 年 7 月，上海學生聯合會「以利用暑期休假研究各種學術為宗旨」，發起組織「上海夏令講學會」，會址設在上海大學，「凡有志來聽會聽講者，

〔註19〕瞿秋白：《社會哲學概論》，黃美真、石源華、張雲編：《上海大學史料》，上海：復旦大學出版社，第 318～319 頁。

〔註20〕施存統：《社會運動史》，黃美真、石源華、張雲編：《上海大學史料》，上海：復旦大學出版社，第 365～366 頁。

〔註21〕施存統：《社會問題》，黃美真、石源華、張雲編：《上海大學史料》，上海：復旦大學出版社，第 380 頁。

〔註22〕同上，第 388 頁。

不論性別年齡，依本簡章之規定，均得報名入會」。〔註23〕聽講者絡繹不絕，除了各校學生外，還有中小學教員。國民黨上海各區黨部和鄰近上海的縣黨部也派人參加。〔註24〕上海大學諸位教授走出課堂，在更廣的範圍內向青年學生、知識分子及國共兩黨黨員宣傳了社會發展史。施存統直接講授了「社會進化史」。董亦湘〔註25〕在應邀講授「唯物史觀」時，專門講了「唯物史觀的根據（社會進化的史實）」的內容。他按照「部落共產時代」、「奴隸國家」、「封建大地主及農奴時代」、「資本主義及工錢奴隸」對社會發展史作了概述，並指出，「資產社會已萬無繼續存在之可能，所以一定會產生新社會制度——共產社會。」〔註26〕瞿秋白講授「社會科學概論」時，按照原始共產制、宗法社會制、奴隸或農奴制度（封建）、資本主義及共產主義的順序，對這五種社會制度進行了分析，並指出，每一制度內部又可以細分，比如資本主義可分為商業資本、工業資本、財政資本三個階段。〔註27〕

　　總之，在上海大學，「社會發展史」或者作為一門主課或者滲透到其他課程、講座之中，成為中共傳播本黨思想和學說的重要內容。而社會發展史的內容在社會科學不同課程中屢屢出現，又恰好說明中共理論家將其視為當時

〔註23〕《上海夏令講學會簡章》，《民國日報》1924 年 7 月 1～2 日，黃美真、石源華、張雲編：《上海大學史料》，上海：復旦大學出版社，第 107～108 頁。

〔註24〕 王家貴、蔡錫瑤編著：《上海大學（1922～1927）》，上海：上海社會科學院出版社，1986 年，第 11 頁。

〔註25〕 董亦湘（1896～1939）：江蘇武進人。19 歲在本地任塾師。1918 年，進上海商務印書館，在國文詞典委員會當助理編輯。五四運動時期接受新思想，自學英文、俄文，閱讀馬列著作，研究社會主義學說，常與陳獨秀、鄧中夏、俞秀松、沈雁冰（茅盾）等往來。1921 年 4 月，由沈雁冰介紹入黨。1924 年 8 月至 1925 年上半年，在上海大學社會系任教。1925 年 8 月，被派往蘇聯學習，俄文名奧林斯基·列夫·米哈依洛維奇，先後在莫斯科中山大學、列寧學院學習。1927 年，被誣為「江浙同鄉會」的頭頭。1933 年初，調到蘇聯遠東哈巴羅夫斯克工作，任遠東蘇聯內務部政治保衛局全權軍事代表。1937 年蘇聯清黨時，遭王明陷害，被捕入獄。1939 年 5 月 29 日，被迫害致死，年僅 43 歲。1959 年 1 月，蘇聯中央軍事檢察院和遠東軍事法院發出通知和證明，對董亦湘作出「以無罪結案」、「恢復聲譽」的結論。十一屆三中全會後，中共中央對董亦湘的歷史舊案進行了覆查。1984 年 6 月，中共中央組織部為董亦湘平反昭雪，董亦湘被定為革命烈士。

〔註26〕 董亦湘：《唯物史觀》，見黃美真、石源華、張雲編：《上海大學史料》，上海：復旦大學出版社，第 428 頁。

〔註27〕 瞿秋白：《社會科學概論》，見黃美真、石源華、張雲編：《上海大學史料》，上海：復旦大學出版社，第 461 頁。

剛剛興起的「新社會科學」的基礎理論，而所謂「新社會科學」實際上就是馬克思主義哲學社會科學體系，上海大學作爲中共掌控的第一所高等院校，既是當時蘇式政治教育模式傳入中國的重要中轉站，又是政治教育模式和政治理論輸出的中心。它與上海平民女校、黃埔軍校等教學機構有著千絲萬縷的聯繫，比如，上海大學的蔡和森、陳望道均曾在上海平民女校任教，王一知、王劍虹、丁玲等平民女校學生後來又到上海大學求學。上海大學的師生中邵力子、惲代英、張治中等後來到黃埔軍校任職，等等。〔註 28〕而在這些教學機構中，也同樣開展了「社會發展史」的教學。

（三）中共各系統宣教機構

在這一次宣教高潮中，「社會發展史」教學在農運、軍事、婦運、青運、黨校等各戰線各系統的教學機構中都開展了起來。下文舉例略述之。

上海平民女校。上海平民女校是中共建黨初期創辦的一所培養婦女幹部的學校。1922 年 2 月，以中華女界聯合會名義開辦。當時中央局負責宣傳的李達任校務主任，其妻王會吾協助管理學校行政。女校學生半天上課，半天做工。陳獨秀、邵力子、陳望道、沈雁冰、沈澤民等人都曾在女校任教。「各教師所選的課本，都是合適新思潮，又合於平民的」。〔註 29〕王一知（1901～1991）、王劍虹（1902～1924）、丁玲（1904～1986）等進步女青年都曾是該校的學生。平民女校存在的時間很短，大約只有一年時間，但也開設了社會進化史課程，授課教師即爲蔡和森，授課內容與他在上海大學所授相同。〔註 30〕

中央軍事政治學校等軍內教育。黃埔軍校是國共合作創辦的，倡導軍事與政治並重，特別是改名爲「中央軍事政治學校」之後，更加注重政治教育。中共黨員在其中起了至關重要的作用。社會發展史是軍校一門重要政治教育課程。〔註 31〕軍校早期的《政治訓練班訓練綱要》規定的八門政治課中就有「社會發展史」。改組後的《中央軍事政治學校政治教育大綱》中也規定了社會發展史的內容，指出「要以生產的變遷爲說明社會進化史的骨幹。一方面

〔註 28〕 張元隆：《上海大學與現代名人》，上海：上海大學出版社，2011 年，第 122
　　　　頁。

〔註 29〕 曾悟：《入平民女學上課一星期之感悟》，《婦女聲》第 6 期，「平民女校特刊
　　　　號」，1922 年 3 月 5 日。

〔註 30〕 李永春編著：《蔡和森年譜》，湘潭：湘潭大學出版社，2008 年，第 95 頁。

〔註 31〕 張光宇：《武漢中央軍事政治學校》，武漢：湖北人民出版社，1987 年，第 4
　　　　～5 頁。

要注意打破神權說、宗教教義和階級制度的觀念，一方面須注意針砭人類誇大狂，要打破進化史上的理想主義，守舊思想，要使學生明白由自然經濟的社會到唯物史觀的社會主義的社會，是歷史的必然。」〔註32〕據史料記載，曾有多位中共黨員在黃埔軍校擔任社會發展史教員。第三期學員宋瑞研回憶，惲代英曾給他們講授過社會進化史。〔註33〕第四期學員文強和第五期學員陳恭澍回憶，廖劃平曾講授「社會進化史」。文強回憶說，廖劃平是一個「肥胖臃腫」的人，一口四川口音。上課用蔡和森的《社會發展史》作爲教材，照本宣科，比較死板，引不起學生興趣。〔註34〕這一說法似不準確，首先蔡和森所著爲「《社會進化史》」而非文強所說的「《社會發展史》」，其次廖劃平講課有自己編撰的講義，名爲《社會進化史》。更重要的是，廖著內容和蔡和森所著《社會進化史》差別極大，而和張伯簡所著《社會進化簡史》接近。廖劃平也曾留學俄國東方大學，因此，他的這部講義很有可能也是根據東方大學教師的授課內容編譯而來。1926年12月9日，中央軍事政治學校剛在武漢設立分校不久，代校長鄧演達就主持召開了政治課教育會議，確定政治課各科目授課和講義編撰的人員。其中，章伯鈞承擔「社會進化史」，熊銳承擔「社會進化原理」，戴季陶承擔「中國社會發展史」。〔註35〕雖然章伯鈞很快轉任其他職務，沒有完成編撰任務。〔註36〕但1926～1927年間，武漢分校政治部宣傳科印行的「政治講義」叢書中仍有《社會進化史》，編撰者爲廖劃平，同年該書又由上海泰東書局出版。從以上情況看，在武漢分校實際從事社會發展史教學的，或許就是廖劃平。除了軍校之外，大革命時期在中共掌握的工農自衛軍的幹訓課程中也開設了「社會進化史」。〔註37〕

〔註32〕廣東革命歷史博物館編：《黃埔軍校史料：1924～1927》，廣州：廣東人民出版社，1982年，第188、194頁。

〔註33〕宋瑞研：《往事歷歷》，收入全國政協文史資料研究委員會編：《第一次國共合作時期的黃埔軍校》，文史資料出版社，1984年，第314頁。

〔註34〕文強：《我在黃埔軍校的見聞》，收入全國政協文史資料研究委員會編：《第一次國共合作時期的黃埔軍校》，文史資料出版社，1984年，第335頁。

〔註35〕張光宇：《武漢中央軍事政治學校》，武漢：湖北人民出版社，1987年，第35～36頁。

〔註36〕姜平：《章伯鈞與中國農工民主黨》，廣州：廣東人民出版社，2004年，第16頁。

〔註37〕《成立工農自衛軍幹部訓練隊》（1927年4月），收入中國革命博物館、湖南省博物館：《湖南農民運動資料選編》，北京：人民出版社，1998年，第587～588頁。

　　廣州農民運動講習所。廣州農民運動講習所是 1924 年 7 月在大革命中創辦的，雖然正式名稱爲「中國國民黨中央執行委員會農民運動講習所」，實際上共產黨人起了主要領導作用。農講所的課程中也有社會發展史。據第三期農講所（1925 年 1～4 月）學員回憶，學習課程即有「社會發展史」（一說爲「中國社會發展史」），講授者爲譚植棠。〔註38〕另一學員回憶，「社會發展史」的授課者爲蘇聯顧問馬馬也夫。〔註39〕毛澤東在主持第六期農講所（1926 年 5～9 月）時，曾計劃聘請張伯簡任教，因張患病未果。〔註40〕毛把張著《社會進化簡史》作爲學員課外理論學習讀物，「在閱看之先，由專任教員於每書要緊部分列出問題，公佈出去，然後命學生看書，根究所問，隨看隨作答案，限期交卷。由專任教員於答案中擇出數份，加以改正，繕好張貼牆壁，名曰『標準答案』。然後將所有答卷一律發還學生，令照標準答案自行改正其錯誤。用此方法，助益學生之理論研究頗不小。」〔註41〕

　　黨校。北方區委黨校是較早開展社會發展史宣教的機構。中共黨校教育是從 1923 年冬創辦安源黨校開始的，此後，按照中共中央《黨內組織及宣傳教育問題議決案》（1924 年 5 月）部署，北京和上海分別成立了黨校。〔註42〕據目前留存史料來看，早期幾所黨校中北方區委黨校開設了專門的社會發展

〔註38〕 陳聚倫 1964 年 12 月 4 日回憶，林文錦編：《廣州農民運動講習所資料選編》，北京：人民出版社，1987 年，第 292 頁。譚植棠（1893～1952）畢業於北京大學，1921 年參與創立廣東共產主義小組，曾任廣州農民運動講習所第一、二、三屆教員，第四屆班主任。又據記載，大革命期間，國民黨廣東省青年部舉辦「青年夏令講學班」，譚植棠也曾受聘講授「社會進化史」。（《中國國民黨廣東省青年部一年來工作報告》，1926 年 12 月，見中共廣東省高明市委黨史研究室編：《譚植棠研究史料》，廣州：廣東人民出版社，1997 年，第 250 頁。）

〔註39〕 陳文 1971 年 10 月 22 日回憶，《廣州農民運動講習所資料選編》，第 294 頁。馬馬也夫（1896，一說 1894～1937），也譯作馬馬耶夫、馬邁耶夫，曾在遠東書記處負責中國事務，擔任過遠東書記處中國科俄方支部書記。1920 年春隨維經斯基來華，1924 年 10 月再次來華，任廣州軍事顧問團成員、黃埔軍校教官，北伐時期任國民革命軍第七軍李宗仁的顧問。

〔註40〕 中共劍川縣委員會：《雲南少數民族共產主義運動的先驅張伯簡》（1980 年 12 月 27 日），收入中共雲南省黨史資料徵集委員會：《張伯簡文輯》，昆明：雲南民族出版社，1987 年，第 136～146 頁。

〔註41〕 《第六屆農民運動講習所辦理經過》，《廣州農民運動講習所資料選編》，第 80～82 頁。

〔註42〕 王仲清主編：《黨校教育歷史概述（1921～1947 年）》，北京：中共中央黨校出版社，1992 年，第 94～95 頁。

史課程。授課者是劉伯莊〔註43〕，時間是 1926 年 1 月，主要內容包括原始共產主義、封建社會、資本主義、帝國主義等。〔註44〕

　　青年團。1923 年，根據中共中央《教育宣傳委員會組織法》（1923 年 10 月），中共中央局和青年團中央局組織了教育宣傳委員會，職責是「研究並實行團體以內之政治上的主義上的教育工作以及團體以外之宣傳鼓動」。下設函授部，「以各門之講義或書籍定每月分印若干寄與各地地方組織，分發於同志或非同志之間（收回印刷紙張之成本）；各地閱者之疑問由函授部主任分發各門編講義者答覆。」開設的功課之中就包括「經濟學及社會進化史」、「社會學及唯物史觀」等。〔註45〕1925 年 6 月 20 日至 7 月中旬，在北方區委指導下，團三原特支以渭北學聯的名義，在三原渭北中學舉辦了「暑期講學會」。據張仲實回憶，課程中有「社會發展簡史」，各地來聽講的學生共有二三百人。授課者爲魏野疇〔註46〕，「授課內容豐富，有條有理，通俗易懂，生動活潑，令

〔註43〕劉伯莊（1895～1947）：四川南充人，中共五大中央候補委員。1919 年考入北京大學學習，1920 年 6 月赴法國勤工儉學。1923 年 2 月加入旅歐中國共產主義青年團，1924 年夏回國，此後長期在北京地區從事革命活動，曾任中國社會主義青年團北京地方執委會秘書、委員，中國社會主義青年團三大執委，中國共產主義青年團北京地方執委會書記，中共北京市委書記。後任中共湖北省委書記。大革命失敗後，參加托派組織。抗日戰爭時期，在湖南、四川重慶等地從事教育和經濟研究工作。1947 年在重慶逝世。

〔註44〕朝鮮總督府警備局：《中國共產黨最高機關及北方區各機關》（1926），轉自周進、丁偉：《關於中共北方區委黨校的一則海外資料》，《中共黨史研究》2011 年第 6 期，第 119 頁。

〔註45〕《鍾英致各區、地方和小組同志信》，共青團中央青運史研究室，中央檔案館編：《中共中央青年運動文件選編　1921 年 7 月～1949 年 9 月》，1988 年，第 19～20 頁。

〔註46〕魏野疇（1898～1928 年）：陝西興平人。1913 年春考入西安三秦公學，1917 年考入北京高等師範學校，1920 年冬加入社會主義青年團，1923 年初由李大釗、劉天章介紹加入中國共產黨。1920 年，他和楊鍾健、李子洲、劉天章等人發起組織陝西旅京學生聯合會，創辦《秦鍾》月刊，以「喚起陝人之自覺心」。1921 年撰寫《中國近世史》。同年夏畢業回陝，積極參與建立中共和青年團地方組織。曾任楊虎城創辦的三民軍官學校政治部主任、國民軍第三軍第三師諮議和政治宣傳處處長。1925 年 8 月創辦《西安評論》。1927 年 7 月，中共陝甘區執委會改爲陝西省委，魏野疇任省委軍委書記。1928 年 2 月 9 日，根據中共「八七」會議確定的總方針，成立中共皖北臨時特委並擔任書記（對外化名韋金），會議通過了在皖北舉行武裝起義、建立豫皖平原根據地的決議。會後，成立了指揮起義的皖北革命軍事委員會，魏野疇任總指揮。由於宋建勳等叛變，在起義突圍中被俘，後被殺害，年僅 30 歲。

人喜聽」。〔註47〕但據檔案文獻記載，課程名稱爲「社會進化論」，授課者則是曾在上海大學學習、受惲代英派遣回到家鄉開展革命活動的三原藉青年團員李秉乾。〔註48〕

二、「社會發展史」學科化：1927～1939 年

1927 年，蔣介石發動「四・一二」政變，「社會發展史」類讀物隨之被列入封存、清除之列。〔註49〕此後，中共直接主導的「社會發展史」宣教主要是中共在軍隊、根據地內的宣傳、學習和國統區內秘密開展的黨內教育。1929年 6 月，中央通過《宣傳工作決議案》，要求「有計劃地加強馬克思列寧主義理論教育」。12 月，《中國共產黨紅軍第四軍第九次代表大會決議案》對士兵政治訓練問題作出專門部署，並列舉了 19 種「訓練材料」，其中包括「社會進化故事」。〔註50〕據湖南耒陽第十三區蘇維埃赤衛隊小隊長王紫峰回憶，當時指導員給紅軍戰士講課的內容中就包含「社會進化史」。〔註51〕1931 年 8 月，《中央關於幹部問題的決議》提出要加強幹部訓練工作。1933 年 3 月，紅軍大學（爲紀念蘇聯紅軍將領郝西史當時稱郝西史紅軍大學，10 月 17 日更名紅軍大學）創辦，「社會發展史」被列爲主要課程。〔註52〕1936 年 1 月，紅軍大學在陝北改爲抗日紅軍大學，1937 年又改爲抗日軍政大學。「社會發展史」仍確定爲主幹政治課。〔註53〕作爲中共軍事教育的模板，抗大的教學模式被廣泛推行。新四軍中的軍事教育就按照抗大的教學方針、內容和方法進行，教

〔註47〕 張積玉、王鉅春：《馬克思主義理論家翻譯家張仲實》，西安：陝西人民教育出版社，1991 年，第 70、77 頁。

〔註48〕 《團三原支部關於夏令講學及團務等給團中央的報告》（1925 年 8 月 9 日），中央檔案館、陝西省檔案館：《陝西革命歷史文件彙編（1924～1926）》，1992年，第 390 頁。

〔註49〕 《政治工作報告書》（1927 年），廣東革命歷史博物館編：《黃埔軍校史料：1924～1927》，廣州：廣東人民出版社，1982 年，第 441 頁。

〔註50〕 參見毛澤東：《中國共產黨紅軍第四軍第九次代表大會決議案》，《毛澤東文集》第 1 卷，北京：人民出版社，1993 年，第 103 頁。

〔註51〕 王紫峰：《井岡山鬥爭歷史的一些回顧》，收入井岡山革命根據地黨史資料徵集編研協作小組、井岡山革命博物館編：《井岡山革命根據地》（下），中共黨史資料出版社，1987 年 9 月江西吉安第 1 版，第 459 頁。

〔註52〕 余伯流：《中國共產黨早期幹部教育初探》，《中國浦東幹部學院學報》第 1 卷第 1 期，2007 年 9 月，第 92 頁。

〔註53〕 李桂林：《中國現代教育史》，吉林：吉林教育出版社，1991 年，第 210 頁。

學計劃、學習內容和學習方法與抗大基本上相同，「社會發展史」也被作為政治教育的主要內容。新四軍中設置「主任教員」的課程共兩門，其中之一即「社會發展史」（另一門是「統一戰線」），由此可見對其之重視。黨內老資格的宣傳幹部張崇文〔註54〕擔任「社會發展史」主任教員。這門課從人類起源講起，闡述人類社會各種社會形態及其依次更替的社會發展規律，資本主義社會為何必然要轉變為社會主義社會、共產主義社會，幫助學員理解人類社會發展的規律，確立歷史唯物主義的基本觀點，進而樹立共產主義世界觀和人生觀。皖南事變之後，新四軍重建軍部，成立抗大分校，仍將「社會發展史」置於重要位置。〔註55〕在 1930 年代的國統區，黨組織也依然堅持對黨員進行「社會發展史」宣教。據記載，1934 年起，南方局在重慶機房街 70 號和紅岩嘴 13 號多次舉辦黨員幹部訓練班，學習內容就有社會發展史。〔註56〕

與此同時，國統區文化人也關注著「社會發展史」。〔註57〕他們不但著述立說，而且在高校講堂上傳播社會發展史，並倡導對中學生開展「社會發展史」宣教，以幫助他們掌握「進步的世界觀」，增強對歷史演變因果的理解。〔註58〕這些都推動了「社會發展史」話語的生長，下文分三個方面加以說明：第一，

〔註54〕 張崇文（1906～1995）：浙江省臨海縣人。一九二五年任杭州學聯宣傳部部長，次年加入中國共產黨。任中共杭州中心區委書記。一九二七年赴蘇聯入孫中山中國勞動者大學學習。一九三〇年回國後，任中共杭州中心縣委組織委員，同年被捕，在獄中任特支委員，書記。抗日戰爭時期，任浙江省工作委員會宣傳部部長，新四軍江南指揮部，蘇北指揮部政治部宣傳科科長，部長，新四軍第一師政治部宣傳部部長，抗大九分校政治部主任，蘇浙軍區政治部宣傳部部長。解放戰爭時期，任華中野戰軍隨營學校校長，雪楓大學副校長，華中軍政大學教育長，華東野戰軍第七縱隊政治部副主任，主任，第三野戰軍軍政幹部學校副校長，華東軍政大學政治部副主任。中華人民共和國成立後，任第三高級步兵學校副政治委員，總高級步兵學校政治部副主任，中國人民解放軍國防科學委員會副秘書長，鐵道兵政治部副主任，政治部顧問。一九五五年被授予少將軍銜。是中國人民政治協商會議第五屆全國委員會委員。

〔註55〕 林子秋：《華中解放區幹部教育史》，北京：中共黨史出版社，2006 年，第 50～66 頁，見安徽省檔案館、安徽省博物館編：《抗日戰爭史料選·新四軍在皖南（1938～1941）》，1985 年，第 73 頁。

〔註56〕 中共重慶市委黨史研究室編：《中共中央南方局史》，北京：中共黨史出版社，2009 年，第 39 頁。

〔註57〕 〔日〕高橋清吾著、潘念之譯：《社會制度發展史》，上海：大江書鋪，1933 年，第 1～2 頁。

〔註58〕 唐弢：《讀史有感》，收入《唐弢文集·雜文卷》上，北京：社會科學文獻出版社，1995 年，第 247～249 頁。

作為文本的「社會發展史」集中問世。第二，作為學科門類的「社會發展史」開始形成。第三，作為課目的「社會發展史」進入更多的高校課程體系。

（一）作為文本的「社會發展史」集中問世

從第一章羅列的史料以及本文的附錄中可以清楚地看到，這一時期是「社會發展史」文本的多產期。而且，作品種類繁多，幾乎涵括了所有可能具有的文本類型。有的是譯作，如陸一遠的《社會進化史綱》；有的是學術著作，如鄧初民的《社會進化史綱》；有的是通俗理論讀物，如劉炳黎著《社會進化史》；有的是教材講義，如臧進巧的《社會進化簡史》以及楊堃、李達的講義；還有的是少兒讀物，如列入「樂華少年文庫」中的平青所著《社會的進化》。文本類型的多樣性，也說明「社會發展史」傳播普及的廣泛程度。

從思想文化大背景看，這是與 1930 年代馬克思主義的興盛繁榮緊密聯繫在一起的。史學家何茲全回憶說：「20 世紀 20 年代末 30 年代初，在學術界、思想家、史學家，我感覺都是馬克思主義，唯物史觀獨步天下的時代。上海的新書店，如雨後春筍，出現很多，都是出版馬克思主義唯物史觀的書。」〔註59〕哲學家賀麟也說：「辨證法唯物論盛行於九一八前後十年左右。當時有希望的青年幾乎都曾受此思潮的影響。」〔註 60〕當時的許多思想和學術流派都與馬克思主義有著千絲萬縷的聯繫。1930 年 9 月，吳亮平在《中國社會科學運動的意義》一文指出，當時國內社會科學有四個主要流派，即「資產階級社會科學」、「民族改良主義之合法『馬克思主義』」、「馬克思主義之叛徒」和「革命的馬克思主義」。第一派對應人物是經濟學方面的馬寅初、哲學方面的胡適、文學方面的梁實秋等。而後三派則分別對應新生命派、托派和中共。〔註61〕從學術理路上看，後三派都與馬克思主義有些關係。因此，馬克思主義對當時學術界思想界的影響，可謂四分天下有其三。馬克思主義一時成了「顯學」。「一個教員或一個學生書架上如果沒有幾本馬克思的書總要被人瞧不起的。」〔註 62〕「任何人，不管他是否真正懂得了唯物辨證法的應用，總喜歡

〔註59〕 何茲全：《我所認識到的唯物史觀和中國社會史研究的聯繫》，《高校理論戰線》2002 年第 1 期，第 36 頁。
〔註60〕 賀麟《當代中國哲學》，南京：勝利出版公司，1947 年，第 72 頁。
〔註61〕 吳亮平：《中國社會科學運動的意義》（1930 年 9 月 10 日），原載《世界文化》創刊號，收入吳亮平著：《吳亮平文集》（上），北京：中共中央黨校出版社，2009 年，第 52～57 頁。
〔註62〕 譚輔之：《最近的中國哲學界》，《文化建設》1936 年第 3 卷第 6 期，第 83 頁。

充一下時髦，也弄一弄辨證法，對於一切問題，也喜歡用辨證法來『辨證』一下。」〔註63〕在這樣的情況下，「社會發展史」書籍自然也頗受出版界青睞。《社會形式發展史大綱》的譯者高素明回憶說：「1930 年夏秋之間，我們仍住在上海。在上海我們能夠做的工作，只有從事於文學翻譯。那時上海出版界，大量發行社會科學的名著，馬克思主義的著作，雖屬官方禁售之列，但銷路特別好。……我和神州國光書局接洽好了一本社會發展史，字數在五十萬左右，差不多花了一年的時間才譯完，分上下冊裝訂。我一共拿了一千五百元稿費，維持了我們兩年的生活。」〔註64〕

但需要指出的是，在這一時期的「社會發展史」文本中佔據優勢地位的是本文第一章提到過的「異端論」。絕大部分「社會發展史」文本體現的是「商業資本主義理論」、「亞細亞生產方式」等後來被視為「異端」的理論。前文已經指出，「異端」是相對於「五形態論」的正統地位而言的。與「五形態論」相比，這些「異端」理論雖然也宣揚人類社會發展的「一般」規律，但由於運用「亞細亞生產方式」、「商業資本主義理論」等定義包括中國在內的東方國家歷史上曾出現過的社會形態，實際上把中國悄然劃出「一般」之外。這至少在客觀上為「特殊國情論」者提供了避風港。而「特殊國情論」，正是中國社會史論戰中遭到馬克思主義者集中批判的一種論調。〔註65〕較早對社會

〔註63〕 鄧拓：《形式邏輯還是唯物辨證法》，《新中華半月刊》1933 年第 23 期，收入《鄧拓文集》第五卷，廣州：花城出版社，2002 年，第 3 頁。

〔註64〕 參見《鄂州文史資料》（第 5 輯），政協鄂州市委員會學習文史委員會，1992 年，第 31 頁。

〔註65〕 關於這場論戰，已經有了很多研究成果。相關總結和研究在論戰進行過程中就已經開始，比如王禮錫所編《中國社會史的論戰》1～4 輯、李季所撰《中國社會史論戰批判》、中國農村經濟研究會所輯《中國農村社會性質論戰》、何乾之的《中國社會性質論戰》和《中國社會史論戰》等等，既反映論戰的情況，又是對論戰的反思和總結。改革開放以來，關於這場論戰的研究成果不時問世，總的態勢是從「廣博」走向「精深」。從資料的蒐集整理來看，20世紀 80 年代高軍等所輯《中國社會性質問題論戰（資料選輯）》是一本收羅較全的文獻集，白鋼編著的《中國封建社會長期停滯問題的由來與論戰》，扼要摘編論戰中各家言論，並加以評析，為後人的研究提供了學術史線索。從研究成果來看，90 年代初，王東的博士論文《中國社會性質與社會史論戰研究》（吳澤指導，華東師範大學，1991 年），以及溫樂群等著《二三十年代中國社會性質和社會史論戰》（百花洲文藝出版社，2004 年）均對論戰進行了概論式的描述，代表了大陸對這兩場論戰總體性研究的主要成果，體現了「廣博」的一面。而羅新慧著《〈讀書雜志〉與社會史大論戰》（《史學史研究》2003年第 2 期）、謝保成所著《學術史視野下的社會史論戰》（《學術研究》2010

史論戰進行系統研究的何乾之曾提出，通過社會史論戰，「終於使我們認識了

年第 1 期）、李洪岩所著《〈讀書雜志〉與社會史論戰》（《中國社科院近代史研究所青年學術論壇》，社會科學文獻出版社，1999 年）以及賀淵所著《社會史論戰的先聲》（《一九三〇年代的中國》，中國社會科學文獻出版社，2000年）等，則深入到論戰的一些細節內容，體現了「精深」的一面。陳峰的《民國史學的轉折——中國社會史論戰研究（1927～1937）》（山東大學出版社，2010 年）和賀淵的《新生命研究》（社會科學文獻出版社，2011 年）則體現了最新的研究成果。無論是從史料的蒐集還是觀點的提煉，都推進了學界對這一問題的認識。西方學者的研究成果中，德里克著《革命與歷史：中國馬克思主義歷史學的起源，1919～1937》（翁賀凱譯本，南京：江蘇人民出版社，2008 年南京：江蘇人民出版社，2008 年）和羅梅君的《政治與歷史之間的科學編纂：30 和 40 年代中國馬克思主義史學的形成》（孫立新譯本，濟南：山東教育出版社，1997 年）可謂代表。陶希聖、何茲全、薛暮橋、許滌新等當事人回憶錄的出版，以及熊得山等民國學者重新受到學界和出版界的關注，使這場論戰的許多細節得以生動展示，也爲研究的精深化奠定了基礎。（陶希聖的回憶錄《潮流與點滴》在臺灣出版甚早，但大陸版則於 2009 年方由大百科全書出版社出版，何茲全的回憶錄《愛國一書生》，1997 年由華東師範大學出版社出版，《大時代的小人物》2010 年由北京大學出版社出版，《薛暮橋回憶錄》1996 年由天津人民出版社出第一版，2006 年出第二版。許滌新的回憶錄《風狂霜峭錄》1989 年由三聯書店出版。熊得山的《中國社會史論》2007年由上海書店出版社出版。）另外，港臺學界對社會史論戰也保持了持續不斷的學術興趣，從鄭學稼所著《社會史論戰簡史》到吳安家所著《中國社會史論戰之研究》，再到趙慶河所著《讀書雜志與社會史論戰》，均有新的開拓，雖然由於意識形態的不同，研究者的立論有所區別，但學術史的發展脈絡卻有相似之處，都經歷了從「廣博」走向「精深」的過程。上述著作絕大部分都是圍繞社會史論戰中的幾大問題爲線索展開論述，其研究視角似未超越當年論戰者所提出的問題，重點都在對參戰各方思想觀點的梳理和評析，但也有一些著作探及參戰各方的政治取向以及與現實政治勢力的糾葛，比如趙慶河的《讀書雜志與社會史論戰》雖然主體部分仍是按照社會史論戰中的幾大問題來梳理讀書雜志上關於奴隸社會、封建社會等的爭論，但對讀書雜志與十九路軍的關係作了分析，試圖剝開參戰各方背後的複雜政治背景。（趙慶河：《讀書雜志與社會史論戰》，臺灣：稻禾出版社，1995 年）另外，近年來學者對「延安史學」的研究，也爲理解社會史論戰提供了幫助。所謂「延安史學」大體是指四十年代以毛澤東史學思想爲指導建立起來的中國馬克思主義史學學派。這種史學範式的形成與發展與社會史論戰密不可分，「延安史學」所關照的問題，基本上在三十年代的社會史論戰中已經提出，而且對於於日後在大陸佔支配性地位的「革命史敘事範式」具有源頭意義。（參見洪認清：《抗戰時期的延安史學》，合肥：安徽大學出版社，2006 年；盧毅：《抗戰時期延安史學的興盛》，《哈爾濱市委黨校學報》2009 年第 2 期；王海軍：《延安時期知識分子群體與馬克思主義史學中國化探析》，《思想理論教育導刊》2010 年第 10 期；王發棟：《延安時期革命史敘事範式初探》，山東大學碩士學位論文，2005 年等。）

我們東洋人的祖先，也走著西洋人的祖先所走過的路，我們的國情原來沒有什麼不同」。「各國歷史的演進，雖不是千篇一律，但一般歷史的法則，萬不能加以抹煞，開口閉口說『國情不同』，是民族的偏見，並沒有絲毫眞實性」。〔註66〕何的觀點只能說是大體正確，因爲宣揚社會發展中的普適規律，並非是社會史論戰之後形成的認識，恰恰是馬克思主義史學家進入戰局前就已秉持的基本態度，與其說馬克思主義史學家是通過社會史論戰認識了這一「法則」，不如說他們是以這一「法則」爲武器，衝入戰團作思想搏殺，而其敵人，正是「特殊國情論」。1928 年，郭沫若提出，「只要是一個人體，他的發展，無論是紅黃黑白，大抵相同。由人所組織的社會也正是一樣。中國人有一句口頭禪，說是『我們的國情不同』。這種民族的偏見差不多各個民族都有。然而中國不是神，也不是猴子，中國人所組成的社會不應該有甚麼不同。」〔註67〕郭沫若所說的「社會發展之一般」，也就是社會發展的一般規律，即從原始公社制、奴隸制、封建制、資本制，最後到無階級的社會。〔註68〕當然，經過社會史論戰，無疑在更大範圍和更深層次上傳播了「社會發展之一般」，也堅定了馬克思主義者的信心。吳玉章多次申明，人類社會歷史發展的法則是一元的，均有其一般性、共同性。中國社會歷史的發展，也不能在這個共同法則之外，另有一個途徑。〔註69〕艾思奇說的更加堅決，直接把「特殊國情論」斥爲「反動」。他說：「近代中國的一切反動思想，都有著一個特殊的傳統」，就是強調中國的「國情」和「特殊性」，抹煞人類歷史的一般的規律，認爲中國的社會發展只能循著中國自己特殊的規律，中國只能走自己的道路。中國的道路是完全外在於一般人類歷史發展規律之外的。〔註70〕或許正因爲如此，這一批文本長期以來不爲研究者所重視，成爲「社會發展史」話語生成史乃至近代思想史上的「失蹤者」，但從「社會發展史」話語生成的脈絡來看，這一批文本的地位是不可或缺的。關於它們在學理上的意義，本文第五章還將深入分析。

〔註66〕何乾之：《何乾之文集》第 1 卷，北京：北京出版社，1994 年，第 266、336 頁。

〔註67〕郭沫若：《〈中國古代社會研究〉自序》，郭沫若：《中國古代社會研究》，石家莊：河北教育出版社，2001 年，第 6 頁。

〔註68〕郭沫若：《〈中國古代社會研究〉自序》，郭沫若：《中國古代社會研究》，石家莊：河北教育出版社，2001 年，第 13～18 頁。

〔註69〕吳玉章：《吳玉章文集》（下），重慶：重慶出版社，1987 年，第 810 頁。

〔註70〕《艾思奇文集》第 1 卷，北京：人民出版社，1981 年，第 471 頁。

（二）作為學科門類的「社會進化史」開始形成

這一時期，不但出版了多種「社會發展史」，而且「社會發展史」正式進入了學科建制之中。

社會發展史興起於 1920 年代，但作為一門單獨的學科，則是 1930 年代的事。1935 年，平心編輯的《全國總書目》第一次把「社會進化史」作為一級子目，包括的書目如下：「社會進化史，蔡和森，民智；社會進化史，陶孟和等譯，商務；社會進化史，黃菩生，商務；社會進化史，廖劃平，泰東；社會進化史，王子雲，崑崙；社會進化史綱，鄧初民，神州；社會進化史大綱，陸一遠，光明；社會進化史 ABC，劉叔琴，世界；生活進化史 ABC，劉叔琴，世界；世界社會及經濟史大綱，周咸堂譯，華通；社會形式發展史大綱（上下），高春明，神州；古代社會（上下），楊東蓴等譯，崑崙；家庭私有財產及國家之起源，李膺揚譯，崑崙；社會制度發展史，〔日〕高橋清吾著，潘念之譯，大江」。在平心的分類中，「社會進化史」其上級目錄為「社會進化」，平級目錄為「社會進化論」；「社會進化」的上級目錄則為「社會科學」，平級目錄有「唯物史觀＝史的唯物論」。〔註71〕這就清楚的表明，在當時的知識界看來，「社會發展史」已經能夠從「唯物史觀」、「社會進化論」這兩個與它有著千絲萬縷聯繫的領域中獨立出來、自立門戶了。不過，此時「社會進化史」作為一門學科並沒有得到學界的統一認識。比如，1934～1935 年，楊堃在講授「社會進化史」時，把當時中文的「社會進化史」作品分為兩派，一派是唯物史觀派的，包括蔡和森的《社會進化史》、北條一雄的《社會進化論》（施復亮譯）、鄧初民的《社會進化史綱》；一派是站在文化社會學派立場的，包括黃凌霜的《社會進化》（世界書局），陶孟和譯的《社會進化史》等。〔註72〕顯然，楊堃是把「社會進化論」類的作品也納入到「社會進化史」之中的。

「社會進化史」成為一門學科的另一表現是，撰述者之間開始有意識地互相引證、批評。黃菩生的《社會進化史》（1930），引用了陶孟和譯《社會進化史》、蔡和森的《社會進化史》、陸一遠編《社會進化史大綱》、陸一遠譯《社會形式發展史》等。劉炳藜的《社會進化史》（1935）所引證和列出的同類參考書包括：陶孟和譯《社會進化史》、王斐孫譯《社會進化論》、馬哲民

〔註71〕平心編：《全國總書目》，生活書店，1935 年，第 42 頁
〔註72〕楊堃：《社會進化史講義》，1934～1935，未刊，第 7 頁。

編《社會進化史》、施存統譯《經濟科學大綱》、施存統譯《社會意識學大綱》、陸一遠譯《社會進化史大綱》、蔡和森著《社會進化史》、陸一遠編《社會形勢發展史》。

當然，「社會發展史」此後在學科體系中的歸類仍有變化。比如，1941 年新亞圖書館編審部出版的《圖書目錄》中將其列入「社會學」類。〔註 73〕新中國成立後，方才明確將其列入「歷史」類，1982 年出版的《中國圖書資料分類》中提出，「關於總論各種社會形態的社會歷史發展的著作」不列入哲學（B）而列入歷史（K）類。〔註 74〕中國人民大學書報資料中心所編《報刊資料索引》、中國版本圖書館編《全國總書目》、人民日報圖書館編《十九種影印革命期刊索引》、中國人民大學圖書館編《解放區根據地圖書目錄》等也均將「社會發展史」列入「歷史」類。

（三）高校課程中的「社會進化史」

在 1920 年代，只有中共掌控的教育機構開設「社會發展史」，其他高校雖然也開設通史或世界史類課程，但不設「社會發展史」。到了 1930 年代，情況發生了改變。兩廣、北平等地的高校開始開設社會發展史課程。

民國時期的中山大學是比較注重政治教育的高校。特別是 1926 年 7 月改制之後，更帶有「黨校」性質，注重「革命精神」，提倡「黨化教育」。「要問革命的利益，為革命的工作」，「成為中國建設革命事業的中心」。在鄒魯掌校期間，中山大學也曾開設過一些關於馬克思主義的講座，邀請過黃典元講「馬克斯學說」（1924 年 12 月 17 日）、周佛海講「馬克斯學說」（1924 年 12 月 10 日）、謝瀛洲講「批評馬克斯學說」（1924 年 12 月 20 日）等。但從現存史料來看，整個 20 年代，中山大學並未設立社會發展史類課程。1931 年許崇清〔註 75〕出任代理校長，在文學院增設了社會學系，即請粟豁蒙講授「社會進化史」。〔註 76〕

〔註 73〕《圖書目錄》，新亞圖書館編審部，1941 年，第 85～86 頁。

〔註 74〕中國圖書館圖書分類法編輯委員會編：《中國圖書資料分類》，北京：書目文獻出版社，1982 年，第 65 頁。

〔註 75〕許崇清（1888～1969）：廣東廣州人。字志澄，一作芷澄。早年留學日本，加入同盟會，參加辛亥革命。1920 年畢業於日本帝國大學研究院，回國後，歷任廣州市教育局長、省教育廳長、中山大學校長等。新中國成立後，受命接管中山大學，從 1951 年起任校長。

〔註 76〕黃義祥編著：《中山大學史稿》，廣州：中山大學出版社，1999 年，第 180～181 頁。該書把粟豁蒙誤作「粟豁蒙」。粟豁蒙（1901～1968 年）：原名粟豐。廣西臨桂渡頭鄉粟村人，中共五大代表。1916 年考入省立佳林第三中學。1922

1933 年 8 月，又聘請鄧初民講授「社會進化史」。〔註77〕民族學家岑家梧當時正在中山大學讀書，鄧的課對他思想產生了重要影響。〔註78〕鄧初民字昌權，1889 年 10 月出生於湖北石首一個農民家庭。年少時曾因仰慕大禹而取名「希禹」。1912 年進入武漢江漢大學學習期間改名「初民」。〔註79〕早年東渡日本入東京法政大學攻讀法律專業，頗受河上肇之影響。1917 年回國後，曾在山西、湖北等地任教、辦刊。大革命失敗後，以左翼文化人身份輾轉上海、廣州、桂林、武漢、北平、重慶、香港、東北等地從事教學、著述和民主活動。〔註80〕鄧氏的講稿經過修訂於 1940 年以「社會史簡明教程」爲名交由重慶生活書店出版。〔註81〕

年考入國立北京醫科大學，次年加入社會主義青年團，後因領導學潮被開除學籍。1924 年考入滿州醫科大學。1925 年夏在上海全國學生促進會工作。秋，往廣州從事青年運動工作，在廣州加入中國共產黨，擔任中共梧州支部宣傳幹事，並由組織指定加入中國國民黨。1926 年參加北伐，任國民革命軍第七軍政治部主任。1927 年 9 月，赴蘇聯莫斯科東方大學學習。12 月，因「托派」問題被蘇聯政府關押。1929 年 2 月被遣送回國。1930 年，擔任南開大學教授、中山大學教授、政法學院訓育主任。1934 年春，赴日本早稻田大學留學，1936 年回國。抗日戰爭期間，先後任第五路軍總政訓處副處長、第五戰區抗日青年軍團政訓處副處長、三青團廣西支部籌備處書記等。1950 年 12 月，因「托派」問題被捕，1956 年恢復自由。1957 年 4 月，任九三學社中央機關秘書處處長。「文化大革命」期間遣返回籍，1968 年 2 月在桂林病逝。

〔註77〕 黃福慶著：《近代中國高等教育研究：國立中山大學（1924～1937）》，臺北：「中央」研究院近代史研究所，1988 年 6 月，第 202 頁。

〔註78〕 岑家梧：《岑家梧民族研究文集》，北京：民族出版社，1992 年，第 430 頁。

〔註79〕 鄧初民在回憶錄中專門解釋過改名的緣由：「那時江漢大學有一位同學宣傳社會主義，他散發了一些講社會發展史的書給我們看。我因而知道原始社會生產力很低，但是那時人們共同生產，共同分配，沒有人剝削人的階級，我也很希望做一個無階級無剝削的社會的人，因此，又把我的名字改成『初民』。」（鄧初民：《滄桑九十年》，見鄧初民著《政治科學大綱》附錄，北京，中國社會科學出版社，1984 年，第 221 頁。）但當時實際上還沒有「講社會發展史的書」，只有一些宣傳社會主義的讀物涉及到「初民社會」也就是原始共產社會的情況，促使鄧改名的應該就是這類書刊。

〔註80〕 吳伯就著《鄧初民傳略》、鄧初民著《滄桑九十年》，均收入鄧初民著《政治科學大綱》附錄，北京：中國社會科學出版社，1984 年；徐素華編著《中國社會科學家聯盟史》，北京：中國卓越圖書出版公司，1990 年。

〔註81〕 鄧初民：《社會史簡明教程》，重慶生活書店，1940 年，自序。除了「自序」的不同之外，兩書目錄與內容幾乎完全一樣，唯一差別是用詞方面的，比如《社會進化史綱》中稱爲「史先時代」的，在《社會史簡明教程》中稱爲「史前」。

　　在任教中山大學之前，鄧初民就曾於 1928 年 1 月受聘於暨南大學講授「社會進化史」。〔註 82〕在暨南大學，「社會進化史」是社會系一年級必修課，課程目的在於「講明社會構造及其變革的過程，並指明社會進化之原動力與進化各階段之社會形態，使學生明晰社會構成，發展及其進化之原理」。〔註 83〕鄧初民在暨南大學的講課稿，1930 年以「社會進化史綱」爲名出版。差不多同時，在暨南大學高中師範科講授社會進化史的還有劉炳藜，其講義後來也整理出版。〔註 84〕

　　1936 年 4 月，鄧初民還受聘於廣西大學講授「社會進化史」和「中國社會史」。在廣西大學，「社會進化史」是社會學系的必修課和經濟系的選修課。〔註 85〕鄧在廣西大學的講義 1942 年由文化供應社〔註 86〕印行，名爲《中國社會史教程》，與《社會史簡明教程》構成姊妹篇。〔註 87〕1930 年代的廣西省立師範專科學校也開設了「社會進化史」，鄧初民的《社會進化史綱》也成爲學生們熱衷閱讀的書籍。〔註 88〕

　　1930 年代，國立北平大學也開設了類似課程，授課教師是李達、楊堃。李達早年留學日本，是中共一大代表，著名的馬克思主義理論家，翻譯過多種唯物史觀著作。20 年代，曾應毛澤東之邀，到長沙擔任湖南自修大學校長，講授唯物史觀、剩餘價值理論、社會發展史等課程，傳播馬克思主義和培養革命幹部。可惜這份「社會發展史」講稿似乎沒有留存。30 年代，他先後在上海政法大學、暨南大學等校任教。1932 年 2 月，被暨南大學解聘。1933 年 8 月，擔任北平大學法學院教授，講授社會進化史等課程。1935 年，「社會進化史」講義由北平大學法商學院鉛印，但沒有公開出版。筆者在研究過程中，找到了這部講義。講義共分七編，內容非常豐富，詳見本書附錄 A。

〔註 82〕鄧初民：《社會進化史綱》，上海：神州國光社出版，1932 年 9 月再版，自序。

〔註 83〕《國立暨南大學一覽》（1930 年度），《民國史料叢刊·1094》，鄭州：大象出版社，2009 年，第 117 頁。

〔註 84〕劉炳藜：《社會進化史》，上海：中華書局，1935 年，例言（1931）。

〔註 85〕《廣西大學學生便覽》（1937 年度），《民國史料叢刊·1096》，鄭州：大象出版社，2009 年，第 211、237 頁。

〔註 86〕文化供應社，成立於 1939 年 10 月 22 日，由胡愈之設計，在廣西地方愛國人士支持下興辦。編輯部主任先後爲胡愈之、傅彬然，出版部主任宋雲彬。邵荃麟等任編輯。該社配合抗戰宣傳，以編輯出版大眾讀物爲中心。

〔註 87〕鄧初民：《中國社會史教程》，桂林：文化供應社，1942 年印行，自序。

〔註 88〕鍾文典：《20 世紀 30 年代的廣西》，桂林：廣西師範大學出版社，1993 年，第 787～788 頁。

楊堃早年留法學習社會學、民族學，期間曾加入青年團、國民黨，後又分別退出。1931 年後，在國立北平大學法商學院、清華大學社會學系等處任教，主要講授社會進化史、社會學、普通人類學和民族學諸課程。楊堃的講稿也未正式出版。筆者找到的《社會進化史講授提綱》共 124 頁，印製時間是 1934～1935 年，上有批註修改的痕跡，目錄如下：第一編緒論，包括第一章史學與民族學、第二章人類起源與社會演進之階段、第三章初民社會；第二編家族演進史，包括第四章家族研究史批評、第五章初民社會之氏族、第六章母系氏族、第七章父系家族、第八章近代家庭；第三編社會意識演進史，包括第九章初民心理與宗教之起源、第十章宗教、第十一章法術、第十二章語言與文學、第十三章道德與風俗。〔註 89〕

在 1930 年代，還有一些地方也短暫開設過「社會進化史」，比如 1933 年福建事變之後，新政府就要求福建全境停止黨義，加設政治課，其中就包括「社會進化史」。〔註 90〕這也從一個側面說明，「社會發展史」是左派力量所青睞的話語體系。

三、第二次高潮：1940～1950 年

進入 1940 年代，又迎來了一次「社會發展史」宣教高潮，這次高潮發源於延安，並通過高校政治課體系和廣泛的社會宣教而在全社會普及。正是通過這一次宣教高潮，「社會發展史」真正融入當代中國人思想意識深處。

（一）延安的「社會發展史」宣教及其影響

「延安」是 1940 年代史的重要關鍵詞。「延安」也是四十年代前期直至新中國成立初期這一次「社會發展史」宣教高潮的發源地。

1937 年 8 月，陝北公學成立，設普通班（學員隊）和高級研究班（高級隊，主要是培養師資）。普通班的「社會科學概論」（政治常識）課就包括「社會發展史」，主要講授馬列主義關於社會發展規律的基本知識，主講人是二十年代末留學日本、當時延安公認的名教授——李凡夫〔註 91〕。1938 年，延安

〔註 89〕 楊堃：《社會進化史講義》，1934～1935，未刊。

〔註 90〕 王順生、楊大緯：《福建事變》，福州：福建人民出版社，1983 年，第 87 頁。

〔註 91〕 李凡夫（1906～1990 年）：原名鄭錫祥，廣東省中山市濠頭村人。出生於窮苦華僑工人家庭。1926 年至 1929 年在廣州中山大學附中讀書時接受進步思想。1929 年到日本留學，研讀馬列主義書籍。1931 年「九‧一八」事變後，棄學回國，後轉到上海暨南大學繼續學習。1934 年參加中國共產黨，曾任上海社

的中央黨校也開設有「社會發展史」，而且是黨校五門課程之一。主講者成仿吾，「從猿到人的演變講起，講到原始社會、奴隸社會、封建主義社會、資本主義社會到社會主義社會和共產主義社會」。〔註92〕延安的中國女子大學把「社會發展史」作爲基本課程之一。〔註93〕陝甘寧邊區的中學教育中也注重「社會發展史」的教育，將之納入「社會科學」課程之中。比如，邊區第三師範的「社會常識」的講授內容即「社會發展簡史」。〔註94〕另外，「社會發展史」還是在延安接受思想改造的日本戰俘的必修課。〔註95〕1939年夏，陝北公學、魯迅藝術學院、延安工人學校、安吳堡戰時青年訓練班等四校合併爲華北聯合大學，「社會發展史」是其一門主課。〔註96〕

1940年1月3日，中共中央發出《關於幹部學習的指示》，規定以社會發展史爲主要內容的「社會科學常識」爲幹部學習初級課程。〔註97〕在高層的積極推動下，「社會發展史」在中共宣教體系中的地位越來越鞏固，並逐漸從黨內教育的內容演變爲普通大學教學體系中的一門基本課程。在這一變化過程中，以抗大爲代表和模板的軍校系統、各根據地和解放區的「人民革命大學」系統以及各種幹部培訓學校是重要環節，而新中國成立前後對新解放區高校的課程系統改造則是關鍵一步。「人民革命大學」是對根據地和解放區辦的學校的統稱。這些學校「多是以各解放區的幹部學校或黨校爲基礎建立的。這些學校繼承了抗日軍政大學、陝北公學的辦學傳統，吸收大批投身革命的失學青年和各類知識分子，施以時事政策教育、以馬列主義爲基礎的思想政治教育及業務訓練，被稱做『改造思想的搖籃』、『培養優良作風的革命熔爐』，

聯黨委委員、黨團委書記、中共上海臨委書記。「七‧七」事變後，到延安擔任《解放週刊》編輯、紅軍大學、抗日軍政大學、陝北公學等校教員。

〔註92〕 丁一嵐自述記錄稿，轉自成美等著：《丁一嵐傳》，北京：中國國際廣播出版社，2011年，第51頁。

〔註93〕 郁文：《革命女戰士的熔爐——延安中國女子大學》，原載《新華日報》1940年7月20日，收入陝西師範大學教育研究所編輯：《陝甘寧邊區教育資料（高等教育和幹部學校部分）》下冊，北京：教育科學出版社，1981年，第109頁。

〔註94〕 《陝甘寧邊區教育資料‧中等教育部分》（中），第25～32、156～161頁，轉引自張劍平：《中國馬克思主義史學研究》，北京：人民出版社，2009年，第217～219頁。

〔註95〕 魏巍：《火鳳凰》，北京：人民出版社，1997年，第245頁。

〔註96〕 成仿吾：《戰火中的大學：從陝北公學到人民大學的回顧》，北京：人民出版社，1982年，第106、130～131、157頁。

〔註97〕 李維漢：《回憶與研究》，北京：中共黨史出版社，第432頁。

在很短的時間內，就以其獨具特色的辦學方法，向各條戰線輸送了數十萬名幹部和教師。」1948 年 8 月，中原解放區率先創辦了中原大學，中原軍區司令員陳毅親自主持籌備工作，由范文瀾任校長。1948 年冬，山西省在太原籌辦山西公學於 1949 年 5 月開始招生，1950 年 2 月結束。這是較早的兩所革命大學。當時各地舉辦的革命大學類型的學校還有：華北人民革命大學、華東人民革命大學、西北人民革命大學、西南人民革命大學、湖北人民革命大學、湖南人民革命大學、廣西人民革命大學、福建革命大學、江西八一革命大學、蘇南公學、南方大學等。據不完全統計，在 1949 年～1950 年兩年間，全國省或行署以上單位舉辦此類學校 57 所。其中以 1949 年 2 月在北平成立的華北人民革命大學規模最大，影響也最大。〔註 98〕在「人民革命大學」中，普遍開設「社會發展史」課程。以華中地區而言，四十年代的華中局黨校、華中工委黨校、華中行政幹部學院、華中專業幹部學院等都開設有「社會發展史」課程，授課者包括史學家呂振羽、華中建設大學教務長孫叔平、建國公學行署教育處長李實等。〔註 99〕規模和影響最大的華北人民革命大學的「社會發展史」宣教實踐更是成為新中國成立前後「社會發展史」教育的模板。1949 年 8 月 25 日，中宣部發出《關於短期訓練班的指示》，其中提到：華北人民革命大學及其他學校的經驗，各地舉辦的短期政治訓練班，應一律以社會發展史為基本功課，其中又以勞動創造人類、創造世界，階級鬥爭和國家問題為主題，以便改造思想，建立革命的人生觀。除採用中宣部印行的《社會發展史》一書外，把毛澤東的《論人民民主專政》也列為教材。〔註 100〕

　　這一次「社會發展史」宣教高潮形成了一批理論成果，包括華崗的《社會發展史綱》、解放社編選的《社會發展簡史》和《社會發展史略》以及艾思奇的一系列社會發展史著作。其中，解放社的兩本書發行量極大，《社會發展簡史》還經毛澤東圈定納入「幹部必讀」叢書，成為廣大幹部普遍學習的理論書籍。1941 年 12 月 20 日，《中共中央關於延安幹部學校的決定》規定，以《社會發展史》、《聯共（布）黨史簡明教程》以及中共中央發表的重要文件、

〔註98〕何東昌：《中華人民共和國教育史》上卷，海口：海南出版社，2007 年，第131 頁。

〔註99〕林子秋：《華中解放區幹部教育史》，北京：中共黨史出版社，2006 年，第95 頁。

〔註100〕陳桂生：《中國幹部教育（1927～1949）》，上海：華東師範大學出版社，2007 年，第 151 頁。

中央領導同志發表的重要文章爲教材。〔註101〕至新中國成立前夕，雖然「社會發展史」學習運動中廣泛使用的是艾思奇的「社會發展史」，但解放社的版本依然被有些地方用作教材。1949 年 9 月 20 日，中共湖南省委就作出規定，各種短期訓練班「應一律以《社會發展史》（解放社編）作爲基本功課，其中又以勞動創造世界、階級鬥爭和國家問題爲主題，聯繫中國革命、國際形勢和黨的問題，以便改造思想和建立革命的爲人民服務的人生觀」。同時將省、地、縣在職幹部分爲甲、乙、丙三組，均首先學習《社會發展史》。全省中、小學教師暑期也主要學習《社會發展史》。一年多時間，廣大幹部通過自學、聽課、討論、解答問題，逐步樹立了勞動觀點、階級觀點、群眾觀點、唯物觀點。〔註102〕

（二）作為高校政治大課的「社會發展史」：以清華大學為例

前文已經述及，1949 年至 1952 年間，「社會發展史」是一門獨立的高校政治理論課。毋庸置疑，上一節所述的宣教運動對「社會發展史」在民眾中的普及起了很大作用，但是高校思想政治理論課這一體制化的思想教育渠道，卻因與高校這一育人陣地相結合，所起的作用更加持久深遠、更有韌性。本節以清華大學爲例，加以說明。

1949 年 1 月 6 日，時任北平市委書記的彭眞在良鄉對準備進城接管北平市的幹部講話時指出，對於學生，「首先應該給他們講中國往哪裏去，世界往哪裏去，人民往哪裏去，你們往哪裏去，歷史進化的道路，社會發展的階段等問題，引導他們確立正確的人生觀。」〔註103〕這些內容後來貫徹到高等學校「社會發展史」課之中。作爲意識形態領域除舊布新的具體舉措，「社會發展史」既是在課程改革的過程中設立的，又是課程改革的中心內容。以華北高教會成立〔註104〕爲標誌，北平各高校的課程改革可以分爲兩個階段。高教

〔註101〕《中共中央關於延安幹部學校的決定》，《解放日報》1941 年 12 月 20 日。

〔註102〕湖南省地方志編纂委員會編：《湖南省志·共產黨志》，五洲傳播出版社，1998 年，第 590～591 頁。

〔註103〕彭眞：《掌握黨的基本政策，做好入城後的工作》，陳大白主編：《北京高等教育文獻資料選編（1949～1976）》，北京：首都師範大學出版社，2002 年，第 3 頁。

〔註104〕華北高教會，前身是北平文管會，成立於 1949 年 5 月 20 日，10 月 29 日結束工作。參見當代中國研究所編：《中華人民共和國史編年·1949 年卷》，當代中國出版社，2004 年；中共中央組織部、中共黨史研究室、中央檔案館編：《中國共產黨組織史資料》第四卷《全國解放戰爭時期》（上），北京：中共黨史出版社，2000 年。

會成立前，課程改革處於政策構想、討論與醞釀階段，並逐步開設了一些講座性質的政治課程。高教會成立後，大學課程改革進程明顯加快，政治理論課的開設也更加有組織、有計劃。〔註105〕

1949 年 3 月 10 日，中共北平市委提出消除課程中「直接反共反人民的內容，並抓緊在思想上領導」的課改構想，並就此向華北局、中共中央請示。〔註106〕次日下午，北平軍管會文管會在北京飯店召開「大學教育座談會」，研討北平各國立大學課程改革和院系調整問題，與會者對開設政治課進行了充分討論。洪深提出，過去的法統觀念必須徹底打破；張西曼提出，各校黨義神學的課程一定要取消。陳其瑗認爲學自然科學的一定也要學政治。周建人則提出學生應當學習馬列主義和毛澤東思想。〔註107〕17 日，中央對北平市委的請示表示同意，並指出「抓緊思想上領導」「應具體化爲組織一批黨員和進步人士，有限地規定題目，好好準備在原定大學進行學術講演，其內容主要是唯物史觀、新民主主義，由各校校務委員會或學生會聘請他們去講演，此種講演在各大學都要進行，不僅文學院。」〔註108〕這一指示很快得到落實，北平部分大學增設了政治課程，部分中學增設了政治教員。燕京大學請了翦伯贊、沈志遠、翁獨健等講授政治課，效果很好，每堂聽課的學生都在百人以上。〔註109〕

4 月 29 日，中共中央同意成立華北高等教育委員會，規定華北高等教育委員會將「負責管理平、津和華北各大學院校及研究機關，並爲將來全國高等教育委員會建立基礎」。〔註110〕5 月 4 日，華北高等教育委員會成立。〔註111〕此

〔註105〕《北平市軍事管制委員會文化接管委員會關於接管清華、北大，維持燕大的專題報告》（1949 年 4 月 1 日），陳大白主編：《北京高等教育文獻資料選編1949～1976》，北京：首都師範大學出版社，2002 年，第 13 頁。
〔註106〕《中共北平市委關於大學的處理方案向中央並華北局、總前委的請示》，陳大白主編：《北京高等教育文獻資料選編 1949～1976》，北京：首都師範大學出版社，2002 年，第 7～8 頁。
〔註107〕《馬敘倫范文瀾等四十人，座談改革大學教育，主張裁併院系改造課程》，《人民日報》1949 年 3 月 16 日。
〔註108〕《中共北平市委關於大學的處理方案向中央並華北局、總前委的請示》，陳大白主編：《北京高等教育文獻資料選編 1949～1976》，北京：首都師範大學出版社，2002 年，第 7～8 頁。
〔註109〕《平學校增設政治課，學生學習興趣極高》，《人民日報》1949 年 3 月 31 日。
〔註110〕中央文獻研究室編，《周恩來年譜》，北京：中央文獻出版社，1998 年，第 824頁。

後，課程改革及設立政治理論課的設想一步步變為現實。6 月～8 月，華北高教會組織召開了一系列會議討論課程改革問題。7 月 5 日，華北高教會召開全體委員臨時會議，規定了各院系共同必修科目，由各校準備實行。〔註 112〕課目共五門：辨證唯物論、社會發展史、政治經濟學、中國革命史、新民主主義論。〔註 113〕8 月 10 日下午，華北高教會第三次常委會對此作了調整，公共必修課課程合併為兩門，即「辨證唯物論與歷史唯物論」（包括社會發展簡史）、「新民主主義論」（包括中國近代革命運動簡史）。政治經濟學則為文法學院必修。〔註 114〕16 日，華北高教會召開平津各大學、專科學校、研究機關、文物機關負責人聯席會議，決定第一學期修「辨證唯物論與歷史唯物論」，第二學期修「新民主主義論」。〔註 115〕這兩門課程列為大一共同必修課程，凡沒有修過該課程的其他年級的學生在畢業前必須補修。〔註 116〕10 月 8 日，這一規定以《華北專科以上學校一九四九年度公共必修課過渡時期實施暫行辦法》的形式頒佈。〔註 117〕

　　清華大學素有「國統區中的解放區」之稱，但解放前左派思想也只能「地下」傳播。1948 年的《院系漫談》在介紹清華大學哲學系的課程時就說，「遺憾的是這裡沒有新唯物論的 Course」。〔註 118〕自從解放軍到了西郊以後，局勢為之頓變，課程改革成為人們關心和謀劃的最重要問題之一，而其中最大的工作又是全校共同必修的政治課。〔註 119〕1949 年 3 月 3 日，新學期開學，

〔註 111〕 中共中央組織部、中共黨史研究室、中央檔案館編：《中國共產黨組織史資料》（第四卷　全國解放戰爭時期上），北京：中共黨史出版社，2000 年，第 212 頁。

〔註 112〕 《華北高等教育委員會，開全體委員臨時會，批准山西大學成立校委會》，《人民日報》1949 年 7 月 6 日

〔註 113〕 齊家瑩編撰，孫敦恒審校：《清華人文學科年譜》，北京：清華大學出版社，1999 年，第 373 頁。

〔註 114〕 《華北高教會常委會第三次會議討論改革大學課程，訂定辨證唯物論與歷史唯物論、新民主主義論為各大學必修課》，《人民日報》1949 年 8 月 12 日。

〔註 115〕 《改革文法學院課程，高教會昨開各院校聯席會，決定必修馬列主義理論》，《人民日報》1949 年 8 月 17 日。

〔註 116〕 《大課的第一階段》，《清華學習》第一卷第二期，第 5 頁。

〔註 117〕 《華北專科以上學校一九四九度公共必修課過渡時期實施暫行辦法》，教育部社科司組編：《普通高等學校思想政治理論課文獻選編（1949～1976）》，北京：中國人民大學出版社，2008 年，第 2 頁。

〔註 118〕 《院系漫談》，清華大學校史研究室，《清華大學史料選編》（四），北京：清華大學出版社，1994 年，第 191 頁。

〔註 119〕 《清華大學校務委員會工作總結初稿》（1949 年 5 月 7 日～1949 年 10 月 31 日），《清華大學史料選編》（五）上，北京：清華大學出版社，2005 年，第 7 頁。

取消了國民黨黨義等課程，添設了不少新課，包括辨證唯物論、社會主義名
著選讀、歷史哲學、毛澤東思想等明顯配合新政權要求的課程。而且，主持
校務的馮友蘭宣佈，學校正在籌備下學年的課程計劃，在暑假後，將有顯著
的變革。〔註120〕清華的教師費孝通、吳晗、張岱年等積極參與華北高教委課
程改革和設立政治理論課籌備工作，並及時傳達有關精神。7月5日華北高教
會剛開了全體委員臨時會議，第二天清華便傳達了會議精神。〔註121〕8月30
日，清華大學校務委員會按照華北高教會要求，召開有學生代表參加的文法
學院教員座談會，發動本校教員擔任大課教學工作，會上推定十位教員加上
學生代表組成「共同必修課委員會」，費孝通任召集人。〔註122〕9月23日，
又擴大成為「辨證唯物論與歷史唯物論教學委員會」（簡稱大課委員會），同
時成立政治經濟學教學委員會。〔註123〕半個月後，在大課委員會緊鑼密鼓的
籌備下，「我們大課開始了」（費孝通語）。

　　新中國成立初年，大學政治理論課實行雙重領導，既接受各學校的領導，
又接受華北高教會的直接領導。高教會的領導主要體現在兩個方面：其一，
組織與人事。為領導大課教學，高教會成立了各課目教學委員會，高校的教
學委員會在組織上是其分會。其二，教學過程。高教會隨時召開會議，聽取
各校教學彙報、擬定教學提綱、規範教學程序、劃定教學重點、開列參考書、
組織學術講座、交流教學經驗、糾正教學偏向、解答疑難問題等。清華大學
辨證唯物論與歷史唯物論教學委員會（簡稱大課委員會）接受清華校務委員
會與高教會教學委員會雙重領導。它是清華大學常設委員會之一，又是高教
會辨證唯物論與歷史唯物論教學委員會在清華大學的分會。大課委員會召集
人費孝通、講員張岱年等還是高教會教學委員會成員。〔註124〕大課委員會設

〔註120〕馮友蘭：《解放期中之清華》，清華大學校史研究室，《清華大學史料選編》
　　　　（四），北京：清華大學出版社，1994年，第87～89頁。又，另，據榮晶星
　　　　在《緬懷金岳霖先生》所述，建國之初，清華大學哲學系進行課程改革，馮
　　　　友蘭即開設了「毛澤東思想研究」課，鄧以蟄開設了「唯物辨證法」課程。
　　　　劉培育主編，《金岳霖的回憶與回憶金岳霖》，成都：四川教育出版社，1995
　　　　年，第271頁。
〔註121〕齊家瑩編撰、孫敦恒審校：《清華人文學科年譜》，北京：清華大學出版社，
　　　　1999年，第373頁。
〔註122〕《大課的第一階段》，《清華學習》第一卷第二期，第5頁。
〔註123〕方惠堅主編：《清華大學志》，北京：清華大學出版社，2001年，第133頁。
〔註124〕《華北高教委會召集平津各大學教授研究辨證歷史唯物論教學方法，教材內
　　　　容及教學方法都有具體決定，選出艾思奇等組成委員會領導教學》，《人民日

常委會，統轄大課講員、班教員、秘書組。大課委員會還與教職聯、學生會共同編輯《學習報》。〔註125〕另外，根據「師生互助，教學相長」的大課教學原則，清華大學學生會也積極參與到大課教學與組織之中，發揮了重要作用。〔註126〕

清華大學大課是從「社會發展史」開始的。大課委員會根據高教會擬定的《歷史唯物主義與社會發展史教學綱目》〔註127〕，將其中的第一、二節內容（1、從猿到人——勞動創造人，勞動創造世界；2、五種生產方式）合併為「第二學習單位」。〔註128〕按照大課委員會的設想，這一學習單位除了簡單地敘述人類發展經過外，要「特別提示這些事實所包含的意義，發揮四個基本觀點：勞動觀點、群眾觀點、階級觀點和社會發展的規律觀點」，並指出，這次演講主要是答覆：勞動為什麼是人類社會發展的創造力？體力勞動和腦力勞動是怎樣分化和結合的？個人與人民群眾在歷史上的作用是怎樣的？社會是怎樣變化的？生產力發展怎樣發生了不同的生產方式？五種生產方式發展的次序是怎樣的？階級怎樣發生和消滅？怎樣從階級分析中去認識具體問題？為什麼新民主主義時代是無產階級領導而不是非無產階級專政？而且，特別要求大家在自學和討論中要結合中國知識分子的性質、任務和需要改造的原因。〔註129〕對於「從猿到人」中的意識形態寓意，官方媒體也不諱言：「必須瞭解從猿到人一般的進化過程」，就是因為「只有瞭解到這一個問題才能確立『勞動創造人類』、『勞動創造世界』的觀點。至於『從猿到人』進化的具體過程中的若干問題，有些屬於生物學的知識，我們有些問題還無法弄懂，那些問題就可以暫時不去解決（當然能夠解決更好），因為那對學習『社會發

報》1949 年 9 月 12 日。

〔註125〕《辨證唯物論與歷史唯物論教學委員會（簡稱大課委員會）組織系統表》，《清華學習》第一卷第一期，第 2 頁。

〔註126〕1949 年 11 月 15 日清華大學學生會第二次首席代表會議通過的《清華大學學生會半年工作計劃》中列明：「參加大課委員會，反映同學的情況，幫助計劃政治課。學生會的各項課外活動應盡可能的聯繫政治學習的內容。並舉辦學習報、學習園地、演講等來結合政治課學習。」並要求「在政治學習方面負責地協助班教員開展工作，保證同學充分的自學，搞好班會和小組的討論，開展團結友愛實事求是的批評與自我批評。」《清華大學史料選編》（五）下，第 966 頁。

〔註127〕《清華學習》第一卷第二期，第 7 頁。

〔註128〕《清華學習》第一卷第二期，第 7 頁第一學習單位是「辨證唯物論與歷史唯物論引論」，主要是解決為什麼要學習這門課的問題。

〔註129〕《第二學習單位的重點》，《清華學習》第一卷第二期，第 8 頁。

展史』並無大妨礙。」〔註130〕學習社會發展簡史，主要不是爲了「求知識」，而是「要明確社會發展的規律，明確勞動群眾在歷史上的作用，明確階級鬥爭的社會法則，然後，深入的發掘過去自己思想中輕視勞動，輕視群眾，階級觀點模糊的許多事實，勇敢的暴露它們，用理論批判它們，清洗它們，從而建立正確的爲勞動人民服務的人生觀，在實際的生活與工作中，站在無產階級人民大眾的立場，這樣我們的理論才能成爲一種武器，我們的知識才能成爲一種力量，成爲眞正的活的知識。」否則，學到的知識反而會變成僅僅供自己欣賞的「包袱」。對於實際生活起不了什麼作用。〔註131〕這兩部分內容的大課演講者是費孝通，他分別在 1949 年 10 月 31 日和 11 月 16 日以「從猿到人」和「五種生產方式」作了兩次大課演講。〔註132〕遺憾的是，費孝通的演講稿或學生記錄稿都沒有完整保存下來，我們無法詳考費孝通如何在演講中「發揮」四個基本觀點以及答覆上述問題。〔註133〕但大課委員會爲學生提供的學習資料以及同學們課後討論的情況表明，這一設想在教學中基本得到了貫徹，其中又以勞動觀點與階級觀點發揮最爲充分。「勞動觀點」的基本內容是勞動創造人、勞動創造世界，是知識分子與工農群眾相結合政策的最深層的理論基石。大課既然以改造知識分子思想爲目的，把勞動觀點作爲重要內容也就是順理成章的。爲了加深對這一觀點的認識，除了費孝通的演講外，清華大學還組織了「從猿到人」的展覽。〔註134〕舒喜樂指出，50 年代早期「從猿到人」的故事是各種研究小組和政治演講的第一課，又是 1950 和 1951 年許多展覽、幻燈片、雜誌文章以及不同閱讀水平的圖書的主題。這個故事強調了「勞動創造人」的觀點，蘊含著豐富的馬克思主義意識

〔註130〕艾汀：《「捉牛先抓角」學習雜談》，《人民日報》1949 年 7 月 27 日。

〔註131〕田敏：《關於「求知識」》，《人民日報》1949 年 9 月 26 日。

〔註132〕《清華學習》第一卷第二期，第 7 頁；《清華學習》第一卷第三期，第 10 頁。

〔註133〕可以參考的只有華北高教會爲這一節內容擬定的「教學綱目」和參考書。「教學綱目」指出，「從猿到人」這一講應包括四個問題：1、動物的勞動與人類的勞動的分別；2、勞動怎樣產生了人與勞動怎樣改變了世界；3、爲什麼社會發展史首先是勞動者、生產者的歷史；4、生產力與生產關係的對立性與統一性。（《清華學習》第一卷第二期，第 7 頁）

〔註134〕該展覽不但供本校之用，而且曾在華北革命大學展覽，並數度與政府機關合作，在平津等地分別展覽，頗受好評。《清華大學校務委員會工作總結初稿》，《清華大學史料選編》（五）上，北京：清華大學出版社，2005 年，第 9 頁；又可參見，《本校各系與政府機關團體合作情形》，《清華大學史料選編》（五）上，北京：清華大學出版社，2005 年，第 656 頁。

形態因素。〔註135〕舒氏的觀點對於理解「從猿到人」這一講的政治寓意很有啓發。前文提到，在大課委員會看來，人類進化的歷程與史實僅僅因其承載了馬列主義關於勞動的觀點而有教育意義。也就是說，「從猿到人」的歷史只是載體，而其「所載」則是蘊藏在這段歷史中的勞動觀點以及這一觀點對於知識分子改造的現實意義。同學們自學與討論的情況也說明了這一點，電三第四大組小組的同學們圍繞「勞心者偉大還是勞力者偉大」這個中心問題展開了辯論，並對「先有思想還是先有勞動」、「在勞動中腦子比手是否更重要？」、「工程師偉大還是工人偉大」、「勞心者爲什麼要爲勞力者服務？」、「教職員入工會是否受了委屈？」、「爲什麼要爲勞動人民服務」等具體問題進行了探討，暴露出了一些同學存在「看不起工人」、「總覺得無論無何比工人高一等」等思想，這些錯誤思想最後在辯論中被正確思想擊敗，失去了市場。〔註136〕

階級觀點是「社會發展史」內蘊的基本觀點，也是舊中國知識分子普遍缺乏的觀點。在大課中，階級觀點的基本內容得到廣泛宣傳。大課委員會把「階級觀點」歸納爲：一切過去的歷史都是階級鬥爭史。從原始共產主義社會到共產主義社會的歷史，正是從產生階級到消滅階級的一整段過程。人類社會發展一共可以分成五種生產方式。在生產方式的發展中發生了剝削制度，形成了階級，社會的生產力和生產關係的矛盾表現爲階級鬥爭。階級鬥爭是這一段過程中歷史的動力。在確立階級觀點中，必須批判非階級的觀點，那就是改良主義。改良主義抹煞社會的矛盾和階級鬥爭，因之反對革命。同時，也必須批判非歷史主義觀，機械地用教條來看歷史，而不去具體分析當時當地的歷史條件，用現代的評價標準去評斷另一時代或另一歷史條件下的制度現象之是或非。無視歷史條件而企圖實現一種超越歷史的理想。〔註137〕爲幫助大家更好地掌握階級觀點，《清華學習》上還刊載了一篇題爲《馬克思主義階級論》的文章。該文分八個專題輯錄了列寧、斯大林、毛澤東等人關於階級問題的論述。值得注意的是，在八個專題中，「何謂階級」等五個專題屬於馬列主義階級理論的基礎知識，其他三個則都與知識分子有關。〔註138〕

〔註135〕 舒喜樂：《「第一節課」——1950年代初期中國人類進化的教學》，《中國當代史研究》第一輯，北京：九州出版社，2009年。
〔註136〕 《一個小組會的經驗》，《清華學習》第一卷第四期，第15頁。
〔註137〕 《建立階級觀點》，《清華學習》第一卷第四期，第13頁。
〔註138〕 這三個專題分別是：「智識界是否一個階級」、「智識分子有何缺點」、「不勞動者不得食」。

這三個專題輯錄的領導人言論表達的基本思想是：第一、知識界不是一個階級，而是由社會裏各階級出身的份子組成的階層。而且在過去，多半由貴族和資產階級出身的份子組成，一部分由農民出身的份子，工人階級出身的份子則極少極少。第二、知識分子有很大的缺點。知識分子雖然能提供很好的意見，但在實行時卻笨手笨腳，無力得可笑，無力得可恥，無力得荒謬絕倫。有學識的特性之一是疏懶、粗忽、大意、草率、舉動急躁，愛用討論來代替做事，用空話來代替工作，無事不幹而一事無成。第三、知識分子的革命性比較差，需要在群眾鬥爭中加以改造。知識分子在革命緊急關頭往往會脫離革命隊伍，往往有一種主觀的個人主義的自大性，只有在長期的群眾鬥爭中才能洗刷乾淨。〔註139〕和勞動觀點教育是為了傳達知識分子必須與勞動者相結合才有出路的道理一樣，階級觀點教育也有其政治寓意，這就是要求知識分子運用階級分析的方法剖析自己的「劣根性」，批判舊中國知識分子崇尚的「超階級」、「超政治」的觀點。〔註140〕據說這種觀點客觀上幫助了人民的敵人。〔註141〕這一點，在同學們的小組討論和思想反省中體現的淋漓盡致。很多同學按照階級分析的方法，深刻分析了自己的家庭出身，挖出了自己錯誤思想的「階級根源」，並在進行深刻思想鬥爭的基礎上，與自己原本歸屬的地主、資產階級或小資產階級決裂。〔註142〕在不斷深入的思想反省中，大家都學會了透過「階級」的眼鏡去觀察世界，於是，很多原本被認為沒有階級性的事物也被塗上了「階級」的油彩。知識分子們以為標榜的「個性」受到貶低，「談到個性，我們認為是有的，但它也是受到……階級的影響，甚至可說由階級來決定。」〔註143〕原本大家認為「超階級」的「母愛」也被放到「階級」的放大鏡下檢視一番，結果發現「母愛是有階級性的。……無產階級的母愛是把整個階級利益和親子之愛統一起來的。」包括看似與階級無涉的自然科學，「不但在應用上有階級性的不同（美國的原子能只用在製造原子彈，而蘇聯卻將原子能用在工業建設上來改善人民的生活。）就是在研究的觀點和方法上也有階級性的差別。像孟德爾的遺傳學說就代表著資產階級唯心的研究觀點，而無產階級的學者李森科改良農作物品種的研究方法，則是唯物

〔註139〕《馬列主義階級論》，《清華學習》第一卷第二期，第14頁。
〔註140〕於鳳政：《改造》，鄭州：河南人民出版社，2001年，第36頁。
〔註141〕《端正學習方法，爭取更大收穫》，《清華學習》第二卷第一期，第4頁。
〔註142〕土二，《聯繫自己的思想》，《清華學習》第一卷第六期，第24頁。
〔註143〕《三個問題》，《清華學習》第一卷第六期，第23頁。

的是辨證的。」〔註 144〕甚至女同學好哭的習性，也被認爲帶有階級的色彩。〔註 145〕總之，學習了社會發展史和階級鬥爭之後，每個人都有比較進步的認識和分析能力，都明白了「在有階級的社會裏一切思想行爲都表現著階級性。」〔註 146〕

　　一年多後，高校政治理論課進行了大幅調整。1951 年 7 月，教育部下文要求政治課以「社會發展史」及「新民主主義論」爲下學年上下兩學期的課程，講授「社會發展史」時可酌加「辨證唯物主義」，其教材主要爲斯大林著「辨證唯物主義與歷史唯物主義」和毛主席著「實踐論」。政治課由專人擔任，強化專業化思想，並要求採用「習明納爾」教學法。〔註 147〕9 月 10 日，又從組織和人事上對政治課教學採取措施進行改進，要求將現有的「政治教學委員會（或大課委員會）」改爲各該課目的教學研究指導組，作爲基本教學組織，並規定由教育長對三門課目教學研究指導組的工作進行計劃、組織、督促檢查，又提出從各校抽調「辨證唯物論與歷史唯物論」教師集中研究半年，以培養專業師資。〔註 148〕1952 年 9 月 1 日，中共中央指出，提高馬列主義政治理論課教學水平是學校思想建設的中心環節，而過去這些課程「教學水平不高」，至於「教學水平不高」的原因，則是「普遍缺少足夠稱職的政治理論師資」。教育部統一籌劃在成立不久的中國人民大學舉辦馬克思列寧主義研究班，爲全國各高等學校培養一部分政治理論師資。第一期招收研究生 300 人，當年秋季開學。〔註 149〕10 月底，教育部發出指示，要求各高校準備設立政治

〔註 144〕《我們的學習測驗》，《清華學習》第一卷第六期，第 22 頁

〔註 145〕《三個問題》，《清華學習》第一卷第六期，第 22～23 頁。

〔註 146〕《我們的學習測驗》，《清華學習》第一卷第六期，第 23 頁。

〔註 147〕《對各大行政區分別召開署期高等學校政治課討論會的指示》，高教部辦公廳編：《高等教育文獻法令彙編（1949～1952）》，1958 年，第 81～82 頁。所謂「習明納爾」就是在教員直接領導下有計劃地、有重點地、有準備地進行關於課程內容的討論與研究的一種教學方法，主要應用於理論課程方面，在主講教員在課堂上講完一個單元之後進行。（《中國人民大學的習明納爾》，《人民教育》，1951 年第 5 期。）

〔註 148〕《關於華北區各高等學校 1951 年度上學期進行「辨證唯物論與歷史唯物論」等課教學工作的指示》，高教部辦公廳編：《高等教育文獻法令彙編（1949～1952）》，1958 年，第 83 頁。

〔註 149〕《中共中央關於培養高等、中等學校馬克思列寧主義理論師資的指示》（1952 年 9 月 1 日），陳大白主編：《北京高等教育文獻資料選編 1949～1976》，北京：首都師範大學出版社，2002 年，第 109 頁。

輔導處，協助教育處指導馬克思列寧主義理論課程教學，其負責人應由「政治理論水平較高、鬥爭經驗較豐富的幹部」擔任，還要求從政治輔導員中應選擇若干兼任政治理論課助教，以便逐漸培養成爲政治課教員。〔註150〕一如設立政治課的指示很快在清華落實一樣，清華大學的政治理論課也進行了調整。1952 年 4 月 2 日，清華大學大課委員會撤銷，成立新民主主義論教研組，負責「新民主主義論」的教學工作。〔註151〕同年春，全校開展系統的新民主主義論學習，後逐漸形成數個政治理論課教研組。張岱年等大課教員則被抽調到新成立不久的人民大學參加師資培訓，學習蘇式政治教育模式。〔註152〕

1952 年，清華大學只開設了一門政治課「新民主主義論」。1953 年開設三門，一年級學習「中國現代革命史」，二年級學習「馬列主義基礎」，三年級學習「政治經濟學」。〔註153〕1956 年春，增設哲學教研組，由校長蔣南翔親自主持。1957 年，政治理論課暫停，開展全校思想大辯論。1960 年，又恢復政治理論課，設立三個教研室，中國革命史教研室由劉冰主持，哲學教研室先後由蔣南翔、艾知生主持，政治經濟學教研室則由董新保主持，直至 1966 年文革爆發。

（三）艾思奇與「社會發展史」的廣泛普及

1949 年，黨的七屆二中全會決定，在全國解放區普遍組織幹部學習社會發展史。1950 年，在七屆三中全會上，毛澤東又一次指出要在知識分子中開展社會發展史教育，宣傳「從猿到人」〔註154〕。在毛及中共高層的直接推動下，新中國成立前後，掀起了一次大規模的「社會發展史」宣教高潮。艾思奇是這場宣教高潮中的靈魂人物。對於很多人而言，艾思奇的名字與兩個名

〔註150〕《教育部關於在高等學校有重點的試行政治工作制度的指示》（1952 年 10 月 28 日），陳大白主編，《北京高等教育文獻資料選編 1949～1976》，北京：首都師範大學出版社，2002 年，第 111 頁

〔註151〕《秘書處通知各教學行政部門大課委員會撤銷》，《清華大學史料選編》（五）上，第 278 頁。

〔註152〕張岱年：《八十自述》，《張岱年全集》第八卷，石家莊：河北人民出版社，1996 年，第 603 頁。

〔註153〕蔣南翔：《清華大學院系調整以來做了些什麼工作》、《清華大學怎樣執行「培養學生全面發展」的教育方式》，《蔣南翔文集》上，北京：清華大學出版社，1998 年，第 522 頁。

〔註154〕毛澤東：《不要四面出擊》，《毛澤東選集》第五卷，北京：人民出版社，1977 年，第 23 頁。

詞聯繫在一起，一個是「大眾哲學」，另一個就是「社會發展史」。《大眾哲學》從 1934 年在刊物上發表到解放前共印行 32 版，影響之大，世所公認。〔註 155〕新中國成立前後，艾思奇響應黨中央號召，認真承擔社會發展史宣教的任務，同樣成就斐然，其意義並不亞於《大眾哲學》。但學界對此研究尚嫌不足。

當七屆二中全會提出社會發展史教育這一任務時，黨內系統研究過社會發展史的學者並不多，艾思奇是首屈一指的專家，1947 年底他就給中共中央馬列學院的學員講授過社會發展史，於是他自覺擔當了這一任務。1949～1950 年期間，艾思奇在許多場合講授社會發展史，並在此基礎上完成了數種「社會發展史」作品。其中，影響最廣的當屬 1950 年利用廣播電臺開展的「空中授課」。1950 年，中央人民廣播電臺辦了一個社會科學講座節目，第一個講座即「社會發展史」。當時主管廣播業務的胡喬木支持這一想法，並主張第一講由艾思奇主講。〔註 156〕於是，與艾同在馬列學院工作的溫濟澤向艾思奇發出邀請，艾思奇欣然接受任務，雖然此時他已經出版過社會發展史著作，也在幹部學校、高校多次講授過這門課程，但他仍非常認真地編寫講稿，「每寫完一講，常把稿子念給幾個同志聽，一直修改到念得順口，聽得順耳，明白易懂才定稿。」〔註 157〕由於借助了廣播這一現代傳播手段，艾思奇講課的受眾面獲得了極大擴展，且效果很好。1950 年 4 月 10 日開始，艾思奇每次都自己到電臺播講，起初是每星期三次，後來改為每星期一次，同時解答聽眾的問題，一共講了二十三次，到六月底講完一遍。應聽眾的要求，從 7 月 3 日起，又講了一遍，仍是每星期一次，到 11 月底講完。這個講座由中宣部通知各地黨委宣傳部組織幹部收聽。〔註 158〕從 4 月初到 10 月 11 日止，各地機關、團體、學校等組織收聽並和中央人民廣播電臺直接聯繫的有 529 個單位，分佈在 23 個省、內蒙古自治區、京津和各大行政區直轄市。其中有些是以一縣或

〔註 155〕韓樹英：《艾思奇與第一本中國化馬克思主義哲學教科書——艾思奇與馬克思主義哲學的中國化、大眾化、現實化》，收入李今山主編：《緬懷與探索：紀念艾思奇文選（1981～2008）》，北京：中共中央黨校出版社，2010 年，第 15 頁。

〔註 156〕梅益：《「要學會走自己的路」》，楊尚昆等著：《我所知道的胡喬木》，北京：當代中國出版社，1997 年，第 185 頁。

〔註 157〕溫濟澤：《和艾思奇同志相處的日子》，溫濟澤、李言、金紫光、瞿定一編：《延安中央研究院回憶錄》，長沙：湖南人民出版社，1984 年，第 203 頁。

〔註 158〕中央人民廣播電臺關於《歷史唯物論——社會發展史》講座序，艾思奇：《艾思奇全書》第四卷，北京：人民出版社，第 431～432 頁。

一市爲單位，包括很多機關團體。收聽的人數，據其中 373 個單位的統計，已有 9 萬 3 千多人。個別收聽者和中央人民廣播電臺聯繫的還有很多。三十多個地方人民廣播電臺轉播這個講座，還有好幾個地方人民廣播電臺用方言播送這個講座的講稿，收聽的人也是很多。僅上海人民廣播電臺就有聽眾十萬人左右。〔註 159〕這次講座可以說是建立了一所「空中大學」，「許多聽眾在收聽學習之後，認清了人類社會發展的必然前途，樹立了對共產主義的堅強信念，收到的效果不亞於《大眾哲學》。」〔註 160〕

除了廣播電臺「空中授課」之外，艾思奇還曾多次到北京大學、駐華北部隊、北京天津等地黨政機關等實地授課，同樣收到很好的教學效果。在解放初期，原屬國統區的高校中的教師和學生對馬列主義談不上有多少瞭解。1949 年，艾思奇被聘爲北大教授，爲全校學生講授共同必修課「社會發展史」，由於學生人數眾多，各學院院址分散，採取的授課方法是由幾十位青年教員組成輔導班，艾思奇先向輔導班教員講授主要內容，然後由各輔導教師回到各系結合各系實際情況，分別編寫教材向學生教授。隔週講課，隔周討論，艾思奇除了講課之外，還負責解答學生提出的問題。在清華大學講授社會發展史時，也採用了這個方法。任繼愈後來回憶說：當時擔任輔導教師，受到艾思奇的親自指導，受益匪淺。〔註 161〕1950 年 4 月到 10 月，北京市委宣傳部邀請艾思奇爲在職幹部開展理論學習講座，講授「社會發展史」，學員反映，艾思奇的講授既通俗又有系統性，「好像一把鑰匙，開動了大家的腦筋」。〔註 162〕艾思奇不但親自講授社會發展史，還在馬列學院第一期學員中培養「社會發展史」教員，幫助他們備課、解答疑難問題，由組織上分配到各單位去講課。據統計，從 1949 年 5 月間開始，到 1951 年 8 月第一期學員畢業時，學員講課單位 100 多個，共講 1200 次以上，聽課的人有國家和部隊的幹部、知識分子、工人等。〔註 163〕

〔註 159〕同上。
〔註 160〕溫濟澤：《和艾思奇同志相處的日子》，溫濟澤、李言、金紫光、翟定一編：《延安中央研究院回憶錄》，長沙：湖南人民出版社，1984 年，第 203 頁。
〔註 161〕任繼愈：《艾思奇在舊大學普及新哲學的功績》，收入李今山主編：《緬懷與探索：紀念艾思奇文選（1981～2008）》，北京：中共中央黨校出版社，2010 年，第 298 頁。
〔註 162〕《兩年來北京市的在職幹部理論學習》，《人民日報》1951 年 5 月 24 日。
〔註 163〕龔士其主編：《楊獻珍傳》，北京：中共黨史出版社，1996 年，第 156～157 頁。

　　講課之外，學術爭鳴也是艾思奇開展「社會發展史」宣教的重要內容。1949 年 7 月 27 日，艾思奇在《人民日報》上發表《評關於社會發展問題的若干非歷史觀點》一文，批評署名「藍莎」的作者在《勞動創造了人》（刊登於《北平解放報》1949 年 7 月 13 日）一文的非歷史唯物主義觀點。艾思奇的文章發表後，接到《北平解放報》轉來的署名「葉逸民」（的文章《關於藍莎艾思奇對社會發展問題討論的幾點意見》，爲此他又寫了《再評關於社會發展問題的若干非歷史觀點》（發表於《學習》1949 年 10 月）的文章作爲回應，對錯誤觀點作了進一步的批評。同時，對證據確鑿的科學研究新成果，艾思奇則及時加以吸收，作爲豐富和發展馬克思主義的養料。在北大講課時，他推薦大家閱讀恩格斯的《勞動在從猿到人轉變過程中的作用》。在課程討論過程中，地質系某位教授提出意見說，恩格斯講人類是從「類人猿」演化來的，這是以當時的科學水平爲依據的。現代科學研究成果表明，人類是從古猿演化來的。類人猿不會演化成人。當時有人認爲這一說法違背了經典著作，是錯誤的。但艾思奇則提出要用發展的眼光、實事求是地看待馬克思主義，欣然接受了這一觀點，並吸收到以後的講課之中。〔註 164〕

　　艾思奇在研究、講授社會發展史的基礎上完成了多種社會發展史文本。這些作品也是這次宣教高潮的成果，主要包括三種。（1）《社會發展史講授提綱》及「訂正本」。該書版次極多，僅 1949 年 6 月華北大學版，印數就有 17000 冊。當年 8 月，該書又經過作者增補訂正而再版，名字改爲《社會發展史講授提綱（訂正本）》，印 5000 冊。到了 10 月，又出了第三版，印數也是 5000 冊。11 月，上海新華書店出版了《歷史唯物論——社會發展史講授提綱（訂正本）》，到次年 4 月，已經出到第 7 版，從初版到七版，累計印數爲 125000 冊，其中，僅第 7 版就印了 20000 冊，其發行量之巨，恐怕在同類文獻中難有匹敵。筆者在研究過程中，對《歷史唯物論——社會發展史講授提綱（訂正本）》和《社會發展史講授提綱（訂正本）》進行了對校。發現兩書除了在「例言」部分略有區別外，主體內容完全一致。〔註 165〕所以，可以認爲這些

〔註 164〕楊蘇：《艾思奇傳》，昆明：雲南教育出版社，2002 年，第 385～386 頁。

〔註 165〕例言的區別其實也是文字表述方面的，共有兩處，一是在例言的第一條，《歷史唯物論——社會發展史講授提綱（訂正本）》的表述是：「可以作爲歷史唯物主義社會發展史課程的短期講授提綱」。《社會發展史講授提綱（訂正本）》的表述則是：「可以作爲歷史唯物主義的短期講授提綱」。（艾思奇：《社會發展史講授提綱（訂正本）》，華北大學，1949 年 10 月三版，例言。）二是《歷

名字不同的文本實際上並無區別，後文均以《社會發展史講授提綱》稱之。（2）
《歷史唯物論──社會發展史講義》。這是艾思奇在全國總工會幹部學校講課
的記錄稿，內容基本上和上文提到的《歷史唯物論──社會發展史講授提綱
（訂正本）》一致，但又根據聽眾中存在的問題進行調整。這個本子1950年2
月出第一版，1950年11月出「第二次重改本」。1952年5月出第16版（第三
次重改本），1952年6月出第17版。累計發行達467000冊。（3）《歷史唯物
論──社會發展史》。即前文提到的艾思奇為中央人民廣播電臺所作的廣播
稿，1951年3月，廣播稿由三聯書店出版，到1952年8月，共出七版，印數
325000冊，此後還出版、重印了數次。

從內容上看，這三種「社會發展史」精神實質前後相繼、一脈相承，在
內容上基本相同，只是有一些表述的差異。其中，「提綱」可以視為基礎，講
義和著作都是對提綱的擴充和發揮。〔註166〕從數量上看，三種著作有數可查
的即出版90多萬冊，加上各地各單位內部翻印的，總數恐在百萬以上。這些
書在當時銷路很好，一時成為和毛澤東的《實踐論》同樣熱銷的理論暢銷書。
〔註167〕除了這三種著作之外，艾思奇在華北軍區直屬隊講課的稿子後來以《學
社會發展史的方法》為題刊印，加上前文提到的兩篇爭鳴文章和發表於中宣
部機關刊物《學習》上的《學習社會發展史應明確掌握的五個基本觀點》等
文章，都對當時廣大幹部群眾產生了深刻影響。

新中國成立前後「社會發展史」宣教產生了極其深遠的影響，其原因是
多方面的，比如，利用了廣播電臺這一在當時尚屬先進的傳播手段；中共的
壯大成熟特別是奪取全國政權勝利使其便於組織發動大規模理論學習，等
等，都是重要原因。但以艾思奇為代表的「社會發展史」宣教者在宣教過程

史唯物論──社會發展史講授提綱（訂正本）》比《社會發展史講授提綱（訂
正本）》多了一條「例言」，後者為五條，前者是六條，而多的一條是對書的
使用方法的說明。具體內容是：「為著達到以上兩項目的（指學到歷史唯物主
義的某些一般知識、達到改造思想的效果──筆者），應主要依靠學習者的個
人自修，輔之以集體討論。講授者則應根據學習討論的具體情況，針對學習
討論中所提出的問題，來調整每次講授的內容，這樣才有可能對學習給以具
體的切實的領導。」（艾思奇：《歷史唯物論──社會發展史講授提綱（訂正
本）》，上海：新華書店，1950年4月七版，第1頁。）
〔註166〕盧國英：《智慧之路──一代哲人艾思奇》，北京：人民出版社，2006年，第
425～426頁。
〔註167〕陶慧因：《北京幾家書店門市銷售情況》，《人民日報》1951年4月15日。

中注重結合中國實際、使用通俗的語言、照應現實政策取向應該是重要的原因。下面略作分析：

第一，注重結合中國實際。前文論及，蔡和森的《社會進化史》基本上取材於恩格斯的《家庭、私有制和國家的起源》和拉法格的《財產的起源》；張伯簡的《社會進化簡史》主要編譯自俄國思想家波格丹諾夫的《經濟科學大綱》。鄧初民的《社會進化史綱》雖然不完全是編譯的作品，但幾乎全部使用西方史料作為敘述歷史的材料，對於中國的情況論之不詳。華崗的《社會發展史綱》是較早具有「中國化」自覺意識的文本。他在該書的序言中說：「一般編譯的社會史，大抵都很少談到中國，有些雖然提到一下，亦都不能把中國社會歷史的發展在世界史的全體範圍上來觀察，而給以正當的評價。」〔註168〕但該書大量徵引《聯共（布）黨史簡明教程》及其他蘇聯學者的著作，論及中國的地方仍嫌不足。這樣的文本顯然不符合新中國成立前後在群眾中廣泛開展理論宣傳工作的需要。再看解放社所編的「社會發展史」，實際上是蘇聯學者馬克思主義著作的文獻輯錄。該書共七章，前四章摘自列昂節夫所著《政治經濟學初級讀本》第二、三兩章，後三章摘自《社會科學簡明教程》一書第二講「社會發展史」內的第四、五、六節。〔註169〕這些文獻無疑都屬於馬克思主義發展史上的重要作品，但結合的主要是蘇聯的實際。1951年北京市委宣傳部在總結兩年來在職幹部理論學習情況時就曾指出，解放社編輯的《社會發展簡史》，「對程度較低、開始學習理論的中國讀者是不適合的」。〔註170〕而艾思奇的「社會發展史」則洋溢著中國氣息。一方面，他善於用中國歷史特別是近代以來的歷史來說明馬克思主義關於社會發展的基本觀點，讓讀者感到很親切。比如，在論述「每當社會上一次大的革命運動出現的前夜，常常總有一個文化革命運動或思想改革運動」這一觀點時，艾思奇回顧了自鴉片戰爭以後的近代中國思想文化史，通過分析進步思想與落後思想的鬥爭，說明進步思想的偉大作用就在於能動員和組織群眾，使他們起來推動社會進步，推動物質生活條件向前發展，從而說明堅持馬克思主義為指導的歷史必然性。〔註171〕另一方面，艾思奇在宣教過程中，還善於把馬克思主義

〔註168〕華崗：《社會發展史綱》，生活書店，1946年，自序第2～3頁。
〔註169〕解放社編：《社會發展簡史·編者的話》，解放社，1949年6月。
〔註170〕《兩年來北京市的在職幹部理論學習》，《人民日報》1951年5月24日。
〔註171〕艾思奇：《歷史唯物論～社會發展史講授提綱（訂正本）》，新華書店，1950年4月，第七版，第35～36頁。

原理和馬克思主義中國化的既有成果結合起來，使之互相參證，互爲支撐。
筆者統計了一下，以《社會發展史講義》爲例，該書各章共列出「參考書」
26 種，其中 18 種都是中共文獻。包括毛澤東的作品 11 種，佔總數將近一半；
劉少奇的作品 3 種；馬克思和恩格斯的作品 3 種；斯大林的作品 2 種；列寧
的作品 3 種；新華社社論 2 種；中央文件 1 種；理論讀物 1 種。〔註172〕可見，
艾思奇的社會發展史宣教基本上是建立在中國化馬克思主義的基礎之上。

　　第二，使用通俗的語言。在艾思奇之前的社會發展史作品多半帶有編譯
成分，在行文中常有大段引文，文風難免晦澀艱深。而且有的作品半文半白，
不適合大眾閱讀。艾思奇的「社會發展史」則延續了他在《大眾哲學》中的
文風，樸實清新、簡介明快，很少出現大段引文。比如在講到勞動創造人這
一基本觀點時，艾思奇是這樣表述的：「要問猿怎樣轉變爲人的？只要研究猿
怎樣學會製造工具的，就可以得到答覆了。猿學會製造工具是它們的兩手經
過了長期勞動訓練的結果。勞動的訓練使手和腦同時發展起來，以至於能夠
製造工具，這樣勞動就創造了人類。」〔註173〕此外，重點突出、提綱挈領、
短小精悍，也是其通俗性的重要表現。在 1920 年代到 1940 年代期間的數十
種「社會發展史」文本中，艾思奇的「社會發展史」的篇幅均不足百頁，最
短的只有四十多頁。用最少的篇幅來講清楚理論問題，是艾思奇在理論上的
自覺追求。他說，「在短短的一個月到三個月裏，集中力量對這一門課程作比
較深入的研究，不求讀太多的書本，不一定要聽很多的講授報告，不急於馬
上獲得馬列主義的理論、政策的一切方面的知識，只求經過社會發展史歷史
唯物論的學習，較有系統地建立起馬克思主義的幾個基本觀點：一、勞動創

〔註172〕毛澤東的著作《論聯合政府》、《組織起來》、《農村調查序言》、《中國革命與
　　　　中國共產黨》、《新民主主義論》、《目前形勢和我們的任務》、《論人民民主專
　　　　政》、《論國際主義與民族主義》、《反對自由主義》、《改造我們的學習》、《在
　　　　延安文藝座談會上的講話》；劉少奇的著作是《論共產黨員的修養》、《人的階
　　　　級性》、《修改黨章的報告》；馬克思、恩格斯著作是《共產黨宣言》、《從猿到
　　　　人》、《社會主義從空想到科學的發展》；列寧著作《論國家》、《國家與革命》
　　　　《帝國主義論》；斯大林著作是《辯證唯物主義與歷史唯物主義》、《論列寧主
　　　　義基礎》；新華社的作品是社論《將革命進行到底》和新華社問答《關於廢除
　　　　偽法統》；中央文件是《中共中央關於廢除六法全書的指示》；理論讀物就是
　　　　解放社的《社會發展史略》。參見艾思奇：《歷史唯物論～社會發展史講授提
　　　　綱（訂正本）》（新華書店，1950 年 4 月，第七版。）
〔註173〕艾思奇：《歷史唯物論～社會發展史講授提綱（訂正本）》，新華書店，1950
　　　　年 4 月，第七版，第 3 頁。

造世界的思想；二、階級鬥爭的思想；三、馬克思主義的國家學說。掌握了
這些基本的觀點，許多不瞭解和想不通的問題就往往能夠迎刃而解。由此前
進一步，不論是參與工作，或繼續更深入的學習，都有很大的便利。」〔註174〕
在「社會發展史」這個大題目下，艾思奇講解了五個專題，分別是：1、勞動
創造世界；2、五種生產方式；3、社會主義革命與新民主主義革命——無產
階級專政與無產階級領導的人民民主專政；4、政治與國家；5、社會思想意
識。這些專題在不同文本中的具體表述有所不同，但精神實質是一樣的。應
該說，這五個基本觀點，確實抓住了社會發展史的核心和精髓。從讀者反映
來看，這種做法是相當成功的。參加過抗美援朝的志願軍某部六支隊三營文
教主任劉倫 1949 年在華東軍政大學學習時曾讀過艾思奇的「社會發展史」，
這本書使他「初步明確了勞動人民創造歷史的眞理，初步樹立了勞動觀點、
國家觀點和階級觀點，思想覺悟有了很大提高。艾思奇同志的著作，在我的
人生觀轉變過程中，確有啓迪作用。」〔註175〕

　　第三，照應現實政策取向。作爲理論讀物，是否具有現實感，能否回應
讀者所思所想，直接決定其生命力和影響力。而這種現實感，又必須既符合
一定歷史時期理論宣傳的要求，植根於一定歷史時期人們內生的理論渴望。
艾思奇之前的各種「社會發展史」主要定位於「史」，學術取向較明顯，把大
量筆墨花在對人類社會發展過程的敘述，對於各種社會形態的經濟社會情況
描述的非常詳細，但是和時事、政策的結合卻不是那麼緊密。這和這些文本
多半是作者爲了適應高等院校專業課講稿需要有關。而艾思奇在社會發展史
宣教中則特別講究理論聯繫實際，他認爲，「爲讀書而讀書，爲簡單『滿足求
知欲』，或爲誇耀知識而學習，不聯繫實際，不解決問題」的態度是教條主義
的態度；眞正馬列主義的態度則是「著重聯繫實際，解決問題」。〔註176〕社會
發展史宣教目的主要不是提供歷史知識，而是解決世界觀、人生觀的問題。
在實踐中，他自覺把社會發展史的基本原理和新中國成立前後黨的政策意圖

〔註174〕艾思奇：《從頭學起》，《艾思奇文集》第 2 卷，北京：人民出版社，1983 年，
　　　　第 35 頁。
〔註175〕劉倫：《艾思奇同志和讀者心連心——一個戰士的懷念》，收入李今山主編：
　　　　《緬懷與探索：紀念艾思奇文選（1981～2008）》，北京：中共中央黨校出
　　　　版社，2010 年，第 318 頁。
〔註176〕艾思奇：《從頭學起》，《艾思奇文集》第 2 卷，北京：人民出版社，1983 年，
　　　　第 36～37 頁。

緊密聯繫起來。比如，在論述馬克思主義國家學說時，他既對國體、政體的基本原理作了闡發，又結合現實指出在中國建立新民主主義國家政權的基本任務就是要推翻帝國主義、封建主義、官僚資本主義統治，廢除違法統，反對議會民主制，建立人民民主專政的國家。〔註177〕

　　本章簡要回顧了「社會發展史」的宣教史，從中可以看到，「社會發展史」與中共有著休戚與共的緊密聯繫。中共在最艱苦的戰爭歲月裏也沒有放棄過對「社會發展史」的宣傳。而一旦擁有了相對穩定的發展環境，馬上壯大「社會發展史」的宣教聲勢。同時，在中共的宣教體系中，不論黨內、軍內還是社會宣傳、思想改造，都離不開「社會發展史」，而且都以之作爲基礎。由此也可見「社會發展史」在中共整個宣教內容體系中的重要地位。

　　經過二十多年的宣教，到 1950 年代中期，「社會發展史」或者準確地說是「五形態論」已經積澱到中國人的政治社會常識之中，成為人們看待歷史、現實和未來的一把基本標尺。同時，「社會發展史」也爲執政黨政策意圖提供了道義屏障，使各項政策可以與一些宏偉、美好的社會目標相聯繫，而且這些目標之間還是循次前進的，使其顯得更具有現實性。更重要的是，經過長期的宣教薰陶，這些社會目標已經廣爲人們接受。而這種執政者政策與民眾的政治社會常識之間的高度契合性，無疑又加強了政策的可執行度。應該說，1950 年代以來各種政策特別是關係到社會關係深刻變革的重大政策能得到高度貫徹，與「社會發展史」的多年宣教不無關係。同時，「社會發展史」宣教的現實要求與進程又對「社會發展史」話語構建產生著重大影響，推動著這一話語體系內部各元素的生長、消退與變異。這一點，在下一章的探討中可以看得更清楚。

〔註177〕艾思奇：《歷史唯物論～社會發展史講授提綱（訂正本）》，新華書店，1950
　　　年4月，第七版，第30頁。

第五章　「社會發展史」學理之探討

前文論及，「社會發展史」話語的建構，既有政治宣教，又有學理構建，上一章主要考察了政治宣教，本章將側重考察學理建構。筆者認爲，從學理上看，「社會發展史」話語主要涉及以下問題：第一，人類社會發展是否遵循普遍規律，如果有，這一規律是什麼？第二，推動社會發展的力量何在？是以生產工具爲標誌的生產力的進步，還是表現爲階級鬥爭的生產關係的變革？第三，人類社會從哪裏來，到哪裏去？這些問題分別對應社會發展道路、社會發展動力、人類起源及社會發展前景等論域。從 1924 年第一部「社會發展史」問世開始，這些問題就是所有此類文本的必答題。因爲「社會發展史」話語建構者一般都使用馬克思主義的概念和術語，使得他們交出的答卷似乎大同小異，但結合語境仔細探究，就會發現內裏差別很大，而且可以畫出一條較清晰的學理脈絡。大體而言，新中國成立以來關於「社會發展史」的基本觀點是 1940 年代以來才建立起來的，或者說，自 1940 年代開始，上述問題才有了政治上的「標準答案」，而組成這些答案的各思想因子則是在「社會發展史」話語二十多年的建構歷程中逐漸加入的。

一、共同的主題與多樣的表述

本書前面述及，幾乎所有「社會發展史」都致力於追求一種關於人類社會發展的「法則」，都承認人類社會發展具有統一的道路或普遍的規律。不但遵奉馬克思主義唯物史觀的「社會發展史」如此，個別以「社會進化史」爲名但遵從西方社會學理論的文本（如楊堃的《社會進化史講義》）也是如此。但是，是否存在「一般規律」與「這一規律」是什麼或如何描述，是兩個不

同層面的問題，在都認同社會發展存在普遍規律的前提下，也並不意味著能對「普遍規律」的描述達成共識。

（一）「三形態論」與「五形態論」：社會發展規律的多樣化表述

社會形態理論是社會發展史學理的核心部分，而「五形態論」又是社會形態理論中影響最大的一種。關於「五形態論」的討論，本文第一章已經作了概述。那麼，在「社會發展史」話語的眞實生長史中，「五形態論」處於何種地位，何時正式形成，是否是關於人類社會發展一般規律的唯一闡釋，或者說，是否還曾出現過其他闡釋？如果有，它們又是什麼？這些問題，尚缺乏梳理。下文將依據筆者收集的「社會發展史」文本進行分析，爲便於闡釋，列表如下：

表 5.1 新中國成立前各種「社會發展史」典型文本中的社會形態劃分情況表

出版時期	書　名	作　者	社會形態
1924	社會進化史	蔡和森	野蠻時代、半開化時代和文明時代；原始共產時代、奴隸制度時代、封建時代、資本主義時代
1925	社會進化簡史	張伯簡	自然經濟、交換經濟、組織化社會
1927	社會進化史	廖劃平	自然經濟社會，商業社會、共產主義社會
1927	人類的歷史	陳瀚笙	原始社會、父權制社會、奴隸制社會、封建制社會、商業資本社會、工業資本社會、財政資本
1927	社會進化史大要	黎明	原始共產社會、封建社會、資本主義社會、帝國主義社會
1929	社會形勢發展史	陸一遠	原始共產社會、血族共產社會、氏族共產社會、封建制度、商業資本主義
1929	社會進化史	馬哲民	原始社會、奴隸制度、封建制度、商業資本主義、工業資本主義、帝國主義
1930	社會進化史大綱	陸一遠	原始共產社會、氏族社會、封建社會、商業資本主義社會
1930	社會進化史	王子雲	原始社會、氏族社會、封建社會、商業資本主義

1930	社會形式發展史大綱	庫斯聶著、高素明譯	原始社會、氏族社會、封建社會、商業資本時代社會
1930	社會進化史	黃菩生	原始社會、古代社會、封建社會、資本主義社會
1931	社會進化史綱	鄧初民	原始共產社會、奴隸制的古代社會、農奴制的中世封建社會、近代資本主義社會、社會主義社會
1932	人類社會發展史	劉瑩	原始共產社會、氏族制度、奴隸社會、封建社會、資本主義
1935	社會進化史	劉炳藜	原始社會、氏族社會、封建社會、商業資本主義社會、工業資本主義社會、金融資本主義社會
1936	社會進化史講義	李達	原始社會、氏族社會、亞細亞社會、古代社會、封建社會、資本主義
1940	社會發展史綱	華崗	原始共產社會、奴隸社會、封建社會、資本主義社會、社會主義社會
1948	社會發展簡史	解放社	原始共產主義、奴隸佔有制度、封建制度（農奴制度）、資本主義、從資本主義到共產主義的過渡時期、共產主義
1949	社會發展史講授提綱	艾思奇	原始社會、奴隸社會、封建社會、資本主義社會、共產主義社會
1949	社會形態發展史	沈志遠	前階級社會或原始共產社會、古代奴隸制社會、中古封建制社會、近代資本主義社會、社會主義社會（半殖民地半封建社會、新民主主義社會）

　　從上表中可以看到，在二十年代的中國，在社會發展階段問題上，「三階段論」幾乎與「五形態論」同時出現，張伯簡和廖劃平的文本即為其代表。張伯簡在《社會發展簡史》（1925 年）中把社會發展分為自然經濟、交換經濟和組織化生產社會三個階段（具體論述，可參看本文第二章）。廖劃平在《社會進化史》（1927 年）中也是把人類社會分為三個階段，即原始的自然經濟社會，商業社會、共產主義社會。廖劃平認為，「原始的自然經濟社會，其特點為：社會對於自然的鬥爭之勢力弱小——人是自然界的奴隸。各個社會範圍的狹小和社會關係的單純，交易的缺乏或未發達，以及社會形態之緩慢的變化。」商業社會的特點是：「社會生產的範圍擴大，種類頗多。社會是由各個企業構成的複雜的全體而成。各企業藉自己的生產物來滿足自己的要求的，

比較的少。大抵都以其他的生產物，即以交易來滿足自己的要求。社會是通過利害的鬥爭和社會的矛盾而發展的。」共產主義社會，其特點是：「生產不斷的擴大範圍，愈變複雜，社會的組成員向統一的方向進行，生產和分配，由社會自己整然的組織起來，不留一點乖離，矛盾，或無政府狀況的痕跡，變成一個有目的的組織。發展的過程很快的前進。──這是現在還不曾達到的發達階段。」〔註1〕張、廖二人在文字表述上有所差異，但在思想內涵上則是一致的，即都是以社會交往的普遍性為標準來劃分社會階段。而此種社會交往的普遍性，又是為社會生產組織化程度或社會經濟發展程度所決定的。同時，無論是張還是廖，並不是簡單地主張「三階段論」，而是在此基礎上，對社會發展階段又進行細分。張伯簡的劃分法是：原始共產社會、族長的血族公社、封建社會、奴隸制度及農奴制度、城市手工業制度、商業資本社會──手工工廠制度、工業資本社會、共產社會。廖劃平的劃分法是：原始共產主義、氏族社會、封建社會、城市手工業社會、商業資本主義社會──手工工廠制度、工業資本主義社會、共產主義社會。兩人基本相同。這主要是由張、廖二人思想的同源性所致。張伯簡的思想來源於俄國思想家波格丹諾夫。廖劃平的文本較張晚出，雖然思想來源不明，或許受張影響。但考慮到廖早年也有留俄經歷，〔註2〕在校時間上與張伯簡非常接近，因此，很有可能直接受波格丹諾夫影響。張、廖都是二十年代「社會發展史」的主要宣教者，其文本在當時影響頗大。但值得注意的是，兩種文本皆在此種「三形態論」的框架內，又以生產關係為劃分標準作出更細緻的社會階段劃分，而這種劃分則接近於 1940 年代正式定型的「五形態論」。因此，中國人早期接受的「社會發展史」話語是「三形態」論的，或者說早期的「五形態論」是從屬於「三形態論」的。

　　而獨立的「五形態論」是相對晚出的。蔡和森的《社會進化史》（1924 年）雖然也提到了五種社會形態，但正如本文第三章所分析的，全書並不是按照五種社會形態演變的線性順序敘述社會發展歷程的。從上文所列表格可以清楚地看到，在中國，較早明確以獨立的「五形態論」的框架敘述「社會發展史」的是陳瀚笙，而「五形態論」正式植入「社會發展史」話語之中，則始於華崗的《社會發展史綱》（1940 年），定型於解放社的《社會發展簡史》（1948

〔註1〕 廖劃平：《社會進化史》，上海：泰東圖書局，1927 年，第 2～3 頁。
〔註2〕 1921 年 3 月曾在東方勞動大學學習半年。

年）和艾思奇的《社會發展史講授提綱》（1949 年）。有些學者認爲，中國學者談「五形態論」是受斯大林的《聯共（布）簡明黨史教程》的影響。應該說，上文列舉的華崗、解放社和艾思奇的文本中的「五形態論」確實是來自於《聯共（布）簡明黨史教程》。但在《聯共（布）簡明黨史教程》出版約十年前，陳瀚笙已寫出了以五種社會形態爲線索的「社會發展史」了。在《人類的歷史》（1927 年）一書中，陳瀚笙明確指出，人類最初的社會是「人人平等自由，好一個無階級的眞正共和社會」。此後經歷奴隸社會、封建社會、資本主義社會，最後社會主義將替代資本主義。

另外，從上表中還可以看到，除「三形態論」和「五形態論」之外，1930年代還出現了一些其他劃分法，筆者統稱之爲「變體理論」。其中最主要的一種是把「氏族社會」作爲一個獨立的社會形態，同時不把「奴隸社會」視爲獨立的社會形態。所謂「氏族社會」，在這些文本中指的是處於無階級社會末期並逐漸向階級社會過渡的階段，還不是一個階級社會，它與原始社會的差別，不在於階級關係，而在生產力發展階段，比如，王子雲的《社會進化史》（1930 年）指出，隨著原始社會生產力的發展，進入到氏族社會，其經濟是農業與畜牧，氏族的聯合是一個「自治的社會集團」，「『氏族』裏面有執行和管理機關，這些機關擔任調節『氏族』內一切的社會生活。」〔註3〕陸一遠的《社會進化史大綱》（1931 年）也認爲，氏族社會實行的是「原始的民主主義。」〔註4〕劉瑩在《人類社會發展史》中明確提出，「氏族制度，本來是建於血緣與共產制的基礎上的」，「凡是團員皆一律平等」。〔註5〕這些看法實際上與不把氏族社會單列爲一個發展階段的文本是一致的。比如黃菩生在《社會進化史》（1930 年）中說：原始社會的最後發展階段即「氏族社會的村落共同體」。村落共同體與此前的「共有體」的區別在於：「第一在更古代的共產社會，共同勞動，生產物亦應消費之必要分配；至村落共同體時，則共有財產的耕地，定期的分給成員，而其收穫亦爲各自所有。第二以前集合的居住於共同的家屋；而現在則家及其附屬地，都成爲家族的私有物。第三血族的關係比較寬鬆，且可以加入新份子，所以一個村落已非氏族團體的結合；而是一個自由人社會團體的存在了。此種特徵，明白暗示著在向私有

〔註3〕 王子雲：《社會進化史》，上海：崑崙書店，1930 年，第 81 頁。
〔註4〕 陸一遠編著：《社會進化史大綱》，上海：光明書局，1931 年，第 118 頁。
〔註5〕 劉瑩：《人類社會發展史》，上海：春秋書店，1932 年，第 35～36 頁。

財產制度發展。」〔註6〕這個時期已經存在奴隸，「不過那時的奴隸制，在經濟生活上，沒有什麼重要的職務。」〔註7〕而在「五形態論」的架構中，「奴隸社會」則是人類歷史上第一個「階級社會」，因此「氏族社會」與「奴隸社會」顯然是不同的。要之，「變體理論」的要害在於是否把「奴隸社會」作為獨立的社會形態。這確實是「社會發展史」學理中一個極為重要的問題，下文將進一步展開論述。

（二）「奴隸社會」與「一般規律」關係之再認識：以陸一遠為例

1928 年，郭沫若在《中國古代社會研究》的導論「中國社會之歷史的發展階段」開篇就說從原始公社制、奴隸制、封建制、資本制，最後到無階級的社會，即「社會發展之一般」。〔註8〕這一描述，和「五形態論」是一致的。何乾之指出，郭著第一次把帝國主義入侵以前的中國歷史，敘述為五形態遞進的社會發展鏈條，並且最早肯定中國存在一個奴隸制時代。這「確是一椿破天荒的工作。目前中外的新史家，差不多都是以他的研究為出發點」。〔註9〕從思想史角度看，郭著還具有另一重要意義，這就是圍繞著對郭氏觀點的爭論，中國是否存在奴隸社會與中國是否適用社會發展「一般規律」被合併為了一個問題，「一般規律」的表述也被逐漸固化為「五形態論」。原本抽象的「一般規律」既然具體化為五種社會形態發展鏈條，那麼否認中國存在奴隸社會，便被視同於否認五形態論，否認「一般規律」的存在，進而被認為反對馬克思主義。典型的例子是 1950 年代，雷海宗提出奴隸社會只是「特殊」，不是「一般」。他說：「歷史上真正的奴隸主國家只能是例外的，不可能形成通例。所謂奴隸社會的說法，完全出於錯覺，希臘絕大部分根本沒有奴隸。雅典和其他一些工商業的城邦是特例。但即或在雅典，奴隸與農業的關係也很淺。土地上仍有許多自耕農。大地主雖用少量奴隸，但土地往往出租或雇工經營。土地關係，主要是封建性的。」「由原始社會末期到資本主義社會，一直有奴隸制，只在特殊條件下可以得到特殊的發展，世界歷史上並沒有一

〔註6〕 黃菩生著、劉秉麟校：《社會進化史》，上海：商務印書館，1930 年初版，第22～23 頁。

〔註7〕 同上，第 25 頁。

〔註8〕 郭沫若：《〈中國古代社會研究〉自序》，郭沫若：《中國古代社會研究》，石家莊：河北教育出版社，2001 年，第 13～18 頁

〔註9〕 何乾之：《中國社會史問題論戰》，《何乾之文集》第 1 卷，北京：北京出版社，1993 年，第 313 頁。

個奴隸社會階段。既然如此，歷史上也就沒有一個所謂奴隸社會向封建社會過渡或轉化的問題。」〔註 10〕童書業提出中國封建社會早熟，沒有經歷過奴隸社會，直接由氏族社會轉化爲封建社會，是人類歷史的特例。〔註 11〕兩人因此而受到政治批判，罪名就是反對社會發展的一般規律。「雷海宗的否認人類歷史上存在著奴隸社會階段的論據，不但是完全站不住腳，而且是荒謬絕倫的。……他希望從否定了奴隸社會的存在來進一步攻擊五種生產方式的理論，以便於整個地動搖和推翻歷史唯物主義的理論體系。」〔註 12〕在政治氛圍寬鬆之後的今天，學界對於此類問題已經日益淡薄，學者也不會再因爲質疑「奴隸社會」而被認爲質疑「一般規律」，當然，即便質疑「一般規律」，也不至於被當做異類，更不會遭到政治批判。但是，「一般規律」與「五形態論」兩者之間的這種看似必然的邏輯關係卻還沒有得到真正的梳理。有的學者認爲，否定奴隸社會存在的用意是「企圖以此證明人類歷史的發展並沒有什麼共同規律可言」。〔註 13〕也有學者認爲，找到了奴隸社會不具普遍性的證據，就駁倒了「五形態論」，也就進而駁倒了人類社會發展具有一般規律的觀點。〔註 14〕這種看法與以論證奴隸社會存在來論證人類社會具有一般規律的邏輯，結論雖然不同，但前提卻是一致的。在筆者看來，這恰恰破壞了關於社會發展規律探討的學理層次。

深入研究這個問題，可以遵循兩種不同的思路，其一，從理論的角度，深入研讀馬克思、恩格斯等在這個問題上的經典論述，並作出重新解釋。比如，朱晞指出，社會發展的規律是從原始社會進入封建社會，希臘、羅馬的奴隸制生產方式，是因歷史條件的不同而出現在局部地區的一種特殊現象。「說奴隸制生產方式是社會發展的一般規律，是古希臘、羅馬中心論的產物，而說奴隸制生產方式是原始社會的延續，則是因爲過去考古學還沒有提供有

〔註 10〕 雷海宗：《世界史分期與上古中古史中的一些問題》，《歷史教學》1957 年第 7 期，第 45、47 頁。

〔註 11〕 童書業：《從租佃制度與隸屬農民的身份探討古巴比倫社會的性質》，《歷史研究》1956 年第 5 期，第 17～36 頁；《與蘇聯專家烏·安·約瑟夫維奇商榷中國古史分期等問題》，《文史哲》1957 年第 3 期，第 13～23 頁。

〔註 12〕 孫定國：《雷海宗批判》，上海人民出版社，1958 年，第 9、15 頁。

〔註 13〕 林甘泉等：《中國古代史分期討論五十年》，上海人民出版社，1982 年，第 51 頁。

〔註 14〕 張廣志：《奴隸社會並非人類歷史發展必經階段研究》，西寧：青海人民出版社，1988 年。

關愛琴海文明的材料。……其實，在世界古代史上，就根本不存在從原始社會向奴隸社會發展這回事情。」〔註15〕還有不少學者指出，除了「五形態論」之外，馬克思還有「三形態論」的思想，而且馬克思有過兩種「三形態論」的表述。一種「三形態論」是馬克思在《資本論》手稿中提出的。「人的依賴關係（起初完全是自然發生的），是最初的社會形式，在這種形式下，人的生產能力只是在狹窄的範圍內和孤立的地點上發展著。以物的依賴性爲基礎的人的獨立性，是第二大形態，在這種形式下，才形成普遍的社會物質交換，全面的關係，多方面的需求以及全面的能力的體系。建立在個人全面發展和他們共同的、社會的生產能力成爲從屬於他們的社會財富這一基礎上的自由個性，是第三階段。第二個階段爲第三個階段創造條件。」〔註16〕按照這一思想，可以把社會發展史中的人類社會分爲三大形態，即以人對人的直接依賴關係爲特徵的最初社會形態、以人對物的依賴關係爲特徵並實現人的獨立性的第二大社會形態、以每個人的全面發展爲特徵並實現人的自由個性的第三大社會形態。另一種「三形態論」是根據所有制性質劃分的，即古代公社所有制的「原生」形態；以私有制爲基礎的「次生」形態；以公有制爲基礎的「再生」形態。這一思想集中體現在馬克思1881年2月底至3月初給查蘇利奇的覆信草稿中。日本學者中村哲把這一思想又作了更細緻的分析，認爲可以再細分爲兩種關於人類歷史發展的觀點。一是從勞動者與生產資料的關係入手，分爲勞動者與生產資料的原始統一、分離和割裂、在更高階段的復歸，即前資本主義的所有、資本主義的所有、共產主義的所有。另一是從生產資料所有者與生產資料的關係入手，分爲社會的、集體的所有，私有，社會的、集體的所有在更高階段的復興。〔註17〕還有學者指出，「三形態論」與「五形態論」實際上也存在可以互釋之處，大體上，五形態論中的原始社會對應三形態論的第一形態，共產主義則對應第三形態，其他社會形態對應第二形態。〔註18〕吳澤對馬克思主義的社會形態諸表述作了歸納，現據其文章

〔註15〕朱晞：《爲馬克思辯》，上海：學林出版社，1999年，第15、113頁。

〔註16〕馬克思：《1857～58年經濟學手稿》，《馬克思恩格斯全集》（第30卷），北京：人民出版社，1995年，第107～108頁。

〔註17〕〔日〕中村哲著、凍國棟等譯：《奴隸制與農奴制理論——馬克思恩格斯歷史理論的重構》，武漢：武漢大學出版社，1994年，第1頁。

〔註18〕參見林泰主編：《唯物史觀通論》，北京：高等教育出版社，2001年，第89～90頁。

列表如下：〔註19〕

表5.2　吳澤所歸納的馬克思主義的社會形態諸表述

社會形態 五形態	第一形態	第二形態	第三形態	第四形態	第五形態
	原始氏族社會	奴隸制社會	封建制社會	資本主義社會	共產主義社會
人類社會 三形態	第一形態			第二形態	第三形態
	人類自然史時期			市民社會時期	人類自由王國 時期
社會關係 三形態	第一形態	第二形態		第三形態	
	人的依賴關係 時期	物的依賴關係創造條件時 期		物的依賴關係 時期	
人類社會 二時期	第一時期				第二時期
	人類社會史前時期				人類社會時期

　　其二，從歷史的角度，以近代中國知識分子對社會發展一般規律的探討及其成果，觀察「奴隸社會」與「社會發展一般規律」之間的眞實關係。從理論的角度深化認識固然是必要的，因爲它有助於人們深化對馬克思主義原典的理解，但基於歷史視角的研究同樣重要，下面以「社會發展史」話語的一個重要構建者陸一遠爲例加以說明：

　　陸一遠是浙江餘姚人，1920 年代赴俄留學。在俄國學習成績優異，留校當了教員，並與中山大學食堂的女服務員安娜結爲夫婦。1924 年，列寧去世後，聯共（布）黨內出現激烈論爭。在托洛茨基反對派與斯大林多數派的爭論之中，中國問題是主要內容之一。大革命失敗以前，雙方爭論的主要問題是中國共產黨人要不要退出國民黨、要不要支持蔣介石等。大革命失敗後，爭論的核心則變成分析大革命失敗的原因和責任，以及連帶而來的中國革命的性質和任務等。聯共（布）黨內的爭論和鬥爭，直接影響到當時在莫斯科的中國留學生，他們的思想也發生了分化，其中一部分傾向於托洛茨基派。1927 年 11 月 7 日，莫斯科紅場舉行紀念十月革命勝利十週年遊行集會，中山大學遊行隊伍中的托派學生公然打出反對斯大林、罷免斯大林的旗號。事後，這些學生被開除黨籍或團籍，少數人被流放，多數人則於 1927 年底被遣送回

〔註19〕吳澤：《東方社會經濟形態史論》，見《吳澤文集》第三卷，上海：華東師範大學出版社，第 463 頁。

國。這些回到國內的托派學生並沒有停止活動，反而在國內傳播托派觀點。1928 年 12 月，「中國布爾什維克列寧主義反對派」在上海建立，這是中國第一個托派組織，他們還創辦了一個與托洛茨基十月革命前創辦的刊物同名的刊物《我們的話》，宣傳托派的思想和主張。陸一遠就是「我們的話」派的元老人物。1928 年 12 月，建立這個組織的第一次代表大會在上海陸一遠家中召開。這次會議上選舉了該組織的中央機構——全國總幹事會（簡稱「總幹」），陸一遠任宣傳部長。但他擔任這個職務的時間很短，1929 年初，即由張師接替。陸一遠曾擔任上海藝術大學社會系主任。這所大學是「總幹」的重要據點，他們希望將其辦成「上海大學第二」，托派王獨清〔註20〕任教務長、文學院院長。陸一遠供職的社會系即設在文學院。1929 年，「我們的話」、「無產者社」等四個托派組織召開闔併大會，會上選出了由十三人組成的「全國執行委員會」。在這次大會上，「我們的話」派沒有佔到優勢，陸一遠沒有出席這次會議，也沒有進入執行委員會之中。於是，他和托派另一位重要人物梁幹喬一起來到南京，投奔國民黨，進入設在南京的「留俄歸國同學招待所」。這個機構是 1928 年 9、10 月間建立的，最初的目的是接待、甄別國共分裂後大批留蘇歸國學生並為他們分派工作。招待所由中央訓練部黨員訓練科主管，訓練科總幹事沈苑明任所長，訓練科幹事楊子福、中央秘書處交際科幹事段詩園為招待所幹事。1929 年 3 月，招待所改隸組織部，於國楨任所長。隨著國民黨留學學生甄別工作基本完成，招待所性質發生變化，轉為對兩種留蘇歸國學生進行集中管理：一是共產黨「自首」分子與托派分子；二是被國民黨特務抓捕後，經過關押和威逼利誘，已經發生動搖的人。1934 年，招待所徹底變為中統直接指揮的特務機構，改由組織部調查處主管。〔註21〕

　　陸一遠被遣返回國時，妻子留在了蘇聯，受感情生活挫折的刺激，回國

〔註20〕王獨清（1898～1940）：陝西蒲城人，1913 年考進三秦公學學習英文。16 歲開始寫筆記式雜文和政論文章。後被《泰鏡日報》聘為總編輯。1915 年離家到上海。不久，東渡日本，開始接觸外國文學。兩年後返回上海。任《救國日報》編輯。生於沒落的封建官僚家庭。1920 年赴法國留學，並研究和考察歐洲古典建築藝術。1925 年底回國，1926 年去廣州，經鄭伯奇介紹加入創造社，曾任理事，並主編《創造月刊》，成為該社後期主要詩人之一。同時任廣東中山文科學長。1929 年 9 月任上海藝術大學教務長，1930 年主編《開展月刊》。1937 年回到故鄉，1940 年病逝。

〔註21〕劉振宇：《20 世紀 20 年代留蘇熱潮的產物：留俄同學會》，《徐州師範大學學報（哲學社會科學版）》第 37 卷第 6 期，2011 年 11 月，第 7～8 頁。

後，他雖一度在托派組織中擔任要職，但參加實際活動不多，主要從事翻譯和著述，譯介了一批恩格斯以及蘇聯學者研究馬克思主義的著做到中國。筆者檢索到的共有 9 種〔註22〕，出版於 1928 年～1932 年間，正是陸一遠回國從事托派活動到脫離托派的幾年時間。這些作品中，《馬克斯主義的人種由來說》、《社會形式發展史》和《社會進化史大綱》三種與「社會發展史」話語的形成直接相關。關於《馬克斯主義的人種由來說》，後文還將涉及，此處不論。

陸一遠在兩種「社會發展史」作品中，系統論述了不包含奴隸社會的另一種社會發展的「一般規律」。這兩部作品，一是《社會形式發展史》，該書1929 年由上海江南書店印行，署爲陸一遠「譯」。但沒有署出原作者的姓名。查《國民黨反動派查禁二百二十八種書刊目錄》（1931 年），遭禁書中有一種《社會形態發展史》，著者爲布列不拉仁斯，查禁原因是宣傳共產主義鼓吹階級鬥爭。又，《國民黨反動派查禁六百七十六種社會科學書刊目錄》（1936 年）中列有一種《社會形勢發展史》，因宣傳共產主義，1934 年 3 月通令各省市宣傳部各郵檢所查扣。〔註 23〕因上述兩書出版信息不全，筆者在多種民國時期圖書目錄中，均未能查實。〔註 24〕但從被禁原因及書名上看，極有可能即陸

〔註22〕　（1）《馬克斯主義的人種由來說》，〔德〕恩克斯遺稿、陸一遠譯，上海：春潮書局，1928 年版。其中收恩格斯的《勞動是猿到人類的進化過程中的產物》、《人類進化的過程》論文兩篇，還有哥來佛的序《達爾文與馬克思主義》。（2）《農民問題》，〔德〕恩克斯遺稿、陸一遠譯，上海：遠東圖書公司，1928 年版。（3）《唯物的社會學》，〔俄〕賴也夫斯基著、陸一遠譯，上海：新宇宙書店，1929年版，包括辨證法的唯物論、社會、階級鬥爭、思想等方面的內容。（4）《社會形式發展史》，陸一遠譯，上海：江南書店，1929 年版。（5）《政治經濟學》〔俄〕拉皮多斯、阿斯托羅維將諾夫著、陸一遠譯，上海：江南書店，1929 印行。（6）《西歐革命史》，蒙諾索夫著、陸一遠譯，上海：復旦書店，1929 年版。主要講述了工業革命至巴黎公社時期的西歐革命運動史，全書共分爲 7 章，內容包括法國 18 世紀末期的大革命、法國 1830 年的革命等。（7）《蘇俄外交史》〔蘇〕M.泰寧著、陸一遠譯，上海：樂群書店，1930 年版。講述蘇聯自十月革命至 1927 年間的外交活動，包括粉碎帝國主義武裝干涉，與英國的外交鬥爭，蘇英斷交經過，並展望蘇聯對外關係的未來。附錄：《世界十年來十事記》（1917年 11 月 7 日至 1927 年 10 月 3 日）。（8）《社會進化史大綱》，陸一遠編著，上海：光明書局，1930 年版。（9）《文學史方法論》，蓋爾多耶拉（Keltuyala）著、陸一遠譯，上海：樂華圖書公司 1932 年版。

〔註23〕　張靜盧輯注：《中國現代出版史料・乙編》，中華書局，1954 年。

〔註24〕　目前可見的類似書籍只有沈志遠撰《社會形態發展史》和陳純仁撰《社會形態發展史講話》，但前者出版於 1949 年，後者出版於 1951 年，不可能在 1930年代就遭禁。

一遠所譯《社會形式發展史》。另一名爲《社會進化史大綱》，1930 年 7 月 20
日上海光明書局出版，目前可見 1931 年 10 月 20 日第三版，署爲陸一遠「著」。
兩書比較，《社會形式發展史》非常粗糙，書中多有錯字、漏字以及因此造成
語句不通順的地方，至於標點符號缺漏、斷句不通則更是數不勝數。以陸一
遠的學識和文字能力，應不至於犯這種低級的錯誤，江南書店是當時一個左
傾的小書店，實力不強，這些錯誤或產生於出版環節。相比之下，《社會進化
史大綱》的質量要高得多，出版此書的光明書局 1927 年 10 月由寧波人王子
澄創辦，位於上海，和現代書局、開明書店等毗鄰，一直獨立經營至 1955 年
才併入上海公私合營的新文藝出版社。

　　爲便於後文敘述，現將兩書目錄列表對照如下：

表 5.3　陸一遠的兩種「社會發展史」文本篇目比較

社會形式發展史（1929）	社會進化史大綱（1930）
第一章　緒論	緒論
第二章　人類的起源	第一篇　原始共產社會（包括原始人類及其起源、原始經濟、原始人類的社會生活等）
第三章　原始共產社會	第二篇　氏族社會
第四章　血族共產社會	第三篇　封建社會
第五章　氏族共產社會	第四篇　商業資本主義社會
第六章　封建制度	
第七章　商業資本主義	

　　章節的安排反映了作者的運思邏輯特別是對於人類社會發展歷程的基本
看法。在這方面，兩書是一致的。略述如下：

　　第一，關於社會發展史論述範圍的界定。兩書提出，社會進化史是研究
社會發展之「一般」的科學，研究的是社會發展的「形式」，形式具有抽象性，
而作爲「具象」的某一群體、地域、階段的歷史（陸一遠稱之爲「狹隘的歷
史」）則不屬於社會進化史論述範圍之內。「社會形式發展史是研究人類社會發
展的一般的過程，社會關係變遷的一般規律，以及社會形式之更代。」〔註25〕
「社會進化史」就是研究人類各種社會形式的主要的科學。〔註26〕而所謂「社

〔註25〕陸一遠：《社會形式發展史》，上海：江南書店，1929 年，第 6 頁。
〔註26〕陸一遠：《社會進化史大綱》，上海：光明書局，1931 年第三版，第 5 頁。

會形式」實際上就是現在通用的「社會形態」。「凡人類所發生的千變萬化的社會關係的形式，皆得謂之為社會形式。」「社會關係之最主要的是經濟關係，所以社會形式之最主要的也必然是經濟形式。人若不能解決生存和嗣續問題，人類就很早的滅亡了。房屋，工具，火柴，紡織機，舟車等——這些都是人類生存的必需品。智識之傳遞，經驗之積累，在經濟生活中尤為首要。總之，以經濟生活為目的的社會形式，皆謂之為經濟形式。經濟形式是人類基本的社會形式，其他種種的社會形式，都是由這經濟形式來決定的，這不是說其他形式絕對不能影響經濟的形式，不過經濟形式是各種社會形式的基礎而已。」「馬克斯在《政治經濟學批判》一書中，對於社會形式的定義如下：『人類在其社會生產中有一種固定的必要的與意志獨立的關係——生產關係的存在，這關係與一定的物質生產力發展的階段相適合的——這生產關係的總和便形成了社會經濟的構造和實際的基礎，建築在這基礎上面的有法權的和政治的上層構造，與這基礎相適合的有一定的社會意識的形式。物質生產的方法決定一般社會的政治的以及精神的生活過程。不是人類意識決定了人類的習慣，而是社會習慣決定了人類的意識。』由此可知經濟是社會的基礎，經濟形式是一切社會形式的基礎。」〔註27〕

　　第二，關於社會發展序列的描述。兩書遵循了同樣的社會形態發展序列，即原始社會、氏族社會、封建社會、資本主義社會、社會主義社會。在實際敘述中，都止於資本主義社會。《社會形式發展史》中說，「根據客觀的標準（最重要的就是經濟關係）把社會關係各種不同的形式按次研究，即原始共產主義，氏族制度，封建制度，資本社會，社會主義的社會。」〔註28〕《社會進化史大綱》則說：「人類歷史分為五個階段：一，原始社會；二，氏族社會；三，封建社會；四，資本主義社會（資本主義又有商業，工業財政的分期）；五，社會主義社會。」〔註29〕值得注意的是，兩書都沒有列出作為獨立社會形態的「奴隸社會」。在「原始社會」和「封建社會」之間，陸一遠設置了一個「氏族社會」而非經典的「五形態論」所設定的「奴隸社會」。從陸一遠的描述來看，「氏族社會」還不是階級社會，氏族社會的解體，才產生了私有制、家庭、國家等階級社會的政治經濟現象。奴隸作為一個階級，也是在

〔註27〕陸一遠：《社會進化史大綱》，上海：光明書局，1931年第三版，第1～3頁。
〔註28〕陸一遠：《社會形式發展史》，上海：江南書店，1929年，第6頁。
〔註29〕陸一遠：《社會進化史大綱》，上海：光明書局，1931年第三版，第6～7頁。

氏族社會崩壞之後才生的。〔註30〕在氏族社會，實行的是「原始的民主主義」。
氏族的事務由全體成員大會來決策，「問題有得眾人同意之必要時，則由長者
提出徵得眾人同意後，始得為決議。『所謂原始的民主主義』，即指此而言。
因為民主主義是指眾人得共同討論一切問題的意思，所謂原始，即謂此種民
主主義僅將來民主主義之胚胎而已。」〔註31〕可見「氏族社會」與「奴隸社
會」根本不同。而且，陸一遠根本否認存在作為社會形態的奴隸社會。他提
出，奴隸制度，只是表示勞動力來源的一個概念。奴隸制度，在氏族社會、
封建社會乃至工業時代的美國，都存在過。〔註32〕

　　可見，陸一遠的兩個文本展現了另一種關於社會發展「一般規律」的描
述。陸一遠不認為曾存在一個作為獨立社會形態的「奴隸社會」，但同時，他
又承認社會發展具有「一般規律」，而且明確指出，社會發展史就是要闡明這
一規律。他還認為，中國不能自外於「一般」規律。《社會形式發展史》中說，
中國以往的歷史研究存在的一大缺陷，就是把中國的歷史孤立起來，似乎與
其他國家沒有關係。實際上，「中國的歷史也就是人類發展史的一部分。」〔註
33〕在《社會進化史綱》中，他又提出，認為「各國社會各有其發展的不同的
路線，甲社會的發展路線與乙社會不同，乙社會又與丙社會不同，具體點說，
中國社會的前途，未必與各國社會的前途相同」的看法是錯誤的。社會發展
具有一條「共同路線」。〔註34〕與郭沫若相比，在承認「一般規律」這一點上，
陸、郭是一致的。但對於「一般規律」的具體描述，二人卻有根本不同。而
且，陸一遠提出這樣的社會形態劃分，並非草率之舉，相反，他是在綜合批
判了各家學說之後形成的看法。在《社會進化史大綱》中，陸一遠指出：「社
會階段的分類，一般看來，似乎是很尋常的一回事，但實際上並不是這樣」。
他認為，摩爾根以及恩格斯在《家庭私有財產和國家的起源》中的社會階段
分類法——野蠻時代，半開化時代，文明時代，「迹近於唯心論者觀察……，
不是唯物論者所應取的門徑。」普赫爾（Bücher）的分類——閉守經濟時代，
地方經濟時代，全民經濟時代，「雖然勝於摩爾根，然而究其實，亦迹近膚淺

〔註30〕陸一遠：《社會形式發展史》，上海：江南書店，1929年，第56～57、79頁。
〔註31〕陸一遠：《社會進化史大綱》，上海：光明書局，1931年第三版，第118頁。
〔註32〕陸一遠：《社會形式發展史》，上海：江南書店，1929年，第85頁。
〔註33〕陸一遠：《社會形式發展史》，上海：江南書店，1929年，第4頁。
〔註34〕陸一遠：《社會進化史大綱》，上海：光明書局，1931年第三版，著者序言第
　　　　5頁。

而不切實際，因爲普氏的劃分社會階段的根據，重在經濟的空間性，而不在經濟內部的結構。」另外，他認爲，考茨基和波格丹諾夫的分類法，把氏族社會視爲原始社會，或「族長社會」，也不科學。〔註35〕作爲思想史案例，陸一遠的文本證明是否承認奴隸社會是一個獨立的社會形態，乃至把社會發展史劃分爲哪些社會形態，與是否承認人類社會發展具有「一般」規律之間並無必然聯繫。

雖然由於政治的原因，今人對陸一遠關注很少。但陸一遠的觀點，卻是能與當時很多知識分子取得共識的。比如，在陶希聖看來，炎黃以前的中國社會是氏族社會，從炎黃到清末是封建社會，沒有給奴隸社會留出位置。〔註36〕李麥麥認爲，「由奴隸制社會而復入封建社會是特殊的，由氏族進入封建社會是世界歷史發展的公律」，並且認爲郭沫若所描繪的「公律」是錯誤的。〔註37〕陳伯達在1935年也曾提出：「無論是從地下的發掘，或古代遺下最可靠的文書，我們還沒有發現出中國曾由氏族社會轉化爲奴隸社會之歷史的存在。」〔註38〕進而言之，在三十年代出版的多種「社會發展史」中，在描繪社會發展的「一般規律」時，大部分均與陸一遠持相同立場。比如，王子雲編譯的《社會進化史》提出：「古今各民族的歷史，都足以證明這個原則，每一個民族的歷史，便是由這一個社會生活形式過渡到別一個社會生活形式的交替史。但在各民族中，此種程度之完成，皆以一個方向（即到處發現同一社會的社會形式）沿一條路線，相互交替。自有史以來，人類社會約有四個基本形式：1 原始社會，2 氏族社會，3 封建社會，4 資本主義社會，今日以後則屬共產主義社會。」〔註39〕可以說，沒有獨立的「奴隸社會」階段環節的「一般規律」，實際上是三十年代社會發展史敘述的主流。更值得指出的是，上文所列引述的文字的作者，都是贊同並積極探尋社會發展「一般規律」的，而且認爲中國並不能自外於這一規律。

〔註35〕陸一遠：《社會進化史大綱》，上海：光明書局，1931年第三版，著者序言第2～5頁。
〔註36〕陶希聖：《中國社會之史的分析》，瀋陽：遼寧教育出版社，1998年，第112、78頁。
〔註37〕李麥麥：《評郭沫若底〈中國古代社會研究〉》，《讀書雜志》第2卷第6期。
〔註38〕陳伯達：《殷周社會略考》，《太白》1935年第2卷第4期，轉引自蔣海升：《「西方話語」與「中國歷史」之間的張力》，濟南：山東大學出版社，2009年，第198頁。
〔註39〕王子雲編譯：《社會進化史》，上海：崑崙書店，1930年第3～4頁。

郭沫若關於社會發展之「一般」不見得是得自斯大林〔註 40〕，但郭氏在1928 年這本書中的觀點竟然與斯大林在《聯共布黨史簡明教程》中所表達有相當的一致性，而陸一遠所描述的「共同路線」則與斯大林的思想完全不同。這充分說明了社會發展史這一「體例」在中國的萌發具有多種源頭。筆者囿於語言的限制及視野的不足，無法將這些源頭一一指出，但通過對現有研究的總結及對新發掘出來的文本、史料的通盤審視，可以肯定的是，最早撰述社會發展史的這批作者，在探索和表述社會發展規律時具有一定的靈活性和自主性。假如以「三形態論」、「五形態論」及各種「變體」爲相互區分的範疇來考察的話，他們進行選擇的依據也並不一定都是政治的原因。而那些確實因政治立場不同而產生的差異，也並不一定是同一政治問題或不同政治派別的產物。更可能的情形是，處於不同時期的人，由於所接觸和瞭解的馬克思主義的渠道及本人原有的知識結構的不同，由於結合中國的實際的程度不同，由於所針對的問題（包括學理和政治兩個方面）的不同，誕生了形形色色的「社會發展史」理論。但是，值得注意的是，儘管有諸多差異，這些作品的共同點是毫不懷疑「人類社會一般規律」的存在。這一點從社會發展史誕生之初，直至本書所考查的時間下限時止，均一以貫之。〔註41〕這也說明，無論政治上的差異如何，在學理上他們是有著基本共同點的。也正由於這個原因，後來歷次關於社會形態的爭論之中，學理之爭並不是最重要的不同，他們所爭奪的對象，不過是「一般規律」的話語權。三十年代關於「奴隸社會」是否存在、五十年代批判雷海宗〔註 42〕都是爭奪話語權的表現。正如江勇振所指出的，20 世紀初的中國，已被納入全球信息傳播網絡之中。日本則是這個網絡在亞洲的樞紐。1920 年代末期到 1930 年代初期的「社會史論戰」

〔註40〕 參見張劍平：《社會經濟形態理論與古史分期討論——李根蟠先生訪談錄》，《史學理論研究》2002 年第 4 期。

〔註41〕 包括絕大多數人反對把「奴隸社會」視爲具有普遍意義的社會發展階段，其目的也並不是爲了證明中國具有可自外於社會發展「一般規律」的特殊之處，相反，他們是在堅定地捍衛「一般規律」之存在以及中國與「一般規律」的互洽性。

〔註42〕 雷海宗認爲，社會發展史是生產工具發展史，並以此把人類社會分爲石器時代、銅器時代、鐵器時代和機器時代，批判者認爲這是對歷史唯物主義的根本否認，「在這個問題上我們有權宣佈，五種生產方式的逐次更替，是人類社會歷史發展的規律。這個規律是不以人的意志爲轉移的。」（孫定國：《雷海宗批判》，上海人民出版社，1958 年，第 9～15 頁。）

以及 1934 年的「中國農村社會性質論戰」充分說明了這一點。「〔註43〕奴隸社會否定論，也有其國際淵源。俄國的普列漢諾夫、沙發諾夫、日本的森谷克己等的思想觀點都在中國思想界有著深刻影響。〔註44〕國內這種圍繞學理進行的政治鬥爭，很大程度上也是蘇聯馬克思主義理論內部的爭論及其政治後果在中國的回響。具體反映到社會發展史文本上，就是早期的這種自主性和靈活性，但在斯大林主義統治蘇聯、蘇聯又極大地影響和控制著國際共運之後，這種理論特色就逐漸地喪失掉了。梳理清楚這一點，也可以從另一個側面表明，質疑甚至反對「五形態論」，並不能否定，更毋庸說「取消」探索社會發展「一般規律」的努力。

二、「工具演進史」抑或「階級鬥爭史」

1949 年以後，曾掀起過數次關於社會發展動力的學術爭鳴。大體而言，20 世紀五六十年代，主流的觀點是「階級鬥爭動力論」。七十年代末八十年代初，為「多元動力論」時期。八十年代末以後，雖然宏觀歷史理論研究相對沈寂，「動力」問題不再是學界關注的焦點，但「生產力最終動力論」基本上得到學界廣泛認可。〔註45〕比如，史學研究者周良霄就認為，生產力動力論較之以生產關係為社會形態劃界更加科學。〔註46〕進入新世紀，此類問題較前有所沈寂，但仍有學者在進行探討，並以之推動對中國特色社會主義命題的認識深化。〔註47〕要之，社會發展動力問題，是「社會發展史」的核心問題之一。而在具體敘述中，動力又是通過社會形態的變遷呈現出來的。因此，社會發展動力與社會形態劃分標準二者緊密相連。以什麼為標準劃分社會形態，直接反映著敘述者對社會發展動力的認識。綜觀「社會發展史」話語生成史，主要出現過兩大劃分標準。第一是生產力標準，表現為以生產工具（技

〔註43〕 江勇振：《變動中的史學——20 世紀中國新史學之回眸的省思》，收入李金強等著：《世變中的史學》，桂林：廣西師範大學出版社，2010 年，第 350〜351 頁。

〔註44〕 參見何乾之：《中國社會史問題論戰》，《何乾之文集》第 1 卷，北京：北京出版社，1993 年。

〔註45〕 王先明：《走向社會的歷史學——社會史理論問題研究》，開封：河南大學出版社，2010 年，第 190〜191 頁。王學典、牛方玉：《唯物史觀與倫理史觀的衝突——階級觀點問題研究》，開封：河南大學出版社，2010 年，第 29 頁。

〔註46〕 周良霄：《傳統專制主義批判》，真言書屋，2012 年，第 1〜2 頁。

〔註47〕 馬仲良：《中國特色社會主義是「現代社會」的社會主義》，《北京日報》2012 年 3 月 12 日。

術演進）作爲劃分社會形態的標誌，把「社會發展史」定義爲「工具演進史」；第二是生產關係標準，表現爲以階級關係作爲劃分社會形態的標誌，把「社會發展史」定義爲「階級鬥爭史」。顯然，這又是與前述新中國成立以來關於社會發展動力問題的爭論暗合的。

（一）從李大釗的困惑談起

上述兩種標準之間的緊張，很大程度上源於唯物史觀內部的理論張力，這一點，李大釗早就觀察到了。而且，這位在中國傳播唯物史觀的先驅者曾坦率地提出過他的疑問。1919 年，他在《階級競爭與互助》一文中說，階級鬥爭理論是馬克思倡導的理論。「自太古土地共有制崩壞以來，凡過去的歷史，社會的經濟構造，都建設在階級對立之上。所謂階級，就是指經濟上利害相反的階級。具體講出來，地主、資本家是有生產手段的階級，工人、農夫是沒有生產手段的階級。階級產生於原始社會後期，隨著生產力的發展。在原始社會，經濟上的技術不很發達，一個人的勞動，只能自給，並無餘裕，所以不發生階級。後來技術日精，經濟上發展日進，一人的勞動漸有餘裕。這個餘裕，就是剩餘勞工。剩餘勞工，漸次增加，持有生產手段的起來乘機奪取，遂造成階級對立的社會。到了生產力非常發展的時候，與現存的社會組織不相應，最後的階級爭鬥，就成了改造社會消泯階級的最後手段。」〔註48〕他還指出，馬克思的經濟鬥爭學說和「他那經濟的歷史觀很有關係。他說人類的生產方法隨著生產力的發展而變化，人類的社會關係又隨著人類生產方法的變化而變化，人類的精神的文化更隨著人類的社會關係的變化而變化。社會組織固然可以說是隨著生產力的變動而變動，但是社會組織的改造，必須假手於其社會內的多數人。而爲改造運動的基礎勢力，又必發源於在現在的社會組織下立於不利地位的階級。那些居於有利地位的階級，除去少數有志的人，必都反對改造。一階級運動改造，一階級反對改造，遂以造成階級競爭的形勢。」〔註49〕在《我的馬克思主義觀》中，李大釗提出，階級鬥爭理論是從根本上聯絡唯物史觀關於過去、現在和未來的三大原理的「一條金線」。但是，他同時又感到階級鬥爭學說與經濟的歷史觀之間多少又存在一

〔註48〕李大釗：《階級競爭與互助》，《每週評論》第 29 號，1919 年 7 月 6 日，《李大釗全集》第二卷，第 355 頁。

〔註49〕李大釗：《階級競爭與互助》，《每週評論》第 29 號，1919 年 7 月 6 日，《李大釗全集》第二卷，第 355 頁。

些矛盾。「蓋馬氏一方既確認歷史——馬氏主張無變化即無歷史——的原動為生產力；一方又說從來的歷史都是階級競爭的歷史，就是說階級競爭是歷史的終極法則，造成歷史的就是階級競爭。一方否認階級的活動，無論是直接在經濟現象本身上的活動，是間接由財產或一般法則上的限制，長可以有些決定經濟行程的效力；一方又說階級競爭的活動，可以產出歷史上根本的事實，決定社會進化全體的方向。」二者之間始終「有些牽強矛盾的地方」。〔註50〕李大釗的解決方法是把階級鬥爭理論看作是對歷史實然進程的分析工具，而把生產力的決定作用視為歷史應然法則的體現。同時，限制階級鬥爭理論在歷史分析中的適用範圍，他提出：「與其說他的階級競爭說是他的唯物史觀的要素，不如說是對於過去歷史的一個應用。」同時，他還主張真正的歷史，應是「互助的歷史，沒有階級競爭的歷史」。〔註51〕

　　但是，李大釗感到困惑的問題，並沒有繼續引起馬克思主義者的深入探討。沒過幾年，隨著革命形勢的發展，或者說，在指導革命實踐這一目的之下，階級鬥爭理論對現實革命的巨大推動作用掩蓋了它與生產力決定論在學理上的矛盾，唯物史觀說和階級鬥爭被認為是「打成一片」的，階級鬥爭理論「實在找不出和唯物史觀有矛盾的地方」。1922年，陳獨秀在一次演講中明確說：「有人以為馬克思唯物史觀是一種自然進化說，和他的階級爭鬥之說未免矛盾。其實馬克思的革命說乃指經濟自然進化的結果，和空想家的革命說不同；馬克思的階級爭鬥說乃指人類歷史進化之自然現象，並非一種超自然的玄想。所以唯物史觀和階級爭鬥說不但不矛盾，並且可以互相證明。」〔註52〕但是，陳獨秀並沒有論證兩種學說如何「互相證明」，因此，這種「圓融」實際上只停留在意識形態或宣傳層面，而在學理層面，馬克思的社會發展史理論框架中始終存在「生產力」與「階級鬥爭」之間的張力。〔註53〕

〔註50〕 李大釗：《我的馬克思主義觀》，《新青年》第6卷第5、6號，1919年10月，《李大釗全集》第三卷，第19、29～36頁。

〔註51〕 李大釗：《我的馬克思主義觀》，《新青年》第6卷第5、6號，1919年10月，《李大釗全集》第三卷，第19、29～36頁。

〔註52〕 陳獨秀：《馬克思學說》，《新青年》第九卷第六號，1922年7月1日，任建樹主編：《陳獨秀著作選編》（第二卷），上海：上海人民出版社，2009年，第446～447頁。

〔註53〕 可以參閱 G‧A‧柯亨：《卡爾‧馬克思的歷史理論》，重慶出版社，1989年版；威廉姆‧肖：《馬克思的歷史理論》，重慶出版社，1989年版；羅伯特‧韋爾、凱‧尼爾森編：《分析馬克思主義新論》，北京：中國人民大學出版社，2002年版。

（二）工具演進史

馬克思有一句名言：手推磨產生的是封建主為首的社會，蒸汽磨產生的是工業資本家為首的社會。〔註54〕他還說過，「動物遺骸的結構對於認識已經絕種的動物的機體有重要的意義，勞動資料的遺骸對於判斷已經消亡的社會形態也有同樣重要的意義。各種經濟時代的區別，不在於生產什麼，而在於怎樣生產，用什麼勞動資料生產。勞動資料不僅是人類勞動力發展的測量器，而且是勞動藉以進行的社會關係的指示器。」〔註55〕可見，生產工具在馬克思主義歷史觀中具有重要地位。馬克思主義認為，生產工具是作為生產力要素之一的勞動資料的重要組成部分，是社會生產力發展水平的客觀標誌，人類征服自然能力的重要尺度。生產工具的每一次大的進步，都標誌著人類生產力發展到了一個新階段。有什麼樣的生產工具，就會相應地有什麼樣的勞動組織形式和具體的勞動方式。勞動組織形式和具體的勞動方式的演化，歸根到底是由生產工具的變化決定的。勞動資料特別是生產工具還制約著勞動者的素質，決定著勞動對象的廣度和深度。〔註56〕

上述馬克思關於生產工具這些思想和論述，幾乎與唯物史觀同時傳入中國。或者說，中國人最初正是通過這些思想和論述認識唯物史觀的。1919年，李大釗在《我的馬克思主義觀》中就譯述過上引馬克思的名言，「手臼產出封建諸侯的社會，蒸汽製粉機產出產業的資本家的社會。」〔註57〕同年，楊匏安也在一篇文章中說，「生產力與社會組織有密切的關係，生產力一有變動，社會組織亦隨之而變動。社會組織即社會關係，與布帛粟米無異，亦人類依生產力而產出者也。手臼產出封建諸侯的社會。蒸汽製粉機產出產業資本家的社會。」〔註58〕1922年，楊匏安在一篇文章中又明確說，「生產的手

〔註54〕馬克思：《路易・波拿巴的霧月十八》，《馬克思恩格斯選集》第1卷，北京：人民出版社，1995年，第108頁。

〔註55〕馬克思：《資本論》，《馬克思恩格斯全集》第44卷，北京：人民出版社，2001年，第210頁。

〔註56〕肖前主編：《馬克思主義哲學原理》，北京：中國人民大學出版社，1993年，第321～322頁。

〔註57〕李大釗：《我的馬克思主義觀》（1919年9月），刊載於《新青年》第6卷第5、6號，1919年10月11日，中國李大釗研究會編注：《李大釗全集》第四卷，北京：人民出版社，第27頁。

〔註58〕楊匏安：《馬克斯主義（Marxism）（一稱科學的社會主義）》，原載1919年11月《廣州中華新報》，見中共珠海市委黨史研究室編：《楊匏安文集》，北京：中央文獻出版社，1996年，第170頁。

段——器具機械——就是在歷史上劃分時期的標準」。〔註59〕李達所譯《唯物史觀解說》（1921 年）是唯物史觀在華早期傳播的重要文獻，影響很大。該書在論及唯物史觀時也將重點放在生產力（技術）方面，把唯物史觀的「要義」歸結爲：「（一）勞動技術，即生產力作成社會的基礎。生產力決定生產關係，即決定生產過程中互相對立的人與人的關係。在分成階級的社會中，生產關係同時又是財產關係。生產關係與財產關係不單是個人間的關係，又是階級間的關係。（二）技術繼續發達。生產力，生產方法，以及生產與財產及其階級關係也是繼續變化。所以人的自覺即對於法律、政治、道德、宗教、哲學、藝術等思想觀念，也和生產關係及生產力共同變化。（三）新技術在他進步的某階段上，與舊生產及財產關係相矛盾衝突。結局新技術得勝。以舊形式爲利的保守階級和以新生產力爲利的進步階級之間的經濟鬥爭，造成法律上政治上宗教上哲學上及藝術上的種種形式，這種形式表現在兩者的自覺之中。」〔註60〕而且，該書特別重視新技術在社會發展中的作用，用相當大的篇幅描述了技術發展對於人們生活的影響，並總結說，「技術進步，不單是造出新生產關係和財產關係，而且也造出了新階級關係；所以就現在說技術的進步造出了很大的階級懸隔，造出了很大的階級鬥爭。」〔註61〕「科學，法律，政治，習慣，宗教和哲學，藝術，都是隨著生產關係的變遷而變遷，這個生產關係又隨技術的進化而變遷。」〔註62〕1927 年，瞿秋白譯注的《無產階級之哲學——唯物論》出版，其中明確講到，研究社會時，通過古代人類所用的工具，就可以研究出當時當地的經濟制度，以及社會生活的狀態。〔註63〕戴季陶等國民黨人是 1920 年代前期傳播唯物史觀的重要力量，他們的看法也是如此。在 1919 年 6 月至 1920 年底的這段時間裏，戴

〔註59〕 楊匏安：《馬克斯主義淺說》，原載 1922 年 3～4 月《青年週刊》，收入中共珠海市委黨史研究室編：《楊匏安文集》，北京：中央文獻出版社，1996 年，第190 頁。

〔註60〕 〔荷蘭〕郭泰著、李達譯：《唯物史觀解說》，中華書局，1921 年 5 月發行，1930 年 4 月 11 版，第 14～15 頁。

〔註61〕 〔荷蘭〕郭泰著、李達譯：《唯物史觀解說》，中華書局，1921 年 5 月發行，1930 年 4 月 11 版，第 23 頁。

〔註62〕 〔荷蘭〕郭泰著、李達譯：《唯物史觀解說》，中華書局，1921 年 5 月發行，1930 年 4 月 11 版，第 124 頁。

〔註63〕 瞿秋白：《無產階級之哲學——唯物論》，《瞿秋白文集・政治理論編》第八冊，北京：人民出版社，1998 年，第 422～425 頁。

季陶在《建設》、《星期評論》等刊物上發表文章 150 篇，大多涉及馬克思主義唯物史觀。〔註 64〕他也很重視工具的意義：「經濟是決定人類社會構成形體的，工具是決定經濟的組織的。一旦工具發生了大變化，於是生產、分配、交換、交通，一切社會之經濟的條件都要隨著變化」；「人類社會的一切組織形體沒有不隨應用工具的變遷以為變遷。每有一種工具的發明，社會的構成上一定受很大的影響。」〔註 65〕在 1920 年代關於社會主義的論戰中，支持社會主義一方的一個主要論點，就是社會主義比資本主義更能促進生產力發展。而且，他們也認為建設社會主義的任務在於大力發展生產力，社會主義必須建立在生產力發展的基礎之上。「社會主義的生產，一定要生產力比資本主義的生產力大，然後才沒有危險」。〔註 66〕要之，在早期馬克思主義者看來，社會發展的動力是技術進步，而生產工具又是技術進步的結果與標誌。相對而言，對階級鬥爭學說的認同就弱得多。1920 年代也有學者提出，「一部歷史……是一部民眾與特殊階級的鬥爭史」，「社會主義運動的目標，並不是以一個階級代替一個階級，而是以全社會代替一個階級」。〔註 67〕文中所謂民眾與特殊階級的鬥爭，不具有馬克思所說的階級鬥爭的含義，而類同於官、民鬥爭。

與此相應的是早期「社會發展史」文本中對生產工具的重視。蔡和森的《社會進化史》也注重生產力發展的意義以及作為其標誌的生產工具、生產技術以及人的勞動技能。他以武器為例說明了這一點：弓箭為野蠻時代的武器，鐵劍為半開化時代的武器，槍炮為文明時代的武器。有論者認為這說明蔡和森「對馬克思主義理論的整體性把握不是很全面」，過於強調唯物史觀，但對辨證法瞭解較少，很少提到生產關係與上層建築對生產力和生產關係的反作用。〔註 68〕實際上，蔡和森這種所謂「思想不足」正是當時真實思想生態的生動表現。1925 年，張伯簡在《社會進化簡史》中也說，「馬克思說：經

〔註 64〕李田貴、趙學琳：《二十年代國民黨人對馬克思主義的傳播》，《當代世界社會主義問題》2003 年第 4 期。

〔註 65〕唐文權、桑兵：《戴季陶集》，武昌：華中師範大學出版社 1990 年版，第 1213 頁。

〔註 66〕C・T：《我們要怎麼樣幹社會革命》，《共產黨》1921 年第 5 期，第 14 頁。

〔註 67〕郭夢良：《資本主義的浪費：英爾特社會主義的現代產業制度觀》，《東方雜誌》，1923 年第 20 卷第 21 期，第 23～24 頁。

〔註 68〕邱紅霞著、宋進教授指導：《論蔡和森的社會主義思想》，華東師範大學碩士論文，2010 年，未刊，第 26 頁。

濟形式的區分，不在生產什麼，而在如何生產，用什麼勞動工具。勞動工具不僅可以測量人類勞動力的發展，並且可以在某社會關係下完成的勞動工具，測知其社會關係。」「大凡由這個社會變到那個社會，必定是他的經濟基礎變更，即生產技術進步的動力使之推進。」在描述社會形態變遷時，張伯簡特別注重生產工具變遷的意義，他認爲，每一次社會形態的變革，都是由技術發展推動的。他指出，「原始共產社會的經濟，可以按照他的生產工具發展的程序，將他分作三個時期說明」，第一個時期，生產工具只有直接取自自然界、未經加工的石頭和棍子；第二個時期，開始使用經過加工的石器，學會了使用取火；第三個時期則有了弓箭。到了「族長的血族公社的經濟」，「人類的技術漸漸的比較原始時代進步，他們除利用固有的工具以適合於生產之外還發現銅器，到末了更進而發生鐵器以代前一期的石器與木器了。」此後，工具的進步一直推動著社會前進，直到蒸氣及大機器的產生導致資本主義生產方式的出現。「封建社會是接著族長血族社會來的，是由於當時生產力的變遷，即技術的進步而促成的。」「一七七〇年至一七八九年之間，第一個蒸氣機便應用於英國織物的工廠。於是蒸氣及大機器就出來演了一場生產事業底革命。從此大規模的近代工業，便取了手工工業的地位；機器代替了人工。這種急激改變的生產方法，克服了全世界，使全世界成爲資產階級所統治。」「從社會主義過渡到共產主義是漸進的，他是以生產力的發達，及共產意識的瞭解爲標準。」〔註69〕

在此後直至三十年代的各個文本大都重視技術以及生產工具變革對歷史發展的決定性意義。1927年北新書局版《社會進化史大要》中明確說，生產力是社會進化的原動力。」「生產力是生發的，是繼續不斷，猛力發展的；社會關係是因襲的，是有不少仍舊貫的形勢的，所以，社會關係的改革，往往不如生產力進化之快，一旦生產力的進程十分大於社會關係的進程時，矛盾便以是發生了。」〔註70〕1929年，陸一遠在《社會形式發展史》中說，「社會發展過程全賴技術的發展。」〔註71〕在1931年出版的《社會進化史大綱》中，陸一遠對此作了更清晰的論述，他指出，社會發展階段的分類是以「以生產力發展的水平線爲標準的，生產力變化了，那社會階段也就變化了。」而生

〔註69〕張伯簡：《社會進化簡史》，第40頁。
〔註70〕黎明：《社會進化史大要》，北京：北新書局，1927年，第14～15頁。
〔註71〕陸一遠：《社會形式發展史》，上海：江南書店印行，1929年，第176頁。

產力發展水平又直接與技術發展水平相關。「在原始社會，技術非常幼稚，社會關係非常薄弱，人類過的是游移生活，因之生產力發展的水平線就非常低淺，使人類的生存得不到穩定的保障。在氏族社會，技術較爲進步，人類生存亦較爲穩定，血統氏族關係遂有產生的可能，至氏族社會末期，剩餘生產品亦時有發現。在封建社會，剩餘生產品之增加，足證生產力之有捷足的發展；生產工具漸成個體的私有財產；社會階級也是在那時候形成的。在資本主義社會，剩餘生產品全爲社會少數份子所佔有，而變爲再生產的資本。資本愈發達，被剝削者愈多；生產者與生產工具完全脫離固有的關係；生產工具爲一階級所獨佔；生產力在捷足地發展；生產中發生無政府的現象；資本家對於生產工具的壟斷，成爲生產力向前發展的莫大的障礙。」〔註72〕

1931 年，鄧初民著《社會進化史綱》出版，明確提出工具是社會發展分期的標誌，社會發展史就是工具演進史，並作了十分系統的論述。他提出，社會發展史本身是延綿不斷的，對其進行分期，只是爲了研究便利而作出的人爲的努力，而分期的「界碑」也就是標誌則是生產工具。「每一社會形態，是以每一社會的生產關係爲其內容的。而決定這一生產關係的，又是生產力。」生產力之表現形式則「完全是生產工具」。所以，「我們不如說每一社會分期的界碑，就是生產工具。」〔註73〕人造工具是歷史時代開始的標誌。「人如果沒有人造的工具和積極的勞動過程，他就將老是單純的動物，將老是自然的奴隸，如走獸飛鳥一樣，他的生命，將完全依靠他的自然器官的發展；因之也將無所謂人類歷史的開始了。所以人類歷史，我們有權可以說是在人造工具代替了人類自然器官，對於人類生活發生重大作用的時候發端的。在這個時候，消極的適應——環境對於人類有機體的反應，終止了；積極的適應——有機體對於環境的反應，開端了。」而且，「人造工具的使用是人類最特殊的標記，此後人類社會的一切歷史，都是以文化或人造環境所創造的工具的發展爲推移的。」「凡是人類的發展與進步的一切方面，都導源於人造工具的發達與進步。它每一次的發達與進步，都是要引起革命的，它才是革命成功與失敗的最後的決定點。它由粗陋而趨於完善，由單簡而趨於複雜，粗陋與單簡的社會也要由革命而趨於完善與複雜。人類從狼一般的小群，而進於氏

〔註72〕陸一遠：《社會進化史大綱》，上海：光明書局印行，1931 年，第 6～7 頁。
〔註73〕鄧初民：《社會進化史綱》，上海：神州國光社出版，1932 年 9 月再版，第 15 頁。

族，再由氏族而進於民族國家，都是工具演進的影響，工具一有了根本上的改變，人類社會中的生活形態即與之俱變。即在有意識的人類社會，人造工具是一切變化的出發點。」〔註74〕生產工具是「推動人類社會的主要動力」。「人類社會演進的歷史，就是工具演進的歷史。」人類社會各種工具按一定秩序排列結合而成勞動工具的系統，也就是社會的技術系統，這一系統決定著生產關係的系統。〔註75〕除鄧初民之外，三十年代的其他「社會發展史」作者也作出了類似論述，比如劉瑩在《人類社會進化史》（1931）中說，「生產力的發展，才是社會進化的基點」。〔註76〕劉炳藜在《社會進化史》（1935）中說，「社會的基礎構造是經濟，而經濟過程的基本構造是生產工具，所以歷史學家多以生產工具的進化來劃分人類社會的歷史。」〔註77〕這些論述，雖然不及鄧初民的論述系統、全面，但其精神實質是相通的。應該說，重視工具變革、技術進步及其對社會發展的先導作用，實質是重視生產力在社會發展中的決定性作用。這是社會形態劃分問題上的「生產力標準」，也就是以生產力的進步作為社會形態發展的根本力量，這是二三十年代「社會發展史」話語在社會發展動力問題上的主流觀點。〔註78〕

（三）階級鬥爭史

階級鬥爭理論也是唯物史觀的重要內容。與重視「生產工具」一樣，馬克思和恩格斯也非常重視階級鬥爭對於歷史進步的動力作用，視之為「歷史的直接動力」，而且「特別是重視資產階級和無產階級之間的階級鬥爭，認為它是現代社會變革的巨大槓桿。」〔註79〕他們認為，階級社會的歷史是階級

〔註74〕 鄧初民：《社會進化史綱》，上海：神州國光社出版，1932年9月再版，第8頁。

〔註75〕 鄧初民：《社會進化史綱》，上海：神州國光社出版，1932年9月再版，第44～45頁。

〔註76〕 劉瑩：《人類社會進化史》，上海：春秋書店，1931年，第5頁。

〔註77〕 劉炳藜：《社會進化史》，上海：中華書局，1935年，第14～15頁。

〔註78〕 雖然也有一些文本提及階級鬥爭，但多停留在理論層面，缺乏歷史的描述。比如，王子雲的《社會進化史》認為，馬克思主義歷史敘事的對象是「社會階級」，「在社會發展的相當階段上，即在氏族社會崩潰的時候，便發生了社會階級，而隨階級以俱來的，即是發生於階級利益矛盾中的階級鬥爭。」「研究歷史，即是認識至今為人類社會之要質的階級鬥爭的發展。」但是，在對各社會形態及社會形態變遷的具體敘述中，卻並沒有對階級鬥爭的情況作過多描述。（王子雲：《社會進化史》，上海：崑崙書店，1930年，第1～2頁）

〔註79〕 馬克思和恩格斯：《給奧·倍倍爾、威·李卜克內西、威·白拉克等人的通告

鬥爭史。「過去的全部歷史是階級鬥爭的歷史，在全部紛繁複雜的政治鬥爭中，問題的中心始終是社會階級的社會和政治的統治，即舊的階級要保持統治，新興的階級要爭得統治。」﹝註 80﹞「人類的全部歷史（從土地公有的原始氏族社會解體以來）都是階級鬥爭的歷史，即剝削階級和被剝削階級之間、統治階級和被壓迫階級之間鬥爭的歷史；這個階級鬥爭的歷史包括有一系列發展階段，現在已經達到這樣一個階段，即被剝削被壓迫的階級（無產階級），如果不同時使整個社會一勞永逸地擺脫任何剝削、壓迫以及階級劃分和階級鬥爭，就不能使自己從進行剝削和統治的那個階級（資產階級）的控制下解放出來。」﹝註 81﹞他們還認為，階級鬥爭不但縱貫於有階級以來的社會，而且是社會各領域的衝突中最具根本性，其他衝突只是階級鬥爭的某種反映。恩格斯在《路易‧波拿巴的霧月十八》第三版序言中寫到，「一切歷史上的鬥爭，無論是在政治、宗教、哲學的領域中進行的，還是在其他意識形態領域中進行的，實際上只是或多或少明顯地表現了各社會階級的鬥爭」。但是，客觀地講，經典作家是在人類歷史發展自然進程的理論視野中看待階級鬥爭的，雖然階級鬥爭可能帶來殘酷的結局，但在共產主義到來之前，人類的進步就像可怕的異教神像那樣，只有用人頭做的酒杯才能喝下甜美的酒漿。因此，就在上一段引文之後，恩格斯緊接著又說：「這些階級的存在以及它們之間的衝突，又為它們的經濟狀況程度、它們的生產的性質和方式以及由生產所決定的變換的性質和方式所制約。」﹝註 82﹞恩格斯還說過，「社會分裂為剝削階級和被剝削階級、統治階級和被壓迫階級，是以前生產不大發展的必然結果。」﹝註 83﹞馬克思也認為，對於人類進步的殘酷形式覺得悲傷是不必要的，無論「個人的感情是怎樣難以接受，但從歷史觀點來看，我們有權同歌德一起高唱『既然痛苦是快樂的源泉，那又何必因痛苦而傷心？』」因此，在

信》，《馬克思恩格斯全集》第 19 卷，北京：人民出版社，1972 年，第 189 頁。

﹝註80﹞ 恩格斯：《卡爾‧馬克思》，《馬克思恩格斯全集》第 19 卷，北京：人民出版社，1972 年，第 121～122 頁。

﹝註81﹞ 馬克思和恩格斯：《共產黨宣言》，《馬克思恩格斯文集》第 2 卷，北京：人民出版社，2009 年，第 40 頁。

﹝註82﹞ 馬克思和恩格斯：《德意志意識形態》，《馬克思恩格斯選集》第 1 卷，北京：人民出版社，1995 年，第 583 頁。

﹝註83﹞ 恩格斯：《社會主義從空想到科學的發展》，《馬克思恩格斯全集》第 25 卷，北京：人民出版社，2001 年，第 410 頁。

生產力發展這一決定性的客觀規律面前，作爲歷史發展主動性因素的階級鬥爭不能不是退居第二位的。但是，在 1940 年代的「社會發展史」話語中，卻不是如此。正如有的學者所言，大革命失敗後，經過郭沫若、呂振羽等史學家的努力，馬克思主義新史學有了迅速發展。但是在三十年代的社會史論戰中，以郭沫若、呂振羽爲代表的新史學，產生了一種「偏向」，即過於偏重對社會經濟動因的研究，對農民的階級鬥爭特別是農民革命在推動歷史前進的問題上，沒有很好涉及。對於這種狀況，翦伯贊曾提出批評說，「至少是過於偏重了歷史之經濟的動因，而忽略了歷史之主觀創造的動因」。後來，根據毛澤東的史學理論，這種傾向被糾正，郭沫若的《甲申三百年祭》就是其體現。〔註 84〕王學典也指出，李大釗已經使用階級鬥爭理論觀察歷史。郭沫若、翦伯贊、呂振羽等在三十年代初也對階級鬥爭作了描述。但他們當時的主要精力在於論爭中國歷史的「合法則性」，而不是解剖階級關係。眞正運用階級觀點來全面分析中國歷史，是在抗日戰爭時期。〔註 85〕在「社會發展史」文本中，從「歷史之經濟的動因」轉向「歷史之主觀創造的動因」，大體是在 1940 年代初期，其典型文本是華崗的《社會發展史綱》。這是一部在「社會發展史」話語形成史上具有「界碑」意義的作品。從這一文本開始，「社會發展史」話語發生了重要轉折，劃分社會形態的主要依據從生產力逐漸變爲生產關係，就是其中之一，與此相適應的，則是在「社會發展史」敘事中凸顯階級鬥爭以及對農民戰爭態度的改變。

華崗是「社會發展史」話語生成史上一個重要人物。他的《社會發展史》在當時的青年中極具影響力。生活書店在出版該書時，作了如下概括：「一、它肅清了過去國內所有社會發展史讀本中的各種錯誤觀點；二、它完整地敘述了人類歷史上各種生產關係的基本形態，並且不是平面地一一敘述，而是從發展的一般敘述中，更論及中國歷史發展具體形態，再加上作者的廣博的知識與優美的問題，實爲研習社會科學的讀者的入門書。」〔註 86〕著名作家王蒙在中學時代就讀過華崗的《社會發展史綱》，他回憶到：「華崗的《社會發

〔註 84〕 劉運承：《關於中國農民戰爭史的理論》，《社會科學》1984 年第 4 期，第 59 頁。

〔註 85〕 王學典：《翦伯贊學術思想評傳》，北京：北京圖書館出版社，2000 年，第 249 頁。

〔註 86〕 葉桂生、劉茂林：《華崗在歷史學上的貢獻》，《文史哲》1988 年第 5 期，第 56 頁。

展史綱》令我參盡天機天條，五種生產方式，歷史必然規律，誰能違反？誰能改變？一讀此書立即覺得是正義在胸，真理在手。」〔註87〕這本書是華崗在桂林養病期間寫成的。「當時原為生活書店青年自學叢書而作，其目的想以簡短的篇幅，寫出人類社會全史的一個大體輪廓，當作啟蒙讀物。」華崗自述當時之所以接受書店的約稿，「主要由於看到當時中國出版界所出關於社會史一類的書籍，都包含有嚴重的錯誤和缺點，其中最主要的毛病，就是以社會進化史來代替社會發展史，即以進化觀點貫徹社會全史，而否認革命突變在社會發展中的重大作用。」1946 年時，曾略作修訂，但因為缺乏時間和史料，華崗並不滿意。1950 年，全國各地掀起了學習社會發展史的熱潮，當時正在青島修養並被山東大學聘授政治大課「社會發展史」，他感到「以此作為改造知識分子，建立勞動觀點和階級觀點的初階，此書或有可供參考之處」，於是邊講課邊修訂，在劉禹軒、向陽、林世昌、陳碩、劉季斐、楊因心等學生記錄稿基礎上，形成了增訂本。增訂本與 1940 年的初稿本差別很大，新增加了新民主主義社會一章，其他章節也有相應重寫。〔註88〕華崗在山東大學講授社會發展史，不但全校師生聽，青島許多宣傳文教部門也派人來聽。大家在廣場的層層石階上席地而坐，擔任記錄的同學則坐在講桌前面。華崗講課只有幾頁提綱，沒有講稿。講完之後，學生把記錄整理出來，送呈華崗過目後就刊登在華崗和山大軍代表羅竹風倡議創辦的校刊《山大生活》上，不僅山大內部競相傳閱，青島各單位以及全國各大院校也常到索閱，可見影響之大。〔註89〕

　　與此前的「社會發展史」文本相比，華崗的《社會發展史綱》的一大顯著特點就是格外重視生產關係。與鄧初民等把社會發展史視為「工具演進的歷史」不同，華崗首先指出，「社會發展史，首先就是生產發展史，……同時也就是物質資料生產者本身的歷史，就是勞動群眾──他們是生產過程之基本力量並實現著為社會生存所必需的物質資料之生產──的歷史。」其次，他才講到，生產力之變更和發展，是從生產工具的變更和發展開始的。但他又接著指出，生產關係對生產力有重要影響。「或加速其發展，或延緩其發展。而且必須指出：生產關係不能太長期落後於生產力的增長並和這增長相矛盾；因為生產力，只有當生產關係適合於生產力的性質及情況，並給生產力

<hr>

〔註87〕王蒙：《半生多事》，廣州：花城出版社，2006 年，第 54 頁。
〔註88〕華崗：《社會發展史綱》（增訂本），上海：三聯書店，1951 年第五版（增訂本），「增訂本序言」。
〔註89〕劉禹軒：《華崗與〈山大生活〉》，《聯合日報》2003 年 12 月 12 日第 1 版。

以發展餘地時，方能儘量地發展。如果不然，那我們就會看見生產力與生產關係在生產系統中的統一之根本破壞，經濟危機，生產力之毀壞。」〔註90〕與這一理論認識相應，在華崗的《社會發展史綱》中，更注重「階級」、「生產資料所有制」等與「生產關係」相聯繫的內容。他在敘述每一社會形態之時，均以相當筆墨描述該社會形態下的生產資料所有制情況及階級關係。他指出，自奴隸社會以來，每一新社會形態的形成，都可以找到階級鬥爭的決定作用。他對此一一進行了描述。他指出，在奴隸社會到封建社會的變遷過程中，奴隸的反抗和鬥爭起了決定作用。「奴隸社會的歷史，正是一部奴隸們反抗奴隸主的歷史。」「不斷的奴隸抗爭和暴動，終究是奴隸制度破毀和滅亡的主要原因。」當然，華崗在分析奴隸制度的崩潰時，也提到了生產力方面的原因。他指出：奴隸制度下，生產技術不能有大的發展，造成奴隸制度的生產關係，成為生產力發展的障礙。「大規模的奴隸經濟，由於奴隸勞動的生產力的低下，沒有什麼收入可言，於是就逐漸崩潰下去。」但他是在階級鬥爭的大命題下來闡述這個問題的。首先，他指出奴隸制度下生產力不能有大的發展的原因在於奴隸主和奴隸的階級對立。由於這種階級對立，導致「奴隸們不僅沒有任何興趣來提高生產力，而且還故意把勞動工具毀壞，以泄氣憤。於是奴隸主只給奴隸以最粗笨的、不易損壞的工具，並以最野蠻的辦法去剝削他們。同時，奴隸主自己，又把勞動視為可恥之事，從不留意去改良生產。」其次，他又指出，奴隸經濟的沒落的結果是加劇了奴隸的鬥爭。「這種抗爭，在奴隸經濟衰落的時候，更加劇烈。」同時，華崗還提到了自由民中的小農手工業者、附屬農民起義以及奴隸主本身腐朽和外族入侵對於奴隸制度崩潰的作用，但又指出，這種作用只是輔助性的，只是奴隸社會崩潰進程的加速度，而真正原發性的力量，仍是奴隸和奴隸主之間的階級鬥爭。「在奴隸革命的震動之下，奴隸制度陷於崩潰，以後更因戰爭的失敗而完全滅亡」。同樣，在封建社會到資本主義社會的變遷中，農民以及其「民主力量」的反抗和鬥爭也起了決定性作用。「在封建社會瓦解的過程中，演著決定的作用的是農民的抗爭。」而農民起義，不論發生在世界上哪一國的，都是社會階級鬥爭尖銳化的結果。華崗指出：「各國農民起義是由於各國特殊的條件引起的，但它們的基本原因，則是封建剝削的加強。同時由於高利貸資本逐漸侵入農村的緣故，更加重了封建剝削的程度，使廣大農民貧困餓死，不得不

〔註90〕華崗：《社會發展史綱》，上海：生活書店，1946年，第7～8頁。

奮起抗爭，在血泊中找求生路。」〔註91〕「民主力量（一定國家內的資產階級、無產階級、農民及城市小資產階級）與封建階級之間的鬥爭……逐漸尖銳化，直到發展成爲廣泛的民眾的革命運動。這種革命運動的發展，正是掃除封建制度與開闢資本主義發展的基本動力。」〔註92〕

　　與階級鬥爭理論凸顯相適應的，是對農民運動和農民戰爭態度的變化。這種變化包括兩個方面，一是在立場上，高度肯定農民戰爭的並賦予道義正當性。二是在分析框架上，拋棄了早期農戰史研究中較多使用的商業資本主義理論，轉而完全使用階級鬥爭理論對農民戰爭進行研究。

　　農民運動和農民戰爭的學術研究是從 1930 年代正式開始的。1933 年，蔡雪村著《中國歷史上的農民戰爭》和薛農山著《中國農民戰爭之史的分析》分別由亞東圖書館發行、神州國光社出版。兩位作者均表示，要以唯物史觀爲指導研究農民戰爭。蔡雪村提出：「歷史上的唯物論告訴我們，一切社會現象，都要受一定的因果律所支配。我們於研究中國『古董』的過程中，必須找出推動社會不斷演變，不斷前進歷史的因果律性質。」〔註93〕薛農山則認爲：「我們拿著一個唯物的武器，才能走出這紛亂而複雜的中國歷史的『迷宮』。」〔註94〕這兩部書有一個共同點，即在「商業資本主義」理論框架下探討農民戰爭，並認爲全國性農民戰爭出現的社會條件是中國過早地形成了「商業資本主義社會」。蔡雪村提出，我國從戰國末期起，土地已純全成爲商品性質，可以自由交易；相應地，政治上逐漸變成商人、官僚、地主三位一體之統治階層，社會分裂爲「富者田連阡陌，而貧無立錐」兩種敵對營壘。自秦代直到清代中期，中國都是商業資本主義社會，「大規模的農民暴動是商業資本發展下的直接產物」。在封建的自然經濟時代，因爲當時的「交換紐帶」比較狹小，暴動帶有地方的性質，很容易被鎮壓下去，全國性農民暴動是不會發生的。「商業資本主義底發展，替各地方之間造出了廣闊堅強的紐帶，跟著也就造成了普遍全國的農民暴動的基礎。」〔註95〕薛農山也認爲，「商業資本

〔註91〕華崗：《社會發展史綱》，上海：生活書店，1946 年，第 154～155 頁。
〔註92〕華崗：《社會發展史綱》，上海：生活書店，1946 年，第 162～163 頁。
〔註93〕蔡雪村：《中國歷史上的農民戰爭》，上海：亞東圖書館，1933 年，第 4 頁。
〔註94〕薛農山：《中國農民戰爭之史的分析》，上海：神州國光社，1933 年，第 229 頁。
〔註95〕蔡雪村：《中國歷史上的農民戰爭》，上海：亞東圖書館，1933 年，第 1、31 頁。

在中國歷史上早熟的痕跡是異常的明顯，在商朝它已經是開始形成，如貨幣制度之草創，而周朝則更迅速的完成它的進展」，此後，中國進入商業資本主義社會。他提出，商業資本破壞了原有的自然經濟，並取得在經濟上的統治地位，使高利貸資本深入農村，土地成了可以自由買賣的商品。「在這許多複雜的條件下面，反映於一般政治形態的，如奴隸之解放，農奴反地主的鬥爭，最後便形成農民為要求土地而鬥爭。」〔註96〕同時期的「社會發展史」文本提及農民戰爭的，也多和蔡、薛二書一樣，以「商業資本主義」理論為基礎。比如，王子雲的《社會進化史》是對農民戰爭著力較多的一個文本，以七節的篇幅論述了法、英、德、俄、中等國的農民戰爭，並作出了理論分析。他提出，農民戰爭的原因都是一樣的，就是：「農民不堪受地主及商業資本家的壓迫及剝削。」〔註97〕劉炳藜的《社會進化史》也是如此，在論及農民暴動時，把原因歸於商業資本對農業經濟的破壞。「農村經濟抵不住貨幣的橫流，當然趨於衰落的境況。且因為農民沒有像工匠行會一樣強固的組織來保護自己，所以更容易墮於商業資本主義的勢力之下。農民愈受商業資本的支配，其生活愈趨於低下，其技術亦愈趨於腐敗，結果便形成農業上的恐慌。」農民不堪忍受而發生暴動。〔註98〕

　　華崗在《社會發展史綱》中，則對農民運動進行了全面的肯定。他指出，雖然農民戰爭終歸於失敗，而且其目的是保存小生產，「但是他們為此而和封建統治作劇烈鬥爭，是起了巨大的革命作用。他們震動、損毀了封建的關係，造成了有利資本主義發展的條件。」〔註99〕而且他沒有使用「商業資本主義」的概念工具，相反，對這一理論進行了系統批判。他指出，「商業資本之不能代表歷史上一獨特的階段，這差不多是略具社會史常識的人們都應該知道的。」但是，波格丹諾夫的《經濟科學大綱》以及其中國抄襲者陶希聖的《中國社會之史的分析》「流毒」甚廣。「我們應該認識那正是中國買辦資本主義之存在的特性的反映，又與帝國主義侵略中國的理論相聯結。」〔註100〕相應地，在全書的具體行文中，也沒有詳論以往社會發展史文本津津樂道的商品

〔註96〕　薛農山：《中國農民戰爭之史的分析》，上海：神州國光社，1933 年，第 224 頁。
〔註97〕　王子雲：《社會進化史》，上海：崑崙書店，1930 年，第 288 頁。
〔註98〕　劉炳藜：《社會進化史》，上海：中華書局，1935 年，第 86～87 頁。
〔註99〕　華崗：《社會發展史綱》，上海：生活書店，1946 年，第 155 頁。
〔註100〕　同上，第 28 頁。

經濟發達程度。論及農民戰爭的原因時，與王子雲等強調「商業資本家」的壓迫不同，華崗著重揭示是「封建剝削」加劇，使廣大農民不得不奮起抗爭。〔註101〕

（四）莫斯科與延安的雙重映像

上文以華崗的《社會發展史綱》爲例，描述了「社會發展史」話語在1940年代的敘事轉向，其要點有二，1、從注重生產力轉爲注重生產關係；2、在此基礎上，對生產工具變革、技術進步的詳盡描述讓位於階級關係與階級鬥爭的敘述；3、與此相聯繫，農民戰爭在社會發展中的地位得到重新認識和高度肯定。當然，華崗創作《社會發展史綱》時身處戰爭環境，也造成了其對階級鬥爭的關注。在戰時背景下，馬克思主義史學更容易表現爲階級鬥爭史學。受戰爭的影響，這種史學特別關注歷史上的重大轉折時期社會矛盾、階級矛盾的激烈衝突，關注歷史上階級鬥爭的表現，特別關注被剝削、被壓迫階級反抗鬥爭的教訓。〔註102〕華崗的《社會發展史綱》就帶有鮮明的「戰時史學」的烙印。他在該書自序中說，「歷史科學是爲民族解放和社會解放而鬥爭的有力工具。我們應該知道人類眞正的歷史，各國人民大眾被奴役和解放的歷史，應該知道我們從哪裏來和哪裏去。尤其當此帝國主義強盜正在進行人類大屠殺與我們中華民族正在進行抗日民族解放戰爭的非常時代，更需要知道社會歷史發展的規律，許多先進人類的奮鬥經驗和教訓，來幫助我們掙脫苦難以爭取解放和自由。」〔註103〕但是，筆者認爲，從「社會發展史」話語生長史的視角來看這一轉向，華崗的《社會發展史綱》的文本特色更主要反映在來自莫斯科與延安的雙重意識形態映像。〔註104〕

〔註101〕華崗：《社會發展史綱》，上海：生活書店，1946年，第154頁。
〔註102〕王學典、牛方玉：《唯物史觀與倫理史觀的衝突——階級觀點問題研究》，開封：河南大學出版社，2010年，第359頁。
〔註103〕華崗：《社會發展史綱·自序》，上海：生活書店，1946年。
〔註104〕本文所依據的是華崗的《社會發展史綱》較早的文本。全國解放後，在各地掀起的學習社會發展史熱潮中，華崗結合在山東大學講授「社會發展史」政治大課的情況，又對該書進行了增訂。在這次修訂的文本中，斯大林和毛澤東的影響體現的更加明顯。比如，在論及中國社會的封建性時幾乎全文照錄了毛澤東在《中國革命和中國共產黨》中的論述。毛的表述是：「中國雖然是一個偉大的民族國家，雖然是一個地廣人眾、歷史悠久而又富於革命傳統和優秀遺產的國家；可是，中國自從脫離奴隸制度進到封建制度以後，其經濟、政治、文化的發展，就長期地陷在發展遲緩的狀態中。這個封建制度，自周秦以來一直延續了三千年左右。中國封建時代的經濟制度和政治制度，是由

以下的各個主要特點構成的：一、自給自足的自然經濟佔主要地位。農民不但生產自己需要的農產品，而且生產自己需要的大部分手工業品。地主和貴族對於從農民剝削來的地租，也主要地是自己享用，而不是用於交換。那時雖有交換的發展，但是在整個經濟中不起決定的作用。二、封建的統治階級──地主、貴族和皇帝，擁有最大部分的土地，而農民則很少土地，或者完全沒有土地。農民用自己的工具去耕種地主、貴族和皇室的土地，並將收穫的四成、五成、六成、七成甚至八成以上，奉獻給地主、貴族和皇室享用。這種農民，實際上還是農奴。三、不但地主、貴族和皇室依靠剝削農民的地租過活，而且地主階級的國家又強迫農民繳納貢稅，並強迫農民從事無償的勞役，去養活一大群的國家官吏和主要地是為了鎮壓農民之用的軍隊。四、保護這種封建剝削制度的權力機關，是地主階級的封建國家。如果說，秦以前的一個時代是諸侯割據稱雄的封建國家，那麼，自秦始皇統一中國以後，就建立了專制主義的中央集權的封建國家；同時，在某種程度上仍舊保留著封建割據的狀態。在封建國家中，皇帝有至高無上的權力，在各地方分設官職以掌兵、刑、錢、穀等事，並依靠地主紳士作為全部封建統治的基礎。中國歷代的農民，就在這種封建的經濟剝削和封建的政治壓迫之下，過著貧窮困苦的奴隸式的生活。農民被束縛於封建制度之下，沒有人身的自由。地主對農民有隨意打罵甚至處死之權，農民是沒有任何政治權利的。地主階級這樣殘酷的剝削和壓迫所造成的農民的極端的窮苦和落後，就是中國社會幾千年在經濟上和社會生活上停滯不前的基本原因。」（《毛澤東選集》第2卷，北京：人民出版社，1991年，第623～625頁）華的表述則是：「中國封建制度自周秦以來，一直延續了三千多年。由於封建制度的延續，就使得中國的經濟、政治、文化，都長期的陷在最遲緩以至停滯的狀態中。自西周至鴉片戰爭這三千年的中國社會，是封建制社會。中國封建時代的經濟制度和政治制度，是由以下的各個特點構成的：(一) 自給自足的自然經濟佔主要的地位，農民不但生產自己所需要的農產品，而且生產自己需要的大部分手工業品。農民交付地主貴族的地租，也主要歸地主們自己享用。不是為了交換。那時雖有交換的發展，但在整個經濟中不起決定的作用。(二) 封建的統治階級──地主、貴族，以至皇帝，他們擁有最大部分土地，而在農民則很少土地，或完全沒有土地。農民用自己的工具去耕種地主、貴族和皇室的地主，並將收穫的四成、五成、六成，甚至七成，奉獻給他們享樂。這種農民實際上還是農奴。(三) 不但地主、貴族和皇室依靠剝削農民的地租過活，而且地主階級的國家權力機關，還強迫農民繳納貢稅，並強迫農民從事無償的勞役，去養活一大群的國家官吏及為了鎮壓農民之用的軍隊。(四) 保護這種封建剝削制度的，便是地主階級的封建國家。如果說周朝是諸侯割據稱雄的封建國家，那麼，自秦始皇統一中國以後，就建立了專制主義的中央集權的封建國家，同時，在某種程度上，仍舊保留著封建割據的狀態。在封建國家中，皇帝有著至高無上的絕對的權力，在各地方分設官職以掌兵、刑、錢、穀等事，並依靠地主紳士作為全部封建統治的基礎。中國歷代的農民，在這種封建的經濟剝削和封建的政治壓迫之下，過著貧窮困苦的奴隸式的生活。農民被束縛於封建制度之下，沒有人身的自由，地主對農民有隨意打罵甚至處死之權，農民是沒有任何政治權利的。由於地主階級這殘酷的剝削和壓迫所造成的農

前文曾多次提及，1930 年代初期，莫斯科發生了一場意識形態大轉變，斯大林主義在哲學社會科學領域得到全面貫徹，並形成了一套新的意識形態話語。1938 年，《聯共（布）黨史簡明教程》出版，這本書是斯大林逐字逐句審定的，特別是其中的《辨證唯物主義與歷史唯物主義》一章，是斯大林思想

民的極端窮苦和落後，就是中國社會幾千年在經濟上和社會生活上停滯不前的根本原因。」（華崗：《社會發展史綱》（增訂本），三聯書店，1950 年，第215～216 頁。）又如，在論及「生產的特點」時，華崗全部化用了《聯共（布）黨史簡明教程》的內容。「簡明教程」的表述：「生產底第三個特點就在新的生產力以及與其相適合的生產關係產生的過程，並不是離開舊制度而單獨發生，不是在舊制度消滅以後發生，而是在舊制度內部發生；不是由於人們有意自覺活動底結果，而是自發地，不自覺地，不依人們意志為轉移地發生，是由於以下兩個原因。第一個原因，就是人們不能自由選定這種或那種生產方式，因為每一新輩人開始生活時，他們已遇到現成的生產力和生產關係，即前輩人所工作的結果，因此這新輩人在最初一個時候，應當接受他們在生產方面所遇到的一切現成東西，應當去適應這些東西，以便有可能生產物質資料。第二個原因，就是人們在改善這種或那種生產工具，這種或那種生產力要素時，不會覺悟到，不會瞭解到，也不會想到這些改善將會引起怎樣一個社會結果，而只是想到自己的日常利益，只是想要減輕自己的勞動，謀得某種直接的，可以感觸到的利益。」（聯共（布）中央特設委員會編：《蘇聯共產黨（布）歷史簡明教程》，北京：人民出版社，1954 年第八版，1955 年5 月上海第三次印刷，第167～168 頁。）華崗的表述：「生產底第三個特點，就是新的生產力以及與之相適合的生產關係之產生，並不是離開舊制度而單獨發生的，並不是在舊制度消滅以後才發生的，而是在舊制度母胎內發生的。因為正如馬克思所指出的：『無論那一個社會形態，當它還給一切生產力以發展餘地，而這一切生產力尚未展開以前，是決不會滅亡的。而新的更高的生產關係，當其藉以存在的物質條件尚未在舊社會胎包裏成熟以前，是決不會出現的，所以，人類無論何時都只是給自己提出自己所能夠解決的任務，因為只要仔細一看，那就總可看出：任務本身，只有當它能藉以得到解決的物質條件已經存在著，或至少已在形成過程中的時候，才會產生出來。』（馬克思選集，第一卷，第二六九至二七〇頁）同時，新的生產力以及與其相適合的生產關係產生的過程，不是由於人們有意自覺活動的結果，而是自發地、不自覺地、不依人們意志為轉移地發生的。因為認真說來，人們不能自由選定這種或那種生產方式，每一新輩人開始生活時，他們已遇到現成的生產力和生產關係，即前輩人所工作的結果，這新輩人在最初一個時候，應當接受他們在生產方面所遇到的一切現成東西，應當去適應這些東西，以便有可能生產物質資料。而且當人們在改善這種或那種生產工具，這種或那種生產力要素時，不容易想到或簡直不會想到這些改善將會引起怎樣一種社會結果，而只是想到自己的日常利益，只是想要減輕自己的勞動，謀得某種直接的好處。」（華崗：《社會發展史綱》（增訂本），上海：三聯書店，1950 年，第27～29 頁。）

的濃縮和「精華」。這本書被奉為國際共產主義運動的經典讀物，在中國也產生了重要影響。1938 年 11 月，該書剛出版兩個月，就有一部分被譯成中文，發表在《解放》週刊上。不久就有了全譯本。中共中央對此書高度重視。毛澤東認為，這本書又有歷史又有理論，要求全黨認真研讀。〔註105〕時任中宣部部長的凱豐稱之為「一部馬克思主義列寧主義基本知識的百科全書」。〔註106〕該書被中共中央列為延安地區幹部歷史教育的主要教材。八路軍的文化教育工作中也把它作為重要教材。〔註107〕從 1939 年 5 月到 1941 年 3 月，黨的高級幹部絕大部分學完了這部書；1940 年 6 月到 1941 年 3 月，中級幹部也學完了。延安的學習人數達 2118 人。當時，延安地區的史著多受此書影響。〔註108〕華崗對《聯共（布）簡明黨史教程》極為推崇，他曾在文章中說：「斯大林不但在實際運動的領導上是列寧之後最優秀的繼承人，而且在理論戰線上，也是馬、恩、列之後最傑出的創導人。在跟反革命的托洛斯基及布哈林右翼機會主義作無情的鬥爭過程中，在批判朴克洛夫斯基歷史學派錯誤理論的過程中，斯大林不僅堅強地捍衛了馬列主義，粉碎了各種敵人對於它的曲解和閹割，並且正確地加以闡揚和發展，使之適應於新的歷史階段。」「斯大林所著《辨證法唯物論與歷史唯物論》及其直接領導編著的《蘇聯布爾塞唯克黨史簡明教程》一書的出版，可以說更給了歷史科學以重大的貢獻。他不僅給歷史科學中許多爭論的問題（如歷史階段的劃分，理論與實踐的統一，人民群眾在歷史創造上的作用等）以非常精闢的論究，而且圓滿地解決了許多歷史科學的新問題（如社會主義社會發展的動力，步入共產主義階段的國家存在問題等），更進一步提高了歷史科學的本質，因而也就提高了歷史科學對於社會變革的積極作用。」〔註109〕在《社會發展史綱》中，華崗多次引證《聯共（布）黨史簡明教程》及斯大林的論述。在社會發展動力問題上，全部襲用教程的觀點。他說，社會發展的基礎動力就是「人們生存所必需的物質資料底獲得方式，即生產方法」。這一發現，首先是

〔註105〕《在中國共產黨第七次全國代表大會上的口頭政治報告》，《毛澤東文集》第
　　　　 3 卷，北京：人民出版社，1996 年，第 350 頁。
〔註106〕凱豐：《〈聯共（布）黨史簡明教程〉的歷史意義和國際意義》，《解放》1939
　　　　 年 4 月，第 69 期，第 1 頁。
〔註107〕蕭向榮：《八路軍的文化教育工作》，《中國文化》1940 年 6 月，第 1 卷第 4
　　　　 期。
〔註108〕洪認清：《抗戰時期的延安史學》，合肥：安徽大學出版社，2006 年，第 215、
　　　　 113 頁。
〔註109〕華崗：《中國歷史的翻案》，收入《華崗選集》第二卷，第 1437～1438 頁。

馬克思的功績，後來經恩格斯、列寧、斯大林的發展，「尤其在最近出版的《聯共（布）黨史》中，對於這一問題（社會發展動力問題──筆者注）的研究，獲得了有最大光輝的成果。」而這一最光輝的成果，就是系統論述了生產力和生產關係的矛盾運動，指出了社會發展史，首先就是生產發展史，同時也就是物質資料生產者本身或勞動群眾的歷史。歷史科學，要成為真正的科學，就應當首先研究物質資料生產者的歷史，勞動群眾的歷史，各國人民的歷史。〔註110〕在論及上層建築對經濟基礎的反作用時，華崗除了引述恩格斯在1890年給布洛赫的信之外，又引證《聯共（布）黨史簡明教程》，提出該書「根據新的革命鬥爭經驗，對這一點亦有深刻的發揮，茲錄其要點如下：新的社會的觀念和理論，只有當社會底物質生活之發展已在社會面前提出新的任務之後，才產生出來。然而，當它們已經產生出來之後，它們就成為最嚴重的力量，能促進解決由社會物質生活之發展過程所提出的新任務，能促進社會之向前發展。正是在這裡，就表現出新觀念、新理論、新政治觀點、新政治組織底最偉大的組織的、動員的以及改造的意義。」〔註111〕

同時，在華崗的《社會發展史綱》中還可以看到延安史學的深刻烙印。延安史學的靈魂是毛澤東史學思想。而在毛澤東的史學思想中，階級鬥爭社會動力論是居於中心地位的重要內容。毛曾說過，他年輕時通過考茨基的《階級鬥爭》，陳望道翻譯的《共產黨宣言》，柯卡普的《社會主義史》確立了共產主義信仰，並說他在這些書上只取了四個字，即「階級鬥爭」。〔註112〕他還認為，「階級鬥爭，一些階級勝利了，一些階級消滅了。這就是歷史，這就是幾千年的文明史。拿這個觀點解釋歷史的就叫做歷史的唯物主義。」〔註113〕而且，在毛澤東非常重視農民。看來，農民戰爭是中國階級鬥爭最主要的形態〔註114〕，也是封建社會發展的主要推動者，稱之為「現階段中國民主政治

〔註110〕華崗：《社會發展史綱》，上海：生活書店，1946年，第11頁。

〔註111〕華崗：《社會發展史綱》，上海：生活書店，1946年，第20頁。

〔註112〕《毛澤東文集》第2卷，人民出版社1993年版，第378～379頁。現在已有學者提出，陳譯《共產黨宣言》在上海出版時，毛已離滬返湘，因此他於1920年讀到的《共產黨宣言》可能不是陳望道翻譯的版本。但毛對於階級鬥爭的推崇，終其一生，未嘗稍減。

〔註113〕《毛澤東選集》第4卷，北京：人民出版社，1991年，第1487頁。

〔註114〕1958年，毛澤東在一次批示中明確指出：中國革命的形式「而是共產黨領導的人民解放戰爭，基本上是農民戰爭」。《中國共產黨第一次代表大會檔案資料（增訂本）》，北京：人民出版社，1982年，第1頁。

的主要力量」、「最大的民主革命派」。〔註 115〕1944 年 4 月，他在給李鼎銘的一封信中說：「實則吾國自秦以來二千餘年推動社會向前進步者主要的是農民戰爭」。〔註 116〕1939 年 12 月，毛澤東在《中國革命與中國共產黨》中明確提出：「只有這種農民的階級鬥爭，農民的起義和農民戰爭，才是歷史發展的真正動力。因為每一次較大的農民起義和農民戰爭的結果，都打擊了當時的封建統治，因而也就多少推動了生產力的發展。只是由於當時還沒有新的生產力和新的生產關係，沒有新的階級力量，沒有先進的政黨，因而這種農民起義和農民戰爭得不到如同現在所有的無產階級和共產黨的正確領導，這樣，就使當時的農民革命總是陷於失敗，總是在革命中和革命後被地主貴族利用了去，當作他們改朝換代的工具。這樣，就在每一次大規模的農民革命鬥爭停息以後，雖然社會多少有些進步，但是封建的經濟關係和封建制度，基本依然繼續下來。」〔註 117〕毛的這些論斷，得到黨內高層的呼應，並被延安史學的諸位史家具體化為史學研究的基本原則和敘述框架。周恩來曾明確說，「中國的歷史長期以來基本上是一部農民戰爭史。」〔註 118〕范文瀾把毛的論斷精神具體化為農民戰爭的歷史敘事。「中國封建社會按三個時期四個大段向前發展，它的推動力是什麼呢？基本上就是生產力的體現者——農民階級（包括一切被剝削者）反對生產關係的體現者——地主階級（包括一切剝削者）的階級鬥爭。商朝奴隸階級對奴隸主的鬥爭和周國封建制度反奴隸制度的鬥爭配合起來，破壞了商朝奴隸社會制度，出現了西周初期封建社會。秦末農民戰爭的結果，結束了西周以來的領主統治，建立起盛大的西漢朝。隋末農民戰爭的結果，結束了奴隸制度的殘餘，建立起更盛大的唐朝。元末農民戰爭的結果，結束了元朝貴族的野蠻統治，建立起盛大的明朝。」〔註 119〕延安史學的基本思想在國統區也得到廣泛傳播。前面引述過的華崗關於農民戰爭的論述，足以證明《社會發展史綱》深受延安史學的影響。

〔註 115〕毛澤東：《論聯合政府》，《毛澤東選集》第三卷，1991 年，北京：人民出版社，第 1075 頁。

〔註 116〕《毛澤東書信選集》，北京：人民出版社，1983 年，第 230 頁。

〔註 117〕《毛澤東選集》第 2 卷，北京：人民出版社，1991 年，第 625 頁。

〔註 118〕周恩來：《在中華全國文學藝術工作者代表大會上的政治報告》（1949 年 7 月 6 日），《周恩來選集》上，北京：人民出版社，1980 年，第 353 頁。

〔註 119〕《范文瀾歷史論文選集》，北京：中國社會科學出版社，1979 年，第 40 頁。

三、「勞動」觀念進入「社會發展史」

「猴子變人」，是近代知識分子經常提起的一個話頭〔註 120〕，也是「社會發展史」話語的重要內容。1949 年，中共七屆二中全會決定，在全國解放區普遍組織幹部學習社會發展史，第一課即「從猿到人」。1950 年，毛澤東七屆三中全會上對發揮知識分子在建設新中國中的作用提出要求，「對知識分子，要辦各種訓練班，辦軍政大學、革命大學，要使用他們，同時對他們進行教育和改造。讓他們學社會發展史，歷史唯物論等幾門課程」，「唯心論者講上帝造人，我們講從猿到人」。〔註 121〕

在社會發展史的意義上，「從猿到人「實際上包含兩個層面內容：第一，人是從猿進化而來的，對此「社會發展史」話語建構者均表認同。第二，猿是如何進化為人的，或者說，在從猿到人的過程中，什麼因素起了決定性作用，這一問題的回答，則經歷了一個轉變。大體而言，在 1930 年之前，「從猿到人」的故事中還沒有承載「勞動」的觀念。之後，情況發生轉變，而其重要原因，就是恩格斯的名著《勞動在從猿到人轉變過程中的作用》（以下簡稱《作用》）在中國的傳播。

（一）《作用》在中國

恩格斯的《作用》一文完成於 1876 年。1895 年，恩格斯逝世。20 年間，

〔註 120〕1927 年 4 月 8 日，魯迅在黃埔軍校的一次演講中說，一部分猴子變成人是因為這部分猴子願意尋求改變、願意創新，試著用兩條腿走路。「人類和猴子是沒有大兩樣的，人類和猴子是表兄弟。」但為什麼人類成了人，猴子終於是猴子呢？這就因為猴子不肯變化——它愛用四隻腳走路。也許曾有一個猴子站起來，試用兩腳走路的罷，但許多猴子就說：「我們底祖先一向是爬的，不許你站！」咬死了。它們不但不肯站起來，並且不肯講話，因為它守舊。人類就不然，他終於站起，講話，結果是他勝利了。現在也還沒有完。所以革命是並不稀奇的，凡是至今還未滅亡的民族，還都天天在努力革命，雖然往往不過是小革命。」（魯迅：《革命時代底文學》，《而已集》，北京：人民文學出版社，2006 年第 2 版，第 12 頁。）浦嘉瑉指出，魯迅的《人之歷史》是直到那時為止用中文寫的關於人類進化以及進化論發展狀況的最高水平的概述之一，遠遠超過嚴復、梁啟超所寫的任何文章。魯迅是這一代人中少數幾個應該對進化論知道更多的人之一，而且魯迅對進化有著嚴肅認真的信仰，他曾說過自己是一個「只信進化論」的人。（浦嘉瑉：《中國與達爾文》，南京：江蘇人民出版社，2009 年，第 204 頁。）他的看法代表了「猴子變人」的故事在進化論者眼中鼓勵革新的價值內涵。

〔註 121〕毛澤東：《不要四面出擊》，《毛澤東選集》第五卷，北京：人民出版社，1977年，第 23 頁。

該文一直以手稿形式存在，並未公開發表。〔註122〕恩格斯本來打算寫一本《奴役的三種形式》（奴隸制、封建農奴制和資本主義雇傭勞動制），《作用》是這部著作的導言，後來他放棄了這一寫作計劃，該文被歸入到總題為《自然辨證法》的一束手稿之中。〔註123〕《自然辨證法》的寫作開始於1873年，從這年5月到1876年5月，恩格斯致力於寫作該書，收集了材料並開始寫第一章（《歷史的導言》）。但從1876年5月到1878年5月，恩格斯的又轉向寫作《反杜林論》，《自然辨證法》的寫作中斷了整整兩年，直到1878年5月，恩格斯才重新轉回《自然辨證法》的寫作。1883年3月，馬克思逝世後，恩格斯又把主要精力投入完成《資本論》的第二、三卷的工作，他不再為《自然辨證法》寫新的章節，而是把原來為其他著作寫的仍未發表的文章歸併起來。《作用》一文就是在這樣的情況下被歸併到《自然辨證法》之中的。當《資本論》第三卷接近完成時，恩格斯開始著手整理《自然辨證法》手稿，把已有的材料分類，並準備出版，但直到逝世，這一工作也沒有完成。〔註124〕1896年，伯恩斯坦把《作用》一文發表於《新時代》雜誌上，但並沒有對文章的成文情況加以說明。〔註125〕此後，又經過差不多30年時間，到1925年，《自然辨證法》在蘇聯出版。〔註126〕1935年，收入德文版《馬克思恩格斯全集》。1940年，在紐約出版了英譯本。〔註127〕這篇文章是馬克思主義關於人類起源問題的經典著作，也是馬克思主義關於歷史唯物主義的重要論著。在這篇文章中，恩格斯明確提出勞動「是整個人類生活的第一個基本條件，而且達到這樣的程度，以致我們在某種意義上不得不說：勞動創造了人本身。」他還詳細論述了從猿到人的轉變過程，提出能夠製造工具的手不僅是勞動的器官，也是

〔註122〕關於此文為何未發表，張功耀認為當時不具備發表該文的自然科學基礎，他指出，「達爾文進化論的困境，拉馬克獲得性遺傳理論從復活到衰落，以及孟德爾定律被埋沒，構成了恩格斯大膽探索人類起源問題而又不急於發表自己見解的科學背景。」參見張功耀：《恩格斯何以不發表〈勞動在從猿到人轉變過程中的作用〉？——根據19世紀的科學背景所做的分析》，《自然辨證法通訊》1992年第4期。

〔註123〕參見龔育之，《關於毛澤東讀哲學書的幾封信》，龔育之等，《毛澤東的讀書生活》，上海：三聯書店，2009年。

〔註124〕〔蘇〕勃·凱德洛夫著，殷登祥等譯：《論恩格斯〈自然辨證法〉》，上海：三聯書店，1980年，第20～21頁。

〔註125〕同上，第127頁。

〔註126〕同上，第135頁。

〔註127〕同上，第140～141頁。

勞動的產物。勞動創造了人，同時也創造了人與人的社會交往與聯繫，於是產生了語言。勞動的發展和語言的產生，是促進猿腦變爲人腦的主要推動力。「恩格斯的論述，科學地解決了從猿到人轉變過程的決定因素和人與其他動物的根本區別，是對唯物主義歷史觀的重大貢獻。」〔註128〕

據當時人回憶，1923～1924 年間，蔡和森在上海大學和上海平民女校講授「社會進化史」課程，向學生介紹了《作用》的主要思想。〔註129〕但筆者認爲，這種說法未必準確，因爲在後來出版的《社會進化史》中雖提到了人和動物的區別在於製造工具，但卻沒有提及「勞動」在人猿轉變中的關鍵作用。而且《作用》最早發表於 1925 年，蔡和森此時已在國內，而國內最早的版本則出版於 1928 年，文本時序上也不支持上述說法。中共早期黨員盛岳說他在蘇求學期間，曾翻譯過《作用》，但言之不詳，既沒有說明具體的翻譯時間，也沒有說明是否從俄文迻譯。〔註130〕筆者多方檢索，也沒有發現盛岳譯本傳世。筆者推斷，或許盛岳記憶有誤，或許該文本沒有在國內流傳。有文獻可證的第一個把《作用》全文譯爲中文的人應是前文提到過的留蘇學生、托派陸一遠，譯文收錄於他翻譯的《馬克斯主義的人種由來說》之中，名爲《勞動是猿到人類的進化過程中的產物》，該書還收錄一篇《人類進化的過程》。〔註131〕此後，《作用》又有幾種不同的譯本。1930 年 9 月，上海泰東書局出版的《從猿到人》（郭烈夫編、成嵩譯）一書收錄該文。1940 年 12 月，《中國青年》刊載了於光遠翻譯、景琳校訂的《從猿到人過程中勞動底作用》。1946年，山西沁源太嶽新華書店出版了何錫麟譯《社會發展史略》，其中也收錄了此文。1947 年，地下黨領導的新民主出版社在香港翻印出版了延安出版的《社會發展史》一書，並在書中增加了恩格斯的《從猿到人過程中勞動的作用》一文。〔註132〕1948 年 9 月解放社出版的於光遠和曹葆華合譯本《從猿到人》

〔註128〕蕭灼基：《恩格斯傳》，北京：中國社會科學出版社，2008 年，第 366 頁。
〔註129〕胡允恭：《創辦上海大學和傳播馬克思主義——蔡和森同志革命鬥爭中的一件大事》，《回憶蔡和森》，北京：人民出版社，1980 年，第 117 頁。
〔註130〕盛岳著、奚博銓等譯：《莫斯科中山大學和中國革命》，北京：東方出版社，2004 年，第 59 頁。
〔註131〕龔育之在爲《大百科全書》所撰詞條《自然辯證法在中國》中認爲《馬克斯主義的人種由來說》「即恩格斯的《勞動在從猿到人轉變過程中的作用》」，不確。（龔育之：《自然辯證法在中國》，北京：北京大學出版社，1996 年，第 18 頁）
〔註132〕中央編譯局馬恩室編：《馬克思恩格斯著作在中國的傳播》，北京：人民出版社，1983 年，第 281、305、330 頁。

（即《勞動在從猿到人轉變過程中的作用》）。此文根據 1935 年莫斯科蘇聯外國工人出版社出版的德文版《馬恩全集》譯出，並參考了俄文譯本。〔註 133〕新中國成立前後，為適應政治理論學習的需要，該書在各地大量出版，僅 1949 年，就有揚州的蘇北新華書店、瀋陽的東北新華書店、冀東新華書店等印行此書，華北大學還把這本書作為教學參考用書。新中國建立之後，曾以解放社名義重印了一批馬恩著作中譯本，其中就包括於、曹二人合譯的這本書。〔註 134〕此後，該書又多次再版，至 1952 年，就已出到「修訂第五版」。〔註 135〕另外，解放社編《社會發展史略》中直接收錄了恩格斯這篇文章，並將其置於全書開篇；同樣是解放社出版的《社會發展簡史》雖然沒有全文收錄，但該書第一節即為「誰是我們的祖先」，從美國的「猿猴訴訟」講起，闡述「勞動創造人」的觀點，基本觀點完全來自《作用》，且在不長的篇幅中多次徵引《作用》原文。這本書是中央規定的「幹部必讀」書，版次多，發行廣，對黨員幹部影響很大。稍後出版的解放社編《社會發展史略》、艾思奇著《歷史唯物論——社會發展史講義》乃至 1970 年代出版的陶大鏞主編《社會發展史》均延續了這一安排。《作用》始終是社會發展史中論述「從猿到人」問題最基本的依據，直至 21 世紀初問世的「社會發展史」文本——《中華魂》2003 年第 2 期～2004 年第 9 期連載的《社會發展史講座》依然如此。

（二）「從猿到人」敘事的轉變

1923 年，瞿秋白在《社會哲學概論》中講到人類是從類人猿進化來的，但沒有提及「勞動」的作用。〔註 136〕同年，李大釗在一次演講中也說到：「據人類學家考察，人類的起源，是因為人從前有四條腿，和別的動物一樣。女性的人，怕他的孩子被他獸殘殺，乃習用其前足抱子而奔。人是這樣漸漸的進化，才成了用手用胸用兩足走路的動物。」〔註 137〕蔡和森的《社會進化

〔註 133〕 恩格斯著、曹葆華、於光遠譯：《從猿到人》，解放社，1950 年，「譯者的話」。

〔註 134〕 張惠卿、張光璐：《建國以來馬克思、恩格斯著作的翻譯和傳播》，中央編譯局馬恩室編：《馬克思恩格斯著作在中國的傳播》，北京：人民出版社，1983 年，第 219 頁。

〔註 135〕 恩格斯著，曹葆華、於光遠譯：《從猿到人》，北京：人民出版社，1952 年，修訂第 5 版。

〔註 136〕 瞿秋白：《社會哲學概論》，1924 年上海書店印行，收入《瞿秋白文集·政治理論編》第二卷，北京：人民出版社，1988 年。

〔註 137〕 李守常先生講、張湛明筆記：《史學概論——在上海大學的演講》（1923 年 11 月 29 日），刊載於《民國日報》副刊《覺悟》1923 年 11 月 29 日，收入中國

史》開篇就談到這一問題，他是這樣表述的：「自生物學昌明以來，吾人始知人類不過爲哺乳動物之一種，和猿類同出於一個共同的祖先。人類達到現今這樣的程度，也如其他各種動物一樣，完全由於過去無慮億兆年載之歷史的演進。原始人類自從前二足演進爲兩手和腦力逐漸發達而能製造工具之後，才與動物時代完全分離，並且優勝於其他一切動物，而建立人類的社會。」〔註138〕稍後出版的張伯簡著《社會進化簡史》中說：「我們要想詳細明白這個社會的起源，就應當先知道生物學。不過從生物社會到人類社會，說來太長，並且不是這門科學的責任，所以只能從人類社會說起。從來辨別人類與生物的學理，多半是從經濟著眼。馬克思對人類下的定義是：人類所以高出其他動物，唯一的特點，就是能使用生產工具。這個特點，表示人類歷史發展的開端。他更引用佛郎克令的話說：人是作器具的動物。人類的群居是依生產工具的條件而發生，不象生物界的群居是自然的衝動。所以人類的群居是有組織的集合體；換言之，就是社會。」〔註139〕1927 年，陳瀚笙的《人類的歷史》出版，該書專設「人類的原始」一節論述人類起源問題。這是早期「社會發展史」文本中對這一問題最詳細的論述。不過，和後世強調「勞動」不同，陳翰笙以「直立行走」和「人足」的形成作爲人猿的區別。「我們人類用足走路用手拿物。足有足的用處，手有手的用處。動物就不同。動物不能站立起來，不能同時用足走路用手拿物。譬如蟲，它只能在地上爬，拿不起什麼東西。又如狗或貓，它雖然有了脊骨不必爬，可是還不能有手足的分別。」「若有人問你什麼叫做人，你盡可以說人是用兩足走路的活物。」「500,000 年前怎樣會有人類呢？就是因爲有眞正的足，人類才慢慢的離開獸類的生活。現在澳洲地方極野蠻的民族進化得太遲，它們還有爬樹的習慣，還有學狗走路的一種跳舞。它們造木槍的時候，便用足趾去握住那木棍子，握得緊緊兒的比我們用手指尚且好。它們最奇怪的戲法是用足趾取物，從背後送到手指裏去。它們的婦女可以用足趾編髮網，這眞是似人非人，文化最低的民族了。前幾十年有人到安南的山裏去，還看見那地方的野蠻土人用手足在樹林中爬來爬去。它們騎馬的時候，還用足趾握著踏鐙呢。人類的足又怎樣變成的，這是人類的故事中最初的一個大問題了。……有人足便有

李大釗研究會編注：《李大釗全集》第四卷，北京：人民出版社，第 359 頁。
〔註138〕蔡和森：《社會進化史》，第 1 頁。
〔註139〕張伯簡：《社會進化簡史》，第 6 頁。

人類。」〔註140〕綜上，在 1930 年之前的「社會發展史」文本中，「勞動」
尚沒有出現在「猴子變人」的故事之中，文本書寫者們大都還是把猴子變人
的原因歸結為自然環境的變化。

　　到了 1930～1931 年間，情況發生了變化。鄧初民著《社會進化史綱》（1931
年）和王子雲著《社會進化史》（1930 年）可為代表。鄧初民在書中設了「人
類的演進」、「勞動在人類社會中的作用」兩章，指出要科學解決人與其他動物
之區別的問題，「最要緊的還需考察考察達爾文主義與馬克思主義的聯繫與其分
歧點。」他認為，生物的進化有兩種形式，「一種是生物進化的形式，即有機體
的器官演進的形式；一種是人類演進的形式，即工具演進的形式。生物進化的
法則時達爾文所發現的，然而達爾文於此便止步了，待馬克斯的炯眼，方發見
了人類進化的另一種法則，即發見了人類演化的另一種形式。」對「勞動」在
社會演進中的作用作了充分描述：「人類在生存競爭中，在勞動過程中，才促進
各種器官的發達以及腦系的發達。腦系發出的思想與人身各種器官，同為人類
生存競爭之工具」。「勞動是人類社會的基礎，人類進化的原動力」。「人類只有
在積極的勞動的過程中活動，才能夠改變其自身的自然，自身的有機體，也就
才能夠使死地或生的自然受他的支配而為人類所取用的。就極淺近的說：我們
野蠻的祖先純靠他不斷的使用勞動的和鬥爭的工具，他那不靈活的手才能習練
而成為現在的形態與技能，去用以作一切征服自然的『工具的工具』。」「勞動
的過程是人類社會的基本的過程。人之所以發達為人類不在他有無理智而理智
卻反是在人造環境的影響之下──即在勞動過程的影響之下發達的。那就是
說：人不是靠自己的理智創造勞動的和鬥爭的工具；反之，此種勞動及勞動工
具卻創造了人的理智。總之，勞動在先，理智在後，不是『太初有道』，而是『太
初有行』。」鄧初民特別指出他論述的思想依據來自於恩格斯的「《勞動是猿到
人類進化過程中的產物》」。值得注意的是，鄧初民使用的這個譯名與目前通行
譯名不同，但與陸一遠對這個文本的譯名一致。有理由推斷，鄧初民對恩格斯
思想的瞭解很有可能來自於陸的譯文。王子雲著《社會進化史》的論述與鄧的
相仿：「十九世紀達爾文底種源論已能從生理方面解釋人類發生底原因，但還不
能回答人類社會產生的原因。對於這個問題，第一次提出答案的就是恩格思底
《勞動為人類進化底原素》一文。」〔註141〕促成人類及社會形成的因素很多，

〔註140〕陳瀚笙：《人類的歷史》，北京：北新書局，1927 年，第 7～10 頁。
〔註141〕王子雲：《社會進化史》，上海：崑崙書店，1930 年，第 11 頁。

且互相聯繫，但基礎是勞動，「不是個人勞動而是公共勞動，社會勞動，歸根說，就是社會勞動創造人和社會，改變人類本身底外貌。」〔註142〕

這種轉變，在恩格斯《勞動在從猿到人轉變過程中的作用》一文的譯者陸一遠本人身上也得到體現。陸一遠於1929年和1931年各完成了一本「社會發展史」作品。1929年的《社會形式發展史》中說，「人類的起源，他是沒有確定的日期，它不是像基督聖經上所說密多斯（Midos）是世界的創造者那樣的神話，它也不是某天某時忽地裏發生出來的，所以我們要下它一個確定的產生日是萬不可能的事。我們只知道人類是從獸類經過很長的時期變化出來的東西」。〔註143〕1931年的《社會進化史大綱》中述及人類起源問題時，則對不同地質時期的「勞動工具」情況作了詳盡描述，並強調勞動工具對於確定人類起源的意義。同時明確指出：「恩格斯對此問題，發闡的很透徹，我們不妨把他的《勞動是人到猴類的進化過程中的產物》（該文已有中文譯本，書名爲《馬克斯主義之人種由來說》，作者譯）一文，作爲參考。」〔註144〕

李達的例子也很典型，他在1920年代和1930年代都曾講過「從猿到人」的問題，但說法發生了本質改變。1920年代，李達在湖南自修大學、湖南公立政法學校、湖南大學、湖南第一師範學校等校任教時也介紹了恩格斯關於人類起源的思想。〔註145〕1926年6月，李達的授課講義以「現代社會學」爲名由現代叢書社首次出版。書中說到人與動物的區別「一言以蔽之曰：器具之製造是也。器具之製造，惟人能爲之。」但沒有運用「勞動觀點」闡釋人類的起源，而是認爲：人類實際進化的「程序」，「杳不可知」。〔註146〕「但在1935年出版的《社會學大綱》中，他明確提出了「勞動創造人」的觀點。他指出，人類是從類人猿進化而來的，但在這個過程中，勞動起過很積極的決定的作用。「從類人猿到人類的過程，不是人類對於自然的純生物學的『適應』的過程。這種進行過程，完全受了勞動的直接的影響，這簡直就是人類勞動

〔註142〕王子雲：《社會進化史》，上海：崑崙書店，1930年，第16頁。

〔註143〕陸一遠譯：《社會形式發展史》，上海：江南書店，1929年印行，第9～10頁。

〔註144〕陸一遠編著：《社會進化史大綱》，上海：光明書局印行，1931年，第20～28頁。

〔註145〕李達：《現代社會學》，《李達文集》第一卷，北京：人民出版社，1980年。

〔註146〕《李達文集》第一卷，北京：人民出版社，1980年，第252～254頁。

的發達過程。」「勞動劃分了原始人群與類人猿群的鴻溝。」〔註147〕

　　可見，《作用》譯介到中國之後，對「社會發展史」話語形成重要影響。從 1930 年代開始，「勞動創造人」的觀念逐漸固化爲「社會發展史」的核心觀念。「社會發展史」文本中對於「從猿到人」的論述也更加系統、觀點更加鮮明。1940 年出版的華崗著《社會發展史綱》中單列了一節，論述「勞動是人類發展的主要動力」，並指出，「無疑義地，猿在演變爲人類的過程中，勞動是起著唯一推動的作用。勞動不單是創造了一切的財富，並且它還改變了人類自身。恩格斯說：『勞動創造了人』。這句名言，已被人類古代的歷史完全證實了。」〔註148〕而那些把精神因素、環境因素作爲從猿到人的決定性因素的觀點，不但失去了市場，而且遭到批判。比如，在中華人民共和國成立前後的大規模社會發展史宣教中，就曾發動了對復旦大學生物系劉咸所著《從猿到人發展史》一書批判。劉書 1950 年 10 月由中國科學圖書儀器公司出版，1951 年 5 月再版。1951 年 6 月 7 日，《人民日報》發表韓文理的文章《簡評劉咸著〈從猿到人發展史〉》，認爲劉著在人類進化問題上持唯心論觀點，強調了「思維」的作用，認爲先有思維，後有勞動，必須進行修正。〔註149〕結果，該書被停止發行。1955 年，《科學通報》發表孫守道的文章，深入批判劉著中的「唯心主義」。中科院科學通報室還爲此專門邀請了中科院及各高校科學工作者和考古專家，召開批判劉著的座談會。〔註150〕

四、理想的社會主義與現實的蘇聯

　　人類社會從哪裏來，到哪裏去，這是社會發展史的核心問題，或者說，一部社會發展史的全部內容也就在於從總體上對此一問題作出解答。按照唯物史觀的邏輯，人類社會最終將進入一個生產力極大發展、消滅剝削的共產主義社會，而作爲共產主義的初級階段的，則是社會主義。〔註151〕與其他思

〔註147〕李達：《社會學大綱》，武漢：武漢大學出版社，2007 年，第 371 頁。
〔註148〕華崗：《社會發展史綱》，生活書店，1946 年，第 66 頁。
〔註149〕韓文理：《簡評劉咸著〈從猿到人發展史〉》，《人民日報》1951 年 6 月 17 日。
〔註150〕《批判劉咸著「從猿到人發展史」座談會》，《科學通報》1955 年 11 月號。
〔註151〕「社會主義」、「共產主義」的概念產生很早。1940 年代，這兩種思潮已經成爲西歐各國最主要的新的社會思潮。在英法，社會主義思潮主要在知識分子和上層社會中流行，以批判現存社會弊端，提倡社會平等和諧爲基本思想取向。共產主義思潮主要流行於工人和社會下層，以通過革命鬥爭消滅資本主義私有制，建立公有制社會爲基本思想取向。馬克思、恩格斯在探討人類社

想要素一樣，在「社會發展史」話語形成史中，「社會主義」也經歷了一個演變的過程，從思想史的角度考察，這一過程中最關鍵的一步在於把作為社會發展願景的「社會主義」高度等同於現實的蘇聯社會及其計劃經濟體制，這一步是在 1940 年代初由華崗的《社會發展史綱》正式邁出的。

近代中國人對於社會主義和蘇聯的認識都經歷了一個轉變的歷程。先看社會主義。中國人瞭解社會主義的時間較早。鄭大華認為，作為中國近代最主要的社會思潮之一，清末民初，社會主義已經傳入中國。五四時期社會主義在中國傳播出現一個高潮，此後，三十年代初和抗戰勝利後，又曾興起過兩次社會主義思潮。他還認為，五四後，更準確地說，中國共產黨成立後，近代中國的社會主義有兩條思想譜系。一條是中共以及在中共領導下的左翼知識分子的社會主義思想及其實踐，另一條是以報刊編輯、大學教授為中堅的中國知識界的社會主義思想及其追求。這兩條譜系對社會主義的理解不同，前者把社會主義作為一種不同於資本主義的社會制度來理解和追求，社會主義在經濟上要實行公有制，消滅階級和剝削，在政治上要建立工農政權，實行無產階級專政；後者則是把社會主義作為一種經濟制度加以理解和追求，即從所有制形式、社會分配形式、社會生產等領域來理解社會主義的。〔註152〕筆者認為，鄭大華關於社會主義兩種理解的歸納是有道理的，但更準確地說，這兩種「社會主義」的區別還在於把社會主義作為社會形態抑或社會政策。即便在知識界普遍熱衷於談論「社會主義」的 1930 年代，主流知識界的興趣仍停留「社會主義」作為社會政策或社會匡救機制而非「社會形態」的意義，或者說他們所說的「社會主義」主要具有社會改良的意義，而不是社會革命的產兒。而對於「社會發展史」話語構建者而言，社會主義是人類社會發展必經的「社會形態」之一種，這是他們與鄭氏所言「以報刊編輯、大學教授為中堅的中國知識界」的主要差別。但是在早期的「社會發展史」文本中的「社會主義」主要是一種原則性的描述。比如，蔡和森的《社會進化史》中

會發展規律時，對其進行了改造，賦以新義，使之科學化。關於「社會主義」、「共產主義」概念的由來和演變以及在馬克思主義發展歷程中的使用情況，參見謝鍾：《歷史演進中的馬克思主義社會主義觀》，武漢：武漢出版社，1998年，第15～34頁。

〔註152〕鄭大華：《中國近代社會主義研究的幾個問題》，中國社科院近代史研究所思想史研究室：《中國近代史上的社會主義》，北京：中國社會科學文獻出版社，2011年，第11～13頁。

說：資本主義社會必然崩潰。「資本主義的大生產，不僅爲將來共產主義社會準備了各種必要的經濟條件，而且爲它自己養成了最大多數的掘墓人——近世無產階級。」從資本主義到共產主義社會，要經過過渡組織，即「無產階級民主共和國」，這是「國家演進之最高形式，亦即爲國家消滅前之最終形式。從此以後，人類將復爲生產之主人而還復到自由平等的共產主義的廣大而豐富的生活。然將來共產主義與原始共產社會有很不相同之異點：即原始共產社會建立在人類生產力極低的凹線之下；而將來共產社會則建立在人類生產力極其發達的水平線之上。」〔註153〕張伯簡在《社會進化簡史》中把共產主義社會列爲社會發展的第三形態，即「有組織的社會」。他這樣描述這一社會：共產主義的根本原則，就是「各盡所能，各取所需」。「社會公有的集產制，一切生產資料和工具，屬於勞動者全體，單個的主人是沒有的。……沒有階級，沒有階級的仇視，也沒有階級的鬥爭，更沒有剝削及不平的現象。……共產主義的分子，並不是因爲恐懼和壓迫，而是發於良心，自願貢獻其能力及才能，爲全社會的幸福而工作，而他亦可以取得一切需要的東西。」在共產主義社會，資本主義生產的無政府狀態消失了，「社會的生產，無論工業或農業，都有大規模的組織，用極完備的機器，並利用一切自然力，照著預定的確切計劃進行；設有專門機關，總理一切經濟企業，很精密的統計全社會現有的生產力及其消費量。」他還明確指出，共產主義社會，「必須生產力非常發達，才有可能。」陳翰笙在《人類的歷史》中論述「財政資本的社會」的「前途」時也只是簡單地提到「資本集中於少數私人的手裏，是資本主義。廢止資本私有，是社會主義。」〔註154〕劉瑩在《人類社會發展史》中說，根據社會進化的「法則」，可以判斷出社會主義必將到來，但他對社會主義的描述依然是原則性的，他說：「那是無論是國際戰爭或階級鬥爭皆將滅跡，而表現社會生活絕端調和的歷史；那是無階級榨取的勞動生產共和國，一切人類得自由地各盡所能的社會之歷史。在那個社會裏，民族的差異與性的差別，將決不成爲侮蔑與反感的原因。科學的文明也將不復是人類間相互殺戮的手段，而是專用爲人類支配自然的工具。由此，可怕的傳染病也將要絕跡，地震與水旱的天災也得預防。社會的生產力不斷地進展，所有的人類皆可一律享受幸福的生活，而現在因貧困所生的種種悲慘與罪惡，我們也將如忘卻太

〔註153〕蔡和森：《社會進化史》，北京：東方出版社，1996年，第109頁。
〔註154〕陳翰笙：《人類的歷史》，北京：北新書局，1927年，第70～71頁。

古半獸的野蠻人生活般而全不記憶了。要是在這樣未來的時代，人類的文化將赫然有如太陽的光輝，個性的榮華，也將燦然有無春花的爛漫。」〔註155〕總之，雖然各家論述有詳有略，但基本都是把社會主義作爲一種理想社會或社會發展趨勢，而且都是作理論性的、原則性的描述。

　　再看蘇聯。近代以來，蘇聯（俄國）在中國人眼中的形象也經歷了一個轉變的過程。清代中國人對俄國的認識經歷了從視俄國人爲「新胡」、外夷到中國北方最大的強國，從威脅中國最大的對手到共同禦敵的盟友，再到國人奮起抗擊的對象的歷程。〔註156〕第一次世界大戰之後，在蘇俄兩次對華宣言以及國內知識分子的宣傳下，很多中國人對蘇抱讚揚態度，出現了「以俄爲師」的留蘇熱潮。到1924年3月，中國上映第一部蘇聯影片《列寧出殯記》時，中國人已經把蘇聯視爲「眞實並可以在中國實現的楷模」，而且把中蘇關係放在「某種線性框架」（蘇聯在其中代表某種更具進步意義的歷史運動）裏進行闡釋，也堅持把中國置於更廣闊的同布爾什維克勝利相聯繫的全球性革命框架中去。〔註157〕此後，蘇俄文學藝術作品源源不斷地譯介到中國，中國人對蘇俄的認識也更加全面、也更加多樣。〔註158〕1930年代中期以後，知識界普遍關注到資本主義世界的經濟蕭條和蘇聯經濟繁榮之間的鮮明對比，由此而普遍對蘇聯及其所採取的計劃經濟機制產生了濃厚興趣，並將之與彼時再次興起的社會主義思潮聯繫在一起。〔註159〕胡愈之在他影響很大的《莫斯科印象記》中說，十月革命造成了許多「奇蹟」。他看到的蘇聯，「大家都像一家人，過的全是天眞的樸素的自由的生活。我在這一星期的生活中，第一次感到團體生活的樂趣。在這裡大家的生活是齊一的，同一樣的睡覺，同一樣的吃飯，全沒有貧富高下的分別。各人都顯出十二分的滿足和愉悅。各人

〔註155〕劉瑩：《人類社會發展史》，上海：春秋書店，1932年，第193～194頁。

〔註156〕詳參郭文深：《清代中國人的俄國觀》，長春：吉林大學出版社，2010年。

〔註157〕陳庭梅著、韓長青、朱清譯：《蘇聯電影引進及其對塑造毛澤東時代中國的意義（1949～1976）》，《冷戰國際史研究》第10輯，世界知識出版社，2010年，第125～126頁。

〔註158〕李巧玲：《新中國中蘇友好話語構建（1949～1960年）》，北京：中國社會科學出版社，2007年，第14～15頁。

〔註159〕關於社會主義思潮在近代中國的傳播及對這一課題的研究，參看鄭大華、王毅：《新世紀以來近代中國社會主義思想研究的回顧與展望》（中國社科院近代史研究所思想史研究室：《中國近代史上的社會主義》，北京：中國社會科學文獻出版社，2011年。）

都覺得別人的生活和我一樣，因此計較心和羨慕心完全消失了，大家就同自家兄弟一般。這種集體生活的快樂是居住在巴黎、柏林大旅館內的闊客所夢想不到的。」〔註160〕30 年代中期出訪蘇聯的戈公振也認爲，蘇聯已經「由自私自利的社會走向大同世界了。」「人人有工作，無不生產的人和剝削階級的存在」；「人人無私產，地位平等，沒有階級的差別」。〔註161〕與五四之後思想界關於社會主義的討論相比，1930 年代對社會主義的關注更多集中在社會主義在現實社會中的運行體制，計劃經濟被視爲社會主義所必備的經濟要素，是社會主義經濟的「生存形態」，乃至社會主義的本質屬性。〔註162〕而這一認識，很大程度上得自於蘇聯的「一五」計劃。當時知識界將一五計劃之成功歸功於計劃經濟體制。他們認爲，由於實行了計劃經濟，使得社會生產與分配處於政府計劃和組織之下，既不會造成生產的浪費也不會導致經濟危機。「近年來東西各國實業巨擘、學術專家、政界名流以及新聞記者、教育家、文學家和工人代表團等等，前往蘇俄考察者，回國後都對蘇俄表示同情之美感，有的甚至替它大事鼓吹，以爲蘇俄成功之秘訣，在於它的社會經濟制度，因爲這個制度是有計劃的，有組織的，它與製造恐慌、產生失業貧困、醞釀衝突戰爭的資本主義截然不同。」〔註163〕蘇聯也相應被視爲社會主義與計劃經濟相結合的模板，計劃經濟只有在蘇聯的「社會主義」經濟體制下才能實現。〔註164〕蘇式的社會主義經濟體制被認爲是社會發展的新路。「俄國給予我們的教訓不是思想上的新趨向，而乃是在實行上指示許多的實施方法與經

〔註160〕胡愈之：《莫斯科印象記》，長沙：湖南人民出版社，1984 年，第 41 頁。胡氏此書影響甚大。戈寶權在《重讀胡愈之著的〈莫斯科印象記〉》中說過，「但凡是在三十年代讀過《莫斯科印象記》這本書的人，都從它得到了深刻的印象，在思想上受到不少啓示。」胡愈之：《莫斯科印象記》，長沙：湖南人民出版社，1984 年，第 9 頁。

〔註161〕戈公振：《從東北到蘇聯》，長沙：湖南人民出版社，1984 年，第 100 頁。

〔註162〕宋斐如：《世界經濟現狀及其將來》，《東方雜誌》1934 年第 31 卷第 11 期，第 30 頁；馬季廉：《資本主義能否施行計劃經濟》，《國聞週報》1933 年第 10 卷第 6 期。

〔註163〕志遠：《蘇俄第二屆五年計劃之鳥瞰》，《東方雜誌》1933 年，第 30 卷第 1 號，轉引自鄭大華：《中國近代社會主義研究的幾個問題》，中國社科院近代史研究所思想史研究室：《中國近代史上的社會主義》，北京：中國社會科學文獻出版社，2011 年。

〔註164〕宋則行：《經濟機構與計劃經濟》，《新經濟》半月刊，1939 年第 2 卷第 6 期，第 142 頁。

驗。我們以爲這個有計劃的經濟之實施在經驗上與方法上是人類最可寶貴的一件事。」〔註165〕

　　但是，在20世紀二三十年代的「社會發展史」諸文本中，蘇聯作爲一種「社會形態」模板的意義並不濃鬱。比如張伯簡提到蘇俄處於共產主義的第一步時期即社會主義，但也只一帶而過，並沒有作爲敘述的重點。大革命失敗後問世的各種「社會發展史」文本多出版於國統區，或許由於政治氛圍所限，提到社會主義、共產主義或蘇聯的相關內容很少，對於人類社會發展進程的描述多止於資本主義，雖然也有一些文本講到資本主義將在工人運動的打擊下趨於滅亡，但幾乎沒有設立專章來描述作爲社會形態的「社會主義」的文本。而且，絕大多數社會發展史文本在提及社會主義時，都是作爲一種尚未實現的理想，並沒有與蘇聯聯繫起來，更沒有把作爲現實的蘇聯與作爲願景的社會主義直接等同。鄧初民在《社會進化史綱》（1930年）中就認爲，蘇聯只是被認爲「走上社會主義道路」，處於向社會主義過渡的時期，尚沒有達到社會主義。〔註166〕相較而言，劉瑩的《人類社會發展史》雖專設一節談論「人類社會的前景」。「實在，人類社會的前史如今正在告終。資本主義自身的內在矛盾，造成世界混沌的現狀；且正於其中萌芽著新的社會主義的社會組織。不久無產階級的世界革命完成的時候，才得寫述世界人類史的本文。」對於這個未來社會，書中作了如是充滿文釆的描述：「那是無論是國際戰爭或是階級鬥爭皆將滅跡，而表現社會生活絕端調和的歷史；那是無階級無榨取的勞動生產共和國，一切人類得自由地各盡所能的社會」，「在那個社會裏，民族的差異與性的差別，將決不成爲侮蔑或反感的原因。科學的文明也將不復是人類間相互毆殺的手段，而是專用爲人類支配自然的工具。由此，可怕的傳染病也將要絕跡，地震與水旱的天災也得預防。社會的生產力不斷地進展，所有的人類皆可一律享受幸福的生活。而現在因貧困所生的種種悲慘與罪惡，我們將如忘卻太古半獸的野蠻人生活般而全不記憶了。要是在這樣未來的時代，人類的文化將赫然有如太陽的光輝，個性的榮華，也將燦然有如春花的爛漫。」〔註167〕該書還專設了一節「蘇聯問題」，提出蘇聯過去十年的

〔註165〕張君勱：《立國之道》，轉自鄭大華、譚慶輝：《20世紀30年代初中國知識界的社會主義思潮》，《近代史研究》2008年第3期，第48頁。

〔註166〕鄧初民：《社會進化史綱》，上海：神州國光社出版，1932年9月再版，第339頁。

〔註167〕劉瑩編譯：《人類社會發展史》，上海：春秋書店，1931年，第193～194頁。

建設及成績在「人類歷史上真是無比的業績」，是「依據社會主義原則之變革」。蘇聯的經濟復興與英德法諸國在資本主義社會之社會經濟關係中形成的「舊圈套」中的復興是全然不同的，「蘇聯的復興時代，是立於新的根柢，即所謂在工場職場鐵道土地財產等私有財產解體的基礎上，創造新的經濟關係與經濟組織的時代」。〔註168〕但作者實際上也只是講了社會發展的「趨勢」，描繪了蘇聯的現實，依然沒有把社會主義等同於蘇聯模式。在1930年代，在把「社會主義」與「蘇聯」緊密聯繫在一起這個問題上，很多「社會發展史」文本書寫者甚至不如上文提到的讚美蘇聯經濟制度的知識分子來得堅定。

　　到1940年代初華崗的《社會發展史綱》出版，這一情況就發生了重要轉變，蘇聯作為社會主義的現實模板，正式進入「社會發展史」話語之中，並成為核心內容。華崗在書的序言中就對坊間同類書籍提出三點批評，其中之一即：「到現在為止，國內所出的社會進化史或社會發展史，差不多都只講到資本主義為止，好像資本主義以前的歷史是為了準備資本主義制度而存在，可是資本主義的自身，卻不是為準備一個更高的歷史階段而存在似的。這就無異說：資本主義制度的延長，就是人類歷史的發展；反之，資本主義制如果消滅，人類也就沒有歷史了。他們根據這樣根本不合理的邏輯，居然把資本主義制以後的歷史，完全抹煞了」。〔註169〕為了彌補此種缺陷，他用了相當大的篇幅來描述「社會主義」，其內容包括社會主義產生的必然性、社會主義社會生產方法的特徵、社會主義的新文化、社會主義制度下的國家、以及從社會主義向共產主義的邁進。更值得注意的是，他明確把一種社會理想的「社會主義」與作為現實國家的蘇聯高度等同起來，把蘇聯經驗界定為社會主義的標準模板。書中用專門的章節系統介紹了列寧和斯大林「資本主義發展不平衡與社會主義革命在一國首先勝利」的思想，並對蘇聯三個五年計劃的經過與成果、蘇聯反法西斯戰爭及戰後經濟建設、蘇聯的文化建設、蘇聯的政權建設等作了詳盡的描述，在理論和現實兩個層面都把蘇聯經驗普遍化為社會主義革命和建設的一般規律。〔註170〕而且，該書還把斯大林對社會主義的界定原封不動的移接下來。書中指出，公有制是社會主義的基本特點。蘇聯「第二個五年計劃的基本歷史任務已經完成，一切剝削者階級都已被完全消

〔註168〕劉瑩編譯：《人類社會發展史》，上海：春秋書店，1931年，第258～259、265～266頁。
〔註169〕華崗：《社會發展史綱》，生活書店，1946年，自序第2～3頁。
〔註170〕參見華崗《社會發展史綱》第七章諸節。

滅，那產生人剝削人現象和劃分社會為剝削者和被剝削者的種種原因，已被永遠剷除了，所有這些，首先是由於消滅生產工具私有制的結果，即是由於國家的社會主義所有制與合作社集體農場的社會主義所有制已在蘇聯勝利的結果。」「現在蘇聯所存在的國家，乃是完全新的社會主義國家，這個國家是歷史上空前未有的。這個國家按其形式和職能，是和第一階段的社會主義國家大不相同的。」至此，理想的社會主義＝現實的蘇聯這一等式已經建立。而在其中起支撐作用的，正是斯大林對社會主義的理解。〔註171〕1933 年 1 月，蘇聯全盤集體化運動基本完成，斯大林在第一個五年計劃總結報告中宣佈：「五年計劃的總結打破了社會民主黨人關於在單獨一個國家內不能建成社會主義的論點。五年計劃的總結表明，在一個國家內建成社會主義社會是完全可能的，因為這個社會的經濟基礎在蘇聯已經建成了。」〔註172〕1936 年 12 月，通過了由斯大林主持完成的憲法，宣佈蘇聯已經建成社會主義，是「工農社會主義國家」了。其標誌，就是生產資料由私有制向公有制轉變的完成。「我們蘇聯社會已經做到在基本上實現了社會主義，建立了社會主義制度，即實現了馬克思主義者又稱為共產主義第一階段或低級階段的制度。這就是說，我們已經基本上實現了共產主義第一階段，即社會主義。」〔註173〕三年後，在聯共（布）十八大上，斯大林又宣佈，蘇聯已經是「按其形式和職能來說是和第一階段的社會主義國家大不相同的」、「向共產主義前進」的國家了。〔註174〕按照斯大林的界定，社會主義最本質的內涵是消滅私有制。「斯大林憲法」頒佈的消息以及憲法的內容，很快傳到中國。1937 年 1 月 1 日，《中蘇文化》雜誌第 2 卷第 1 期設立了「蘇聯新憲法特輯」，刊載了《蘇聯第八次非常代表大會與新憲運動》、《蘇聯新憲法的特色》、《論蘇聯的經濟基礎與新憲》、《兩個體制之下的憲法》、《蘇聯新憲法上經濟制度與資本國家憲法上規

〔註171〕斯大林對社會主義的認識也經歷了一個變化的過程，本文所引述的主要是他思想成熟時期的論述。參見李宗禹等著：《斯大林模式研究》，北京：中央編譯出版社，1999 年，第 1～30 頁；戴開堯、胡石其：《斯大林的社會主義觀》，長沙：湖南師範大學出版社，2002 年，第 30～31 頁。

〔註172〕《斯大林全集》第 13 卷，北京：人民出版社，1976 年，第 192 頁。轉引自戴開堯、胡石其：《斯大林的社會主義觀》，長沙：湖南師範大學出版社，2002 年，第 63 頁。

〔註173〕斯大林：《關於蘇聯憲法草案》（1936 年 11 月 25 日在全蘇蘇維埃第八次非常代表大會上的報告），《斯大林選集》下卷，北京：人民出版社，1979 年，第 392 頁。

〔註174〕《斯大林文集》，北京：人民出版社，1985 年版，第 107～108、282 頁。

定之比較》、《社會主義與勞動權》、《蘇聯新憲法教育權》、《蘇聯的婦女與新憲法》、《論蘇聯憲法中之兩院問題》、《民族問題在蘇聯》、《蘇聯新舊憲法比較研究》等介紹和討論「新憲法草案」的 11 篇文章。加之前文提到過的《聯共（布）黨史簡明教程》在中國的廣泛傳播，直接把斯大林模式的「社會主義」在世界共產主義運動中推廣開來。實際上，作爲斯大林模式的「百科全書」，這本書出版發行的根本目的就在於此。〔註 175〕對於蘇聯社會主義建設的情況以及「斯大林憲法」的內容，《社會發展史綱》均作了詳細介紹。他指出，俄國十月革命開闢，而經由第一第二兩個五年計劃所完成的蘇聯，就是社會主義。在這個社會裏，「生產關係是完全適應於生產的情況的，在它們之間已經沒有矛盾，因此，生產力就以加快的速度發展著。這種速度簡直是過去社會所不能想像的」。除此之外，該書在關於共產主義之實現的論述中也突出了蘇聯的意義，指出：蘇聯目前正在向共產主義前進，第四個五年計劃，「就是要把無產階級社會主義社會的建設事業完成並逐漸由社會主義過渡到共產主義社會的偉大計劃。」而蘇聯本國建設共產主義的進展，又將成爲世界範圍內實現共產主義的關鍵。最後，以斯大林與美國工人代表團關於共產主義必然勝利的話爲全書下了結論：「在國際革命向前發展過程中將形成兩個世界中心：一個是社會主義的中心，吸引那些傾向於社會主義的國家；一個是資本主義的中心，吸引那些傾向於資本主義的國家。這兩個中心爲佔有世界經濟的鬥爭，將在全世界解決資本主義和共產主義命運。因爲世界資本主義最後的失敗，就是社會主義在世界經濟舞臺上的勝利。」〔註 176〕

「社會發展史」雖然是一種宣傳話語，但具有較強的學理內涵，涉及到唯物史觀的一些最基礎的問題。本章所涉及的只是幾個要點，並非「社會發展史」話語的全部，但筆者認爲，社會發展規律之表述、社會演進動力、人類起源、社會發展前景等問題在「社會發展史」整個學理大廈中具有基礎性意義。

在「社會發展史」話語建構過程中，文本書寫者雖然都致力於發現並表述社會發展的普遍規律，找到人類社會演進之「一般」，但其表述方式並不完全一致。在近代史學史特別是馬克思主義史學思想史上，「奴隸社會」問題被

〔註 175〕鄭異凡：《斯大林模式的百科全書——〈聯共（布）黨史簡明教程〉》，《博覽群書》1998 年第 9 期。

〔註 176〕華崗：《社會發展史綱》，生活書店，1946 年，第 236 頁。

格外凸顯出來，具有確認普遍規律的「標識」意義，但認真梳理各種文本卻可以發現，這種「標識」意義並不符合歷史真相。「奴隸社會」至多可以算作「五形態論」的「標識」。而「五形態論」實際上只是「社會發展史」話語中關於社會普遍規律的一種表述，而且，在「社會發展史」話語演變過程中，這種表述成為主流，也已經晚至 1940 年代。進而言之，正如「奴隸社會」不能衝擊社會普遍規律一樣，對「五形態論」的證偽（即便確實可以證偽）同樣無法顛覆「社會發展史」話語及其所致力於追求的社會發展普遍規律。與上述問題緊密相連的是社會演進動力的問題，「五形態論」實際上是以生產關係作為社會形態劃分標誌的。而筆者在文本梳理基礎上指出，在 1940 年代之前，「社會發展史」話語建構者及唯物史觀的早期傳播者在述及社會形態劃分時，更多地把注意力集中在「工具」的變遷上，而「工具」的背後則是「生產力」。到 1940 年代，以華崗的《社會發展史綱》問世為標誌，生產關係的意義才被格外凸顯出來，隨之而來的就是對階級關係的強調，而由於延安史學特別是毛澤東史學思想的影響，使得勞動者、農民在「社會發展史」中的地位得到極大提升。勞動者是與「勞動」這一觀念聯繫在一起的。為了展示「勞動」觀念植入「社會發展史」話語的歷程，筆者以恩格斯的《勞動在從猿到人轉變過程中的作用》一文在華譯介、傳播及政治詮釋的歷程為中心，對勞動觀念進入「社會發展史」話語的情況作了梳理。最後，「社會發展史」作為一種主題先行的話語體系，其要旨即在以邏輯的力量向人們展示人類社會的前景，關於社會發展規律、動力等問題的探討無不與此密切相關。但與這些問題一樣，作為社會發展前景的「社會主義」本身也是一個在話語演變中生成的概念，尤其是它與「蘇聯」的關係，更是在 1940 年代才做到「親密無間」。而在這一過程中，我們又可以看到華崗的《社會發展史綱》的里程碑意義。

第六章　餘論：「社會發展史」再認識

　　回到本書開頭所提出的問題，今天，我們如何認識「社會發展史」？筆者以爲，可從以下三點入手。

　　第一，**籠罩在意識形態面紗下的歷史課題與現實關照。**「社會發展史」話語無疑是一種意識形態，而意識形態總是帶有強烈的價值先行的色彩，但這並不表示它與現實完全脫節，也不表示它純粹是一種政治的說教。「社會發展史」話語可以視爲一種「舶來品」，而且主要來自俄國，但這也並不表示它在中國沒有社會現實基礎與思想文化傳承。恰恰相反，從思想史的長時段來看，「社會發展史」話語植根於近代中國思想文化的土壤之中。正如本書第二章指出的，近代中國思想史有一個重要的主題，即「變中求常」，知識界渴望在近代變局中尋求恒定的東西，以此來爲民族的發展確定目標和進路。「進化論」與「社會發展史」是圍繞這一主題的兩大思想觀念。而「社會發展史」又是在唯物史觀或所謂「社會組織進化論」的基礎上對「進化論」的改造和昇華。因此，「社會發展史」所要回應的，實際上是近代以來知識分子普遍感到困惑和焦慮的中華民族往何處去的問題。當然，與各政治派別的具體救國方案相比，「社會發展史」對這一問題的回應更加抽象。不過，它雖然沒有提出具體的政策主張，但卻直指人類社會發展的普遍規律之有無以及普遍規律之適用性問題，並試圖用這一規律來對中國的發展問題作出理論闡釋，從而把中國這一具體國家的前途放在人類社會普遍規律在現實歷史進程中的實現這一宏闊視野中來考察，進而爲各項具體政策提供了學理支撐和道義保障。因此，「社會發展史」話語看似一種抽象的理論，實際上背後流露出的卻是話語建構者深切的現實關懷。這也是爲什麼每到中國社會變革的關鍵時期，總會掀起「社

會發展史」熱潮的重要原因。

第二，徘徊在政治與學術之間的話語體系。政治與學術之糾纏，是思想文化史的永恆課題。一時代之學術，總要受到該時代政治的影響，甚至為其所形塑；同樣，一時代之政治，又總是在該時代學術大局中尋找學理支撐。在中國兩統（正統、道統）文化的特殊歷史文化背景下，這一點在「社會發展史」話語中表露無遺。這一話語的建構是在政治宣教與學術建構兩翼並舉中展開的，第四章和第五章分別對此作了探討。需要指出的是，雖然本文對這兩部分內容是分別敘述的，但在實際的話語生長史中，二者卻是緊密結合的。第一章中提及的每個「社會發展史」文本，幾乎都是在政治宣教過程中完成學術建構的，同樣，其學術建構的過程又直接受到政治宣教的影響，這種影響有時甚至是決定性的。正因為受制於政治的需求，不同的文本才會在一致承認人類社會具有普遍規律的前提下，卻對這一規律作出了大相徑庭的描繪。也正因為受制於政治的需求，不同的文本才會提出社會發展分期問題的不同標準，才有了以生產力（技術、生產工具）或生產關係（階級鬥爭）變遷為主線的「社會發展史」。從這個角度看，第一章所描述的「社會發展史」的不同類型及其子系統，並沒有正誤之分，有的只是學術與不同政治取向的結合。本文所做的一部分工作，就是把那些被政治上的「勝者」所淹沒的學術話語重新揭露出來，並盡可能生動地展示其形成機理與理論內涵，從而為理解「社會發展史」話語的真實面貌，進而為理解近代思想史的豐富性提供一些幫助。這些曾經因政治鬥爭的緣故而「落敗」、「失蹤」的思想因子之所以重要，是因為從歷史的長時段以及人類理智增長的總進程來看，政治上的得失永遠是暫時、易變甚或偶然的，只有豐富多彩、百花齊放的思想世界才具有相對恆定的意義，可以給予後人更大的啟迪。

第三，保持「普遍」與「特殊」之間適度張力的思想財富。「普遍」與「特殊」之關係，是一個具有長期生命力的哲學命題，也是近代中國知識分子投注了極大興趣的論題。﹝註1﹞在社會發展的問題上，這一命題同樣具有價值。不同民族在社會發展的進路上是遵循「普遍」道路還是自身的「特殊」道路？

﹝註1﹞ 除了前文所引艾思奇等關於社會發展普遍道路和民族特殊道路的論述之外，哲學界對此問題也多有探討。馮友蘭就認為，古今中外的哲學，講的都是一般和個別、抽象和具體的問題。他用「共相」、「殊相」的概念對這一問題進行了探討。（馮友蘭：《別共殊》，《新事論》，上海：三聯書店，2007 年；又可參見汪子嵩：《中西哲學的交會》，《讀書》1999 年第 9 期。）

或者說「普遍」與「特殊」二者孰輕孰重？近代中國的「社會發展史」話語側重於「普遍」，而其目的則是爲作爲「特殊」的中國社會探尋併入人類社會發展共同軌道的路徑，從而與世界潮流融爲一體，這也是它在近代中國贏得人心的重要原因。但是，20 世紀八十年代以後蘇東巨變之後，社會主義陣營實際上瓦解，爲與西方文化相抗衡，「愛國主義」在主流意識形態體系中的地位受到大幅提升，被認爲是增強意識形態號召力的新的凝聚力量。〔註2〕強調本民族發展路徑「特殊性」的「中國特色」話語迅速上位，「國學」、「中華文化」得到大力倡導。〔註3〕有的學者更是從哲學高度提出，普遍性只有通過特殊性才能存在。在歷史領域中，特殊性是基本的，普遍性是第二性的。在歷史上，只有特殊國家的發展道路，不存在一個不是任何特殊民族歷史的共同的歷史進程。共同的進程，只是一種結構性抽象。〔註4〕在此種思想文化背景下，「社會發展史」漸漸淡出了人們的視線。應該說，在特定的歷史條件下，強調民族發展道路的「特殊」，更有利於看清民族發展的實際，從而成爲盲目追求「普遍規律」或照搬別國發展模式的解毒劑，激發革新的動力，實事求是地解決當下的現實問題。中國改革開放初期就是如此，正是對「中國特色」的強調，爲中國的社會發展和社會主義在民族國家的實現道路的探索找到了突破口。〔註5〕但是，過於強調

〔註2〕 《蘇聯政變後中國現時應對與戰略選擇》，《中國青年報》1991 年 9 月 9 日；又可參見黃煜、李金銓：《90 年代中國大陸民族主義的媒體建構》，《臺灣社會研究季刊》第 50 期，2003 年 6 月；葛兆光：《以文化史、學術史到思想史——近 30 年中國學界轉變的一個側面》，收入馬立誠：《當代中國八種社會思潮》，北京：社會科學文獻出版社，2011 年。

〔註3〕 按照雷頤的梳理，這一思想傾向發動於 1980 年代末 1990 年代初，最初的目的是爲了反擊「民族虛無主義」思潮，因而帶有明確的政治指向性。1993 年 8 月 16 日，《人民日報》第三版史無前地以整版發表了《國學，在燕園又悄然興起》的長篇報導，提倡國學。提出：「所謂『有中國特色』，一個重要含義就是中國的文化傳統。」「把中國傳統文化的研究尊稱爲『國學』，並無不當。」18 日，《人民日報》又在頭版發表《久違了，國學！》，盛讚國學研究對於社會主義精神文明建設的意義。11 月 14 日，央視《東方時空》又播出了「國學熱的啓示」。12 月 1 日，《人民日報》發表《高屋建瓴、啓迪後人》，報導季羨林在北大的國學報告。1994 年 2 月 16 日，《人民日報》又發表季羨林的《國學漫談》，指出當前國學的重要任務是激發愛國主義熱情雷頤：《啓蒙與儒學：從維新到五四》，收入資中筠著：《啓蒙與中國社會轉型》，北京：社會科學文獻出版社，2011 年，第 92～94 頁。

〔註4〕 韓震：《歷史是人類社會的存在方式》，《史學理論研究》1995 年第 4 期，第 12 頁。

〔註5〕 改革開放的總設計師鄧小平明確講過，「坦率地說，我們過去照搬蘇聯社會主

「特殊」，同樣會導致問題。當所謂民族的「特殊性」本身成爲衡量是非的標準，就有可能被作爲阻礙進一步改革和發展的藉口，最終成爲社會弊病的保護傘。有的學者指出，近代以來，「特殊國情」多次成爲人們追求進步的障礙。〔註6〕還有學者指出：「作爲政治哲學和社會文化的一個用語，運用『中國特色』話語必須堅持理論與實踐相統一的馬克思主義理論品質，做到實事求是，尊重歷史，講求原則。否則，就會被錯用、被濫用，甚至被庸俗化。當前，一些背離社會主義基本原則的所謂『改革』，往往冠冕堂皇地自稱是『中國特色』，一些庸俗的生活方式、行爲習慣，經常美其名曰『中國特色』，一些半公開的違法犯罪活動，也打著『中國特色』的旗號。這些都不能、也不應該進入『中國特色』話語的運用範圍。對此，理論界和學術界應該從正面多加宣傳和引導，以便讓廣大民眾能夠眞正地理解和接受『中國特色』話語。」〔註7〕同時，過於強調特殊性，還會導致缺乏宏觀、貫通的學術視野，無法對中國的現實、歷史與未來作出通透的闡釋。本書開頭就提到，20世紀80年代以來，中國通史編纂者紛紛主張拋棄「社會發展史」，不在中國歷史的段落上附加「社會形態」的概念，從而顯示中國通史與社會發展史的區別。〔註8〕這些作品雖然是以重新敘述中國史爲標的，但在客觀上對「社會發展史」話語形成消解。但從目前通史編纂進展及成果來看，中國歷史敘述與「社會發展史」話語剝離之後的效果並不令人滿意，似乎還沒有形成稱得上經典的通史作品。正如有關研究者指出的，「在吸收以往中國通史研究與撰述成果的基礎上，建構具有中國民族特色，反映中國歷史實際的中國通史新體系任重道遠。」〔註9〕誠然，自從資本主義開啓了全球化的進程，歷史已經眞正成爲「世界

　　　　義的模式，帶來很多問題，我們早就發現了，但沒有解決好。我們現在要解決好這個問題，我們要建設的是具有中國自己特色的社會主義。」（《鄧小平文選》第三卷，北京：人民出版社，1993年，第261頁。）

〔註6〕 安立志：《「國情」論爭簡史》，《同舟共進》2011年第11期，第60～64頁。當然，本文把「國情」純粹作爲抵禦時代潮流的擋箭牌，卻有些過於簡單。實際上，「國情」是一個極具彈性的話語符號，在具體的歷史文化語境中，發揮的作用並不盡相同。

〔註7〕 吳永：《「中國特色」話語的提出及其歷史演進》，《中共中央黨校學報》2008年第4期，第101～104頁。

〔註8〕 劉寶才：《關於重編中國通史教科書的幾點思考》，《華夏文化》1995年第1期。

〔註9〕 趙春梅：《二十世紀中國通史編纂研究》，北京：中國社會科學出版社，2007年，第86頁。

史」，任何一個國家和民族的歷史都已經無法完全在本國本民族的範圍內獲得科學的認識，而必須在人類社會的總進程中來看待。從這個意義上說，建構一種社會發展的總體描述，已經成為認識本國歷史、現狀和未來的必要前提。而本文的研究表明，這一點，在1920代以來的大部分「社會發展史」話語建構者心目中是不言自明的。或許，「社會發展史」話語在演變過程中曾走向了自己的反面，從理解和敘述本國史的理論指導變成了障礙。對此，當然必須進行必要的反思甚至批判，但卻不能把嬰兒混在洗澡水中一併倒掉。應該承認的是，1920年代以來「社會發展史」的發展歷程及其成果，仍是今天的中國學界探求社會發展普遍道路時的寶貴思想資源。進言之，如果中國思想理論界無法在「普遍」和「特殊」之間保持適度張力，從而為中國的發展模式以及支持這一模式的思想理論尋找到既有說服力，又具普遍性的價值闡釋，那麼，中國的發展也面臨迷失方向的危險。〔註10〕從這個意義上說，梳理在「社會發展史」話語在近代中國的形成歷程，應該能給人以一些啟迪，而本書的最大意義，或許也正在於此。

〔註10〕 實際上，在關於「中國模式」的討論中，認為中國發展模式其實只是西方資本主義「普遍道路」之某個環節的言論並不少見。比如，鄧曉芒就認為：「不要以為中國真的有什麼自己創造出來的『模式』，更不要以為世界上只有我們中國可以跳出歷史發展的必然規律而發明出自己獨特的『規律』。我們現在所做的，只不過是我們一直羞羞答答不肯承認的『補課』，即補上世界資本主義發展的一門必修課。這門必修課我們本來應該在19世紀末就拿到學分的，但由於我們自己不爭氣，直到100年後才開始被迫加以嘗試，而且還是半心半意的。」與老牌的資本主義國家英國相比，後起的資本主義國家比如法國、德國、美國並沒有說創造出了什麼法國模式、德國模式或美國模式，因為其實他們都是同一個資本主義發展模式。「我們不妨把所謂『中國模式』改稱為『有中國特色的西方19世紀模式』。」(鄧曉芒：《「富士康」的中國模式》，《南風窗》2010年6月) 這一觀點當然有失偏頗，但卻從反面說明，沒有對歷史發展普遍規律的深入研究，就會在發展方向問題上喪失話語權和主動權。

參考文獻

一、中文文獻

（一）馬克思主義經典著作

1. 恩格斯：《社會主義從空想到科學的發展》，《馬克思恩格斯全集》（第 25 卷），北京：人民出版社，2001 年。

2. 恩格斯：《家庭、私有制和國家的起源》，《馬克思恩格斯文集》（第 4 卷），北京：人民出版社，2009 年。

3. 恩格斯：《路德維希·費爾巴哈和德國古典哲學的終結》，《馬克思恩格斯文集》（第 4 卷），北京：人民出版社，2009 年。

4. 列寧：《論國家》，《列寧選集》（第 4 卷），北京：人民出版社，1995 年。

5. 馬克思：《路易·波拿巴的霧月十八》，《馬克思恩格斯選集》（第 1 卷），北京：人民出版社，1995 年。

6. 馬克思：《1857～58 年經濟學手稿》，《馬克思恩格斯全集》（第 30 卷），北京：人民出版社，1995 年。

7. 馬克思：《資本論》（第一卷），《馬克思恩格斯全集》（第 44 卷），北京：人民出版社，2001 年。

8. 馬克思：《給〈祖國紀事〉雜誌編輯部的信》，《馬克思恩格斯全集》（第 25 卷），北京：人民出版社，2001 年。

9. 馬克思和恩格斯：《共產黨宣言》，《馬克思恩格斯文集》（第 2 卷），北京：人民出版社，2009 年。

10. 馬克思和恩格斯：《德意志意識形態》，《馬克思恩格斯選集》（第 1 卷），北京：人民出版社，1995 年。

（二）史料

1. 艾思奇：《社會發展史講授提綱（訂正本）》，華北大學，1949 年。

2. 艾思奇：《艾思奇全書》，北京：人民出版社，2006 年。

3. 北京市教育局編：《北京市普教資料選編 1949～1985》第 11 集，內部印行，1985 年。

4. 蔡和森：《社會進化史》，北京：東方出版社，1995 年。

5. 蔡和森：《蔡和森文集》，北京：人民出版社，1980 年。

6. 蔡和森：《蔡和森的十二篇文章》，北京：人民出版社，1980 年。

7. 陳翰笙：《人類的歷史》，北京：北新書局，1927 年。

8. 陳綬蓀、何環源編譯：《社會進化概論》，上海：新世紀書局，1931 年。

9. 陳崧編：《五四前後東方文化問題論戰文選（增訂本）》，北京：中國社會科學出版社，1989 年。

10. 陳以沛等合編：《黃埔軍校史料續篇》，廣州：廣州出版社，1994 年。

11. 鄧初民：《社會進化史綱》，上海：神州國光社，1931 年。

12. 杜民：《資本主義以前的社會》，上海：生活・讀書・新知書店，1949 年。

13. 高教部辦公廳編：《高等教育文獻法令彙編（1949～1952）》，1958 年。

14. 高軍：《中國社會性質問題論戰》，北京：人民出版社，1984 年。

15. 高軍、王檜林等：《五四運動前馬克思主義在中國的介紹與傳播》，長沙：湖南人民出版社，1986 年。

16. 〔日〕高橋清吾著、潘念之譯：《社會制度發展史》，上海：大江書鋪，1933 年。

17. 廣東革命歷史博物館：《黃埔軍校史料》，廣州：廣東人民出版社，1985 年。

18. 胡喬木：《胡喬木文集》，北京：人民出版社，1994 年。

19. 華崗：《華崗選集》，濟南：山東大學出版社，2003 年。

20. 華崗：《社會發展史綱》，重慶：生活書店，1946 年。

21. 黃美真、石源華、張雲編：《上海大學史料》，上海：復旦大學出版社，1984 年。

22. 黃菩生著、劉秉麟校：《社會進化史》，上海：商務印書館，1930 年。

23. 侯外廬：《韌的追求》，北京：生活・讀書・新知三聯書店，1985 年。

24. 姜義華編：《社會主義學說在中國的初期傳播》，上海：復旦大學出版社，1984 年。

25. 解放社：《社會發展史略》，佳木斯：東北書店，1948 年。

26. 解放社：《社會發展簡史》，佳木斯：東北書店，1949 年。

27. 〔美〕拉蒙・可夫瑪著、陶秉珍譯：《人類史話》，上海：開明書店，1934 年。

28. 廖劃平：《社會進化史》，上海：泰東圖書局，1927 年。

29. 李達：《社會進化史講義》，北平大學法商學院講義，1936 年。

30. 李達：《李達文集》，北京：人民出版社，1980～1988 年。

31. 李大釗：《李大釗全集（最新注釋本)》，北京：人民出版社，2006 年。

32. 李求實：《李求實文集》，北京：中國文史出版社，1991 年。

33. 李玉非等：《柳湜教育文集》，北京：教育科學出版社，1991 年。

34. 黎明：《社會進化史大要》，北京：北新書局，1927 年 8 月。

35. 林代昭、潘國華：《馬克思主義在中國》，北京：清華大學出版社，1983 年。

36. 林文錦編：《廣州農民運動講習所資料選編》，北京：人民出版社，1987 年。

37. 聯共(布)中央直屬高級黨校編輯：《聯共(布)宣傳鼓動的決議和文件》，北京：人民出版社，1953 年。

38. 劉炳黎：《社會進化史》，上海：中華書局，1935 年。

39. 劉煉編：《何乾之紀念文集》，北京：北京出版社，2006 年。

40. 劉瑩編譯：《人類社會發展史》，上海：春秋書店，1932 年。

41. 柳湜：《柳湜文集》，上海：三聯書店，1987 年。

42. 陸一遠：《社會形式發展史》，上海：江南書店，1929 年。

43. 陸一遠：《社會進化史大綱》，上海：光明書局，1931 年。

44. 馬哲民：《社會進化史》，上海：南強書局，1929 年。

45. 毛澤東：《毛澤東文集》，北京：人民出版社，1996 年。

46. 毛澤東：《毛澤東選集》，北京：人民出版社，2008 年。

47. 毛澤東：《毛澤東早期文稿》，長沙：湖南人民出版社，2008 年。

48. 〔德〕米勒利爾著、陶孟和譯：《社會進化史》，北京：商務印書館，1932 年。

49. 庫斯轟著、高素明譯：《社會形式發展史大綱》，上海：神州國光社，1930 年。

50. 平青：《社會的進化》，上海：樂華圖書公司，1934 年。

51. 清華大學大課委員會：《清華學習》，1949～1950 年。

52. 清華大學馬列主義教研室編：《赴法勤工儉學運動史料》，北京：北京出版社，1981 年。

53. 瞿秋白：《瞿秋白文集・政治理論編》，北京：人民出版社，1987～1998年。

54. 任建樹主編：《陳獨秀著作選編》，上海：上海人民出版社，2009年。

55. 陝西師範大學教育研究所編輯：《陝甘寧邊區教育資料》，北京：教育科學出版社，1981年。

56. 上海市哲學社會科學學會聯合會編：《中國社會科學家聯盟成立55週年紀念專輯》，上海：上海社會科學院出版社，1986年。

57. 邵可侶著、鄭紹文譯：《社會進化的歷程》，上海：上海文化生活出版社，1937年。

58. 邵力子：《邵力子文集》，北京：中華書局，1985年。

59. 沈志遠：《社會形態發展史》，上海，生活・讀書・新知聯合發行所，1949年。

60. 唐文權、桑兵編：《戴季陶集》，武漢：華中師範大學出版社，1990年。

61. 陶水木編：《沈定一集》，北京：國家圖書館出版社，2010年。

62. 王凡西：《雙山回憶錄》，北京：東方出版社，2004年。

63. 王家貴、蔡錫瑤編著：《上海大學（1922～1927）》，上海：上海社會科學院出版社，1986年。

64. 王慕民編：《朱鏡我文集》，北京：海洋出版社，2007年。

65. 王亞南：《王亞南文集》，福州：福建教育出版社，1987～1989年。

66. 王子雲：《社會進化史》，上海：崑崙書店，1930年。

67. 溫濟澤等編：《延安中央研究院回憶錄》，長沙：湖南人民出版社，1984年。

68. 吳亮平：《吳亮平文選》，北京：中國廣播電視出版社，1992年。

69. 吳亮平：《吳亮平文集》，北京：中共中央黨校出版社，2009年。

70. 蕭楚女：《蕭楚女文存》，北京：中共黨史出版社，1998年。

71. 楊堃：《社會進化史講授提綱》，1934～1935年，油印本。

72. 惲代英：《惲代英文集》，北京：人民出版社，1984年。

73. 張伯簡：《從原始共產主義到科學的共產主義》，《民國日報》副刊《覺悟》，1924年10～11月。

74. 張伯簡：《社會進化簡史》，廣東國光書店，1925年。

75. 張伯簡：《各時代社會經濟結構原素表》，上海：新青年社，1925年。

76. 中共上海市委黨史資料徵集委員會：《上海革命文化大事記（1937.7～1949.5）》，上海：上海翻譯出版公司，1991年。

77. 中國社會科學院現代史研究室、中國革命博物館黨史研究室編：《「一大」

前後：中國共產黨第一次代表大會前後資料選編》，北京：人民出版社，1985 年。

78. 中共雲南省委黨史研究室編：《張伯簡文輯》，昆明：雲南民族出版社，1987 年。

79. 中共中央書記處編：《六大以前——黨的歷史材料》，北京：人民出版社，1980 年。

80. 中共中央書記處編：《六大以來——黨內秘密文件》，北京：人民出版社，1981 年。

81. 中共中央宣傳部辦公廳編：《黨的宣傳工作會議概況與文獻》，北京：中共中央黨校出版社，1994 年。

82. 中共珠海市黨史研究室編：《楊匏安文集》，廣州：廣東人民出版社，1986 年。

83. 鍾離蒙、楊風麟主編：《中國現代哲學史資料彙編（1-4 集）》，遼寧大學，1982 年。

84. 中央檔案館編：《中共黨史報告選編》，北京：中共中央黨校出版社，1982 年。

85. 中央檔案館編：《中共中央文件選集》，北京：中共中央黨校出版社，1988～1992 年。

86. 中央教育科學研究所編：《老解放區教育資料》，北京：教育科學出版社，1991 年。

87. 朱執信：《朱執信集》，北京：中華書局，1979 年。

（三）論著

1. 〔英〕安德森著、劉北成等譯：《絕對主義國家的系譜》，上海：上海人民出版社，2001 年。

2. 〔英〕安德森著，郭方、劉健譯：《從古代到封建主義的過渡》，上海：上海人民出版社，2001 年。

3. 巴恩斯著、王斐蓀譯、陶希聖校：《社會進化論》，1929 年。

4. 白鋼：《中國封建社會長期延續問題論戰的由來與發展》，北京：中國社會科學出版社，1984 年。

5. 保爾·拉法格、王子野譯本：《財產及其起源》，北京：生活·讀書·新知三聯書店，1962 年。

6. 鮑嶸：《學問與治理——中國大學知識現代性狀況報告（1949～1954）》，上海：學林出版社，2007 年。

7. 北京輔仁大學校友會編：《北京輔仁大學校史》，北京：中國社會出版社，2005 年。

8. 〔蘇〕畢謫列夫斯基著、嚴靈峰譯：《歷史唯物論入門》，上海：新生命書局，1931 年。

9. 〔俄〕別爾嘉耶夫等著、伍宇星編譯：《哲學船事件》，廣州：花城出版社，2009 年。

10. 〔俄〕波格達諾夫，陳望道、施存統譯：《社會意識學大綱》，上海：開明書店，1929 年。

11. 〔俄〕波格達諾夫著、陶伯譯：《新經濟學問答》，上海：泰東圖書局，1930 年。

12. 〔俄〕波格達諾夫著，施存統譯：《經濟科學大綱》，上海：大江書鋪，1931 年 5 版。

13. 〔俄〕波格丹諾夫著、貝雲峰譯：《政治經濟學之基本的程序》，北平：震東印書館，193？年。

14. 〔美〕伯納爾著、丘權政等譯：《一九〇七年以前中國的社會主義思潮》，福州：福建人民出版社，1985 年。

15. 〔蘇〕勃‧凱德洛夫著，殷登祥等譯：《論恩格斯〈自然辨證法〉》，北京：生活‧讀書‧新知三聯書店，1980 年。

16. 〔蘇〕C‧A‧達林，侯均初等譯，李玉貞校：《中國回憶錄：1921～1927》，北京：中國社會科學出版社，1981 年。

17. 蔡雪村：《中國歷史上的農民戰爭》，上海：亞東圖書館，1933 年。

18. 曹鶴龍：《列寧著作在中國：1919～1992 年文獻調研報告》，北京：書目文獻出版社，1995 年。

19. 陳峰：《民國史學的轉折——中國社會史論戰研究（1927～1937）》，濟南：山東大學出版社，2010 年。

20. 陳國欽、袁征：《瞬逝的輝煌——嶺南大學六十四年》，廣州：廣東人民出版社，2008 年。

21. 陳桂生：《中國幹部教育（1927～1949）》，上海：華東師範大學出版社，2007 年。

22. 陳其泰：《中國馬克思主義史學的理論成就》，北京：國家圖書館出版社，2008 年。

23. 陳學昭：《浮沉雜憶》，廣東：花城出版社，1981 年。

24. 陳永發：《中國共產革命七十年》，臺北：聯經出版事業公司，2001 年。

25. 陳正炎、林其錟：《中國古代大同思想研究》，上海：上海人民出版社，1986 年。

26. 成仿吾：戰火中的大學：《從陝北公學到人民大學的回顧》，人民出版社，1982 年。

27. 〔日〕大冢豐著、黃福濤譯：《現代中國高等教育的形成》，北京：北京師範大學出版社，1998 年。

28. 〔英〕戴維・麥克萊倫著、李智譯：《馬克思以後的馬克思主義》，北京：中國人民大學出版社，2008 年。

29. 戴知賢：《十年內戰時期的革命文化運動》，北京：中國人民大學出版社，1988 年。

30. 〔美〕德里克著、翁賀凱譯：《革命與歷史：中國馬克思主義歷史學的起源，1919～1937》，南京：江蘇人民出版社，2008 年。

31. 鄧初民：《政治科學大綱》，北京，中國社會科學出版社，1984 年。

32. 丁學良：《辯論「中國模式」》，北京：社會科學文獻出版社，2011 年。

33. 〔蘇〕杜博洛夫斯基著、吳清友譯：《亞細亞生產方式、封建制度、農奴制度及商業資本之本質問題》，上海：神州國光社，1933 年。

34. 段忠橋：《重釋歷史唯物主義》，南京：江蘇人民出版社，2009 年。

35. 范文瀾：《范文瀾全集》，石家莊：河北教育出版社，2002 年。

36. 馮天瑜：《「封建」考論》，武漢：武漢大學出版社，2006 年。

37. G・A・柯亨：《卡爾・馬克思的歷史理論》，重慶：重慶出版社，1989 年。

38. 高爾松、高爾柏：《社會科學大綱》，平凡書局，1949 年。

39. 高華：《紅太陽是怎樣升起的》，香港中文大學出版社，2000 年。

40. 高華：《革命年代》，廣州：廣東人民出版社，2009 年。

41. 高軍等：《中國現代政治思想評要》，北京：華夏出版社，1990 年。

42. 高瑞泉主編：《中國近代社會思潮》，上海人民出版社，2007 年。

43. 高新民、張書軍：《延安整風實錄》，杭州：浙江人民出版社，2000 年。

44. 耿彥君：《唯物辯證法論戰研究》，北京：社會科學文獻出版社，2005 年。

45. 龔如平：《江西出版紀事》，南昌：江西人民出版社，1994 年。

46. 桂遵義：《馬克思主義史學在中國》，濟南：山東人民出版社，1992 年。

47. 郭沫若：《中國古代社會研究》，石家莊：河北教育出版社，2001 年。

48. 〔南〕弗蘭尼茨基著，李嘉恩、胡文建等譯：《馬克思主義史》，北京：人民出版社，1986～1992 年。

49. 〔荷〕郭泰著、李達譯：《唯物史觀解說》，北京：中華書局，1921 年。

50. 郭湛波：《近五十年中國思想史》，濟南：山東人民出版社，2002 年。

51. 郝鎮華編：《外國學者論亞細亞生產方式》，北京：中國社會科學出版社，1981 年。

52. 何炳棣：《讀史閱世六十年》，桂林：廣西師範大學出版社，2005 年。

53. 何東昌：《中華人民共和國教育史》（上卷），海口：海南出版社，2007 年。

54. 何方：《何方談史憶人》，北京：世界知識出版社，2010 年。

55. 何乾之：《中國社會史問題論戰》，上海：生活書店，1937 年。

56. 何乾之：《中國社會性質問題論戰》，上海：生活書店，1937 年。

57. 何乾之：《何乾之文集》，北京：北京出版社，1993 年。

58. 何茲全：《中國古代社會》，鄭州：河南人民出版社，1991。

59. 何茲全：《愛國一書生》，上海：華東師範大學出版社，1997 年。

60. 賀淵：《新生命研究》，北京：社會科學文獻出版社，2011 年。

61. 洪認清：《抗戰時期的延安史學》，合肥：安徽大學出版社，2006 年。

62. 胡大平：《回到恩格斯：文本、理論和解讀政治學》，南京：江蘇人民出版社，2011 年。

63. 胡華：《胡華文集》，北京：中國人民大學出版社，1988 年。

64. 胡建華：《現代中國大學制度的原點》，南京：南京師範大學出版社，2001 年。

65. 胡秋原：《一百三十年來中國思想史綱》，臺北：學術出版社，1983 年。

66. 胡一貫編：《社會科學概論》，中央陸軍軍官學校政治訓練處，1930 年。

67. 黃福慶：《近代中國高等教育研究：國立中山大學（1924～1937）》，臺北：「中央」研究院近代史研究所，1988 年 6 月。

68. 黃敏蘭：《學術救國——知識分子歷史觀與中國政治》，鄭州：河南人民出版社，1995 年。

69. 黃楠森、莊福齡、林利主編：《馬克思主義哲學史（修訂本)》，北京：北京出版社，1994 年。

70. 黃義祥編著：《中山大學史稿》，廣州：中山大學出版社，1999 年。

71. 翦伯贊：《翦伯贊全集》，石家莊：河北教育出版社，2008 年。

72. 蔣大椿：《唯物史觀與史學》，長春：吉林教育出版社，1991 年。

73. 蔣大椿主編：《史學探淵：中國近代史學理論文編》，長春：吉林教育出版社，1991 年。

74. 蔣大椿編著：《歷史主義與階級觀點研究》，成都：巴蜀書社，1992 年。

75. 姜義華：《現代性：中國重撰》，北京：北京師範大學出版社，2010 年。

76. 蔣海升：《「西方話語」與「中國歷史」之間的張力》，濟南：山東大學出版社，2009 年。

77. 金安平：《從批判的武器到武器的批判：二十世紀前半期中國知識分子與政黨政治》，哈爾濱：黑龍江人民出版社，2000 年。

78. 金觀濤、劉青峰著：《觀念史研究：中國現代重要政治術語的形成》，北京：法律出版社，2009 年。

79. 康樂、彭明輝主編：《史學方法與歷史解釋》，北京：中國大百科全書出版社，2005 年。

80. 康有為：《大同書》，上海：上海古籍出版社，2005 年。

81. 〔德〕庫諾著、袁志英譯：《馬克思的歷史、社會和國家學說》，北京：商務印書館，1988 年。

82. 〔美〕萊文著、臧峰宇譯：《不同的路徑：馬克思主義與恩格斯主義中的黑格爾》，北京：北京師範大學出版社，2009 年。

83. 雷永生：《唯物史觀形成史稿》，石家莊：河北人民出版社，1987 年。

84. 拉狄克著、克仁譯：《中國革命運動史》，上海：新宇宙書店，1929 年。

85. 黎潔華、虞葦：《戴季陶傳》，廣州：廣東人民出版社，2003 年。

86. 〔德〕李博著，趙倩、王草、葛平竹譯：《漢語中的馬克思主義術語的起源與作用》，北京：中國社會科學出版社，2003 年。

87. 梁楓：《唯物史觀在中國的命運論綱》，北京：北京大學出版社，2000 年。

88. 林甘泉等：《中國古代史分期討論五十年》，上海人民出版社，1982 年。

89. 林國華著、王學典指導：《范文瀾與中國馬克思主義史學》，山東大學博士論文，2007 年。

90. 林泰主編：《唯物史觀通論》，北京：高等教育出版社，2001 年。

91. 林耀華：《從猿到人問題的研究》，北京：耕耘出版社，1951 年。

92. 林子秋：《華中解放區幹部教育史》，北京：中共黨史出版社，2006 年。

93. 林之達：《中國共產黨宣傳史》，成都：四川人民出版社，1990 年。

94. 李春雷、史克己：《赤光：留法勤工儉學運動紀實》，保定：河北大學出版社，2010 年。

95. 李季：《中國社會史論戰批判》，上海：神州國光社，1936 年。

96. 李今山主編：《緬懷與探索：紀念艾思奇文選（1981～2008）》，北京：中共中央黨校出版社，2010 年。

97. 李洪林：《中國思想運動史（1949～1989）》，香港：天地圖書有限公司，1999 年。

98. 李其駒：《馬克思主義哲學在中國》，上海人民出版社，1991 年。

99. 李尚德：《20 世紀馬克思主義哲學在蘇聯》，北京：社會科學文獻出版社，2009 年。

100. 李小三：《中國共產黨幹部教育簡史》，北京：中共黨史出版社，2009 年。

101. 李延明：《在歷史的序列中》，北京：中國人民大學出版社，1989 年。

102. 李延明：《李延明文集》，北京：臺海出版社，2005 年。

103. 李永春：《蔡和森年譜》，湘潭：湘潭大學出版社，2008 年。

104. 李宗禹等著：《斯大林模式研究》，北京：中央編譯出版社，1999 年。

105. 李祖德、陳啓能主編：《評魏特夫的〈東方專制主義〉》，北京：中國社會科學出版社，1997 年。

106. 廖叔俊、龐文弟：《北京高等教育的沿革和重大歷史事件》，北京：中國廣播電視出版社，2006 年。

107. 劉程宏：《A・A・波格丹諾夫的「系統思想」研究》，華南師範大學博士論文，2007 年。

108. 劉桂生：《劉桂生學術文化隨筆》，北京：中國青年出版社，1996 年。

109. 劉桂生等：《嚴復思想新論》，北京：清華大學出版社，1999 年。

110. 劉海霞：《論社會形態的銜接順序》，北京：研究出版社，2008 年。

111. 劉輝：《中國共產黨人的文化自覺——新民主主義文化思想再研究》，北京：中共黨史出版社，2008 年。

112. 劉益濤：《十年紀事：1937～1947 年毛澤東在延安》，北京：中共黨史出版社，2007 年。

113. 劉宜之：《唯物史觀淺釋》，國光書店，1923 年 12 月三版。

114. 盧國英：《智慧之路——一代哲人艾思奇》，北京：人民出版社，2006 年。

115. 逯耀東：《中共史學的發展與演變》，時報文化出版社，1979 年。

116. 羅伯特・韋爾、凱・尼爾森編：《分析馬克思主義新論》，北京：中國人民大學出版社，2002 年。

117. 羅海瀅：《李達唯物史觀思想研究》，廣州：暨南大學出版社，2008 年。

118. 〔德〕羅梅君，孫立新譯：《政治與歷史之間的科學編纂：30 和 40 年代中國馬克思主義史學的形成》，濟南：山東教育出版社，1997 年。

119. 呂芳上：《革命之再起：中國國民黨改組前對新思潮的回應（1914～1924）》，臺北：「中央」研究院近代史研究所專刊・57，1989 年。

120. 呂希晨、何敬文主編：《中國現代唯物史觀史》，天津：天津人民出版社，2003 年。

121. 呂增奎編：《執政的轉型：海外學者論中國共產黨的建設》，北京：中央編譯出版社，2011 年。

122. 呂振羽：《中國社會史諸問題》，上海：華東人民出版社，1954 年。

123. 〔蘇〕馬加爾著，陳代青、彭桂秋合譯：《中國農村經濟研究》，上海：神州國光社，1930 年。

124. 馬立誠：《當代中國八種社會思潮》，北京：社會科學文獻出版社，2011 年。

125. 馬龍閃：《蘇聯劇變的文化透視》，北京：中國社會科學出版社，2005 年。

126. 〔意〕梅洛蒂著、高銘譯:《馬克思與第三世界》,北京:商務印書館,1981 年。

127. 孟慶仁:《現代唯物史觀大綱》,北京:當代中國出版社,2002 年。

128. 〔英〕莫里斯‧布洛克著、馮利等譯:《馬克思主義與人類學》,北京:華夏出版社,1988 年。

129. 南京大學歷史系明清史研究室:《中國資本主義萌芽問題論文集》,南京:江蘇人民出版社,1983 年。

130. 倪稼民:《從建構到失語——文化傳統背景下的俄羅斯革命知識分子與斯大林模式》,南京:江西人民出版社,2007 年。

131. 龐卓恒:《唯物史觀與歷史科學》,北京:高等教育出版社,2004 年。

132. 齊家瑩編撰、孫敦恒審校:《清華人文學科年譜》,北京:清華大學出版社,1999 年。

133. 邱紅霞著、宋進教授指導:《論蔡和森的社會主義思想》,華東師範大學碩士論文,2010 年。

134. 曲士培:《抗日戰爭時期解放區高等教育》,北京:北京大學出版社,2005 年。

135. 饒良倫:《土地革命時期的左翼文化運動》,哈爾濱:黑龍江人民出版社,1986 年。

136. 〔蘇〕沙發諾夫著,李俚人譯:《中國社會發展史》,上海:新生命書局,1933 年。

137. 沙健孫主編:《中國共產黨史稿(1921～1949)》,北京:中央文獻出版社,2006 年。

138. 〔美〕塞利格曼著、陳石孚譯,陶履恭校:《經濟史觀》,上海:商務印書館,1920 年。

139. 〔日〕衫山榮著、李達、錢鐵如譯:《社會科學概論》,上海:崑崙書店,1929 年。

140. 〔日〕上田茂樹著、施復亮譯:《世界社會史》,上海:崑崙書店,1929 年。

141. 〔美〕沈大偉著,呂增奎、王新穎譯:《中國共產黨:收縮與調適》,北京:中央編譯出版社,2011 年。

142. 〔美〕盛岳著、奚博銓等譯:《莫斯科中山大學和中國革命》,北京:東方出版社,2004 年。

143. 〔日〕石川禎浩著、袁廣泉譯:《中國共產黨成立史》,北京:中國社會科學出版社,2006 年。

144. 石雲霞:《新中國成立以來高校思想理論教育史研究》,北京:人民教育出版社,2005 年。

145. 宋小慶、梁麗萍著：《關於中國本位文化問題的討論》，南昌：百花洲文藝出版社，2004 年。

146. 宋亞文：《施復亮政治思想研究》，北京：人民出版社，2006 年。

147. 宋雲彬：《紅塵冷眼——一個文化名人筆下的中國三十年》，太原：山西人民出版社，2002 年。

148. 孫承叔、王東：《對資本論歷史觀的沉思：現代歷史哲學構想》，上海：學林出版社，1988 年。

149. 孫承叔：《打開東方社會秘密的鑰匙》，北京：東方出版中心，2000 年。

150. 孫寒冰主編：《社會科學大綱》，黎明書局，1929 年。

151. 孫耀文：《風雨五載：莫斯科中山大學始末》，北京：中央編譯出版社，1996 年。

152. 談敏：《回溯歷史：馬克思主義經濟學在中國的傳播前史》，上海：上海財經大學出版社，2008 年。

153. 唐寶林、林茂生：《陳獨秀年譜長編》，上海：上海人民出版社，1988 年。

154. 塔爾海瑪著、李達譯：《現代世界觀》，上海：崑崙書店，1929 年 9 月初版。

155. 陶希聖：《中國社會之史的分析》，上海：新生命書局，1929 年。

156. 陶希聖：《中國社會與中國革命》，上海：新生命書局，1930 年。

157. 陶希聖：《潮流與點滴》，北京：大百科全書出版社，2009 年。

158. 田昌五：《中國歷史體系新論》，濟南：山東大學出版社，2009 年。

159. 〔美〕田辰山著、蕭延中譯：《中國辯證法：從〈易經〉到馬克思主義》，北京：中國人民大學出版社，2008 年。

160. 〔日〕田中仁著、趙永東等譯校：《20 世紀 30 年代的中國政治史——中國共產黨的危機與再生》，天津：天津社會科學院出版社，2007 年。

161. 童行白：《唯物史觀與民生史觀析論》，上海：南華圖書局，1929 年。

162. 汪家鏐：《建國後十七年高校學生思想政治工作的回顧與思考》，北京：中國廣播電視出版社，2008 年。

163. 汪榮祖：《從傳統中求變》，南昌：百花洲文藝出版社，2002 年。

164. 王東著、吳澤指導：《中國社會性質與社會史論戰研究》，華東師範大學博士論文，1991 年。

165. 王東等著：《馬列著作在中國出版簡史》，福州：福建人民出版社，2009 年。

166. 王汎森：《中國近代思想與學術的系譜》，石家莊：河北教育出版社，2001 年。

167. 王汎森：《近代中國的史家與史學》，上海：復旦大學出版社，2010 年。

168. 王晉、汪洋主編：《華實錄──華北大學回憶文集》，北京：中國人民大學出版社，2003 年。

169. 王禮錫等：《中國社會史的論戰》1～4 輯，上海：神州國光社，1931 年。

170. 王銘銘：《「裂縫間的橋」──解讀摩爾根〈古代社會〉》，濟南：山東人民出版社，2004 年。

171. 王奇生：《革命與反革命：社會文化視野下的民國政治》，北京：社會科學文獻出版社，2010 年。

172. 王天根：《〈天演論〉傳播與清末民初的社會動員》，合肥：合肥工業大學出版社，2006 年。

173. 王先明：《走向社會的歷史學──社會史理論問題研究》，開封：河南大學出版社，2010 年。

174. 王憲明：《語言、翻譯與政治──嚴復譯《社會通詮》研究》，北京：北京大學出版社，2005 年。

175. 王新光著、王檜林指導：《階級觀點、階級分析與中共在大革命中的策略》，北京師範大學博士論文，1994 年。

176. 王學典：《二十世紀後半期中國史學主潮》，濟南：山東大學出版社，2000 年。

177. 王學典：《翦伯贊學術思想評傳》，北京：北京圖書館出版社，2000 年。

178. 王學典：《二十世紀中國史學評論》，濟南：山東人民出版社，2002 年。

179. 王學典：《二十世紀中國歷史學》，北京：北京大學出版社，2009 年。

180. 王學典、牛方玉：《唯物史觀與倫理史觀的衝突──階級觀點問題研究》，開封：河南大學出版社，2010 年。

181. 王亞南：《中國官僚政治研究》，上海：上海時代文化出版社，1948 年。

182. 王亞南：《中國地主經濟封建制度輪崗》，上海：上海人民出版社，1954 年。

183. 王也揚：《我們關心的歷史》，北京：中國社會科學出版社，2003 年。

184. 王中江：《進化主義在中國》，北京：首都師範大學出版社，2007 年。

185. 王中江：《近代中國思想方式演變的趨勢》，成都：四川人民出版社，2008 年。

186. 王中江：《進化主義在中國的興起》，北京：中國人民大學出版社，2010 年。

187. 王仲清主編：《黨校教育歷史概述（1921～1947 年）》，北京：中共中央黨校出版社，1992 年。

188. 新青年編輯部：《社會主義討論集》，上海：新青年社，1922 年。

189. 徐素華：《中國社會科學家聯盟史》，北京：中國卓越出版社，1990 年。

190. 徐素華：《馬克思主義哲學在中國——傳播、應用、形態、前景》，北京：北京出版社，2002 年。

191. 徐素華等著：《三大思潮鼎立格局的形成：五四後期的思想文化論戰》，南昌：百花洲文藝出版社，2008 年。

192. 徐秀麗主編：《過去的經驗與未來的可能走向》，北京：社會科學文獻出版社，2010 年。

193. 韋傑廷：《孫中山的社會歷史觀研究》，長沙：湖南人民出版社，1985 年。

194. 〔蘇〕維‧尼‧科洛斯科夫著，徐小英、王淑秋譯：《蘇聯馬克思列寧主義哲學史綱要（三十年代）》，北京：求實出版社，1985 年。

195. 威廉姆‧肖：《馬克思的歷史理論》，重慶：重慶出版社，1989 年。

196. 魏特夫著、徐式谷譯：《東方專制主義》，北京：中國社會科學出版社，1989 年。

197. 溫濟澤等編：《延安中央研究院回憶錄》，長沙：湖南人民出版社，1984 年。

198. 溫樂群等：《二三十年代中國社會性質和社會史論戰》，南昌：百花洲文藝出版社，2004 年。

199. 吳安家：《中共史學新探》，臺北：幼獅文化事業有限公司，1983 年。

200. 吳恩裕：《唯物史觀精義》，上海：觀察社，1948 年 4 月四版。

201. 吳恩裕：《馬克思的政治思想》，北京：商務印書館，2008 年。

202. 吳黎平、楊松著：《社會科學概論》，蘇北新華書店，1949 年。

203. 吳介民主編：《延安馬列學院回憶錄》，北京：中國社會科學出版社，1991 年。

204. 吳景平、徐思彥：《1950 年代的中國》，上海：復旦大學出版社，2006 年。

205. 吳曼君：《民生史觀與唯物史觀》，黎明文化出版公司，1980 年。

206. 鮮于浩：《留法勤工儉學史稿》，成都：巴蜀書社，1994 年。

207. 向青等：《三十年代中國》，北京：北京大學出版社，1996 年。

208. 蕭超然：《北京大學與近現代中國》，北京：中國社會科學出版社，2005 年。

209. 肖東波：《中國共產黨理論建設史：1949～1956》，北京：中共黨史出版社，2006 年。

210. 肖萬源：《朱執信思想研究》，北京：人民出版社，1985 年。

211. 謝龍：《建國初期唯物史觀的論辯》，南昌：百花洲文藝出版社，2006 年。

212. 謝泳：《書生的困境——中國現代知識分子問題簡論》，桂林：廣西師範大學出版社，2009 年。

213. 熊得山：《中國社會史論》，上海：上海書店出版社，2007 年。

214. 熊月之：《西學東漸與晚清社會》，上海：上海人民出版社，1994 年。

215. 許滌新：《風狂霜峭錄》，北京：三聯書店，1989 年。

216. 〔加〕許美德著、許潔英主譯：《中國大學 1895～1995：一個文化衝突的世紀》，北京：教育科學出版社，2000 年。

217. 許啟賢：《中國共產黨思想政治教育史》，北京：中國人民大學出版社，2004 年。

218. 徐方平：《蔡和森與〈嚮導〉周報》，北京：中國社會科學出版社，2006 年。

219. 薛農山：《中國農民戰爭之史的分析》，上海：神州國光社，1933 年。

220. 延安中央黨校整風運動編寫組編：《延安中央黨校的整風學習》（第一集），北京：中共中央黨校出版社，1988 年。

221. 姚守中等：《瞿秋白年譜長編》，南京：江蘇人民出版社，1993。

222. 楊鳳城：《中國共產黨的知識分子理論與政策研究》，北京：中共黨史出版社，2005 年。

223. 楊蘇：《艾思奇傳》，昆明：雲南教育出版社，2002 年。

224. 葉汝賢：《唯物史觀發展史》，長春：吉林人民出版社，1985 年。

225. 葉瑞昕：《危機中的文化抉擇——辛亥革命時期國人的中西文化觀》，北京：商務印書館，2007 年。

226. 易軍左：《中國社會史》，上海：世界書屋，1934 年。

227. 〔波〕伊薩克‧多伊徹著、王國龍等譯：《先知三部曲》（三卷本），北京：中央編譯出版社，1999 年。

228. 雍桂良等著：《吳亮平傳》，北京：中央文獻出版社，2009 年。

229. 於光遠：《我的編年故事》，鄭州：大象出版社，2005 年。

230. 俞良早：《馬克思主義東方學》，北京：人民出版社，2011 年。

231. 余英時：《現代危機與思想人物》，北京：生活‧讀書‧新知三聯書店，2005 年。

232. 張傳璽：《新史學家翦伯贊》，北京：北京大學出版社，2006 年。

233. 張東蓀編：《唯物辨證法論戰》，北平：民友書局，1934 年 10 月。

234. 張廣志：《奴隸社會並非人類歷史發展必經階段研究》，西寧：青海人民出版社，1988 年。

235. 張廣志：《中國古史分期討論的回顧與反思》，西安：陝西師範大學出版社，2003 年。

236. 張國燾：《我的回憶》，北京：東方出版社，2004 年。

237. 張灝：《危機中的中國知識分子》，北京：新星出版社，2006 年。

238. 張積玉、王鉅春：《馬克思主義理論家翻譯家》，西安：陝西人民教育出版社，1991 年。

239. 張劍平：《中國馬克思主義史學研究》，北京：人民出版社，2009 年。

240. 張靜廬：《中國近代出版史料》，北京：群眾出版社，1953～1954 年。

241. 張靜廬：《中國現代出版史料》，北京：中華書局，1954～1957 年。

242. 張君勱等：《科學與人生觀》，北京：中國致公出版社，2009 年。

243. 張雷聲、張宇主編：《馬克思的發展理論與科學發展觀》，北京：經濟科學出版社，2006 年。

244. 張雷聲等：《新中國思想理論教育史》，北京：高等教育出版社，2005 年。

245. 張軍光：《中國社會發展史綱》，上海：中華書局，1935 年。

246. 張瑋瑛、王百強、錢辛波主編：《燕京大學史稿》，北京：人民中國出版社，1999 年。

247. 張越：《五四時期中國史壇的學術論辯》，南昌：百花洲文藝出版社，2004 年。

248. 張澤宇：《留學與革命：20 世紀 20 年代留學蘇聯熱潮研究》，北京：人民出版社，2009 年。

249. 資中筠：《啟蒙與中國社會轉型》，北京：社會科學文獻出版社，2011 年。

250. 趙春梅：《二十世紀中國通史編纂研究》，北京：中國社會科學出版社，2007 年。

251. 趙家祥：《馬克思主義的社會形態理論簡論》，北京：北京大學出版社，1985 年。

252. 趙家祥、豐子義：《馬克思東方社會理論的歷史考察和當代意義》，北京：高等教育出版社，2002 年。

253. 趙甲明、韋正翔主編：《馬克思主義基本觀點 18 講》，北京：中國社會科學出版社，2011 年。

254. 趙慶河：《讀書雜志與社會史論戰》，臺灣：稻禾出版社，1995 年。

255. 鄭超麟著：《鄭超麟回憶錄》，北京：東方出版社，2004 年。

256. 鄭學稼：《社會史論戰簡史》，黎明文化事業公司，1978 年。

257. 〔日〕中村哲著、凍國棟等譯：《奴隸制與農奴制理論——馬克思恩格斯歷史理論的重構》，武漢：武漢大學出版社，1994 年。

258. 中共中央黨史研究室：《中國共產黨歷史》（第一卷），北京：中共黨史出版社，2011 年。

259. 中國社會科學院近代史所：《一九二○年代的中國》，北京：中國社會科學出版社，2005 年。

260. 中國社科院近代史研究所思想史研究室：《中國近代史上的社會主義》，北京：中國社會科學文獻出版社，2011 年。

261. 中國圖書館圖書分類法編輯委員會編：《中國圖書資料分類》，北京：書目文獻出版社，1982 年。

262. 鍾佳松：《天涯歸客──陳學昭》，鄭州：河南人民出版社，2000 年。

263. 中央編譯局馬恩室：《馬克思恩格斯著作在中國的傳播》，北京：人民出版社，1983 年。

264. 周一平：《中共黨史研究的開創者──蔡和森》，上海：上海社會科學院出版社，1994 年。

265. 周永珍：《留法紀事──20 世紀初中國留法史料輯錄》，北京：國家圖書館出版社，2008 年。

266. 周永祥：《瞿秋白年譜新編》，學林出版社，1992。

267. 周子東：《三十年代中國社會性質論戰》，北京：知識出版社，1987 年。

268. 鄒振環：《西方傳教士與晚清西史東漸》，上海：上海古籍出版社，2007 年。

269. 朱成甲：《李大釗早期思想與近代中國》，北京：人民出版社，1999 年。

270. 朱成甲：《李大釗傳》（上），北京：中國社會科學出版社，2009 年。

271. 朱鴻召：《延安文人》，廣州：廣東人民出版社，2001 年。

272. 朱鴻召：《延安日常生活中的歷史（1937～1947）》，桂林：廣西師範大學出版社，2007 年。

273. 朱堅勁：《東方社會往何處去》，上海：上海社會科學院出版社，1996 年。

274. 朱文通：《李大釗年譜長編》，北京：中國社會科學出版社，2009 年。

275. 朱晞：《爲馬克思辯》，上海：學林出版社，1999 年。

276. 〔日〕佐野袈裟美著、劉惠之，劉希寧合譯：《中國歷史教程》，上海：讀書生活出版社，1937 年。

277. 左玉河：《從四部之學到七科之學──學術分科與近代中國知識系統之創建》，上海：上海書店出版社，2004 年。

（四）論文

1. 〔蘇〕A・B・班佐夫著、于洪君譯：「蘇聯培訓中國革命的馬克思主義幹部史略」，《黑河學刊》1990 年第 3、4 期。

2. 安志潔、俞壽藏口述、王嵐採訪：「有生之年我一定要知道他的下落──中國共青團創始人之一俞秀送夫人訪談錄」，王俊義、丁東主編：《口述歷史》第四輯，北京：中國社會科學出版社，2006 年。

3. 安立之：「國情論爭簡史」，《同舟共進》，2011 年第 11 期。

4. 蔡樂蘇、曾靜：「彈性的符號──抗戰時期中共言說中的孫中山與三民主義」，《清華大學學報（哲學社會科學版）》，2002 年第 1 期。

5. 常建華：「中國社會史研究的回顧與展望特徵」，《光明日報》，2001 年 3 月 20 日。

6. 陳峰：「學術視野中的中國馬克思主義史學──評《革命與歷史：馬克思主義歷史學的起源：1919～1937》」，《山東社會科學》，2006 年第 8 期。

7. 陳峰：「胡漢民與中國馬克思主義史學的發軔」，《齊魯學刊》，2007 年第 4 期。

8. 陳剩勇：文明與演化：「對中國傳統社會的重新認識和評價」，《學習與探索》，1989 年第 1 期。

9. 董節英：「50 年代高等教育制度改革的先導：課程改革」，《首都師範大學學報（社會科學版）》，2008 年第 6 期。

10. 馮天瑜：「唯物史觀在中國的早期傳播及其遭遇」，《中國社會科學》，2008 年第 1 期。

11. 高鋼：「正確對待社會形態研究的歷史地位」，《當代中國史研究》，2007 年第 2 期。

12. 龔育之：「中國自然辨證法史」，《自然辨證法》，1991 年第 7 卷第 1 期。

13. 韓震：「歷史是人類社會的存在方式」，《史學理論研究》，1995 年第 4 期

14. 何兆武：「歷史研究中的一個假問題──從所謂中國封建社會的長期停滯論說起」，《百科知識》，1989 年第 5 期。

15. 何兆武：「社會形態與歷史規律」，《歷史研究》，2000 年第 2 期。

16. 胡爲雄：「毛澤東與蘇聯『馬哲』教科書：從研讀到批判」，《毛澤東鄧小平理論研究》，2005 年第 4 期。

17. 賀麟：「略論人類學從摩爾根到馬克思」，《馬克思主義來源研究論叢（第十一輯）》，北京：商務印書館，1988 年。

18. 侯建新：「『封建主義』概念辨析」，《中國社會科學》，2005 年第 6 期。

19. 姜迎春：「論改革開放以來我國意識形態變革的基本特點」，《學海》，2009 年第 4 期。

20. 茭公：「從天命史觀向社會進化史觀的過渡──論清代學人爲中國社會自我演變所做的史觀準備」，《南京大學學報（哲學、人文科學、社會科學）》，2005 年第 6 期。

21. 李根蟠：「中國『封建』概念的演變和『封建地主制』理論的形成」，《歷史研究》，2004 年第 3 期。

22. 李洪岩：「從《讀書雜志》看中國社會史論戰」，《中國社科院近代史研究所青年學術論壇》，1999 年。

23. 李佩珊：「社會達爾文主義和達爾文進化論在中國」，《自然辨證法通訊》，1991 年第 3 期。

24. 李田貴、趙學琳：「二十年代國民黨人對馬克思主義的傳播」，《當代世界社會主義問題》，2003 年第 4 期。

25. 李振宏：「近五年來國內史學理論研究熱點問題述評」，《史學理論研究》，2004 年第 1 期。

26. 李暘：「馬克思的三大社會形態理論」，《中國人民大學學報》，2010 年第 1 期。

27. 「《聯共（布）黨史簡明教程》對中共黨史教學和研究的影響（座談會發言摘登）」，《中共黨史研究》，1989 年第 1 期。

28. 劉寶才：「關於重編中國通史教科書的幾點思考」，《華夏文化》，1995 年第 1 期。

29. 劉振宇：「20 世紀 20 年代留蘇熱潮的產物：留俄同學會」，《徐州師範大學學報（哲學社會科學版）》第 37 卷第 6 期，2011 年 11 月。

30. 劉忠世：「近年來社會形態理論研究述評」，《齊魯學刊》，1997 年第 3 期。

31. 盧毅：「抗戰時期延安史學的興盛」，《哈爾濱市委黨校學報》，2009 年第 2 期。

32. 羅新慧：「《讀書雜志》與社會史大論戰」，《史學史研究》，2003 年第 2 期。

33. 歐陽軍喜：「論抗戰時期《聯共（布）黨史簡明教程》在中國的傳播及其對中國共產黨宣傳工作的影響」，《黨史研究與教學》，2008 年第 2 期。

34. 歐陽哲生：「中國近代思想史上的天演論」，《廣東社會科學》，2006 年第 2 期。

35. 龐振超：「新中國成立初期中國大學人文課程的變革及特點」，《大學教育科學》，2007 年第 6 期。

36. 單繼剛：「社會進化論：馬克思主義哲學在中國的第一個理論形態」，《哲學研究》，2008 年第 8 期。

37. 沈長云：「中國古代沒有奴隸社會——對中國古代史分期討論的反思」，《天津社會科學》，1989 年第 4 期。

38. 舒喜樂：「『第一節課』——1950 年代初期中國人類進化的教學」，《中國當代史研究》第一輯，九州出版社，2009 年。

39. 舒文：「建國初期清華大學政治課研究」，《長春工業大學學報》，2008 年第 1 期。

40. 陶季邑：「五四時期國民黨理論家對馬克思主義在中國的傳播」，《湖南師範大學學報》，1993 年第 1 期。

41. 王貴仁：「20 世紀早期中國學者對唯物史觀的闡釋及其演變」，《史學理論研究》，2010 年第 3 期。

42. 王海軍：「延安時期知識分子群體與馬克思主義史學中國化探析」，《思想理論教育導刊》，2010 年第 10 期。

43. 王和：「實事求是唯物史觀的基本原則——以『五種社會形態理論』爲中心的探討」，《史學月刊》，2008 年第 11 期。

44. 王壽林：「新政權的思想塑造：新中國成立前後的學習社會發展史運動」，《中共黨史研究》，2009 年第 10 期。

45. 吳大琨：「關於亞細亞生產方式研究的幾個問題」，《學術研究》，1980 年第 1 期。

46. 吳永：「『中國特色』話語的提出及其歷史演進」，《中共中央黨校學報》，2008 年第 4 期。

47. 謝保成：「學術史視野下的社會史論戰」，《學術研究》，2010 年第 1 期。

48. 徐松巍：「從古代變易史觀向近代進化史觀的轉變」，《史學理論研究》，1999 年第 2 期。

49. 葉文憲：「關於重構中國古代史體系的思考」，《史學月刊》，2000 年第 2 期。

50. 趙寶煦：「師生互助　教學相長——北京大學初設政治課的回憶」，《德育》，2009 年第 10 期。

51. 趙家祥：「對質疑『五種社會形態理論』的質疑——與段忠橋教授商榷」，《北京大學學報（哲學社會科學版）》，2006 年第 2 期。

52. 趙家祥：「關於五形態論和三形態論的討論——與段忠橋、奚兆永二教授商榷」，《教學與研究》，2006 年第 6 期。

53. 趙利棟：「20 世紀 20 年代馬克思主義歷史理論傳播中的唯物史觀述略」，《中國社會科學院近代史研究所青年學術論壇 1999 年卷》，社會科學文獻出版社，2001 年。

54. 趙利棟：「20 年代中國馬克思主義傳播中的恩格斯」，《近代中國與世界·第一卷》，社會科學文獻出版社，2005 年。

55. 張分田、張榮明：「中國社會形態及相關理論問題學術研討會述評」，《歷史研究》，2000 年第 2 期。

56. 張劍平：「社會經濟形態理論與古史分期討論——李根蟠先生訪談錄」，《史學理論研究》，2002 年第 4 期。

57. 張立波：「漢譯『馬克思』：歷史、技術和政治」，《馬克思主義研究》，2010 年第 3 期。

58. 張立波：「唯物史觀在中國的早期傳播：理論旨趣與現實指向」，《哲學研究》，2010 年第 8 期。

59. 張增一：「江南製作局的譯書活動」，《近代史研究》，1996 年第 3 期。

60. 鄭異凡：「波格丹諾夫和『軍事共產主義』」，《當代世界與社會主義》，2003 年第 6 期。

61. 鄭異凡：「坐班房的院士」，《讀書》，2003 年第 12 期。

62. 仲偉民、孫競昊：「新時期以來唯物史觀理論研究述評」，《史學理論研究》，1995 年第 3 期。

63. 仲偉民：「資本主義萌芽問題研究的學術史回顧與反思」，《學術界》，2004 年第 4 期。

二、英文文獻

1. Alexader Pantsov, "From Students to Dissdents: the Chinese Trotskyism in Soviet Russia", Issue and Studies vol:30, No.3-5, 1994.

2. Alexander Pantsov, *The Bolsheviks and the Chinese revolution, 1919-1927*, Richmond, Surrey : Curzon Press, 2000.

3. Cheek, Timothy, *Propaganda and culture in Mao's china——Deng tuo and the intelligentsia* , New York: Oxford University Press, 1997.

4. Herman MastIII, *Tai-chi-tao, Sunism and Marxism During May Fourth Movement in Shanghai*, Modern Asian Studies, 5.3 Great British 1971.

5. Huaiyin Li, "Between Tradition and Revolution: Fan Wenlan and the Origins of the Marxist Historiography of Modern China, "in Modern China, Vol.36, No.3, May 2010.

6. John Biggart, *Bogdanov and His Work*, Aldershot, Hants, England; Brookfield, Vt.: Ashgate, c1998.

7. Levine, Marilyn Avra, *The found generation: Chinese communists in Europe during the twenties*, Seattle: University of Washington Press, c1993.

8. M.Meisner, *Li Ta-chao and the Origins of Chinese Marxism*, Cambridge: Harvard University Press, 1967.

9. Nick Knight, *Li Da and Marxism Philosophy in China*, Westview Press,1996.

10. Nick Knight, *Marxist philosophy in China: from Qu Qiubai to Mao Zedong, 1923-1945*, Dordrecht: Springer, 2005.

11. Q. Edward. Wang, *Between Marxism and Nationalism: Chinese Historiography and the Soviet Influence, 1949-1963*, Journal of Contemporary China, 2000(9).

12. R Boshier, "More Important Than Guns: Chinese Adult Education After the Long March", in Adult Education Quarterly 60(3), May 2010.

13. Stephen P. Dunn, *The Fall and Rise of the Asiatic Mode of Production*, Routledge Kegan & Paul, 1982.

14. Timothy Brook, *The Asiatic Mode of Production in China*, Armonk, NY, 1989.

附錄 A　28 種「社會發展史」文獻注要

　　說明：本附錄列出筆者認爲較重要的 28 種「社會發展史」文獻，這些文獻大部分尚未受到學界關注，爲了補充正文的內容，也爲了保存史料，筆者對這些文獻的基本情況，包括作者生平、章節目錄和主要內容作了簡要介紹。需要說明的是，爲了避免重複，對於那些在本書正文中已經作了較詳細介紹或引述較多的文獻，這裡只存其基本出版信息，不再介紹。

1、《社會進化史》。蔡和森著，上海民智書局 1924 年 8 月初版，1927年 2 月第 4 版，列入上海大學叢書。

　　略。

2、《社會進化史》。〔德〕米勒利爾著，陶孟和譯。上海商務印書館1924 年 8 月初版，1925 年再版，1928 年 7 月 4 版，1929 年商務書店萬有文庫版；1932 年國難後 1 版，收入萬有文庫第 1 集 115種。

　　略。

3、《從原始共產主義到科學的共產主義》，張伯簡著，1924 年 10～11 月，民國日報《覺悟》副刊分 9 期連載。

4、《社會進化簡史》，張伯簡譯著，1925 年廣東國光書店出版，1926年 3 月再版，1926 年 11 月 3 版，1927 年上海長江書店出版，第六屆廣東農民運動講習所理論讀物。

5、《各時代社會經濟結構原素表》，張伯簡編製，1925 年 6 月新青

年社初版，1927 年 1 月新青年社三版。

略。

6、《社會進化史》，廖劃平著，上海泰東圖書局 1927 年 9 月出版，共 136 頁，中央軍事政治學校政治部宣傳科 1927 年 10 月再版，中央軍事政治學校政治講義第 9 種。

作者簡介：

廖劃平（1898～1952）：別名華屏，又名華平、化平，四川成都人，其弟、妹廖釋惑（內江「四八」烈士之一）、廖維民（葉挺獨立團營黨代表和營長）、廖蘇華（四川省監察廳廳長、重慶市委書記）皆爲四川內江黨史著名人物。廖劃平肄業於成都高等師範學校。1919 年赴法國勤工儉學。1921 年初，到上海後入外國語學社學習俄文，並在該社加入中國社會主義青年團。1921 年 3 月，進入蘇俄東方勞動大學學習。1922 年初回國，先後在內江、南充、成都、重慶等地從事革命活動。參加上海社會主義青年團。不久加入中國共產黨。1924 年 1 月，他同吳玉章、楊闇公一道，創建了中國青年共產黨；不久又加入了中國共產黨，成爲四川早期黨員之一。1925 年底，與吳玉章等一起作爲「四川代表」出席國民黨二大。1926 年春，到廣州任黃埔軍校政治教官，同年隨軍北伐。1927 年春返回四川，參與籌建中共四川省委，兼任四川臨時政務委員會委員。1928 年任中共四川省委常委、宣傳部長。1929 年任中共鄂北特委書記，後赴上海中共中央軍委工作。1930 年 3 月奉派任中共中央北方局軍委書記，後改稱中共順直省委。仍任軍委書記。同年 11 月任中共冀魯豫邊特委書記。1931 年夏在天津被捕叛變，投靠國民黨軍統特務組織。廖劃平叛變之後，「不僅將他所知道的一切機關線索都說出了，並且還積極的定出許多反黨的計劃，一切被捕的人只要是他認識與知道的都經他證明了。」同時還奉命編纂破獲的共產黨機關中的文件。〔註1〕抗日戰爭爆發後，任軍統局蘭州特訓班副主任，軍統局監察室主任、督察司法處少將處長。1945 年起任軍統局財產清理委員會主任委員，國防部保密局督察室主任。1949 年到臺灣，1952 年去世。〔註2〕

〔註 1〕 《北平市委給中央的報告——關於北方新舊叛徒及被捕同志的態度》（1932 年 2 月 5 日），中央檔案館、北京市檔案館：《北京革命歷史文件彙集》（1928 年～1936 年），1991 年 6 月印刷，第 214 頁。
〔註 2〕 《內江黨史上的廖氏兄妹》，見「四川在線」網站 http://neijiang.scol.com.cn/。

內容摘要：

人類社會分爲三個階段，分別是原始的自然經濟社會，商業社會、共產主義社會。「原始的自然經濟社會，其特點爲：社會對於自然的鬥爭之勢力弱小——人是自然界的奴隸。各個社會範圍的狹小和社會關係的單純，交易的缺乏或未發達，以及社會形態之緩慢的變化。」商業社會的特點是：「社會生產的範圍擴大，種類頗多。社會是由各個企業構成的複雜的全體而成。各企業藉自己的生產物來滿足自己的要求的，比較的少。大抵都以其他的生產物，即以交易來滿足自己的要求。社會是通過利害的鬥爭和社會的矛盾而發展的。」共產主義社會，其特點是：「生產不斷的擴大範圍，愈變複雜，社會的組成員向統一的方向進行，生產和分配，由社會自己整然的組織起來，不留一點乖離，矛盾，或無政府狀況的痕跡，變成一個有目的的組織。發展的過程很快的前進。——這是現在還不曾達到的發達階段。」〔註3〕

7、《人類的歷史》，陳翰笙著，北新書局 1927 年。

作者簡介：

陳翰笙（1897～2004）：原名陳樞，江蘇無錫人，留學美國、德國，1921年獲芝加哥大學碩士學位，1924 年獲柏林大學博士學位。1924 年回國，任北京大學教授，經李大釗介紹爲第三國際工作。1927 年赴莫斯科，1928 年回國。曾任中央研究會社會科學研究所副所長，1933 年發起組織中國農村經濟研究會。1934 年流亡國外。1939 年到香港，後到桂林工作。1927 年李大釗被捕後被迫出走蘇聯。1928 年回國後，曾在中央研究院社會科學研究所擔任領導工作。1933 年發起成立中國農村經濟研究會，次年該會成立後任理事長。1934年後，先後在日本、蘇聯、美國從事研究和著書工作，並在紐約任《太平洋季刊》副主編。1939 年回到香港，主編《遠東通訊》，並幫助宋慶齡等創辦工業合作國際委員會，任執行秘書。1942 年後，曾在印度作研究工作，在美國任大學教授和霍普斯金大學國際問題研究所研究員，1950 年回國。〔註4〕

內容摘要：

開篇文字爲：「小朋友，你今年幾歲了？你的父親母親幾歲了？若你有祖

〔註3〕　廖劃平：《社會進化史》，上海泰東圖書局，1927 年，第2～3 頁。
〔註4〕　《2004，永遠的懷念》，《中華讀書報》2004 年 12 月 22 日；陳翰笙：《四個時代的我》，北京：中國文史出版社，1988 年；《中國社會科學院～著名學者陳翰笙》，http://www.cass.net.cn/y_09/y_09_01/y_09_01_09.htm

父祖母在世，我要問你它們有多少年紀。活到一百歲的人是很少的。活到一百歲以上的樹就有不少。」〔註5〕

人類最初的社會是沒有私產的，人與人之間平等自由。「好一個無階級的真正共和社會！」「後來人口增加得太快，生產進步得太遲；結果是人多食少，使社會不安寧，起紛爭。戰鬥的時期中許多女子被俘為奴，為男子的附屬品。因此女子變成一種最初的私產；社會亦就慢慢的演化為父權制度的社會了。」〔註6〕在父權制度的社會，一切事業都歸根到一個大家庭，父親或男子在家庭中最具威權。大家庭集合為部落，部落之間戰爭造成俘虜的成為奴隸，他們為主人做工，成為「一切產業的基礎」，於是，社會就演變為奴隸社會。〔註7〕

奴隸制度最早在非洲東北角上出現。中國漢朝時就是奴隸制度。〔註8〕中國約在四千年前，建立封建制度。「封建社會生產不發達，運輸不方便，沒有什麼交通，沒有大的商埠。」整個社會是分散的，各自為政。地域概念是封建社會的特色。「封建時代就是閉關時代。那時社會閉塞，知識不開通，人們守舊怕新，每每主張復古。」〔註9〕當商人操縱多數人生活時，社會就進入商業資本制度。隨著蒸汽機發明和機器工業的發達，社會進入工業資本主義時代。「英國最先有工業資本主義。法，美，德，日，俄，意等國相繼而起。最近三十年來工業資本主義在中國亦發達起來了。」〔註10〕工業資本主義之後，是財政資本主義，也就是帝國主義。商業資本主義、工業資本主義和財政資本主義，是資本主義發展的三個階段。「在資本主義制度下資本集中於少數私人的手裏，產業就被少數私人所佔有，社會自然就被少數私人所支配。它們操縱社會經濟的方法改變，資本主義發展的方向亦跟著改變。它們最初把資本集中於營業公司，造成一個商業資本的社會；後來把資本集中於機器工廠，造成一個工業資本的社會；近四五十年來把資本集中於銀行，造成一個財政資本的社會。」〔註11〕

〔註5〕陳翰笙：《人類的歷史》，北新書局，1927年，第1頁。
〔註6〕陳翰笙：《人類的歷史》，北新書局，1927年，第17～18頁。
〔註7〕陳翰笙：《人類的歷史》，北新書局，1927年，第28頁。
〔註8〕陳翰笙：《人類的歷史》，北新書局，1927年，第30頁。
〔註9〕陳翰笙：《人類的歷史》，北新書局，1927年，第35～36頁。
〔註10〕陳翰笙：《人類的歷史》，北新書局，1927年，第51頁。
〔註11〕陳翰笙：《人類的歷史》，北新書局，1927年，第60～61頁。

　　社會主義就是要廢除資本私有。社會主義可分五派：無政府主義（不主張用強權，不主張有法律）、行會社會主義（不主張階級戰爭，主張用行會代表生產者用國家代表消費者）、工團主義（不主張有國家，不主張有政權，但主張階級戰爭）、國家社會主義（主張利用資產階級固有的機關去實行廢紙資本私有的政策）、共產主義（主張建設無產階級的政府，成立無產階級的專政，去直接廢除資本私有的制度）。〔註 12〕近十年來，無政府主義和行會社會主義漸漸消滅，工團主義則很發達。作者認為，第一國際就是工團主義的，第二國際是國家社會主義的，第三國際則是共產主義的。國家社會主義和共產主義雖都信奉馬克思的學說，但主張相反。「前者主張勞資協調，議會政策，民主的政治，國家主義。後者主張階級爭鬥，直接行動，無產者專政，國際運動。」〔註 13〕

8、《社會進化史大要》，黎明著，北新書局 1927 年 8 月初版，共 124
　　頁。

作者簡介：
黎明，生平不詳

內容摘要：
　　社會關係是生產關係的綜合。「整個一個社會關係如同建造一所房屋，房架子是所謂社會意識，地基是下層的經濟構造。」上層的政治法律是社會的建築物，社會的意識形態是社會關係的副產物。〔註 14〕社會關係是一定的、獨立的、必然的。「在一個一定的經濟構造的上層，一定發生一個一定的社會關係，經濟構造改變，然後社會關係才改動。中國農業社會延長了幾千年，政治久不脫專制的制度，現時歐洲的資本主義侵入，因有共和國之實現。」〔註 15〕「社會關係是獨立於人類腦力之外，不受人類思想變換的。」「社會的進化決非突然而至，他有他自己的歷史。古代人的個人生產，只可供給自己，今則個人使用機器，可供給許多人，這種生產力的變動，馬上就形成一種新的經濟構造，更由這種新的經濟構造，形成一種新的上層的政治法律——這是社會進化必然的步驟。封建社會破壞，必然成功資本主義社會，資本帝國主

〔註 12〕陳翰笙：《人類的歷史》，北新書局，1927 年，第 71～72 頁。
〔註 13〕陳翰笙：《人類的歷史》，北新書局，1927 年，第 74 頁。
〔註 14〕黎明：《社會進化史大要》，北新書局，1927 年，第 6～7 頁。
〔註 15〕黎明：《社會進化史大要》，北新書局，1927 年，第 9 頁。

義社會崩碎後，又必然成功共產主義社會。無政府黨人，每想略等而進，資產階級學者，每想仍舊保存資本社會制度，都是妄想的空想家。〔註16〕生產力是社會進化的原動力。」「生產力是生發的，是繼續不斷，猛力發展的；社會關係是因襲的，是有不少仍舊貫的形勢的，所以，社會關係的改革，往往不如生產力進化之快，一旦生產力的進程十分大於社會關係的進程時，矛盾便以是發生了。」〔註17〕前一生產力所形成的社會制度，不適於現一生產力之所要求，就會發生階級鬥爭而起革命。當社會制度的變遷趕得上生產力發展時，就不會再有革命運動。〔註18〕

　　原始社會的生產是自然生產，是爲滿足一己生活需要而進行的生產。在生產工具方面，主要是粗石器，火雖已發明，但不能用之於生產。消費平等，沒有私有財產。在社會組織上，沒有很完備的組織，只有以母子關係爲中心的家庭雛形。〔註19〕血族共產社會與原始共產社會不同之處，在於「家庭形式之逐漸明瞭，同時一切社會意識，多半亦以家族爲中心。」財產在家族間是私有的。在社會組織方面，更加複雜。「不特家有家長，族有族長，且可選舉村長及軍事首領，有各種會議，解決對內外各種方針，如分配及戰爭等類。」「原始共產社會之特點，在沒有個人化的私有財產，生產品沒有多少剩餘，故掠奪不生，此制得以保存。及農業進步，個人之所生產，足供自用而有餘，此所餘者皆歸私有，而成爲財產私有之開始；次則鐵器於此時發明了，更能幫助生產力之增加，於是私有財產更形澎漲！因此則掠奪事件日多，社會有了階級分化的雛形，結果將舊的社會組織衝散。加以商業發生，動產增多，亦爲破壞原始封建（似應爲『共產』——筆者注）社會之主因。」〔註20〕

　　封建社會的生產仍是自然的生產，主要的生產事業是游牧及農業。生產的組織單位已經從氏族變爲大家庭，以前之家族領袖，變爲封君，使一般人向彼納供。貴族、家長、封君及僧侶，成爲統治階級，奴隸、農民成了被統治階級。〔註21〕「封建社會」又包括「奴隸及農奴社會」、「城市手工業制度」、

〔註16〕黎明：《社會進化史大要》，北新書局，1927年，第11頁。
〔註17〕黎明：《社會進化史大要》，北新書局，1927年，第14～15頁。
〔註18〕黎明：《社會進化史大要》，北新書局，1927年，第15頁。
〔註19〕黎明：《社會進化史大要》，北新書局，1927年，第18～19頁。
〔註20〕黎明：《社會進化史大要》，北新書局，1927年，第28～29頁。
〔註21〕黎明：《社會進化史大要》，北新書局，1927年，第32～33頁。

「手工工廠制度」，奴隸及農奴社會是生產由純生活需要轉爲交換的時期，轉入半商品的性質，「故生產性質可云半自然的，半商品的。」〔註22〕城市手工業制度時期，商品貿易更加發達。〔註23〕手工工廠時期，生產機關脫離了家庭形式，分工更加精密。農業也資本化了，商業發展爲國際貿易。資產階級逐漸壯大，向封建階級要求權利，產生了資產階級對封建階級、無產階級對資產階級的階級鬥爭。〔註24〕

　　資本主義經歷了若干個階段。十二至十六世紀中葉，是「原始資本的儲蓄時代」；十六至十八世紀中葉，是資本主義初期；新大陸發現之後，資本主義進入強大時期；資本主義的最後階段是帝國主義，生產完全大機器化。〔註25〕資本主義生產的特徵是商品生產，實行「工銀制度」。在政治上實行「有產階級的民主主義」。「資本主義社會以自由競爭爲原則，生產完全商品化，因此，使生產力特別增大，物質文明，亦以此得到一種長足進步的結果。它不但把封建社會的社會制度以及社會關係等根本破壞，而且因資本集中生產過剩與夫毀滅小資產階級的原故，在自己的面前，樹立了莫大的敵人——無產階級。不但在國內，將資產階級專政的假面具乖乖陳列於無產階級之前，而且在國外，因掠奪殖民地問題，引起帝國主義間劇烈的競爭，使各地的弱小民族，起而爲猛烈的反抗運動——凡此種種，都是資本主義自己造出來的難題，自己掘開了的墳墓。」〔註26〕

　　帝國主義是資本主義發達的必然結果。其特別是資本集中與壟斷、銀行佔有重要地位、財政資本、向殖民地投資、資本家寄生蟲化、瓜分世界等。帝國主義侵略殖民地的步驟是通商、佔有特權、協同侵略、財政資本統治殖民地。其方法包括經濟侵略、政治侵略、文化侵略和通過各種會議等實行欺騙政策。帝國主義爲共產主義社會準備了物質基礎，包括資本及生產工具之集中、生產協作、生產品的集中與管理、分配形式的集中與消費的社會化、人類的生活互助、爲社會而勞動、國家變爲產業經理人和監督人、大多數人趨於平等。〔註27〕

〔註22〕黎明：《社會進化史大要》，北新書局，1927 年，第 35 頁。
〔註23〕黎明：《社會進化史大要》，北新書局，1927 年，第 43 頁。
〔註24〕黎明：《社會進化史大要》，北新書局，1927 年，第 48～49 頁。
〔註25〕黎明：《社會進化史大要》，北新書局，1927 年，第 52～53 頁。
〔註26〕黎明：《社會進化史大要》，北新書局，1927 年，第 87～88 頁。
〔註27〕黎明：《社會進化史大要》，北新書局，1927 年，第 118～124 頁。

9、《社會形式發展史》，陸一遠著，上海江南書店 1929 年 6 月初版。略。

10、《社會進化史》，馬哲民著，上海南強書局 1929 年初版，1932 年 10 月 5 日三版。收入新社會科學叢書第 3 編。

作者簡介：

馬哲民（1899～1980）：號鐵肩。湖北黃岡人。早年畢業於武昌外國語專門學校和福州高等工業學校，後去德國柏林大學學習社會學。五四運動後回國，在上海參加馬克思主義學會、中國社會主義青年團，並在武漢與陳潭秋創辦中外通訊社。1922 年春，以新聞界代表赴蘇俄出席遠東各國共產黨和各民族團體大會。會後，加入中國共產黨。1923 年秋至 1924 年春曾任中共武漢區委委員兼武昌地委委員長。1924 年夏東渡日本，進早稻田大學學習政治經濟學。在日組建中國共產黨和中國社會主義青年團駐日支部，兼任兩組織書記。國共合作時期任中國國民黨駐日總部常委兼組織部長。1926 年秋結業歸國，先在廣州任國民黨中央黨部秘書處文書主任，後調武漢任國民革命軍第十五軍政治部文書股長兼《漢口民國日報》編輯、武漢中央軍事政治學校政治教官、國民政府勞工部秘書等職。1927 年脫離中國共產黨。1929 年，任暨南大學中文系教授。1931 年任北平師範大學社會系和中國大學經濟系主任。1932 年被捕，判刑兩年半，經保釋出獄。1934 年避居桂林，任廣西大學法學院教授，組建反帝大同盟。1936 年，回中國大學任教。七七事變後回武漢，與黃松齡等組織湖北鄉村促進會，發行《戰時鄉村》期刊。1938 年秋，任朝陽學院政治系主任。1942 年加入中國民主同盟，當選為中央常委。1946 年初，赴重慶任民盟中央機關報《民主報》總編輯，後返成都主編《民眾日報》，報被查封，復去重慶，在南溫泉創辦西南學院，自任教務長兼教授。1947 年春，因參加反美大遊行及「反飢餓、反內戰、反迫害」的鬥爭，再次被捕。次年獲釋，回武漢任湖北省農學院教授。受民盟中央之命，與李伯剛、唐午園、戴今生等籌建民盟武漢市地下支部，團結知識界人士開展迎接解放的鬥爭，並與湖北著名人士李書城、張難先等一起，向白崇禧、張篤倫等開展爭取工作。1950 年，任武漢大學法學院院長兼教授，1953 年，全國院系調整，任中南財經學院院長。〔註28〕

〔註28〕《民盟湖北省委員會歷屆主委簡介》，《世紀行》2010 年 4 月，第 9～10 頁。

內容摘要：

馬著《社會進化史》定位在「普通的讀物」而不是專爲解決學術問題的「參考書」，「目的在供給一般的社會進化史的知識，並引起研究一切高深社會問題的興味。」〔註29〕

社會進化的主因是「勞動手段之發達」，而勞動手段的發達又出於人類迫於生存要求支配環境的需要。〔註30〕人類最原始的社會形態是「狩獵群」。在此基礎上，「以血族關係爲骨子，成了比較更密切的團體組織，是以有氏族制度。」氏族社會內部成員是平等的、大家共同勞動，主要的勞動是狩獵和捕魚，勞動產品平均分配。氏族社會實行「群婚制度」。「地球人類歷史的大部分，皆在此種共產制下發展。而五萬年的眞人類生命，其中實有四萬五千年是共產制度的時代。」父系社會取代母系社會，是人類歷史上最初的社會革命。「且從此以後——限於私有財產制度之存在——，人類社會一切的歷史，爲同種的階級支配的社會革命的歷史。」他認爲，奴隸來源於戰俘。外族被掠爲奴隸進入本族生活，引起私有財產制度之發生，氏族的血緣紐帶和共產制崩潰了，「由地緣和財產所繫之階級支配的國家制度成立了。由所有團員，一律平等的同胞，統一於氏族制度協同連帶的社會，變做了所有國民，分爲有產者和無產者的階級，統一於國家制度的強制和權力的社會。」在奴隸制度之後是封建制度，「即以軍事的漂泊種族大酋長之支配權，而適應於新農業土地經濟的榨取之發展的新政治形態。」封建社會在社會組織上是如金字塔般的等級制。工商業的發展，促使新的生產方式和新的階級的出現、壯大，要求建立新的社會制度，也就是資本主義制度。「自中世紀商工業興起之後，動搖了封建制度，發生了民主革命；更以產業革命，助長資本主義的發展，引起了社會的變革；最鮮明的是各個封建國家之沒落，代以資產階級爲權力中心，建立了近代的資本國家。」資本主義的發展，必然產生對殖民地的要求，資本主義就從自由競爭走向帝國主義階段。這就必然發生殖民地獨立運動和無產階級解放運動。這兩大運動彙成現代世界革命的主流。

「社會進化的過程，有一定的途徑，並不爲人類主觀意識所左右。這個一定的必然關係，便是人類求生存以從事生產勞動所創造的經濟關係。例如原始的共產社會，便是以漁獵的生產，古代的奴隸社會，便是以畜牧和原始

〔註29〕馬哲民：《社會進化史》，上海南強書局 1932 年，第三版，第 1 頁。
〔註30〕馬哲民：《社會進化史》，上海南強書局 1932 年，第三版，第 4～5 頁。

的農業生產，中世的農奴社會，便是以農業的生產，近代資本社會，便是以資本私有的生產。而社會階級之發生，即是由於榨取關係及私有財產的發生；所有國家之形成，無不建築在榨取關係之上。現在生產發達。又傾向於科學的社會化，則人類社會的將來，是如何的狀態已可以逆料了。」〔註31〕

11、《社會進化史大綱》，陸一遠著，上海光明書局 1930 年 7 月初版，1931 年 10 月 3 版。

略。

12、《社會進化史》，王子雲著，上海崑崙書店 1930 年 10 月初版。

作者簡介：

王子雲，生平不詳。

內容摘要：

歷史研究的對象是「社會階級」的活動。「社會進化史所研究的，是人類在社會發展底共同程度，表現了社會關係上的法則，及社會關係之新陳代謝。」〔註32〕每一個民族的歷史，是由「這一個社會生活形式過渡到別一個社會生活形式的交替史。但在各民族中，此種程度之完成，皆以一個方向（即到處發現同一的社會形式）沿一條路線，相互交替。自有史以來，人類社會約有四個基本形式」，即原始社會、氏族社會、封建社會、商業資本時代。原始社會時代，「並無行使強制權力的人物，社會上各人都享有平等權利。」〔註33〕造成這一現象的原因，是由於幼稚的生產力，低等的技術程度，人群比較渙散，人數又比較少，使人們不能離開團體或違反團體的意志而生活。在原始社會，不存在人剝削人的現象。〔註34〕原始社會末期，出現了一些新的變化，包括：「新練出來的製骨器技術，更進為製石器技術，使人們能製造粗大而堅實的工具如斧頭切刀之類。由於許多人有組織的勞動，各個人群之間的關係增進，使積累出來的社會勞動經驗，可以傳佈和保存，並且漸漸地定居起來。」這些是進到新的社會階段也就是「氏族制度時期」的先決條件。〔註35〕氏族社會產生了新的經濟形式——農業與畜牧業，其發展對於社會生活形式的改

〔註31〕馬哲民：《社會進化史》，上海南強書局，1932 年，第三版，第 10～78 頁。
〔註32〕王子雲：《社會進化史》，上海崑崙書店，1930 年，第 2～3 頁。
〔註33〕王子雲：《社會進化史》，上海崑崙書店，1930 年，第 41 頁。
〔註34〕王子雲：《社會進化史》，上海崑崙書店，1930 年，第 45 頁。
〔註35〕王子雲：《社會進化史》，上海崑崙書店，1930 年，第 154 頁。

變，造成很重大的影響。新的經濟形式使人們定居生活、安居樂業成為可能，也就為鞏固而範圍較寬的社會聯繫之形成提供了可能。在氏族團體的發展中，先形成了母系氏族。隨之，家庭也產生了。母系氏族是與農業的發達相聯繫的，在畜牧業發展起來以後，就轉變到父系氏族。

該書的一大特點是，對「中國問題」作了較多分析。在論述完每一社會形式的「一般」情況後，都專列一節，論述中國的情況。在「氏族社會」這一節，作者指出，一些文化落後民族至今保留著父系氏族的組織，然後轉到中國的情況。「中國之氏族組織，時代綿延，保留極久，即至今日，猶未多泯。」〔註36〕中國的父系氏族制度始於周初。此前，還存在過母系氏族。作者分析了中國人的同姓不婚、祖宗崇拜、親屬稱謂、聚族而居等特色，並認為，「中國父系制度到現在還很明顯的保留著。凡同一氏族的名稱的人即視為同『姓』。同姓不許結婚（外婚），每『姓』有自己的祠堂。供著氏族祖宗的神位，每年兩次祭祖，雖然，現在每一『姓』的人都遍佈於中國，但是，最近在中國有些鄉村還是合族同居，同姓之人互相親密，異姓之人互相敵視，此風至今還存在著。」〔註37〕造成中國長期保存氏族制度的原因主要有三個：第一，中國民眾「沉滯不進，活動甚少」，安土重遷，固步自封，「人而累代相生於一處，其氏族聯繫之情緒，自甚堅強」。第二，思想文化方面，孔教之到的觀念的影響。第三，國家政權按照家長制原則組織，氏族制度成為維護政權之砥柱。保存氏族制度，成為統治階級維護階級利益的工具。〔註38〕氏族制度長期存在，「妨礙階級覺悟之發展」。因此，革命運動的重大職責之一就是衝毀氏族制度。〔註39〕

氏族社會後期，經歷了「封建化」的過程，在經濟上表現為勞動工具主要是土地的私有化，土地在重新分配的過程中，集中到一部分人手裏變為私產，同時一部分人失去了土地。掌握土地私有權的就是封建主階級，與其相對立的，是處於服從地位的、被剝削的「民眾」。〔註40〕封建制度的特徵是：社會分為許多階級；自然經濟佔主要地位；政權分散；政權與大規模的土地

〔註36〕王子雲：《社會進化史》，上海崑崙書店，1930 年，第 90 頁。
〔註37〕王子雲：《社會進化史》，上海崑崙書店，1930 年，第 90 頁。
〔註38〕王子雲：《社會進化史》，上海崑崙書店，1930 年，第 132～135 頁。
〔註39〕王子雲：《社會進化史》，上海崑崙書店，1930 年，第 135 頁。
〔註40〕王子雲：《社會進化史》，上海崑崙書店，1930 年，第 153 頁。

佔領合一。〔註41〕封建社會呈現爲一個層層依附的結構。「當時社會由下至上，一樣的情形：當時的人與自己的土地，都完全依附於富裕及豪強。並且由他那裡在某種條件之下『領有』自己的土地。社會最下層的農民，在當差納稅的條件之下，由地主手中『領有』土地。在上層，則封主在盡忠服務條件之下，而又從大封主『領有』自己的土地。」〔註42〕

　　商業從封建制度內部產生，漸漸成爲封建制度的破壞力量，把社會帶入商業資本主義階段。作者在書中專門設立了「中國的商業資本」一節。他認爲，中國的商業資本發展很早。公元前四世紀到二世紀，是中國自然經濟崩壞與交換經濟發展的時期。公元二世紀直到作者撰述的時代，都是中國商業資本時代。「當紀元初，中國貨幣經濟已經大大的發展了。十二十三世紀時，歐洲先進的國家（意大利，南德意志，佛蘭特）還不過走上商業資本主義發展的道路，在中國商業資本已經到了統治的地位。當十三十四世紀（元朝時代）蒙古人佔有了全部亞細亞時，中國商人已大規模的經營對內對外的商業，遠勝於意大利人。中國的貨幣，那時從中國可直通用到波斯灣與裏海。而這種貨幣，不只是金錢，還有紙幣；從這一點看來，就可以知道中國交換經濟的發展到了何種程度。」〔註43〕「元朝覆滅後（十四世紀），亞洲領土分裂爲各個單獨的國家（如印度，波斯與其他回教的國家），中國的對外貿易於是終止，中國的商業資本就被閉關於內部了。但中國內部的貿易，還是不斷的發展，他在廣大的國境之內，是有足夠的市場的。在十八世紀與十九世紀之上半葉，對內貿易的主要商品爲原料與日常必需品，……同商品的流通發展有關係的，即中國內部通行的信用事業與銀行（在歐洲人侵入以前）。」〔註44〕和歐洲一樣，中國的商業資本侵入手工業的生產，破壞手工業者和行會，並且幫助家庭手工業及手工作坊制的發展。〔註45〕商業資本侵入農村，「穀租，工役及質禮等亦隨之增加。農村公社的遺跡消滅了，土地也荒蕪了。農民現在不但要爲自己的地主作工，而還要爲政府作工了。」中國商業資本時代的歷史，「就是農民反對地主及商業資本的不斷的暴動的歷史。」〔註46〕

〔註41〕王子雲：《社會進化史》，上海崑崙書店，1930 年，第 153 頁。
〔註42〕王子雲：《社會進化史》，上海崑崙書店，1930 年，第 166 頁。
〔註43〕王子雲：《社會進化史》，上海崑崙書店，1930 年，第 268 頁。
〔註44〕王子雲：《社會進化史》，上海崑崙書店，1930 年，第 269 頁。
〔註45〕王子雲：《社會進化史》，上海崑崙書店，1930 年，第 270 頁。
〔註46〕王子雲：《社會進化史》，上海崑崙書店，1930 年，第 272 頁。

13、《社會形式發展史大綱（上、下）》，庫斯聶著、高素明譯，上海
　　神州國光社 1930 年 10 月初版，1940 年 3 月，易名為《社會形
　　式發展史教程》（上、下），上海言行社出版。

作者簡介：

高素明（1907～？）：即高理文，湖北省鄂州市華容鎮高家大灣人，1922
年就讀武漢中華大學附中，1925 年加入青年團，後加入中國共產黨。同年 10
月派往蘇聯學習。在莫斯科中山大學畢業後，調任東方大學中國班翻譯。1928
年夏，在莫斯科舉行的中共六大上擔任翻譯。1929 年 8 月回國，到江西白區
從事地下工作。1930 年因反對「左傾」盲動路線被開除黨籍，後在上海以翻
譯書籍為生。1936 年到桂林師範專科學校教書，後到香港《新報》社當編輯。
抗日戰爭爆發後，入武漢航空委員會，擔任南昌總站蘇聯空軍翻譯。1939 年
夏秋之際，應蔣經國邀請赴贛南行政督察專員公署，主管文化、宣傳工作，
創辦《正氣日報》，兼任總編輯和總經理。抗日戰爭勝利後，隨蔣經國一起到
東北，主辦《長春日報》。1946 年秋到上海，任中央信託局顧問。1948 年 11
月，隨中央信託局到臺灣，1972 年 10 月退休，定居美國馬里蘭州。

內容摘要：

該書為上下冊，分為緒論、原始社會、氏族社會、封建社會、商業資本
時代社會等章節。

書前有原著「第四版序言」，可知譯文據原著第四版譯出。「《社會形式發
展史大綱》完全不是一本解釋唯物史觀的教本。要瞭解《大綱》中的幾章，
必須要具有歷史唯物主義的最低限度的智識，這科學的基本意見──這樣他
可以更深的瞭解《大綱》的內容，比那些完全不懂得歷史發展的法則的人終
要深些。《大綱》的任務就在應用歷史唯物論的方法，在資本主義前期的一般
的社會發展上來研究原始的社會學。本書的基本趨向就在研究現代社會形式
的發生，（而不是研究人類過去一切的社會形式）。《大綱》上所研究的大的社
會學時代的材料，應該消棄民族的及各國地理上的特點，應該提綱挈領的把
各國的發展歸結成一個分母。本《大綱》既然照這個計劃做去，自然不能詳
細的，甚至還不能簡單地敘述各國的歷史過程，只不過提一提社會形式發展
的一般的路線，用具體的例子來加以說明。」〔註47〕

〔註47〕庫斯聶著、高素明譯：《社會形式發展史大綱》，上海神州國光社 1930 年初版，
　　　　第四版序言第 5～6 頁。

本書所謂「社會形式」，其實就是如今通行的「社會形態」，經濟是其基礎。歷史上的社會形式可以分爲原始社會、氏族社會、封建社會、資本主義社會、社會主義社會，資本主義又可以分爲商業資本時代、工業資本時代和財政資本時代。〔註 48〕

14、《社會進化史》，黃菩生著、劉秉麟校，上海商務印書館 1930 年 11 月，1933 年 10 月商務印書館重新出版，1934 年 1 月再版，共 168 頁，納入萬有文庫第一集一千種，新時代史地叢書。

作者簡介：

黃菩生：不詳。

劉秉麟：（1889～？），湖南長沙人，留學英國、德國，畢業於柏林大學，歷任吳淞中國公學教務長、商務印書館編譯所法制經濟部主任、中國公學商學院院長、武漢大學法學院教授等。

內容摘要：

全書分爲六章，分別是導論、原始社會、古代社會、封建社會、資本主義的初期、資本主義社會之進展。

「社會是包括人類間一切經常相互關係的系統，在這個系統中，一切經常相互關係都以經濟的經常相互關係做基礎。」「有怎樣的經濟構造，社會就產出和那構造相適應的政治制度、法律制度，和一定的意識形態。但是社會不絕的變遷著，所以社會的構成，也是不絕的變遷的。社會的各種變遷的過程，是和生產力狀態的變化有關係的。例如生產力有進步的時，那社會的技術和社會的經濟之間，就必然的發生矛盾，於是經濟的構造中，必致失卻均勢。生產力有了發展，生產的人，就必然要開始改編，然後經濟的構造中才得成立新的均勢，因此，矛盾也得以解決。」「至於恢復社會的均勢，有分急進與緩進：前者稱爲革命；後者稱爲進化。這是社會變遷的兩個形式，也就是歷史上的事實。」〔註 49〕

原始社會分爲「蒙昧時代」和「野蠻時代」。前者使用石器，發明了火；後者使用陶器，有了畜牧業。原始社會財產共有，沒有私產的概念。「金器時

〔註 48〕庫斯轟著、高素明譯：《社會形式發展史大綱》，上海神州國光社 1930 年初版，第 12～13 頁。

〔註 49〕黃菩生著、劉秉麟校：《社會進化史》，上海商務印書館，1930 年初版，第 3～5 頁。

代發見以後，原始時代告終。於是氏族社會即繼而開始。」原始社會的最後
發展階段即「氏族社會的村落共同體」。村落共同體與此前的「共有體」的區
別在於：「第一在更古代的共產社會，共同勞動，生產物亦應消費之必要分配；
至村落共同體時，則共有財產的耕地，定期的分給成員，而其收穫亦爲各自
所有。第二以前集合的居住於共同的家屋；而現在則家及其附屬地，都成爲
家族的私有物。第三血族的關係比較寬鬆，且可以加入新份子，所以一個村
落已非氏族團體的結合；而是一個自由人社會團體的存在了。此種特徵，明
白暗示著在向私有財產制度發展。」〔註50〕這個時期已經存在奴隸，「不過那
時的奴隸制，在經濟生活上，沒有什麼重要的職務。」〔註51〕

「古代社會爲原始共同體崩壞後最初發生的社會形態，當時已發生私有
財產及階級關係，並且還產生了特種的社會關係之奴隸制度。古代社會是立
腳於此奴隸制度之基礎上的經濟階段。」〔註52〕這一社會的特徵是，「勞動的
人（奴隸），和物的生產手段，同爲不勞動的人所有物而作爲自身的生產手段。
因此種關係，他們是一種被人所有的物，是他人的財產。」〔註53〕古代社會
的對外商業非常發達，這種商業是建立在奴隸制度的基礎上的。〔註54〕

「封建社會是社會發展中的一個階段，發生於古代崩壞之後，而消沉於
商業資本統治生活的時期，也就是指五世紀羅馬帝國的沒落起至十八世紀由
於產業革命之資本主義成立爲止的時代。」「封建社會與過去社會之發展的不
同點，封建社會是階級社會之開始，即少數剝削者能向多數的生產群眾有組
織的剝削其剩餘生產品。此時代的特徵處是建築在大地主的基礎之上的封建
制度和在此時代末勃興之都市的發展。」〔註55〕「在封建制度的外形看來，
封建社會只是一個諸侯統治的社會；但僅僅如此，我們對於封建制度這一個

〔註50〕黃菩生著、劉秉麟校：《社會進化史》，上海商務印書館，1930 年初版，第 22
～23 頁。
〔註51〕黃菩生著、劉秉麟校：《社會進化史》，上海商務印書館，1930 年初版，第 25
頁。
〔註52〕黃菩生著、劉秉麟校：《社會進化史》，上海商務印書館，1930 年初版，第 28
頁。
〔註53〕黃菩生著、劉秉麟校：《社會進化史》，上海商務印書館，1930 年初版，第 30
頁。
〔註54〕黃菩生著、劉秉麟校：《社會進化史》，上海商務印書館，1930 年初版，第 36
頁。
〔註55〕黃菩生著、劉秉麟校：《社會進化史》，上海商務印書館，1930 年初版，第 56
頁。

社會現象，還不能說得了相當的瞭解。所以我們為徹底的瞭解起見，還要把它的內容封建關係之基本特徵認識清楚，這就是要認識封建制度之經濟實質。……小農經濟對於大地主經濟之依附的關係，更明白的說，封建社會的小農經濟是因為暴力的強制而依附於大地主的。因為小農經濟對於大地主經濟的依附，不僅是封建社會的現象，同時又是資本主義社會所共有的現象。不過資本主義社會的小農經濟是因為經濟的壓迫而屈服於大地主（同時又是大資本家）的。所以資本主義社會中大地主所得的利潤只是小農的剩餘價值；而封建社會裏則大地主所得的收入幾乎為小農收入之全部。〔註56〕

封建制度矛盾發展，使社會進入資本主義社會初期，就是商業資本主義。工業革命之後，中世紀封建的各種制度被打破，現代資本主義制度得以確立。〔註57〕於是，進入資本主義發展的第二期，即工業資本主義時代。這是「以工資勞動為基礎的大規模的生產組織」。〔註58〕此後，又發展到金融資本主義時代，「所有一切都轉化到獨佔的形態，而在這些獨佔的背後，又有金融資本在那裡牽線支配」。此時，資本主義內部已經孕育了許多矛盾和否定的種子，資本主義之漸入衰頹期。〔註59〕

15、《社會進化史綱》，鄧初民著，上海神州國光社1931年。

略。

16、《人類社會發展史》，劉瑩編譯，上海春秋書店1932年，共354頁。

作者簡介：

劉瑩，生平不詳。

內容摘要：

本書分為上下兩編，「社會發展史」的內容主要體現在「上編」各章。作者的敘述線索是原始共產社會、氏族制度、奴隸社會、封建社會、資本主義，

〔註56〕黃菩生著、劉秉麟校：《社會進化史》，上海商務印書館，1930年初版，第101頁。

〔註57〕黃菩生著、劉秉麟校：《社會進化史》，上海商務印書館，1930年初版，第108頁。

〔註58〕黃菩生著、劉秉麟校：《社會進化史》，上海商務印書館，1930年初版，第140頁。

〔註59〕黃菩生著、劉秉麟校：《社會進化史》，上海商務印書館，1930年初版，第160～161頁。

並對人類社會作了展望，指出：「世界的形勢已趨於混沌，但也不是怎樣茫無頭緒的混沌，而是逐漸地趨於兩大勢力——世界帝國主義的反動與世界無產階級的革命——的對峙。這一狀態的結局如何，似乎是誰也不能預斷的吧」。〔註 60〕但是，根據社會進化的「法則」，卻可以判斷出社會的進化仍是按照這一法則在進行著。「人類社會的前史如今正在告終。資本主義自身內在的矛盾，造成世界混沌的現狀；且正於其中萌芽著新的社會主義的社會組織。不久無產階級的世界革命完成的時候，才得寫述世界人類史的本文。」〔註 61〕人類進入真正的歷史後的景象是，「那是無論是國際戰爭或階級鬥爭皆將滅跡，而表現社會生活絕端調和的歷史；那是無階級榨取的勞動生產共和國，一切人類得自由地各盡所能的社會之歷史。在那個社會裏，民族的差異與性的差別，將決不成為侮蔑與反感的原因。科學的文明也將不復是人類間相互殺戮的手段，而是專用為人類支配自然的工具。由此，可怕的傳染病也將要絕跡，地震與水旱的天災也得預防。社會的生產力不斷地進展，所有的人類皆可一律享受幸福的生活，而現在因貧困所生的種種悲慘與罪惡，我們也將如忘卻太古半獸的野蠻人生活般而全不記憶了。要是在這樣未來的時代，人類的文化將赫然有如太陽的光輝，個性的榮華，也將燦然有無春花的爛漫。」〔註 62〕

下編主要是對國際共產主義運動的考察，分別論述了蘇聯、殖民地民族解放運動及資本主義國家勞動運動的情況。

17、《社會制度發展史》，〔日〕高橋清吾著，潘念之譯，上海大江書鋪 1933 年 2 月。

作者簡介：

潘念之（1901～1988）：浙江新昌人，1924 年入團，1925 年轉入中共黨員，五卅時期任寧波團地委書記。北伐時期，任國民黨浙江省黨部組織部長。大革命失敗後，流亡日本，就學於東京明治大學法學部。抗戰時，曾任國民政府軍委政治部三廳主任科員。新中國成立後，任華東軍政委員會參事室副主任、上海社科院法學研究所副所長、華東政法學院副院長等。

〔註 60〕劉瑩：《人類社會發展史》，上海春秋書店，1932 年，第 192 頁。
〔註 61〕劉瑩：《人類社會發展史》，上海春秋書店，1932 年，第 193 頁。
〔註 62〕劉瑩：《人類社會發展史》，上海春秋書店，1932 年，第 193～194 頁。

內容摘要：

本書是高橋清吾編譯英美學者健克斯、俾亞特等的著作，加上自己的補充而成的。其中尤其以採自健克斯的政治史略的爲多。健克斯即 Edward Jenks，政治史略即 A Short History of Politics。此書早在多年前已由嚴復譯出，名爲《社會通詮》。「惟社會制度發展史係集合各家學說而成，其內容較之政治史略，頗多補充增添之處。尤其是政治史略出書以後，各國社會形式底變化，日益激烈，經過歐洲大戰，全世界均起了巨大的改革，俄國革命產生了與舊社會完全相反的政治經濟制度，德國革命又起了一新的調和；此種補充，當有可十分可貴的價值。其他社會理論見解上介紹了各家學說底立場，亦足以助讀者研究的便利。」〔註63〕

如書名所示，該書在敘述邏輯上，注重「制度」的變化。所謂制度，「是一社會在一定時代中所有的全組織，它表示了一定的社會生活底特徵，顯明其階段。」在各種社會制度中，「政治經濟制度」是最普遍的，是社會生活的骨架。全書對於社會發展的總體看法，仍按照健克斯的原始社會、宗法社會、軍國社會的次序。在社會發展問題上，該書對衝突論與調和論進行了比較，指出這是二種不同的社會進化觀，一種認爲社會生活的根本法則是「協力」，另一種則認爲是「鬥爭」。作者認爲，代表前一種思想的人物是克魯泡特金，後一種則是奧本海默。〔註64〕

> 18、《人類史話》，〔美〕拉蒙·可夫瑪著，陶秉珍譯，上海開明書店1934 年 6 月初版，1941 年 5 月 3 版，1947 年 5 版，1951 年 5 月 6 版，共 300 頁，開明青年叢書。

作者簡介：

陶秉珍（1897～1952），浙江省立第一師範畢業，大革命時期加入共產黨，開展農民運動。「四一二」後被捕。《人類史話》初稿即譯於獄中。1934 年赴日本留學，抗戰爆發後回國，長期研究茶樹培植和茶廠建造，曾任浙江農業大學教授。

內容摘要：

〔註63〕 〔日〕高橋清吾著、潘念之譯：《社會制度發展史》，上海大江書鋪，1933 年，第 1～2 頁。

〔註64〕 〔日〕高橋清吾著、潘念之譯：《社會制度發展史》，上海大江書鋪，1933 年，第 209～210 頁。

　　本書分為漁獵社會、畜牧社會、耕種社會、商業社會和奴隸社會、封建社會、資本社會等章節。但值得注意的是，這種社會發展階段的劃分是譯者所為，而非原著固有。原著名為「Child』s Story of the Human Race」，是一本少兒讀物。作者原因有感於此前的史書都記載國王王後戰爭這些事，「關於人類的習慣和上古的實際生活，只略略提到一點」，他希望能讓少年們瞭解人類生活的情形，所以才寫作了此書。〔註65〕譯者在序中說，原著的材料較之房龍的《人類故事》更新鮮。「但最近的歷史書的形式已趨重於『發展的歷史』（Entwicklunde Geschichte）了。既不是神話地虛構，亦不僅是如實地敘述，它的職能是要闡明為什麼是這樣的。唯有這種歷史才能滿足科學的要求。這是使我們理解過去和現在的狀態；同時使我們明白為什麼有這種狀態發生，以及這些相互建立在何種關係上。故事式樣零碎的敘述，只能使讀者明瞭事實，而不能在社會進化的程序上，得到一個概念。本書原著的目的，恰像序上所說，只要使少年們明白從前的人們是『怎樣』生活，可是忘卻『為什麼』了。這不能不說是原著的缺點。可是若按照科學的著述，加上許多理論，那麼少年們或許要感到枯燥無味。所以譯者只把各節重新排列，分割段落，使讀畢後，有一個進化階段的概念罷了。」「本書不分時代，只依照那時社會生活情形分為漁獵社會畜牧社會等六段，這種分段，是創造的、嘗試的。」〔註66〕

19、《社會進化史講授提綱》，楊堃，1934～1935年，油印本，共124頁。

略。

20、《社會進化史》，劉炳藜，上海中華書局1935年4月初版，1941年2月3版，列入「中華百科全書」，共149頁。

作者簡介：

劉炳藜（1900～1958）：號乙青，畢業於北京師範大學和美國哥倫比亞大學。曾任中華書局編輯、國立商學院和暨南大學交通學院教授。1937年，創辦《前途》雜誌社。第二年，任《中央週刊》社社長。後供職於青年遠征軍。

〔註65〕〔美〕拉蒙·可夫瑪著，陶秉珍譯：《人類史話》，上海開明書店1951年5月6版，著者原序。

〔註66〕〔美〕拉蒙·可夫瑪著，陶秉珍譯：《人類史話》，上海開明書店1951年5月6版，編譯者序。

抗戰結束後赴美並加入民革。1949 年，回國。1952 年去印度講學，任東方學院教授，在印度因言論不當，被民革取消黨籍，1958 年病歿於印度。〔註67〕

內容摘要：

本書主旨在於「說明人類社會的演進。」「人類社會的演進，簡言之，約有以下五個階段可分：一原始社會；二氏族社會；三封建社會；四資本主義社會；五社會主義社會，而資本主義社會又可分為商業、工業與金融三期。」〔註68〕

原始時代的人類因為生產工具的粗陋，「他們的時間整個地化在生活的鬥爭中：既沒有一點剩餘勞動時間，可以使他為他人而勞動，或用於改良自己的生活條件；又不能產生出剩餘生產物，供給他人或自己異日之用」。因此，原始時代是沒有剩餘勞動與搾取的。〔註69〕原始時代的人們集合整體的力量從事某種工作，起初並無分工，後來根據年齡和性別進行分工。勞動生產物的分配也是集團全體的責任。「集團依著各個人的需要而給予各個成員以必要的東西；因為若是不這樣辦，便會惹起氏族成員的滅亡，進而至於集團的本身亦趨於衰弱。」因此，原始社會的分配帶有共產主義的性質：「共同生產，共同分配；沒有什麼個人的私有財產，也沒有什麼積蓄。所以後人稱原始社會為原始共產社會。」〔註70〕

氏族社會的生產技術主要包括畜牧與原始農業。「但是畜牧階段不是一個重要的階段，因為它只是一地方的現象，而不是一般的現象。」〔註71〕農業與畜牧使人類生活穩定，解放了一部分人力。勞動生產力增長的結果，「使人類的勞動，除了必要的勞動以外，出現了剩餘勞動。剩餘勞動在以前只偶然地一出現，此後可永久的存在了。」〔註72〕在氏族社會，「組織勞動」與「實行勞動」被區分開來。族長成為組織勞動的實施者。氏族社會產生了交換和奴隸。這兩個因素打破了此前的血緣關係，使氏族組織本身趨於崩潰。〔註73〕

〔註67〕譚定遠：《抗戰勝利前後湖北青年學生參加青年軍的概況》，《湖北文史》2009
　　　年 12 月。《岳陽市志‧人物志》（網絡版），http://www.yysqw.gov.cn/Html/9/0/
　　　12/1/2/18962932.html。
〔註68〕劉炳藜：《社會進化史》，上海中華書局，1935 年，第 12 頁。
〔註69〕劉炳藜：《社會進化史》，上海中華書局，1935 年，第 17 頁。
〔註70〕劉炳藜：《社會進化史》，上海中華書局，1935 年，第 18～19 頁。
〔註71〕劉炳藜：《社會進化史》，上海中華書局，1935 年，第 27 頁。
〔註72〕劉炳藜：《社會進化史》，上海中華書局，1935 年，第 29 頁。
〔註73〕劉炳藜：《社會進化史》，上海中華書局，1935 年，第 36 頁。

　　繼氏族社會而起的是封建社會，「它是社會進化的一個重要的階段。在此階段的社會，農業技術開始發達了；封建領主和僧侶，霸佔社會的一切，充分榨取了下民；因爲維護封建財產，建造了封建的國家與城堡；反映於當時生產關係與階級關係的總和，發達了一切封建的意識──言語、文字、思維、宗教、道德與法律，科學與藝術等。」〔註 74〕封建社會支配階級的榨取較之氏族社會更勝。封建式的榨取有兩種形式，一是強制勞動，二是繳納租稅。前者是剩餘勞動的直接掠奪，後者是剩餘生產物的直接掠奪。〔註 75〕

　　在封建社會之後，是商業資本主義社會，「它是從農業社會到工業社會的過渡階段。這個過渡階段的社會的特徵是：交換的發達；奴隸與農奴制度的演化；都市手工業制度的形成；商業資本主義的發達；農民暴動與工會鬥爭；官僚警察國家的產生；科學上的大發明；智識的普及；古代文化復興；異端與宗教革命。總之，在這個過渡階段內，一切社會形態都具有過渡的性質。」〔註 76〕在封建社會之前，是自給自足的社會，此後是交換的社會。這兩種社會有四個重要區別：「第一，前者在經濟上可以離開世界其他部分而獨立；後者不但那一個生產單位的工廠、礦山等不能說獨立存在，而一地方全體、甚至全國也不能說獨立存在。第二，交換社會有廣大的社會分工，即是有無數形式上彼此獨立的企業各自從事於特定生產物的生產；至如自然自足社會的分工，雖有萌芽，但未發展。第三，交換社會的許多表面上獨立的企業須由交換而彼此結合起來，倘若沒有交換便不能存在；至如自然自足社會達到某種一定的發展階段固然也成立一種交換關係，但此關係如果突然破壞了，社會卻能夠仍舊存在。第四，自然自足社會爲滿足生產團體的必要而生產；交換社會爲售賣而生產；換句話說，在交換社會中，生產物爲主的是商品，以爲交換而生產的制度通常叫做商品生產。」〔註 77〕因爲歷史條件不同，在封建制度下發生了農奴與奴隸兩種制度。這是使過去社會經濟趨於衰落與滅亡的一種制度。另外，在外部發生的都市發展的新力量，則給自給自足的經濟以重大的打擊，並形成了新的經濟條件，促成了商業的繁盛。生產者在經濟上從屬於商人。〔註 78〕這個時代形成的是君主專制的國家。「這種國家是由商

〔註 74〕劉炳藜：《社會進化史》，上海中華書局，1935 年，第 39 頁。
〔註 75〕劉炳藜：《社會進化史》，上海中華書局，1935 年，第 49 頁。
〔註 76〕劉炳藜：《社會進化史》，上海中華書局，1935 年，第 69 頁。
〔註 77〕劉炳藜：《社會進化史》，上海中華書局，1935 年，第 70 頁。
〔註 78〕劉炳藜：《社會進化史》，上海中華書局，1935 年，第 75 頁。

業資本家階級爲後臺老闆而以貴族名義掌握著的」。〔註79〕商業資本主義之後是工業資本主義社會，這個社會的特徵是：「工業資本主義預備條件的形成；產業革命工廠制度的發生與演進；工錢制度的發生與演進；立憲國家的組織；意識的個人化與權威化；知識門類有專門化的傾向。」〔註80〕最後，進入金融資本主義社會，其特徵是：「企業集中；資本集中；以獨佔代替自由競爭；形成所謂帝國主義；一切矛盾表現出來。由這個社會必然崩潰而代以新的社會。」〔註81〕

21、《社會進化史講義》，李達著，國立北平大學法商學院廿四年度講義，1936 年。未刊，共 891 頁。

作者簡介：

略。

內容摘要：

本書分爲五編，內容非常豐富。第一編爲「原始社會與氏族社會」，內分三章，原始社會、氏族社會、前階級社會之意識形態。第二編爲「古代亞細亞社會」，共一章，「古代東方諸國」。第三編爲「古代社會」，包括第五章「古代世界之地中海沿岸諸國」和第六章「古代東方及古代社會之意識形態」。第四編爲「封建社會」，包括第七章「西歐的封建社會」、第八章「近東（拜占庭與阿拉伯）及俄羅斯的封建主義」、第九章「封建時代西歐的農民運動」、第十章「封建時代的西歐都市」和第十一章「封建社會的意識形態」。第五編爲封建制度的崩潰與資本主義的發生，包括第一章　西歐諸國十六——十七世紀的工業及農業之發達、第二章　大洋貿易及殖民地的掠奪、第三章　十六世紀德意志及尼德蘭的階級鬥爭、第四章　十六——十七世紀法蘭西的絕對王政、第五章　十六——十七世紀科學之發展、第六章　十七世紀的英吉利革命、第七章　農奴制之發生及十七世紀莫斯科的專制政治、第八章　莫斯科國家的階級矛盾之成長與十七世紀的農民鬥爭、第九章　俄羅斯帝國之形成於普哥喬夫以前的農民戰爭。第六篇爲「十八世紀的歐美與十九世紀前半期的歐洲」，包括十八世紀的歐洲和美洲、十九世紀前半葉的歐洲勞動運

〔註79〕劉炳藜：《社會進化史》，上海中華書局，1935 年，第 90 頁。
〔註80〕劉炳藜：《社會進化史》，上海中華書局，1935 年，第 101 頁。
〔註81〕劉炳藜：《社會進化史》，上海中華書局，1935 年，第 132 頁。

動。第七編爲「十九世紀中葉下的歐美與第一及第二國際」，包括十九世紀五
〇年代至七〇年代的西歐與北美合眾國、第一國際時代、第二國際時代。

該文本對「社會發展史」的總體看法是認爲自原始社會之後，人類社會
進入階級社會的路徑並不相同，分成東西兩線發展，東方各國進入「亞細亞
社會」，西方各國則進入「古代社會」（也就是奴隸社會），此後，又經歷了封
建社會、資本主義社會，並在世界社會主義運動中進入社會主義社會。這份
講義的突出特點是材料豐富，完全可以作爲世界史來閱讀。作者佔據了大量
史料，對「社會發展史」的基本理論進行了說明，但也沒有跳出西方經驗的
局限，提到中國之處很少。

22、《社會發展史綱》，華崗著，生活書店 1940 年版，重慶生活書店
　　　1946 年勝利後 1 版，1947 年滬增訂 1 版；北京生活・讀書・新
　　　知書店 1949 年初版。收入青年自學叢書、新中國青年文庫。

　　略。

23、《社會發展史略》，解放社，晉察冀日報社 1944 年 12 月，大連
　　　大眾書店 1946 年 2 月初版；新華書店晉察冀分店 1946 年 3 月；
　　　1946 年 8 月華北新華書店編印；1948 年 6 月華北新華書店；佳
　　　木斯東北書店 1948 年 10 月 4 版；華東新華書店 1948 年 7 月；
　　　1948 年 11 月華中新華書店、中原新華書店編印；1949 年 4 月
　　　南通版。

作者簡介：
略。

內容摘要：
本書是一個實際上是一個馬列主義文獻輯錄本。分爲「從猿到人過程中
勞動的作用」、「有階級以前的社會」、「資本主義以前的各種剝削方式」、「論
國家」這麼四個部分。「從猿到人過程中勞動的作用」實際上就是恩格斯的作
品。「有階級以前的社會」節錄自列昂捷夫的《政治經濟學講話》第二章，具
體內容又分爲「誰是我們的祖先」、「原始共產主義」兩節，「資本主義以前的
各種剝削方式」節錄自列昂捷夫的《政治經濟學講話》第三章，包括奴隸佔
有制度、封建制度（農奴制度）兩節。「論國家」則是列寧 1919 年 7 月 11 日
在斯維爾德洛夫大學的講演。

24、《社會發展簡史》，解放社，華北新華書店 1948 年 9 月，晉綏新
　　華書店 1948 年 9 月；人民解放軍華北野戰軍第一兵團政治部
　　1948 年 12 月；1948 年 12 月陝甘寧邊區新華書店翻印；北平武
　　學印書館 1949 年出版；北平民生出版社 1949 年 1 月出版；1949
　　年 2 月哈爾濱東北書店；北平解放社 1949 年 6 月出版；1949
　　年 6 月皖北新華書店；1949 年 7 月新華書店；1949 年 12 月冀
　　南新華書店；1949 年北平科學社。東北行政委員會教育部指定
　　初中二年級政治課參考書、高中政治課本。

作者簡介：

文本沒有注明作者。據張仲實回憶，1949 年 2 月間，中央讓他提出一個
學習理論的計劃，他與胡喬木商量，擬定了一個學習書目，經中央批准，就
是後來的「幹部必讀」十二種，列入其中的《社會發展簡史》就是他編譯的。
〔註82〕「幹部必讀」從 1949 年統一版本後陸續出版，到 1950 年上半年全部
出齊。從 1949 年 6 月到 1950 年 6 月，印行總數 300 萬冊。〔註83〕

內容摘要：

本書分爲七個部分，分別是誰是我們的祖先、原始共產主義、奴隸佔有
制度、封建制度（農奴制度）、資本主義、從資本主義到共產主義的過渡時期、
共產主義。本書也可視爲解放社此前出版的《社會發展史略》的擴充本，前
四部分內容與《社會發展史略》的相關章節相同，節錄自列昂節夫的《政治
經濟學初級讀本》。「資本主義」以後的三部分則是摘自《社會科學簡明教程》
的第二講「社會發展史」的第四、五、六節。《社會發展史略》中收錄的恩格
斯和列寧的文章，在《社會發展簡史》中不再收錄。經過這一處理，使這一
文本更加符合五形態論構建的人類社會線性發展脈絡。

25、《社會發展史講授提綱（訂正本）》，艾思奇，華北大學 1949 年
　　6 月初版，1949 年 8 月訂補後再版；1949 年 10 月 3 版。

26、《社會發展史提綱初稿》，艾思奇，1949 年 7 月新北平印刷廠。

〔註82〕中央編譯局馬恩室編：《馬克思恩格斯著作在中國的傳播》，北京：人民出版
　　　　社，1983 年，第 95 頁。
〔註83〕中央編譯局馬恩室編：《馬克思恩格斯著作在中國的傳播》，北京：人民出版
　　　　社，1983 年，第 335 頁。

27、《歷史唯物論——社會發展史講授提綱》，艾思奇，1949 年 10
　　月新華書店訂正本。

　略。

28、《社會形態發展史》，沈志遠，上海，生活・讀書・新知聯合發
　　行所 1949 年 6 月初版，1949 年 8 月再版，共 69 頁，列爲「社
　　會科學基礎讀本（III）」。

作者簡介：

　沈志遠（1902～1965）：原名沈會春，曾用名沈觀瀾、沈任重、王劍秋，
浙江蕭山人。早年就讀於浙江省立一中，後到上海交大附中讀書，1922 年
畢業。1924 年到松江景賢女中教書，後任上海大學附中副主任。1925 年加
入中國共產黨。次年赴蘇聯莫斯科中山大學學習，畢業後被選送到莫斯科中
國問題研究所當研究生。1930 年在共產國際東方部參與編譯《共產國際》
雜誌中文版，並參加《列寧選集》的漢譯工作。次年底回國，曾任中共江蘇
省文委委員、中央文委委員，社會科學家聯盟常委等。1933 年與黨組織失
去聯繫後，從事教學工作，歷任上海暨南大學、北平大學法商學院、西北大
學法商學院教授。1938 年底到重慶，任生活書店總編輯，曾主編《理論與
現實》。1941 年到香港，參與編輯《大眾生活雜誌》。1944 年在成都接任《大
學月刊》主編，參加中國民主同盟。1945 年被選爲民盟中央委員。次年去
香港，任達德學院經濟系主任兼教授。1949 年應邀赴北平參加政協會議，
爲《共同綱領》起草小組成員，並任燕京大學教授。新中國成立後，歷任中
央人民政府文化教育委員會委員、中央人民政府出版總署編譯局局長、華東
軍政委員會委員兼參事室主任、第一屆全國人大代表、民盟上海市主任委
員、華東文教委員會副主任、上海市政協副主席、中國科學院哲學社會科學
部委員等職。

　內容簡介：

　「社會形態是一定的生產諸關係之體系以及與此體系相適應的生產方式
所決定的。換句話說，一定的生產諸關係之體系（即一定的經濟結構）便是
一定的社會形態底物質基礎。」人類歷史上的社會形態，一共有五種：前階
級社會或原始共產社會、古代奴隸制社會、中古封建制社會、近代資本主義
社會、社會主義社會。在某些國家還要經過半殖民地半封建和新民主主義這

兩種過渡型的社會形態。〔註84〕前階級社會分為原始人群時代和氏族社會時代，其共同性是「沒有階級，沒有剝削，共有共勞共享和非常低弱的生產力水準。」其差異在於生產力發展程度不同。〔註85〕氏族社會末期，產生了階級的萌芽。奴隸制是最早的階級社會，在中國是在殷代。封建社會在西歐是從五世紀到十四五世紀，在中國是從西周到清鴉片戰爭前後約三千年。〔註86〕資本主義萌芽於十五十六世紀，加速形成於十七十八世紀。資本主義的形成需要三大前提：資本、勞力和市場。〔註87〕與封建主義相比，資本主義生產方式的特徵是：以自由競爭代替封建獨佔，以雇傭勞動代替農奴勞動。〔註88〕作者指出，半殖民地半封建社會和新民主主義社會不是獨立的社會形態，但是現實存在的社會。半殖民地半封建社會的發展前途是新民主主義社會。新民主主義社會在東南歐已經成為現實，在中國正在實現過程中。〔註89〕在這一文本中，沈志遠實際上勾畫了兩條社會發展路線，其一是由前階級社會經過奴隸社會、封建社會、資本主義社會到社會主義社會，另一是由不經過資本主義社會，而是通過半殖民地半封建社會、新民主主義社會這兩個過渡階段達到社會主義社會。社會主義有以下特徵：生產手段社會公有、為滿足全社會需要而生產、社會計劃化、消滅剝削、政權歸人民掌握。社會主義社會，是共產主義的初階階段，實行的是各盡所能、各取所需的原則。在這一時期，勞心與勞力、城市與鄉村這兩種對立還沒有消滅。隨著生產力的發展，進到共產主義社會時，這兩種對立也將完全消失。〔註90〕

〔註84〕 沈志遠：《社會形態發展史》，上海：生活・讀書・新知上海聯合發行所，1949年 6 月初版，第 1～3 頁。

〔註85〕 沈志遠：《社會形態發展史》，上海：生活・讀書・新知上海聯合發行所，1949年 6 月初版，第 5 頁。

〔註86〕 沈志遠：《社會形態發展史》，上海：生活・讀書・新知上海聯合發行所，1949年 6 月初版，第 17 頁。

〔註87〕 沈志遠：《社會形態發展史》，上海：生活・讀書・新知上海聯合發行所，1949年 6 月初版，第 29～30 頁。

〔註88〕 沈志遠：《社會形態發展史》，上海：生活・讀書・新知上海聯合發行所，1949年 6 月初版，第 32～33 頁。

〔註89〕 沈志遠：《社會形態發展史》，上海：生活・讀書・新知上海聯合發行所，1949年 6 月初版，第 47 頁。

〔註90〕 沈志遠：《社會形態發展史》，上海：生活・讀書・新知上海聯合發行所，1949年 6 月初版，第 65～67、69 頁。

附錄 B　波氏「經濟科學」著作譯本目錄

表 1、《經濟學簡明教程》兩種譯本目錄

周譯本目錄	施譯本目錄
	譯者序言
	原著者序
	序論
	第一節　經濟學底定義 　第二節　經濟學底方法 　第三節　說明底體系
自然的自足社會	第一篇　自然自足社會
第一章　原始的種族共產主義	第一章　原始氏族共產主義
第一節　人與自然之原始的關係	第一節　人與自然之原始關係
第二節　原始的家庭集團之構成	第二節　原始氏族集團之構成
第三節　觀念的起源	第三節　意識形態底起源
第四節　原始社會中的發展力	第四節　原始社會底發展力
第二章　權威的種族社會	第二章　族長宗法社會
第一節　農業和畜牧的發生	第一節　農業與牧畜底發生
第二節　氏族中生產關係的發展	第二節　氏族中生產關係底發生
第三節　分配形態的發展	第三節　分配形態底發展
第四節　觀念的發展	第四節　意識形態底發展

第五節	家長的種族時代的發展力和生活的新形式	第五節	族長宗法時代底發展力與新生活形式

第三章　封建社會		第三章　封建社會	
第一節	技術的發展	第一節	技術底發展
第二節	封建團體中的生產關係和分配關係 甲　農業的團體 乙　封建諸侯的發生 丙　僧侶階級的獨立	第二節	封建集團底生產及分配關係 （一）農業集團 （二）封建領主底發生 （三）僧侶階級底獨立
第三節	封建社會中觀念的發展	第三節	封建社會中意識形態底發展
第四節	封建社會中發展的原動力及其傾向	第四節	封建社會底發展力及其傾向
第五節	過去自然自足社會之一般特徵商業社會	第五節	過去自給自足社會底一般特徵商業社會
第四章　交換的發展		第四章　交換底發展	
第一節	交換社會的概念	第一節	交換社會底概念
第二節	交換的三形態	第二節	交換底三個形態
第三節	貨幣	第三節	貨幣
第四節	勞動價值和其生產調劑上的意義	第四節	勞動價值及其在生產調節中的意義
第五章　奴隸制度		第五章　奴隸制度	
第一節	奴隸所有團體的起原	第一節	奴隸所有集團底起源
第二節	集團相互間的生產關係	第二節	集團相互間底生產紐帶
第三節	觀念	第三節	意識形態
第四節	奴隸所有社會滅亡的原因和過程	第四節	奴隸所有社會滅亡底原因及其過程
第五節	農奴制度	第五節	農奴制度
第六章　都市手工業制度		第六章　都市手工業制度	
第一節	技術的發展	第一節	技術底發展
第二節	都市的發展	第二節	都市底發展
第三節	都市和新政治制度的形成	第三節	都市及新政治制度底形式
第四節	中世都市發展的原動力	第四節	中世都市底發展力
第五節	前期資本主義時代的觀念之主要特徵	第五節	先資本主義時代意識形態底特徵

第七章　商業資本主義	第七章　商業資本主義
第一節　資本之一般的概念	第一節　資本底一般概念
第二節　生產之技術的關係	第二節　生產底技術關係
第三節　商業資本對於生產的支配力的擴大	第三節　商業資本對於生產的支配力之擴大
第四節　小企業的滅亡和階級鬥爭的發展	第四節　小企業底滅亡與階級鬥爭底發展
第五節　國家的任務	第五節　國家底任務
第六節　商業資本主義時代的觀念和發展的原動力	第六節　商業資本主義時代底意識形態及其發展力
第八章　工業資本主義	第八章　工業資本主義
第一節　原始的蓄積	第一節　原始的蓄積
第二節　技術的發展和資本家的大規模生產	第二節　技術底發展與資本家的大規模生產
甲　商業資本主義活動範圍的擴大 　　　乙　工場手工業的起源和性質 　　　丙　機器生產的發展 　　　（1）機器的起源 　　　（2）甚麼是機器 　　　（3）機器生產的擴大	（一）商業資本主義活動範圍底擴大 　　　（二）工廠手工業底起原與本質 　　　（三）機器生產底發展 　　　一、機器底起原 　　　二、機器是什麼？ 　　　三、機器生產底擴張
第三節　資本主義生產過程	第三節　資本主義生產過程
第四節　資本家的企業的發展對於低級生產形態的影響	第四節　資本家企業底發展及於後進生產形態的影響
第五節　貨幣的流通	第五節　貨幣底流通
第六節　各種資本階級間社會生產物的分配	第六節　各種資本家階級間社會生產品底分配
（甲）利潤 　　　（乙）地租 　　　（丙）工資 　　　　　（一）工資的各種形態 　　　　　（二）工資的分量 　　　　　（三）資本主義的預備軍 　　　　　（四）勞動團體 　　　　　（五）勞動立法 　　　（丁）租稅	（一）利潤 　　　（二）地租 　　　（三）工錢 　　　　　一、工錢底各種形態 　　　　　二、工錢底份量 　　　　　三、資本主義底預備軍 　　　　　四、勞動團體 　　　　　五、勞動立法 　　　（四）租稅

第七節　資本主義發展的主要傾向	第七節　資本主義發展底主要傾向
第八節　市場和恐慌的概念	第八節　市場及恐慌底概念
第九章　金融資本主義時代	第九章　金融資本主義時代
第一節　信用	第一節　信用
第二節　股份公司	第二節　股份公司
第三節　資本家之私的獨立	第三節　資本家之私的獨佔
第四節　為產業之組織中心的銀行	第四節　為產業之組織中心的銀行
第五節　為金融資本主義之政策的帝國主義	第五節　為金融資本主義之政策的帝國主義
第六節　資本主義制度崩壞的路徑	第六節　到資本家制度崩壞之路
第七節　工業和金融的資本主義的觀社會的組織的社會	第七節　工業及金融資本主義時代底意識形態社會化的有組織的社會
第十章　社會主義社會	第十章　社會主義社會
第一節　社會和自然的關係	第一節　社會與自然底關係
第二節　社會的生產關係	第二節　社會的生產關係
第三節　分配	第三節　分配
第四節　社會的觀念	第四節　社會的意識形態
第五節　發展的原動力	第五節　發展底原動力
附錄　經濟學的新生命	

表2、《政治經濟學初級教程問答》兩種譯本目錄

貝譯本目錄	陶譯本目錄
第一編　一般的概念	第一編　一般的概念
Ⅰ　什麼是政治經濟學？	第一章　什麼叫做經濟學
Ⅱ　生產	第二章　生長
Ⅲ　勞動及勞動生產品	第三章　勞動與勞動生產品
Ⅳ　協作	第四章　協作
Ⅴ　佔有	第五章　佔有
Ⅵ　社會發展與保存	第六章　社會的維持與發展
Ⅶ　政治經濟學的分別	第七章　經濟學的分類

VIII　經濟科學的應用及其義意	第八章　經濟學之研究法及其意義
第二編　經濟的發展	第二編　經濟的發展
I　自然經濟	第一章　自然經濟
（A）原始公社	第一節　原始共社
（B）族長公社	第二節　族長制的共社
（C）封建社會	第三節　封建社會
II　交換的發展	第二章　交換的發展
（A）商品	第一節　商品的一般概念
（B）交換的形式或階段	第二節　交換的階段或形式
（C）貨幣	第三節　貨幣
III　交換經濟	第三章　交換經濟
（A）由自然經濟到交換經濟	第一節　由自然經濟到交換經濟
（B）中世紀的城市交換經濟	第二節　中世紀城市的交換經濟
（C）交換之一般法則	第三節　交換的一般法則
IV　商業資本主義	第四章　商業資本主義
（A）資本	第一節　資本的一般概念
（B）商業資本和高利貸資本	第二節　商業資本與高利貸資本
（C）商業資本之權力	第三節　商業資本的權威
V　工業資本主義	第五章　工業資本主義
（A）工業資本主義之企業	第一節　工業資本主義的企業
（B）資本主義企業的技術和協作	第二節　資本主義的企業中之技術與協作
（C）勞動力的價值	第三節　勞動力的價值
（D）可變資本與不變資本及剩餘價值	第四節　可變資本與不變資本及剩餘價值
（E）剩餘價值增加之方法	第五節　增加剩餘價值的方法
（F）資本的後備軍	第六節　資本的後備軍
（G）工資	第七節　工錢
（H）工人的組織	第八節　勞動組織
（I）利潤與地租	第九節　利潤與地租
（J）信用	第十節　信用
（K）股份的企業	第十一節　股分公私
（L）交易所與投機	第十二節　交易所與脫機事業
（M）資本增長與資本集合	第十三節　資本的增長及其集中化
（N）工業恐慌	第十四節　工業的危機
（O）企業家的組織	第十五節　企業家的新狄嘉

	（P）財政資本	第十六節　財政資本
	（Q）資本主義國家	第十七節　資本主義國家
	（R）稅捐與公債	第十八節　租稅與公債
	（S）軍國主義與帝國主義	第十九節　軍國主義與帝國主義
	（T）世界之軍事恐慌	第二十節　世界戰爭的危機
	（U）軍事的國家資本主義	第二一節　國家資本主義
	（V）勞動階級之軍事共產主義	第二二節　資產階級的意識形態
	（W）資產階級的觀念	第二三節　無產階級的意識形態
	（X）無產階級的觀念	
VI　社會主義制度		第六章　社會主義的制度
	（A）科學社會主義	第一節　科學的社會主義
	（B）社會主義社會的技術	第二節　社會主義社會的技術
	（C）勞動力與協作	第三節　勞動力與協作
	（D）分配	第四節　社會主義之分配
	（E）社會主義社會的觀念	第五節　社會主義社會的意識形態
	（G）社會主義的發展力量	第六節　社會主義之下的發展力